T0349486

Gisela Klann-Delius

Spracherwerb

Eine Einführung

3., aktualisierte und erweiterte Auflage

Mit Abbildungen und Grafiken

J. B. Metzler Verlag

Die Autorin

Gisela Klann-Delius ist Professorin em. für Linguistik mit dem Schwerpunkt
Psycholinguistik an der Freien Universität Berlin.

Gedruckt auf chlorfrei gebleichtem, säurefreiem und alterungsbeständigem Papier

Bibliografische Information der Deutschen Nationalbibliothek
Die Deutsche Nationalbibliothek verzeichnet diese Publikation in der Deutschen
Nationalbibliografie; detaillierte bibliografische Daten sind im Internet über
http://dnb.d-nb.de abrufbar.

ISBN 978-3-476-02632-3

© 2016 J. B. Metzler Verlag GmbH, Stuttgart
www.metzlerverlag.de
info@metzlerverlag.de

Einbandgestaltung: Finken & Bumiller, Stuttgart (Foto: Thinkstock)
Satz: primustype Hurler GmbH, Notzingen
Druck und Bindung: TenBrink, Meppel, Niederlande

Inhaltsverzeichnis

Vorwort

Unter normalen Umständen erwerben alle Kinder ihre Muttersprache. Meist lernen sie in der Kindheit nur diese eine Sprache. Diese erste Sprache bleibt in der Regel die wichtigste, auch wenn Kinder noch eine oder mehrere andere Sprachen erwerben, wie im Schulunterricht, zuweilen schon ab der ersten Grundschulklasse. Wie Kinder sich diese erste Sprache aneignen, wie sie den Erstspracherwerb meistern, ist Gegenstand dieses Buches. Bilingualer Erstspracherwerb, in dem Kinder nicht nur eine, sondern zwei Sprachen von Anfang an erwerben, oder Zweitspracherwerb, in dem Kinder nach Abschluss des Erstspracherwerbs eine weitere Sprache lernen, werden nicht behandelt.

Mit dem Buch soll eine Einführung in den Erstspracherwerb des Kindes gegeben werden, einen Phänomenbereich, der auf den ersten Blick recht unauffällig erscheint, der sich bei jedem weiteren Blick jedoch als ein vielteiliges Puzzle entpuppt. In diesem Buch sollen die vielen Puzzlesteine geordnet und es soll gezeigt werden, auf welche Weise sie im Zuge der Spracherwerbsforschung zu immer neuen, z. T. gänzlich verschiedenen, z. T. recht ähnlichen Bildern zusammengesetzt wurden. Dabei sollte ersichtlich werden, dass diese Bilder, so unterschiedlich sie auch sein mögen, in dem Bestreben zusammengefügt wurden, eine der herausragenden Leistungen des Menschen, seine Sprachfähigkeit, seine Sprache und sein Sprechen zu erklären. Angesichts dieser Aufgabe verwundert es nicht, dass das Rätsel des Spracherwerbs bei weitem nicht als gelöst betrachtet werden kann. Immerhin aber hat die Spracherwerbsforschung einige Beiträge hervorgebracht, die das Rätsel Spracherwerb genauer beschreiben und damit einer möglichen Klärung näher bringen. Ziel dieses Buches ist es, in das weit ausdifferenzierte Feld der Spracherwerbsforschung einzuführen und die Informationen bereitzustellen, die es den Interessierten ermöglichen, sich ein eigenes Bild zu machen.

Die Spracherwerbsforschung ist ein Gebiet, das Wissenschaftler / innen aus ganz verschiedenen Disziplinen bearbeiten. Die Vielzahl der beteiligten Disziplinen entspricht der Vielschichtigkeit ihres Gegenstands, der Sprache und ihrer Entwicklung in der Ontogenese. Dementsprechend werden in dieser Einführung im Unterschied zu anderen deutschsprachigen Darstellungen der Spracherwerbsforschung (z. B. Kauschke 2012; Szagun 2013; Tracy 2008) nicht nur Beiträge aus der Linguistik, Psycholinguistik und Entwicklungspsychologie, sondern auch aus anderen Gebieten wie der Biologie (Verhaltensbiologie, Genetik), der Anthropologie, der Forschung zur nonverbalen Kommunikation, der Systemtheorie, der Sprachpathologie miteinbezogen, allerdings nur soweit, wie sie sich auf das Thema Erstspracherwerb beziehen. Spracherwerb wird in dieser Darstellung nicht nur als Grammatik- und Wortschatzerwerb verstanden; vorsprachliche Entwicklungsprozesse, d. h. die Entwicklung von Mimik und Gestik werden als ebenfalls wichtig angesehen. Spracherwerb wird zudem als ein Prozess begriffen, der in kognitive und sozial-affektive Entwicklungsprozesse des Kindes in spezifischer Weise eingebunden ist. Auch hierin unterscheidet sich dieses Buch von anderen Darstellungen des Spracherwerbs.

1 Die Geschichte der Spracherwerbsforschung

»Es ist immer etwas höchst Bedenkliches, das Bestehende ohne Kenntnis seiner Vergangenheit erklären zu wollen«

(Geiger 1869, S. 111).

Die Kindersprachforschung wurde in der zweiten Hälfte des 19. Jahrhunderts von Philosophen, Medizinern, Psychologen und Pädagogen begründet. Sprachwissenschaftler spielten hier noch keine bedeutende Rolle. Ziel dieser Forschung war es, Natur und Wesen des Kindes mit Mitteln der empirischen Wissenschaften, d. h. in genauen und systematischen Beobachtungen, zu ergründen.

Voraussetzung für den Beginn der Kindersprachforschung sind verschiedene historische Veränderungsprozesse in den Lebensumständen wie in der Wissenschaft der damaligen Gesellschaften Europas. In Anknüpfung an den von John Locke (1632–1704) mitbegründeten **Empirismus**, der die Erfahrung zur Grundlage der Philosophie machte, hatten die Geisteswissenschaften begonnen, sich von der Philosophie zu emanzipieren, in Einzelwissenschaften auszudifferenzieren und sich an dem von Auguste Comte (1798–1857) propagierten **Positivismus** auszurichten, dem zufolge die Wissenschaften die Frage nach letzten Ursachen aufzugeben und sich in ihrem Erkenntnisinteresse den bestehenden Tatsachen zuzuwenden hatten. Grundlage der Wissenschaften ist nun die Beobachtung, das Sammeln von positiven Daten, von denen aus allgemeine Gesetzmäßigkeiten zu erschließen sind. Dementsprechend schreibt der Sprachwissenschaftler Lazarus Geiger programmatisch in der Vorrede zu seinem Buch *Ursprung und Entwickelung der menschlichen Sprache und Vernunft* 1868:

»Während die Philosophie lange Zeit den Anspruch erhob, über die inneren Gründe der Natur- und Geisteserscheinungen aus sich heraus zu entscheiden, hat nun umgekehrt die Naturwissenschaft durch Eindringen in das körperliche Wesen der Welt den philosophischen Problemen ein concreteres Ziel als je vorher gezeigt, und es entfaltet sich nunmehr vor uns die Aufgabe, ebenso auch für die dunkle Innenseite der Dinge, für das Denken, Wahrnehmen und Empfinden, in einer nicht weniger empirischen Wissenschaft ein neues Licht zu suchen« (Geiger 1868, S. XIVf.).

Ein weiterer, die Entwicklung der Kindersprachforschung begünstigender Faktor war das zu dieser Zeit aufkommende **evolutionäre Denken**, von Charles Darwin in seinem Buch *On the Origin of Species by Means of Na-*

tural Selection 1859 theoretisch verallgemeinert. Hinzu kam, dass mit Rousseaus Erziehungsroman *Émile* (1762) der Gedanke einer **eigenartigen und eigenwertigen Entwicklung des Kindes** formuliert und von den Philanthropisten in Deutschland verbreitet wurde (vgl. Richter 1927, S. 3 ff.). Die pädagogische Konsequenz dieses Gedankens ist, dass die Erziehung sich der kindlichen Entwicklung anzupassen habe, das Kind selbst an eigenen Erfahrungen lernen solle. Aus dem hiermit begründeten Interesse an der Eigenständigkeit und den Kompetenzen des Kindes lässt sich nicht schlussfolgern, dass Kinder, wie Ariès in seiner *Geschichte der Kindheit* (1979, S. 108) postuliert, erst nach Ausgang des Mittelalters als Kinder und nicht mehr wie zuvor als Erwachsene in Miniaturformat betrachtet wurden (vgl. deMause 1980, S. 18 f.; Shahar 1993, S. 111 ff.).

Wie Shulamith Shahar in ihrem Buch *Kindheit im Mittelalter* dokumentiert, gab es durchaus die Vorstellung, dass die Kindheit, die in die Entwicklungsphasen der *infantia*, der *pueritia* und der *adolescentia* gegliedert wurde, einen von den Erwachsenen unterschiedenen Status hatte. Aber das Interesse an zumindest der ersten Entwicklungsphase (von der Geburt bis zu ca. 7 Jahren) war weniger ausgebildet.»Die Vorstellung, daß solch ein Kind bereits eine vollständige menschliche Persönlichkeit verkörpere, wie wir heute allgemein glauben, kannte man nicht. Zu viele starben« (Ariès 1979, S. 99). Tucker gibt gegenüber Ariès' Interpretation zu bedenken, ob diese indifferente Sicht auf Kinder nicht vor allem deshalb weit verbreitet war, weil die entsprechenden historischen Dokumente fast ausschließlich auf männliche Erwachsene zurückgehen. Mütter hätten – so Tucker – ihre Kinder wahrscheinlich eher in ihren kindlichen Bedürfnissen erkannt (vgl. Tucker 1979, S. 22 f.).

Weitere Faktoren, die das Interesse an der Erforschung des Kindes und seiner Sprache befördert haben, sind der **Rückgang der Säuglings- und Kindersterblichkeit** und ein tiefgreifender **Mentalitätswandel** in der Einstellung von Eltern gegenüber Kindern, z. B. ausgedrückt darin, dass in England und Amerika im 18., in Frankreich im 19. und in Deutschland im 20. Jahrhundert Kinder meist wohlhabender Eltern nicht mehr zu Säugammen weggegeben wurden (vgl. deMause 1980, S. 59).

1.1 | Das philosophische Erbe der Kindersprachforschung

Das Wesen der Sprache: Die Kindersprachforschung hat immer wieder Topoi der sprachphilosophischen Tradition des abendländischen Denkens aufgegriffen. Allerdings gibt es in dieser Tradition – außer vereinzelten Bemerkungen bei großen Philosophen – keine systematischen Betrachtungen zur Kindersprache; vorherrschend war das Interesse an Fragen nach dem Wesen der Sprache und der Beziehung zwischen Sprache, Wirklichkeit und Denken ausgerichtet, d. h. an Fragen, die sich letztlich auf den Urgrund von Erkenntnis richteten. In diesen Fragen bezog sich die Philosophie auf die Kompetenzen des erwachsenen Menschen und suchte, deren Herkunft zu ergründen.

Antike Philosophie: Seit der Antike zieht sich als ein roter Faden durch die Sprachphilosophie die Kontroverse darum, was das **Wesen der Sprache** sei, ob die **Sprache etwas Naturgegebenes** (*physei*) sei, ob Sprache als der Natur Angehöriges und diese Abbildendes zu verstehen sei oder ob **Sprache wesentlich durch Übereinkunft**, also durch Konventionen (*thesei*) entstanden zu denken sei. Den in der griechischen Philosophie diskutierten Gegensatz von Natur und Konvention erläutert Lyons in der folgenden Weise:

»Bezeichnete man eine bestimmte Einrichtung als ›natürlich‹, so meinte man damit, daß ihr Ursprung auf ewige und unveränderliche Prinzipien außerhalb des Menschen zurückging (und daher unantastbar war); nannte man sie hingegen ›konventionell‹, so verstand man darunter, daß sie lediglich das Ergebnis von Brauch und Überlieferung sei (d. h. auf ein unausgesprochenes Übereinkommen, einen ›Gesellschaftsvertrag‹ zwischen den Angehörigen einer Gemeinschaft zurückging, auf einen ›Vertrag‹ also, der, da er ja vom Menschen geschlossen war, auch vom Menschen gebrochen werden konnte)« (Lyons 1984, S. 4).

Diese Kontroverse konzentrierte sich auf die Frage der Beziehung zwischen der Bedeutung und der Gestalt eines Wortes. Platon (427–347 v. Chr.) formulierte im *Kratylos* die **naturalistische Auffassung**, dass die Wörter und die Dinge, die sie bezeichnen, »natürlich« zusammenpassen; dies sei zwar nicht unmittelbar evident, »[...] könne aber vom Philosophen nachgewiesen werden, der fähig sei, die ›Wirklichkeit‹ hinter der Erscheinung der Dinge zu sehen [...]. Den Ursprung eines Wortes und damit seine ›wahre‹ Bedeutung aufzudecken, hieß eine der Wahrheiten der ›Natur‹ aufzuspüren« (Lyons 1984, S. 4 f.). Strittig ist, ob Platon tatsächlich, wie Lyons annimmt, eine naturalistische Position in der Frage der Beziehung zwischen Wort und Bedeutung eingenommen hat (vgl. Coseriu/Matilal 1996). Die Annahme, dass Sprache natürlichen Ursprunges ist, entspricht jedoch der Philosophie Platons.

Wie in jeder Philosophie geht es auch hier darum zu ergründen, wie **menschliche Erkenntnis** jenseits des unmittelbar Wahrnehmbaren, Erfahrbaren möglich und als richtige begründbar ist. Platons Antwort auf diese Frage ist, dass der Mensch »[...] ein nach Geltung und Genauigkeit die gegenwärtige oder erinnerte sinnliche Erfahrung unseres Lebens übersteigendes Wissen [...]« habe, weil dieses einem Sehen entspringt, »[...] aber einem Sehen, das wir in unserer Biografie nicht unterbringen können, das also ein Erlebnis unserer Seele in ihrem Leben vor unserer Geburt gewesen sein muß« (Krüger 1987, S. 12 f.). Das Wirkliche ist, »[...] was es ist, sofern es an seinem Urbilde teilhat und sofern es danach strebt, diesem seinem Urbild ähnlich zu werden. Der Baum will so sehr wie möglich Baum, der Mensch so sehr wie möglich Mensch, die Gerechtigkeit, so sehr wie möglich Gerechtigkeit sein. Alles strebt danach, im Dasein seine ihm eigentümliche Idee zu verwirklichen« (Weischedel 1966, S. 53). Das Wissen des Menschen beruht auf *ideae innatae*, ihrer ist der Mensch teilhaftig, weil er sie in einem vor seiner zeitlichen Existenz liegenden Leben »geschaut« hat. Wenn der Mensch »[...] also ein Ding erkennt, wenn ihm bei dieser Gelegenheit das Urbild dieses Dinges aufleuchtet, dann heißt das: er erinnert sich an eine ursprüngliche Schau dieses Urbildes, die vor seinem zeitlichen Dasein stattgefunden haben muß. Erkennen ist Wiedererinnern« (ebd., S. 54 f.). Menschliches Wissen, menschliches Erkennen ist

Platons
eingeborene Ideen

demnach im wesentlichen Erinnern, Wiedererkennen eingeborener Ideen, die Sprache zum Ausdruck bringt.

Aristoteles'
Realwelt

Eine eher der *thesei*-Auffassung entsprechende Position (vgl. Coseriu/ Matilal 1996), eine anders gelagerte Erkenntnisphilosophie und Weltsicht ist den Schriften des Aristoteles (384–322 v. Chr.), eines Schülers von Platon, zu entnehmen. Sein Interesse gilt weniger der Schau der Ideen als »der Wirklichkeit in der Vielfalt ihrer Erscheinungen« (Weischedel 1966, S. 64). In dieser **Vielfalt des Wirklichen**, des Lebendigen, das für Aristoteles ein Organismus, ein Ganzes ist, kommt die Fülle der Möglichkeiten von Natur zum Ausdruck. Die im Menschen angelegten Möglichkeiten, allem voran der menschliche *logos* streben zu seiner ihm eigentümlichen Bestimmung: »werde, was zu bist« (ebd., S. 67), d. h. werde zu einem vernünftigen Lebewesen. Das, was den Menschen auszeichnet, ist ihm auch bei Aristoteles gegeben, gleichwohl aber als eine Potenz, die auf eine Realisierung erst hinstrebt. Erkenntnistheoretisch verlagert sich das Gewicht seiner Philosophie »von der Ideenwelt zur Realwelt« (Vorländer 1964, S. 121). Die Aristotelische Metaphysik »[...] geht vom sinnlichen Einzeldinge [...] aus. Aber von ihm ist weder Begriffsbestimmung noch Beweis möglich, sondern nur vom Allgemeinen [...]. Dieses Allgemeine ist jedoch nicht im Fortblicken vom Einzelnen zu finden, sondern nur so, daß man dem Einzelnen auf den Grund geht und die Prinzipien aufsucht, durch die es allgemein und notwendig bestimmt ist« (ebd., S. 123). Dieses Interesse am Einzelding kommt der platonischen Philosophie gerade nicht zu: Deren favorisierte **Methode** ist die der Intuition, der Introspektion, die des Aristoteles ist die der Beobachtung und Induktion.

Universalienstreit

Mittelalterliche Scholastik: Diese Kontroverse wurde in der mittelalterlichen Scholastik als **Universalienstreit** zwischen **Nominalisten und Realisten** fortgesetzt. Der Streit ging um die Frage, ob **Universalien**, d. h. Allgemeinbegriffe, **real**, selbstständig (*universalia ante res*) bzw. in den Dingen (*universalia in rebus*) existieren, oder **nur Namen** sind, um gleichartige Objekte benennen zu können, ohne sie einzeln aufzählen zu müssen.

»In der Philosophie des frühen Mittelalters beherrschte der Realismus das Feld. Bei Thomas von Aquin, also im Hochmittelalter (um 1250), begegnen wir einem gemäßigten Realismus: die Universalien existieren in Gottes Gedanken (*ante res*), in den Einzeldingen (*in rebus*) und im menschlichen Denken als Abstraktionen (*post res*). Im Spätmittelalter aber gewinnt der Nominalimus die Oberhand; das gilt etwa für Wilhelm von Ockham und Martin Luther« (Skirbekk/Gilje 1993, S. 214).

Das Wesen des
menschlichen
Verstandes

Neuzeitliche Philosophie: Descartes (1596–1650), Begründer der neuzeitlichen Philosophie und Entdecker des modernen Selbstbewusstseins, revidierte Platons Konzept angeborener, in einer Präexistenz geschauter Ideen, indem er an die Stelle der Bilder von früher Gesehenem Fähigkeiten setzte, solche Bilder zu erzeugen. Welche Vorstellungen der Geist bildet, ist bei ihm durch die »Anlage unseres Geistes bestimmt« (Krüger 1987, S. 15). Allgemeinbegriffe wie Ding, Denken, Wahrheit oder Gott können nicht den Charakter von Anschauungen oder Bildern haben. Ideen sind nichts anderes als spezifische **Fähigkeiten des Denkens**. Damit rücken der Mensch und die Frage nach den ihm zukommenden Fähigkeiten in den Mittelpunkt, die Kontroverse um das Verhältnis von Mensch und ihm externer Natur (bzw. dem Göttlichen) verschiebt sich zu einer Kontroverse um die **Natur des Menschen**.

Die neuzeitliche Philosophie und Erkenntnistheorie beschäftigte sich insbesondere mit der Frage, ob dem Menschen und insbesondere seinem Verstand **angeborene Ideen** eignen **(Rationalismus)** oder ob der menschliche Verstand aus **Erfahrung** erklärt werden kann **(Empirismus)**. In dieser Debatte wurden die in der Belebung des Platonismus und Cartesianismus durch Noam Chomsky und seine Schüler immer wieder vorgetragenen Argumente und Kriterien des Angeborenen bereits benannt: » (a) Es ist von Geburt an vorhanden und kann deshalb nicht erworben sein. (b) Es ist so komplex, daß unverständlich ist, wie es zum Zeitpunkt seines Auftretens bereits hätte gelernt werden können. (c) Das Angeborene ist invariant gegenüber dem Wechsel von einem biologischen Erfahrungsweg zum anderen; darum sind die Umstände seiner Entwicklung nur als Anlässe oder Auslöser, nicht jedoch als Quellen anzusehen« (ebd., S. 18).

Gegen diese Argumentation zugunsten des Angeborenen als einer notwendigen, unentrinnbaren Bestimmung des menschlichen Geistes, richtete sich bereits **John Locke** (1632–1704) in seinem *Versuch über den menschlichen Verstand* (1690), in dem er die drei Kriterien für Angeborenheit zu widerlegen versuchte. Da der Säugling bei seiner Geburt über keinerlei kognitive Fähigkeiten verfügt, erübrigt sich das erste Kriterium. Das zweite und vor allem das dritte Kriterium, das der Invarianz gegenüber Erfahrung, entkräftet Locke mit dem Argument, dass man aus der Invarianz noch nicht auf die Angeborenheit schließen könne. Man würde ja sowohl für einen Erfahrungssatz »Feuer ist heiß« wie für einen Satz der Mathematik »Die Winkelsumme im Dreieck beträgt zwei rechte Winkel« stets Konsens finden, beide Sätze würden in variablen Kontexten für zutreffend gehalten werden, aber man werde schwerlich annehmen wollen, dass die Erfahrungsidee ›Feuer‹ angeboren sei.

David Hume (1711–1776), der empiristische Nachfolger von Locke, sieht die menschlichen Erkenntnisleistungen als »[...] einen Prozeß der sinnlichen Einwirkung von außen samt der animalischen Reaktion auf diese als entscheidend an. Grundlage allen empirischen Wissens seien die im Laufe des Lebens erworbenen gewohnheitsmäßigen Ideenverknüpfungen. Diese sieht er bei Mensch und Tier in enger Analogie« (Krüger 1987, S. 23).

Eine Position zwischen Nativismus bzw. Rationalismus und Empirismus besetzt die Erkenntnistheorie von **Immanuel Kant** (1724–1804). Kant unterscheidet klar zwischen einer **Erkenntnismöglichkeit a priori**, vor aller Erfahrung, und zwischen angeborener Erkenntnisfähigkeit. Für ihn gibt es keine angeborenen Vorstellungen, wohl aber Bedingungen der Möglichkeit für die Bildung von Vorstellungen. So schreibt er:

»Die Kritik erlaubt schlechterdings keine anerschaffenen oder angeborenen Vorstellungen; alle insgesamt, sie mögen zur Anschauung oder zu Verstandesbegriffen gehören, nimmt sie als erworben an. [...] Es muß aber doch ein Grund dazu im Subjekt sein, der es möglich macht, daß die gedachten Vorstellungen so und nicht anders entstehen und noch dazu auf Objekte, die noch nicht gegeben sind, bezogen werden können und dieser Grund ist wenigstens angeboren« (Kant zit. nach Krüger 1987, S. 20).

Die Debatte um Wissen und Erkenntnis und damit auch um die Sprache des Menschen nahm mit **Darwins Evolutionsbiologie** eine entscheidende Wende. Darwin hielt wenig von der platonistischen Version angeborener Ideen. So notierte er 1838 in seinem Tagebuch »Platon [...] sagt im Phaidon, daß unsere notwendigen Ideen aus der Präexistenz der Seele stammen, nicht von der Erfahrung geleitet sind – Lies Affen statt Präexistenz [...]. Wer den Affen versteht, würde mehr für die Metaphysik leisten als Locke« (Darwin zit. nach Krüger 1987, S. 25). Darwin fand weder die Lehre angeborener Ideen noch die Vorstellung eines voraussetzungslosen Empirismus sonderlich attraktiv. Seine Vorstellung ist, »[...] daß angeborene kognitive Fähigkeiten und Inhalte, zum Beispiel eine bestimmte Raumanschauung, in einem stammesgeschichtlichen Lernprozeß erworben, das heißt für die Gattung Mensch a posteriori, für jeden einzelnen Menschen indes a priori sind« (Krüger 1987, S. 25).

1.2 | Erste Experimente

Isolationsexperimente: Bis zum Beginn der Kindersprachforschung im 19. Jahrhundert lassen sich nicht nur philosophische Überlegungen zum Wesen und Ursprung der Sprache ausfindig machen, es wurden auch erste, allerdings höchst unmenschliche Experimente unternommen. Verschiedene Herrscher haben sich mit der Anordnung und Überwachung von Isolationsexperimenten hervorgetan, die sowohl den **phylogenetischen Ursprung** als auch die **ontogenetischen Entwicklungsbedingungen** von Sprache aufklären helfen sollten. Bereits im 7. Jahrhundert v. Chr. soll – einem Bericht von Herodot zufolge – der ägyptische König Psammetich I. ein Experiment angeordnet haben, in dem er herausfinden wollte, welche die älteste Sprache dieser Erde sei. Herodot berichtet davon:

»Er übergab zwei Neugeborene einfacher Abstammung einem Schafhirten, der sie nach seiner Gewohnheit unter seiner Herde nähren sollte. Er verlangte von ihm, daß niemand in ihrer Gegenwart sprechen durfte und sie allein in einsamer Behausung leben sollten; und zu den festgesetzten Stunden sollte der Schafhirt Ziegen zu ihnen führen und ihnen ihre Milch geben und verrichten, was sonst erforderlich war. So handelte und befahl Psammetich, weil er, sobald die Kinder über das bedeutungslose Wimmern hinaus waren, zu hören wünschte, in welcher Sprache sie zuerst sprechen würden. Und so geschah es; denn nachdem der Hirte zwei Jahre lang so getan hatte und dann die Tür öffnete und eintrat, fielen beide Kinder vor ihm zu Boden und riefen *becos* und streckten ihre Hände aus. Als nun der Schafhirt das zum ersten Mal hörte, schwieg er still; doch als dieses Wort öfter gesprochen wurde, wenn er kam, um sich um sie zu kümmern, berichtete er seinem Herrn davon und brachte die Kinder vor ihn, als er dies befahl. Und als Psammetich dies ebenfalls gehört hatte, erkundigte er sich, welches Volk irgendetwas *becos* nannte; und so fand er heraus, daß die Phryger Brot bei diesem Namen nennen. Schließlich gaben die Ägypter, geleitet von diesem Zeichen, zu, daß die Phryger älter waren als sie. Daß es so geschehen war, hörte ich von den Priestern des Hephaistos in Memphis« (Crystal 1993, S. 288).

Ein ganz ähnliches Experiment ließ einige hundert Jahre später Friedrich II. von Hohenstaufen, Kaiser des Heiligen Römischen Reiches, (1194–1250) durchführen. Der Franziskanermönch Salimbene berichtet darüber in seiner Chronik:

»Er führte sprachliche Experimente an den wertlosen Körpern unglücklicher Kinder durch, indem er Pflegemütter und Ammen anhielt, sie zu säugen, zu baden und zu waschen, aber unter keinen Umständen mit ihnen zu plappern oder zu sprechen; denn er wollte herausfinden, ob sie die hebräische Sprache (die die erste gewesen war) oder Griechisch, Latein oder Arabisch oder vielleicht in der Zunge ihrer Eltern, von denen sie abstammten, sprechen würden. Aber sein Bemühen war vergebens, denn die Kinder konnten nicht leben ohne Händeklatschen und Gebärden und fröhliche Mienen und Schmeicheleien« (Crystal 1993, S. 288).

Gut zweihundert Jahre später machte Jakob IV. von Schottland (1473–1513) ein vergleichbares Experiment, von dem Robert Lindsay von Pitscottie berichtet:

»Der König nahm eine stumme Frau und brachte sie auf eine Insel und gab ihr zwei kleine Kinder mit und stattete sie mit allem aus, was zu ihrer Ernährung notwendig war, das heißt, Essen, Getränke, Feuer und Kerzen, Kleidung und alle anderen für den Menschen erforderlichen Dinge, und erhoffte sich davon Aufschluß über die Sprache, die die Kinder sprechen würden, wenn sie volljährig würden. Manche sagen, sie hätten gut Hebräisch gesprochen. Aber was mich betrifft, so habe ich hiervon nur durch Hörensagen Kenntnis« (Crystal 1993, S. 288).

Die Suche nach der Ursprache: Offenkundig war die Idee, die diesen Experimenten zugrunde lag, falsch: Weder das Griechische, noch das Hebräische oder das Lateinische sind die gesuchte Ursprache. Es ist ohnehin kaum nachweisbar und vermutlich eher in religiösen Mythen tradiert, dass es eine Ursprache gegeben hat. Vor allem die Annahme, dass diese vermutete Ursprache zum Spontanausdruck kommen müsse, wenn Kinder keine sprachlichen Äußerungen hören, ist unsinnig, denn dies unterstellt, dass irgendwo im Menschen diese Ursprache angelegt ist. Weit moderner dagegen ist die These des indischen Großmoguls Akbar der Große (1542–1605), der annahm, dass Sprache sich durch Kontakt mit anderen Menschen entwickle. Diese Annahme suchte er ebenfalls durch ein Isolationsexperiment zu belegen. Hiervon berichtet Abu-I-Fazl in der Akbarnama:

> Gibt es eine Ursprache?

»Da nun manche, die das hörten, ihm keinen Glauben schenkten, ließ er, um sie zu überzeugen, an einem Platz, wohin kein Laut der Bildung und Gesittung dringen würde, ein serail […] erbauen. Die Neugeborenen wurden an diesen Ort der Prüfung gebracht und von ehrlichen und tatkräftigen Wachen an den Augen gelassen. Eine Zeitlang durften stumme Ammen zu ihnen. Da sie die Tür der Sprache geschlossen hatten, nannte man den Ort gewöhnlich Gang Mahal (Haus der Stummen). Am 9. August 1582 ging Akbar auf die Jagd. Die Nacht verbrachte er in Faizabad, und am nächsten Tag besuchte er mit ausgewählten Dienern das Haus des Experiments. Kein Schrei drang aus jenem Haus der Stille und keine Rede war zu vernehmen. Obwohl die Kinder mittlerweile vier Jahre zählten, waren sie des Talismans der Sprache nicht teilhaftig geworden, und kein Laut, nur die Geräusche der Stummen kamen von ihnen« (Crystal 1993, S. 228).

Derartige Experimente wurden in der Neuzeit glücklicherweise nicht mehr unternommen. Ament hat für diese Experimente nur ein vernichtendes Urteil übrig, wenn er schreibt:

»Altertum und Mittelalter haben mit der Kinderseele gespielt – dies und sonst nichts enthalten im Kern die wenigen sich zudem nur auf den Ursprung der Sprache beziehenden Berichte, welche aus fernen Zeiten über die Beschäftigung mit der Kinderseele zu uns gedrungen sind. Sie bezeugen nichts als eine ferne Ahnung von dem, was künftigen Zeiten zu ergründen vorbehalten war« (Ament 1899, S. 7).

Immerhin aber bezeugen diese Experimente die Ahnung, dass die **Kindersprache ein Schlüssel zum Verständnis des menschlichen Geistes** ist und dass diesen zu erforschen eine empirische, experimentelle Methode erfordert.

1.3 | Die wissenschaftliche Analyse des Spracherwerbs: Anfänge und erste Entwicklungen

Das exakte Studium der Kindersprache begann in Deutschland in der Mitte des 19. Jahrhunderts. Vorbereitet wurde das Interesse an der Erforschung der Kinderpsyche nach Ament durch »die Schöngeister des 18. Jahrhunderts und der folgenden Zeiten« (Ament 1899, S. 9), zu denen er Jean-Jacques Rousseau (*Émile*, 1762), Johann Wolfgang von Goethe (*Aus meinem Leben. Dichtung und Wahrheit*, 1811–1833), Johann Paul Friedrich Richter (*Wahrheiten aus Jean Pauls Leben*, 1826), Gottfried Keller (*Der grüne Heinrich*, 1. Bd. 1854) und andere zählt.

1.3.1 | Die erste Entwicklungsphase der Kindersprachforschung

Tagebuchstudien Die erste Entwicklungsphase der Kindersprachforschung kann man mit Ingram (1989) als die **Periode der »diary studies«** bezeichnen. Sie reicht von der Mitte des 19. Jahrhunderts bis zum Einsetzen groß angelegter quantitativer Studien im Jahr 1926 (vgl. Ingram 1989, S. 7). Es gab zwar schon früher vereinzelt Baby-Biografien, so die Kinderbiografie des Dietrich Tiedemann, der die Entwicklung seines 1781 geborenen Sohnes Friedrich aufzeichnete, aber erst mit den Beschreibungen des Physiologen J. E. Löbisch (1851), vor allem mit der über die rein physiologische Perspektive hinausgehenden Beobachtungsstudie von Berthold Sigismund (1856), begann die Kindersprachforschung in größerem Umfang. An die Arbeiten von Sigismund schlossen weitere Physiologen wie Kußmaul (1859) und Vierordt (1879) an (vgl. Bar-Adon/Leopold 1971, S. 17 f.). Weniger auf die lautliche als auf die Wortschatzentwicklung konzentrierte sich der Philosoph Hippolyte Taine in seinen Aufzeichnungen des Spracherwerbs seiner Tochter bis zum Ende ihres zweiten Lebensjahres. Diese Arbeit, 1876 erschienen, ins Englische übersetzt und 1877 in der Zeitschrift *Mind* publiziert, veranlasste Charles Darwin, seine eigenen, früher aufgezeichneten Notizen ebenfalls in der Zeitschrift *Mind* zu veröffentlichen (Darwin 1877). Diese Publikationen, selbst kurz und flüchtig gehalten, bereiteten den Weg für eine biogenetische Sicht auf die kindliche Entwicklung.

Eine erste, auf den Lauterwerb spezialisierte und explanativ angelegte **Kindersprachstudie** wurde von Fritz Schultze, einem Professor der Philosophie und Pädagogik, 1880 vorgelegt, in der er das Prinzip der geringsten Anstrengung für die Abfolge des kindlichen Lauterwerbs postulierte und anhand eigener Beobachtungen und der wenigen publizierten Tagebuchaufzeichnungen seiner Zeit prüfte (vgl. Bar-Adon/Leopold 1971, S. 28 f.). Die Sprachforscher dieser Zeit wie Heymann Steinthal (1855;

1871), Hermann Paul (1880), Lazarus Geiger (1868; 1869), August Schleicher (1861, 1865) haben »[...] nur das Sprechen des Kindes berührt, aber sehr wenig zur wahren Förderung seiner Kenntnis gethan« (Ament 1899, S. 11). Kindersprache wurde nur im Kontext des eigentlichen Interessenschwerpunkts, der **Sprachursprungsfrage** und der **Sprachgeschichte**, aber nicht als eigenständiger Forschungsgegenstand behandelt. So schreibt Steinthal, »[...] daß der Sprachforscher glücklicher gestellt ist, als wer die Geschichte einer sonstigen Erfindung erkundet, insofern die Gesetze, die heute noch beim Erlernen der Sprache sich in jedem Kinde wirksam zeigen, auch die treibenden Kräfte bei der Erfindung waren« (Steinthal 1871, S. 83).

Einen ersten Höhepunkt erfuhr die Kindersprachforschung mit der umfassenden, systematischen Beschreibung der Entwicklung seines Sohnes Axel, die William Preyer in seinem Buch *Die Seele des Kindes* (1882) publizierte. Das Verdienst Preyers, eines Physiologen, besteht vor allem darin, die biographische Methode begründet zu haben. Zu Preyer merkt Karl Bühler (1929, S. 53) an: »Er war selbst kein bahnbrechender Psychologe, hat uns weder neue Methoden, noch ein neues Gesetz des seelischen Geschehens geschenkt; aber in günstiger Stunde das Gebiet als Ganzes gesehen und mit naturwissenschaftlicher Sorgfalt im Kleinen bestellt zu haben, ist sein bleibendes Verdienst.«

Ein zweiter Höhepunkt dieser ersten Entwicklungsphase ist das Buch von Clara und William Stern *Die Kindersprache. Eine psychologische und sprachtheoretische Untersuchung* (1907, 1928), das die zuvor herrschende Vereinseitigung der Standpunkte aufhob. Während Preyer, wie auch seine Nachfolger Shinn (1905), Oltuscewski (1897) und Ament (1899), den Spracherwerb auf die intellektuelle Entwicklung zurückführte, die Rolle der **inneren, geistigen Kräfte** betonte, machten seine Kritiker Meumann (1902) und Idelberger (1903) dagegen eine voluntaristische Begründung geltend und betonten die Rolle der **äußeren, sozialen Kräfte**, was der Position ihres Lehrers Wilhelm Wundt, dargelegt in dessen *Völkerpsychologie* (1900), entsprach.

Clara und William Stern

Diese Polarisierung wurde mit der **Konvergenztheorie** von Clara und William Stern überwunden, die besagt: »Das eigentliche Problem lautet also gar nicht, ob ›Nachahmung oder Spontaneität‹, sondern inwiefern sich bei der Übernahme, Auswahl und Verarbeitung der von außen gebotenen Formen und Bedeutungen die inneren Tendenzen und Kräfte betätigen« (Stern/Stern 1928, 1965, S. 128). Neben dieser theoretischen Neuorientierung zeichnet sich die Arbeit der Sterns auch dadurch aus, dass sie (allerdings unter Aussparung der lautlichen Entwicklung) den **Syntaxerwerb** systematisch mit einbeziehen und daran die **Periodenbegrenzung** des Spracherwerbs festmacht: »Sucht man nach einer inhaltlichen Grenzziehung, so kann man wohl dann die Kindersprache als abgeschlossen betrachten, wenn das Kind sich die Umgangssyntax in den Hauptzügen angeeignet hat. Wir verstehen somit unter Kindersprache diejenige Sprachepoche, die vom ersten sinnvoll gesprochenen Wort bis zur Bewältigung der Hauptarten des Satzgefüges reicht« (ebd., S. 3). Vor allem aber haben sie explizit die **Eigenständigkeit** und **Besonderheit** der Kindersprache gewürdigt:

»Es ist ja noch nicht lange her, daß die gesamte Pädagogik überhaupt in dem Kinde nur die unfertige Miniaturskizze des Vollmenschen sah, und es nicht als Gegenwartswesen in seinem Selbstwert und seiner Besonderheit, sondern nur als einen Wechsel auf die Zukunft gelten ließ. Und so faßte man denn vielfach die Kindersprache lediglich als den schwerfälligen Werdeprozeß der Vollsprache auf, der sich durch unzählige Irrungen und Wirrungen hindurch seinem Ziele näherte. Je mehr man lernte, dem Kinde als Kind gerecht zu werden, um so mehr würdigte man auch seine Abart als Eigenart, seine Sprachbesonderheit als naturgemäßen ›Kinderdialekt‹« (ebd., S. 1).

Diesen Kinderdialekt haben die Sterns in den Tagebuchaufzeichnungen der Entwicklung ihrer Tochter Hilde und ihres Sohnes Günther dokumentiert und im Sinne der Konvergenztheorie zu erklären gesucht. **Methodische Sorgfalt** bei der Datensammlung und -dokumentation zusammen mit einer **auf Erklärung ausgerichteten Perspektive** sind die Neuerungen dieser ersten Entwicklungsphase der Kindersprachforschung.

1.3.2 | Die zweite Entwicklungsphase der Kindersprachforschung

Das Studium größerer Korpora: Die Tradition der Tagebuchaufzeichnungen wurde mit den Arbeiten von Werner F. Leopold (1939–1949), Morris M. Lewis (1936) und Ruth Weir (1962) fortgesetzt. Ab Mitte der 1920er Jahre aber setzte sich vor allem in Amerika das von John B. Watson (1930) begründete **behavioristische Paradigma** in der Psychologie und damit auch in der Kindersprachforschung durch. So wurde die Kindersprachforschung dominiert von den »large sample studies« (Ingram 1989, S. 11), die der behavioristischen Wissenschaftsauffassung insofern folgten, als sie nur beobachtbares Verhalten gelten ließen, innere Kräfte oder Prozesse als nicht messbare Größen ausklammerten. Die erste dieser Studien an großen Gruppen publizierte Madorah Smith 1926, die letzte, 1957 veröffentlicht, stammt von Mildred Templin. In demselben Jahr publizierte Burrhus F. Skinner seine **behavioristische Sprachlerntheorie** (vgl. Skinner 1957), deren radikale Destruktion durch Noam Chomsky 1959 die Ablösung des behavioristischen Paradigmas einleitete (vgl. Chomsky 1959).

Das Interesse der Spracherwerbsforschung in dieser zweiten Periode richtete sich auf das Erfassen des durchschnittlichen, **normalen Spracherwerbsverlaufs** im Bereich des Wortschatzes und der Artikulation sowie auf einige, recht grobe Aspekte von Syntax wie etwa die Satzlänge. Diese Bereiche wurden mit Hilfe kontrollierter Beobachtung, unter Einsatz von Testverfahren querschnittlich (d. h. bei verschiedenen Kindern in verschiedenen Altersgruppen) an größeren Probandengruppen (zwischen 70–430 Probanden pro Sample) untersucht, quantitativ ausgemessen und statistisch verrechnet. Dabei wurde die **Entwicklung verschiedener Gruppen von Kindern**, d. h. von Zwillingen, begabten Kindern, Kindern aus der Unter- vs. der Mittelschicht in den Blick genommen. So wurden **normative Entwicklungsprofile** erarbeitet, an denen das des individuellen Kindes gemessen wurde. Individuelle Entwicklungsverläufe und das Besondere des Spracherwerbs, dass er nämlich die Aneignung eines Systems darstellt, ließen sich so nicht erfassen.

Behaviorismus

Während dieser Zeit begann **Jean Piaget** seine konstruktivistische Entwicklungstheorie auf Grundlage der Beobachtung der intellektuellen und sprachlichen Entwicklung seiner eigenen Kinder und aufgrund klinischer Interviews mit größeren Kindergruppen auszuarbeiten. Piagets Vorstellungen über den Spracherwerb, dargestellt in seinem 1923 erschienenen Buch *Le langage et la pensée chez l'enfant* (Sprechen und Denken des Kindes) wurden von dem bedeutenden Entwicklungspsychologen **Lew S. Wygotski** kritisch aufgenommen. Wygotski (1934/1969) stimmte der Auffassung Piagets über die Fundierung des Spracherwerbs in der allgemeinen kognitiven Entwicklung nicht zu, sondern vertrat die Auffassung, dass Denken und Sprechen in einem Wechselverhältnis zueinander stehen. Obwohl schon zu dieser Zeit Piagets Position auch von anderen Kinderpsychologen, so etwa von Charlotte Bühler, kritisch eingeschätzt wurde (vgl. C. Bühler 1928, Kap. 7), sollte die eigentliche Auseinandersetzung mit den Positionen Piagets, aber auch Wygotskis, erst in der dritten Phase der Spracherwerbsforschung geführt werden.

1.3.3 | Die dritte Entwicklungsphase der Kindersprachforschung

Die Aneignung des sprachlichen Systems zu erfassen, war das Ziel der nach 1957 einsetzenden Längsschnittstudien von Martin Braine, Susan Ervin, Wick Miller und Roger Brown, in denen sie den Spracherwerb derselben Kinder über verschiedene Entwicklungszeiträume hinweg verfolgten. Mit ihrem Versuch, die **frühe kindliche Grammatik** zu erfassen und zu erklären, leiteten sie die dritte, bis heute andauernde Phase der Spracherwerbsforschung ein. Erst in dieser Phase spielte die Linguistik eine wesentliche Rolle. Allerdings wurden die zuvor von Grégoire (1937) und anderen geleisteten ersten umfassenden und genauen Beschreibungen der kindlichen Lautentwicklung von Roman Jakobson 1941 im Sinne des **Strukturalismus** aufgenommen, d. h. linguistisch systematisiert. Jakobson formulierte, allerdings kaum auf empirische Daten gestützt, in seinem Buch *Kindersprache, Aphasie und allgemeine Lautgesetze* (1941/1972) Gesetze des Lauterwerbs, deren Bedeutung vor allem darin liegen, dass hier – wohl zum ersten Mal – der im Strukturalismus entwickelte **Systemgedanke als Erklärungsrahmen** für sprachliche Erwerbsprozesse stark gemacht wurde. Mit der Arbeit von Jakobson wurde die in der dritten Etappe der Spracherwerbsforschung leitende Orientierung an Eigenschaften des Sprachsystems als Bedingungsrahmen des Erwerbsprozesses vorbereitet.

Strukturalismus

Die Interessenausrichtung der Forscher zu Beginn der dritten Entwicklungsphase der Spracherwerbsforschung lässt sich mit Ursula Bellugi und Roger Brown wie folgt charakterisieren:

»Quite recently, investigators in several parts of the United States have begun research on the acquisition of language as-it-is-described-by-linguistic science. This new work is concerned, as the earlier work usually was not, with phonemes, derivational affixes, inflections, syntactic classes, immediate constituents, and grammatical transformations« (Bellugi/Brown 1964, S. 5).

Schon früh kristallisierten sich hier nativistische, von Chomskys Theorie inspirierte, und konstruktivistische, von Piaget ausgehende Konzepte aus. Die Debatte um diese Konzepte führte zu einer Ausdifferenzierung der Standpunkte und beförderte auch die mit dem interaktionistischen Konzept initiierte Rückbesinnung auf die Sternsche Konvergenztheorie. Themen in dieser Debatte waren das Verständnis von Sprache, die Art und die Bedeutung genetischer Dispositionen, die Bedeutung des sprachlichen Input, das Verständnis von Entwicklung und Lernen.

1.4 | Disziplinäre und methodische Orientierungen

Disziplinen und Methoden der Spracherwerbsforschung: Der kindliche Spracherwerb wurde und wird auch weiterhin in verschiedenen Disziplinen und unter den dort gegebenen theoretischen wie methodischen Orientierungen untersucht. Sind **Linguisten** meist daran interessiert zu ergründen, aufgrund welcher Anlagen und Umwelteinflüsse das Kind sich das formal-sprachliche, morpho-syntaktische und phonologische System seiner Muttersprache aneignet, stellen **Entwicklungspsychologen** und auch Pädiater den sprachlichen Erwerbsprozess meist in den Kontext der gesamten psycho-physischen Entwicklung des Kindes. Biologie, Kognitionswissenschaften und Neurowissenschaften konzentrieren sich demgegenüber auf die bio-physiologischen Grundlagen kindlicher Entwicklungs- und Lernprozesse. Die methodischen Orientierungen folgen meist den in der jeweiligen Einzelwissenschaft vorherrschenden disziplinären Orientierungen und den dort jeweils prominenten wissenschaftstheoretischen Paradigmen.

Beobachtung
durch die Eltern

Die Tagebuchaufzeichnung: In ihren Anfängen zeichnete sich die Kindersprachforschung aus durch eher beiläufige, noch **nicht systematisierte Beobachtungen** von Entwicklungsverläufen einzelner Kinder, die häufig von deren Eltern oder Verwandten vorgenommen wurden (Behrens 2008). Häufig waren diese Kinder, wie McCarthy (1954, S. 494) konstatiert, ungewöhnlich, d. h. entweder stark retardiert oder sehr weit fortgeschritten in ihrer Entwicklung. Die Eltern, die ihre Kinder beobachteten, waren häufig keine geschulten Beobachter und hatten wohl nicht immer die nötige Distanz gegenüber ihren Wahrnehmungen. Ingram sieht die Schwäche der elterlichen Beobachtungen darin, dass Eltern nur das festhalten, was ihnen intuitiv als wichtig erscheint, andere, möglicherweise auch wichtige Verhaltensweisen werden übersehen. Außerdem sind die Tagebuchaufzeichnungen auch insofern zufällig, als häufig durch Krankheit des Kindes oder Abwesenheit der Eltern Lücken im Material entstanden (vgl. Ingram 1989, S. 7). Ein Vorteil der elterlichen Beobachtungen ist jedoch, dass die Eltern das Kind sehr gut kennen und sie tatsächlich nicht idiosynkratisches, sondern übliches bzw. einen neuen Entwicklungsschritt ankündigendes Verhalten erfassen können. Außerdem können sie leichter als fremde Beobachter die beiden Elemente der biografischen Methode, nämlich die Methode der »stillen Beobachtung« und die »Methode des Dialogs« mit dem Kind (Ament 1899, S. 4), erfolgreich anwenden und so zu einem möglichst vollständigen Tagebuch des Kindes gelangen.

Neben der biografischen Methode waren bereits in der ersten Phase der Spracherwerbsforschung die vergleichende und die genetische Methode bekannt.

Bei der **genetischen Methode**, angewendet vor allem in der ersten Phase der Kindersprachforschung, werden»[...] durch Vergleich von Kinderbeobachtungen mit Erscheinungen von erwachsenen Individuen und Tieren auf Grund von Analogieschlüssen unbekannte Thatsachen zu erklären [...]« (ebd., S. 7) gesucht.

Vergleiche
und Messungen

Die **vergleichende Methode** sucht mittels Vergleichs der Entwicklung mehrerer Kinder die Durchschnittsentwicklung zu bestimmen. Hierbei werden, wie dann in den *large sample studies* durchweg, aber auch schon bei Ament am Einzelfall erprobt, **Methoden der quantitativen Analyse** (beschreibende und inferenzstatistische Methoden) angewendet. Außerdem werden in diesen Studien auch mögliche Umwelteinflüsse kontrolliert, d. h. Probanden sind bezüglich Geschlecht und sozioökonomischer Herkunft vergleichbar. Anders als in den Tagebuchstudien wird hier das Verhalten systematisch beobachtet, da alle Probanden bezüglich desselben Verhaltens für dieselbe Zeit beobachtet werden. Die Präzision der **Stichprobengewinnung** und des Untersuchungsdesigns war der entscheidende methodische Fortschritt dieser Studien. Die *large sample studies* sind als Querschnittstudien angelegt, d. h. es werden nicht dieselben, sondern verschiedene Kinder zu unterschiedlichen Entwicklungszeitpunkten beobachtet. Individuelle Entwicklungsverläufe lassen sich so nicht erfassen und Aufschlüsse über Aneignungsmechanismen des sprachlichen Systems sind mit dieser Methode kaum zu gewinnen.

Querschnittstudien eignen sich zur Abschätzung der Durchschnittskompetenz grob operationalisierter Sprachparameter wie z. B. Satzlänge als Indikator für syntaktische Kompetenz bei Probandengruppen, die bezüglich unterschiedlicher Faktoren wie Alter, Geschlecht, soziale Herkunft, Geschwisterposition etc. kontrastiert werden, um den Einfluss der Faktoren auf die Sprachleistungen abschätzen zu können.

Längsschnitt- bzw. Longitudinalstudien haben sich als besonders geeignete Methode der Spracherwerbsforschung erwiesen (vgl. Kreppner 1989, S. 271), denn sie ist den deskriptiven und explanativen Aufgaben der Entwicklungsforschung besonders angemessen (vgl. Baltes/Nesselroade 1979). Die Längsschnittstudie ermöglicht die deskriptive Identifizierung von Form, Sequenzierung und Mustern in der Verhaltensentwicklung, sie ermöglicht das Auffinden und Erklären von zugrunde liegenden Mechanismen und determinierenden Faktoren von Entwicklungsprozessen (vgl. ebd., S. 3). Zwar gibt es unterschiedliche Definitionen und Einschätzungen der longitudinalen Methode (vgl. Klann-Delius 1996a, S. 17 ff.), als Arbeitsdefinition kann jedoch mit Baltes/Nesselroade genannt werden: »Longitudinal methodology involves repeated time-ordered observations of an individual with the goal of identifying process and causes of intraindividual change and of interindividual patterns of intraindividual change in behavioral development« (Baltes/Neselroade 1979, S. 7; vgl. Adolph/Robinson 2011).

Das Experiment: Insbesondere in der entwicklungspsychologischen Spracherwerbsforschung wurde auch das Experiment als Methode eingesetzt. Schon nach Preyer hatte man in der Kindersprachforschung damit begonnen, Kinder unter willkürlich herbeigeführten Bedingungen zu Reaktionen zu bringen, was nach Bühler »die Anfänge eines experimentellen Verfahrens« (Bühler 1929, S. 57) bedeutet. Experimente in einem strikten Sinne wurden jedoch in größerem Umfang erst später, in der dritten Phase der Spracherwerbsforschung, als Methode genutzt.

Definition	Das wissenschaftliche Experiment hat zum Ziel, eine Hypothese (einen angenommenen Kausalzusammenhang) zu prüfen. Es besteht in der systematischen Beobachtung unter kontrollierten Bedingungen und unter Manipulation unabhängiger Variablen (angenommene verursachende Faktoren), so dass die Hypothese überprüft werden kann (vgl. Zimmerman in Friedrichs 1985, S. 333).

Angewendet wird die experimentelle Methode z. B. dann, wenn bestimmte Hypothesen über förderliche Umwelteinflüsse auf den Spracherwerb zu prüfen sind. Tomasello/Farrar (1986) haben z. B. in einem Lernexperiment untersucht, ob die gemeinsame Aufmerksamkeitsausrichtung von Mutter und Kind auf ein Objekt die Aneignungsgeschwindigkeit entsprechender Objektbenennungen positiv beeinflusst. Die meisten Forschungsbefunde zu den Kompetenzen des Säuglings wurden experimentell ermittelt. Hierbei wurden besondere experimentelle Techniken angewendet. Der Säugling kann nicht direkt Auskunft geben, man muss ihm also Fragen zu seinem Wissen so stellen, dass er sie mit seinen gegebenen Möglichkeiten auch beantworten kann. Solche Methoden der Befragung liegen vor mit dem sog. Präferenzparadigma, dem Habituationsparadigma und dem Überraschungsparadigma (vgl. Karmiloff/Karmiloff-Smith 2001, S. 14 ff.).

Das Präferenzparadigma nutzt die Fähigkeit des Neugeborenen, mit Blicken bestimmte Objekte zu fixieren. Kriterium ist die bei der Präsentation von verschiedenen Objekten beobachtbare unterschiedliche Dauer der Blickfixierung des Objektes. Aus diesen unterschiedlichen Fixierungszeiten wird auf eine Präferenz geschlossen. Konkret: Man bietet dem Säugling z. B. zwei verschiedene Gesichter dar, das Gesicht seiner Mutter und das einer fremden Person (vgl. Slater 1989, S. 66), dann misst man die Zeitdauer der visuellen Fixierung. Blickt der Säugling ein Gesicht, etwa das seiner Mutter, länger an als das der fremden Person, dann zeigt er eine visuelle Präferenz für das Gesicht der Mutter. Daraus schließt man, dass das Baby einen Unterschied zwischen den beiden Gesichtern bemerkt hat.

Das Habituationsparadigma testet ebenso wie das Präferenzparadigma, ob Säuglinge die Unterschiedlichkeit von Reizen bemerken. Hier benutzt man entweder wiederum die Fixationsdauer oder eine andere früh vorhandene Fähigkeit und Neigung des Säuglings: die des »non nutritive sucking«, des »leeren Saugens«. Das Verfahren basiert auf der Erkenntnis, dass sich Säuglinge nach einer bestimmten Zeit an einen Reiz gewöhnen, also habituieren, und auf einen neuen Reiz mit erhöhter Saugtätigkeit reagieren, d. h. dishabituieren. Bietet man dem Säugling nach der Habituierung an einen Reiz einen neuen und beobachtet man dann erneute Saugaktivität, kann man daraus schließen, dass der Säugling die Unterschiedlichkeit beider Reize erkannt hat (vgl. Oakes 2011).

Das Überraschungsparadigma fragt dagegen danach, ob der Säugling bestimmte Erwartungen an seine Reizumwelt hat und Abweichungen davon bemerkt. Bei diesem Verfahren bietet man dem Säugling ein Ereignis dar, das im Hinblick auf bestimmte normalerweise zusammen auftretende Aspekte unpassend ist. Man bietet dem Säugling z. B. das Gesicht einer Frau dar, richtet es aber so ein, dass ihre Stimme nicht aus ihrem Mund kommt, sondern von der Seite zu hören ist. Diese Abweichung erstaunt schon einmonatige Säuglinge. Man schließt daraus, dass sie erwarten, dass die wahrgenommene Schallrichtung und die Mundkonfiguration in bestimmter Weise zusammenpassen (vgl. Dornes 1993).

Mit dem Familiarisierungsparadigma wird die Fähigkeit, einen Reiz wiederzuerkennen, geprüft. Hier wird dem Kleinkind ein bestimmter Reiz präsentiert, danach wird dieser Reiz in einem anderen Kontext dargeboten. Blickt das Kind den zuvor in der Familiarisierungsphase angebotenen den Reiz länger an, wird daraus geschlossen, dass das Kind den Reiz gespeichert und wiedererkannt hat.

Im intermodalen Blickpräferenzparadigma (Hirsh Pasek/Golinkoff 1996) lässt sich prüfen, ob ein Kind einen sprachlichen Stimulus verstanden hat. Hierbei werden dem Kind zwei visuelle Stimuli meist auf einem Computerbildschirm angeboten, zugleich wird eine sprachliche Äußerung auditiv dargeboten. Blickt das Kind länger auf das Bild, zu dem ein passender sprachlicher Reiz angeboten wurde, wird daraus geschlossen, dass das Kind die passende Zuordnung von Wort und Bild verstanden hat.

Mit Hilfe eines *eye trackers* lassen sich die Blickbewegungen des Kindes genau ermitteln (vgl. Kail 2011; Feng 2011). Der *eye tracker* besteht aus einer Infrarotlichtquelle, die auf das Auge gerichtet wird und einer Kamera, die die Reflektion des Lichts im Auge zusammen mit der Pupille erfasst. Eine zum *eye tracking*-System gehörende Software berechnet hieraus die Augenbewegungen aus dem relativen Abstand von Lichtreflex auf der Hornhaut des Auges und der Pupille. Hiermit lassen sich Blickrichtung und Blickbewegungen messen.

Neben diesen Methoden der Befragung noch nicht sprechender Säuglinge werden auch weitere experimentelle Methoden zur Erfassung der sprachproduktiven und sprachrezeptiven Fähigkeiten von Kleinkindern eingesetzt, in denen z. B. in Form von Satzergänzungen oder dem »acting out« des Inhaltes von Äußerungen grammatische Leistungen geprüft werden (vgl. McDaniel et al. 1996; Kail 2011). In Trainingsstudien werden Faktoren ermittelt, die Erwerbsprozesse beeinflussen. Hierbei wird einer Gruppe von Kindern Stimuli, die einen Einfluss auf Erwerbsprozesse haben könnten, über einen längeren Zeitraum unter gleichbleibenden Bedingungen angeboten, einer anderen Gruppe (Kotrollgruppe) werden sie nicht angeboten. Gemessen wird, ob die Kinder der beiden Gruppen sich in ihren Leistungen unterscheiden.

Mess- und Analysemethoden neuronaler Prozesse: Neben Verhaltensbeobachtungen und -experimenten werden zunehmend häufiger auch neuronale Prozesse untersucht, wobei die schon 1924 entdeckte Methode

Analyse von Gehirnaktivität

der Eletronenenzephalografie (EEG) und die in den 1970er Jahren entwickelten Methoden der Bildgebung genutzt werden (vgl. Kuhl/Rivera-Gaxiola 2008).

Grundlage des EEG ist, dass das Gehirn beständig elektrische Aktivität (postsynaptische Potentiale) zeigt, die mittels am Hirnschädel befestigter Elektroden abgeleitet und aufgezeichnet werden können. Bei Präsentation eines Reizes ändern sich die Frequenz, Amplitude und der Verlauf der beständigen elektrischen Hirnaktivität, so dass man diese Veränderung als **ereigniskorreliertes Potential** (EKP; *event related potential* ERP) messen und millisekundengenau in seinem zeitlichen Verlauf darstellen kann. Dabei werden Gehirnantworten auf zahlreiche, wiederholte Stimulusdarbietungen gemittelt und als Graph oder als topografische Karte, deren Färbungen Aktivierungsgrade und Topographie auf der Schädeloberfläche anzeigen, dargestellt. Die Messung ereigniskorrelierter Potentiale im EEG ermöglicht die genaue zeitliche Darstellung, die Stärke und die Ausrichtung der Informationsverarbeitung bezogen auf die phonologische, semantische und syntaktische Ebene (Ahlsén 2006; Männel 2008; Friederici 2005; Bell/Cuevas 2012).

Die Magnetenzephalografie (MEG) misst ebenfalls die elektrische Aktivität der Nervenzellen des Gehirns, hier indem deren Spannungsinduktion in den Messspulen des MEG-Gerätes gemessen und aufgezeichnet werden. Das MEG ermöglicht eine relativ genaue örtliche und eine sehr genaue zeitliche Bestimmung der Gehirnaktivität. Es wird auch in Kinderstudien eingesetzt. EEG und MEG sind jedoch bezüglich der Aktivitätslokalisierung der funktionalen Magnetresonanztomografie unterlegen, die zunehmend häufiger mit EEG Messungen kombiniert wird.

Die Magnetresonanztomografie (MRT; *Magnetic Resonance Imaging,* MRI) beruht auf einem komplexen Verfahren der magnetischen Resonanz von Wasserstoffkernen, die im Gehirngewebe vorhanden sind. Die Wasserstoffkerne, bzw. die Kernspindel des Wasserstoffatoms hat eine natürliche Ausrichtung, die mit Hilfe von Magnetfeldern, induziert durch einen Tomographen, abgelenkt und wieder in den Ausgangszustand gebracht wird. Diese Signaländerung führt nach komplexen Berechnungen zu einer bildliche Darstellung der Gehirnstruktur in verschiedenen Schnittebenen. Zum Ermitteln der Gehirnaktivität macht man sich den Umstand zu nutze, dass neuronale Aktivität mit einer Erhöhung des Sauerstoffgehalts im Blut einhergeht und dass sauerstoffhaltiges gegenüber sauerstoffarmem Blut verschiedene magnetische Eigenschaften hat.

Das sogenannte **BOLD Signal** (*Blood Oxygen Level Dependent*) lässt sich in vorher bestimmten *areas of interest* messen und in eine bildliche Darstellung der aktivierten gegenüber nicht aktivierten Gehirnregionen überführen. Aufgrund der relativen Trägheit der Veränderung des Sauerstoffgehaltes im Blut bei neuronaler Aktivität auf einen Stimulus hin ermöglicht dieses bildgebende Verfahren keine präzise zeitliche Darstellung von Informationsverarbeitungsprozessen. Dieses Verfahren wird bei kleineren Kindern aufgrund der Belastung durch die Bewegungseinschränkung und den Lärm des Kernspingeräts eher selten verwendet, wenngleich dies im Prinzip, allerdings unter sehr aufwändigen Vorbereitungen, möglich ist (Voos/Pelphrey 2013).

Die funktionale Nahinfrarotspektroskopie (fNIRS) ist ein Verfahren, das problemloser in Kinderstudien verwendet werden kann. Sie beruht ebenfalls auf der Messung des Sauerstoffgehalts im Blut bzw. seiner Veränderung aufgrund neuronaler Aktivität. In diesem Verfahren wird durch Optoden an verschiedenen Stellen des Kopfes Nahinfrarotlicht durch die Schädeldecke maximal 4 cm tief in das Gehirn gesendet und gemessen, wie dieses Licht wieder zurückgeworfen wird. Da aktivierte neuronale Bereiche das Licht anders zurückwerfen als nicht aktivierte, sauerstoffärmere Bereiche im Vergleich zu dem Gehirn im Ruhezustand, lassen sich Ort und zeitlicher Verlauf der Informationsverarbeitung ermitteln. Dieses Verfahren ist mit kleinen Kindern relativ problemlos anwendbar, da es nicht mit Geräuschbelästigung oder starker motorischer Einschränkung verbunden ist (vgl. Wilcox/Biondy 2015a, b).

Beobachtungsmethoden: Die Mehrzahl der Studien, die auf eine Klärung des Erwerbsprozesses von Sprache abzielen, nutzt Beobachtungsmethoden.

> Beobachtung meint die zielgerichtete, aufmerksame Wahrnehmung unterschiedlicher Phänomene und deren Sammeln ohne kommunikative Beteiligung (vgl. Laatz in Bortz/Döring 1995, S. 240).

Definition

In Beobachtungsstudien werden Kinder überwiegend in ihrer häuslichen Umgebung oder in Kindergarten und Schule über unterschiedlich lange Zeiträume und in unterschiedlichen Konstellationen betrachtet. Man hofft dabei, möglichst natürliche, d. h. durch die Beobachtung nicht verzerrte, aber trotzdem technisch einwandfreie Daten zu erhalten und die Risiken des Beobachterparadoxons möglichst gering zu halten. Das **Beobachterparadoxon** besteht darin, dass einerseits unverstelltes, natürliches Verhalten aufgenommen werden soll, die Tatsache, dass es aber protokolliert oder auf Tonband bzw. Video aufgezeichnet wird, um überhaupt auswertbare Daten zu erhalten, andererseits einen Eingriff in die Bedingungen natürlichen Verhaltens darstellt. Dieses Paradoxon lässt sich nicht prinzipiell, sondern nur durch konkrete Maßnahmen auflösen (vgl. Labov 1980). Bei den Tagebuchaufzeichnungen, die vom Typus der Datenerhebung wenig invasiv sind, bestand die konkrete Maßnahme, die z. B. die Sterns anwendeten, darin, die Notizen verdeckt und vom Kind nicht wahrnehmbar anzufertigen oder sie in Abwesenheit des Kindes aus dem Gedächtnis abzurufen. Mit dieser Methode kann nur ein kleiner Ausschnitt aus dem kindlichen Verhalten erfasst werden. Die Datenaufzeichnung mittels Tonband oder Videogerät erlaubt demgegenüber, situative Bedingungen, nonverbale Verhaltensweisen und phonetische Eigenschaften der Kindersprache festzuhalten und einer beliebig wiederholbaren Analyse zu unterziehen. Zu Zeiten, als die entsprechenden Aufnahmegeräte noch sehr groß und unhandlich waren (vgl. Slobin 2014), konnte deren Verwendung eine gewisse Irritation bedeuten. Heute dagegen lassen sich die meist kleinen Tonbandgeräte und auch handlichen Videogeräte relativ unauffällig in eine Beobachtungssituation integrieren.

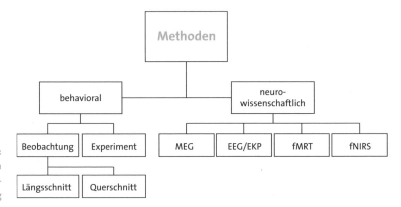

Datenerhebung
und Daten-
transkription sind
interpretative
Probleme

Datenerhebung: Das Erheben von Sprachdaten ist, wie die Sprachwahrnehmung selbst, ein interpretativer Prozess. Bei Tagebuchaufzeichnungen muss in der Situation selbst schnell entschieden werden, wie eine
kindliche Äußerung zu verschriften ist. Dies ist gerade bei frühen kinder-
sprachlichen Äußerungen häufig nicht einfach. Diese Schwierigkeit lässt
sich bei Ton- bzw. Videomitschnitten zunächst umgehen. Erst bei der
Datentranskription müssen die Transkribenten Entscheidungen über die
Schriftform kindersprachlicher Äußerungen treffen. Diese Entscheidungen sind hierbei revidierbar, strittige Fälle können mit anderen bespro-
chen werden. Diese Vorteile und auch die rasche technische Verbesserung
der Aufzeichnungsgeräte zusammen mit einem wachsenden Interesse an
nonverbalen und situativen Daten haben dazu geführt, dass die Tage-
buchmethode, wiewohl lange Zeit favorisiert, nicht mehr als primäres
Instrument der Datenerhebung in der Spracherwerbsforschung genutzt
wird.

Häufig aber werden videografisch aufgezeichneten, longitudinale Beobachtungen ergänzt durch **systematische Elternbefragungen** mit bestimmten Fragebögen, z. B. dem *McArthur Communicative Development
Inventory* (vgl. Fenson et al. 2007) oder dem ELFRA (Grimm/Doil 2001),
mit denen die Eltern nach ihrem Wissen der sprachlichen Verhaltensweisen ihrer Kinder befragt werden. Da Eltern in ständigem Kontakt mit ihren
Kindern sind, verfügen sie über das umfänglichste Wissen über die Entwicklung ihres Kindes. Dies ist auch der besondere Vorteil der Tagebuch-
methode. Aus dem Entwicklungsverlauf der Spracherwerbsforschung
folgt, dass die Mehrzahl der erhobenen Daten sich auf Kinder der weißen
Mittelschicht Amerikas und Europas bezieht (Rowley/Camacho 2015).
**Crosslinguistische, kulturvergleichende und auf verschiedene soziale
Schichten** bezogene Untersuchungen haben aber in den letzten Jahren
zugenommen (Slobin 2014; Bornstein/Hendricks 2012; Gauvain et al.
2011; Keller 2012b; Rowley/Camacho 2015).

Transkription der Daten: Neben den unterschiedlichen Methoden der
Datenerhebung sind für die Kindersprachforschung zudem die Methoden
der Transkription und der Datenauswertung bedeutsam. Die mit Tran-
skripten erstellten schriftlichen Fassungen kindersprachlicher Äußerun-

gen sind Interpretationen des akustischen oder bildlichen Materials, deren Form wiederum die weitere Dateninterpretation beeinflussen kann. Elinor Ochs (1979) hat darauf aufmerksam gemacht, dass schon die grafische Anordnung der kindlichen Redebeiträge zu denen eines anderen bestimmte Interpretationsmuster nahelegen kann.

Die Transkription im Partiturformat etwa, in der die Stimmen der Gesprächspartner wie Stimmen von Instrumenten in einer Partitur notiert werden, visualisiert das Miteinander und das Abwechseln im Gespräch (vgl. Ehlich/Rehbein 1976; Transkriptionsbeispiele finden sich in Kauschke 2012 und unter http://www.geisteswissenschaften.fu-berlin. de/v/spracherwerb/korpus/index.html). Dies sollte die präferierte Notationsweise sein, wenn die Gesprächscharakteristika zentraler Forschungsgegenstand sind.

Eine zeilenweise vorgenommene Darstellung der Redebeiträge von Gesprächspartnern ist demgegenüber nur dann angebracht, wenn die prozesshafte und reziproke Struktur von Daten wenig Bedeutung hat, etwa wenn es um Monologe geht oder wenn rein formal-sprachliche, von pragmatischen Aspekten gänzlich unabhängige Parameter zu untersuchen sind. Demnach sollte das Transkriptionssystem dem Typus der Daten und der Art der Fragestellung gerecht werden.

Eine standardorthographische Verschriftung ist dann angemessen, wenn lautliche Charakteristika nicht in den Blick genommen werden. Sie ist nicht ausreichend, wenn die Lautentwicklung des Kindes untersucht werden soll. Häufig werden Transkriptionen auch so angelegt, dass sie in den groben Grundparametern wie z. B. mittlere Äußerungslänge, Anzahl der Wörter o. Ä. mit Hilfe des Computers ausgewertet und von anderen Forschergruppen mit anderen Fragestellungen weitergenutzt werden können. Ein diesen beiden Zwecken zugeordnetes Transkriptionssystem ist das CHAT-System, dem sich die in dem CHILDES-Projekt zusammengeschlossenen Forschergruppen verpflichtet fühlen (vgl. MacWhinney 2000; MacWhinney/Snow 1985). Nicht alle Kindersprachforscher halten dieses Transkriptionssystem für unproblematisch (vgl. Edwards 1989).

Rechnergestützte Datenauswertungen bieten den großen Vorteil der Schnelligkeit und Zuverlässigkeit. Sie sind jedoch nur anhand recht grober Merkmale durchführbar. Komplexere Operationalisierungen wie etwa die Analyse der Menge thematisch initiativer oder responsiver Beiträge eines Kindes in einem Dialog bedürfen der von Menschenhand ausgeführten systematischen Interpretation, d. h. der **Kodierung**.

Kodierungen stellen die systematische Überführung einer Variable in beobachtbares Verhalten dar (vgl. Friedrichs 1985, S. 376 ff.). Kodierungen sind interpretative Verfahren, deren Übereinstimmungsgenauigkeit unter den systematisch geschulten Kodierern einer Überprüfung, d. h. **Reliabilitätsprüfung**, – möglichst nach Cohen (1960) – unterzogen werden muss. Überprüfungen der Übereinstimmung der Kodierer, aber auch der Transkribenten, gehören zum Methodeninventar der psycholinguistischen Spracherwerbsforschung, die jedoch in der linguistischen Spracherwerbsforschung nicht immer angewendet werden.

Hier werden auch nicht immer die ausgefeilteren Methoden der **quantitativen Datenauswertung** (vgl. Eid et al. 2015) eingesetzt. Dies ist z. T.

Quantitative und qualitative Datenauswertung

durch die geringe Sample-Größe zu erklären, häufig aber auch durch die Zielsetzung und Fragestellung der Studien. Soll z. B. untersucht werden, in welcher Reihenfolge deutsch lernende Kinder die Negationsformen erwerben, muss dies nicht an einer großen Probandenzahl verfolgt werden. Geht es aber um den Zeitpunkt des Negationserwerbs, so sind größere Samples und damit auch der Einsatz zumindest deskriptiver Statistik angeraten. Soll die Hypothese geprüft werden, dass z. B. Mädchen schneller als Jungen die Stadien des Negationserwerbs durchlaufen, müssen außerdem inferenzstatistische Verfahren, d. h. Verfahren, die die Faktoren Alter und Geschlecht abzuschätzen erlauben, eingesetzt werden. Dies ist dank leicht zugänglicher Statistik-Software (z. B. SPSS; vgl. Bortz 1993) ohne größeren Aufwand zu leisten. Nicht immer aber sind quantitative Methoden der Datenauswertung sinnvoll. Immer dann, wenn eine neue Fragestellung in einem theoretisch noch nicht erschlossenen Feld verfolgt wird, sind explorative und **qualitative** Methoden zu präferieren. Es bleibt dann einem weiteren Fortschritt der Forschung vorbehalten, die explorativ gefundenen Qualitäten auf Quantitäten abzubilden.

2 Das zu erklärende Phänomen

> Zwar beherrscht schon ein Kind im Grundschulalter seine Sprache im allgemeinen recht gut, aber viele Strukturen werden erst spät gelernt [...], und die sprachlichen Aufgaben, die es zu lösen hat, sind relativ eingeschränkt. Dies zeigt, daß der ESE [Erstspracherwerb] keinesfalls besonders schnell und leicht ist«
>
> (Klein 1992, S. 21).

Eine Sprache zu erwerben, ist eine komplexe Aufgabe. Sie schließt ein, Sprachlaute und Wörter zu lernen, die Regeln ihrer Kombination zu wohlgeformten, sinnvollen Sätzen zu erwerben und Sätze den Gepflogenheiten einer Kultur entsprechend verwenden zu lernen. Spracherwerb besteht aber nicht nur im Erlernen der Regeln der jeweiligen Muttersprache, Spracherwerb bedeutet auch zu lernen, wie mit Sprache eigene Gedanken und Gefühle ausgedrückt, wie Handlungen vollzogen und die von anderen verstanden werden können. Hierbei sind auch nonverbale Signale wie Mimik und Gestik bedeutsam. Kinder meistern diese komplexe Aufgabe in geordneten Schritten, die im Folgenden dargestellt werden.

2.1 | Stadien des Erstspracherwerbs

2.1.1 | Die Lautentwicklung

Die Lautproduktion

Der Schrei als erste Lautproduktion: Die Fähigkeiten des Neugeborenen zur vokalen Signalgebung beschränken sich zunächst auf das Schreien. »Der Schrei stellt ein angeborenes, artspezifisches Lautmuster dar [...], das sich durch eine bestimmte Frequenz (400–600 Hz) und eine bestimmte zeitliche Strukturiertheit (Kette abgesetzter lautlicher Einheiten) auszeichnet« (Keller/Meyer 1982, S. 62). Der Schrei ist ein Warnsystem zur Überlebenssicherung, er informiert über den Zustand des Säuglings, er hat damit Mitteilungsfunktion, und er hat auch eine physiologische Funktion, er erleichtert die Reorganisation des cardio-respiratorischen Systems, er befördert die Erweiterung der Lungenkapazität (vgl. ebd., S. 62). Papoušek/Papoušek (1989) sehen den Schrei jedoch nicht als die Keimzelle der menschlichen vokalen Kommunikation, da er bei den Betreuungspersonen eher aversive Reaktionen hervorruft. Ausgangspunkt der vokalen Kommunikation seien vielmehr die vokalartigen Grundlaute, die in den ersten Lebenswochen bei der Differenzierung der Ausatmung entstehen. Nach einer Untersuchung von Wermke (2001) zeichnet sich der Säuglingsschrei durch unterschiedliche Typen melodischer Muster aus und ist ebenso wie die frühen Nichtschrei-Vokalisationen als Wegbereiter für den Spracherwerb zu betrachten.

Der Schrei

Hierfür spricht auch, dass schon bei dem Schrei von Neugeborenen Unterschiede in den melodischen Konturen in Abhängigkeit von der Umgebungssprache beobachtet wurden (Mampe et al. 2009).

Grundlaute und Gurrlaute: In den ersten zwei, drei Lebenswochen produziert das Baby einige ruhige Grundlaute. Nach den ersten sechs Wochen treten die ersten melodischen Modulationen, außerdem Anklänge an Vokale und weiche Gaumenlaute auf. Wiederholungen dieser Laute ergeben den Eindruck von Gurrlauten.

Stimmliche Expansion: Mit ungefähr drei, vier Monaten folgt die Phase der stimmlichen Expansion, die Phase des Spiels mit der Stimme (vgl. Papoušek/Papoušek 1989, S. 472 ff.; Oller 1980, S. 96). Das Potential des Stimmapparates wird ausprobiert, die Kontrolle über verschiedene Stimmregister, die Modulation von Intensität und Klangfarbe der Stimme wird entwickelt. Zu dieser Zeit beginnen Kinder, an reziproken Lautnachahmungsspielen teilzunehmen (vgl. Bates et al. 1987, S. 155; Kuhl/Meltzoff 1996). Das Lautrepertoire besteht in den ersten vier Monaten aus den vokalartigen Lauten /e/, /I/, /Λ/ mit über 80 % an der Gesamtvokalproduktion, den konsonantenähnlichen Lauten /h/ und dem glottalen Verschlusslaut /ʔ/, die am häufigsten gebraucht werden, sowie den Lauten /k/ und /g/, die 11 % der konsonantenähnlichen Lautierungen ausmachen. Sehr selten sind andere konsonantenähnliche Laute vertreten. In dieser Zeit produzieren Kinder deutlich mehr Vokale als Konsonanten (vgl. Kent/Miolo 1995).

Babbeln und *babbling*

Phase des Babbelns: Erst mit ca. 6 Monaten werden die ersten Konsonanten systematisch produziert und mit Vokalen kombiniert. Hier beginnt die Phase des Babbelns. Zu diesem Zeitpunkt beginnt der **Vokaltrakt des Säuglings** sich der Gestalt des Vokaltrakts Erwachsener zu nähern. Bis zum Alter von ungefähr drei Monaten entspricht die Form des Vokaltraktes eher dem eines nicht-humanen Primaten als dem eines Erwachsenen, von dem er sich in folgender Hinsicht unterscheidet: Der Kehlkopf des Kindes ist so angehoben, dass die Epiglottis (Kehldeckel) beinahe das Velum (weichen Gaumen) berührt. Der Rachenraum ist im Vergleich zu dem des Erwachsenen sehr kurz und die Mundhöhle ist vergleichsweise breiter. Die Zunge des Säuglings füllt den Mundraum beinahe aus und ist noch nicht unter voller muskulärer Kontrolle (vgl. Kent/Miolo 1995). Die Mundhöhle ist im Verhältnis zu der des Erwachsenen flacher (vgl. Papoušek 1994, S. 22 ff.).

Zwischen dem 7. und 10. Monat schließt sich die **Phase des repetitiven Silbenplapperns** an, in der auch eine deutliche Erhöhung des Konsonantenanteils insbesondere für die Konsonanten /d/, /m/, /b/ an den Lautierungen festgestellt wurde (vgl. Kent/Miolo 1995). Die Silben bestehen in der systematischen Paarung von Konsonant und Vokal, z. B. *ba, da, ga*, die zunächst einzeln, rasch dann aber in Verdoppelungen produziert werden. Werden Formen wie *dada, mama, gaga* geäußert, spricht man von ***reduplicated babbling***. Derartige Silbenfolgen wurden in allen Kulturen beobachtet, sie bilden in zahlreichen Sprachen die Grundlage für die gebräuchlichsten Wörter der Babysprache.

Im Alter von 11 bis 12 Monaten werden dann Kombinationen von unterschiedlichen Vokalen und Konsonanten beobachtet, z. B. *bada, dadu*, was von Oller (1980, S. 99) mit dem Terminus des *variegated babbling* belegt wurde (vgl. Ingram 1989, S. 108). Das Lautrepertoire umfasst bei Englisch lernenden Kindern im Alter von 11 bis 12 Monaten gemäß der Übersicht über die Studien von Irwin (1947), Fisichelli (1950) und Pierce/Hanna (1974), die Locke vorgelegt hat (Locke 1983, S. 4), die Laute /h/ und /d/ (mit einem Anteil von 20–30 %), die Laute /b/ und /m/ (mit einem Anteil von 7–10 %), die Laute /t/, /g/ (mit einem Anteil von 4–12 %) und die Laute /s/, /w/, /n/, /k/, /j/, /p/ (mit Anteilen um 2–4 %). Sehr selten beobachtet wurden die Laute /θ/, /z/, /f/, /ð/, /ʃ/, /ŋ/, /ʒ/, /dʒ/, /r/.

Die im englischen Babbel-Repertoire häufiger aufgefundenen Laute wurden meist auch in anderen Sprachen, nämlich Afrikaans, Maya, Luo, Thai, Japanisch, Hindi, Chinesisch, Slovenisch, Holländisch, Spanisch, Deutsch, Arabisch, Norwegisch, Lettisch aufgefunden (vgl. Locke 1983, S. 10). »Babbling, whether vocal or manual (as in the case of deaf infants exposed to a sign language), is initially composed of multiple contrasts relevant to all human languages. But it progressively becomes reduced to those operative in the child's linguistic (speech or signing) environment [...]« (Elman et al. 1996, S. 119).

Wortähnliche Vokalisierungen (Protowörter): Mit ungefähr 12 Monaten gebrauchen Kinder in der Regel Vokalisierungen, die Eltern als **erste Wörter** identifizieren, die nach Locke (1995, S. 299) jedoch als *prephonological* zu betrachten sind und meist aus einfachen Konsonant-Vokal (CV) oder Konsonant-Vokal-Konsonant (CVC)-Silben bestehen. Die Äußerungsform des Babbelns wird auch nach Auftreten dieser ersten ›Wörter‹ noch für einige Zeit genutzt. Selbst dann, wenn Kinder bereits über ein Vokabular von 30 Wörtern verfügen, bestehen, so Vihman (1986, S. 95), noch zwei Drittel aller Lautierungen aus *babbling*.

Protowörter

Die Phase der wortbezogenen phonologischen Organisation: In der Mitte des zweiten Lebensjahres erfährt das kindliche Lexikon innerhalb weniger Wochen eine sprunghafte Ausweitung von 50 auf über 100 Wörter. Damit verändert sich die phonologische Organisation, die sich nun an »whole word processes« (Bates et al. 1987, S. 58) ausrichtet. Phonematische Oppositionen beziehen sich auf das ganze Wort. Die auf einzelne Wörter bezogenen Lautunterscheidungen werden nachfolgend schrittweise generalisiert und es tauchen auch spontan wortungebundene phonematische Kontraste auf (vgl. Ingram 1989, S. 210).

Wortbezogene Organisation

Kinder haben in dieser Phase der wortbezogenen phonologischen Organisation starke Beschränkungen dafür, was ein mögliches Wort in seinem Lexikon konstituiert. »For example, a particular child may have a rule or bias that excludes any word containing both velar stop (*k* or *g*) and an alveolar stop (*t* or *d*); hence the child may say (gʌk) for the adult word duck even though she is able to say d in other words (e. g. [da] for *doll*)« (Bates et al. 1987, S. 158). Das phonetische Inventar eines 2-Jährigen mit Englisch als Muttersprache umfasst die Laute /m/, /n/, /b/, /p/, /d/, /t/, /g/, /k/, /f/, /s/, /w/ (vgl. Ingram 1989, S. 349).

Das Lautsystem bildet sich nach Bates et al. (1987) dann aus, wenn der Prozess der Grammatikalisierung vollzogen wird und das produktive Lexikon mehr als 50 Wörter umfasst (Bates et al. 1987; Locke 1983). Mit dem Erwerb grammatischer Morpheme und einer Komplexitätssteigerung

Lautsystem

der syntaktischen und semantischen Relationen entwickelt sich die phonologische Organisation weg von dem »whole word process« und hin »[...] to the entire set of phonological contrasts that occur in the target language. Like the morphological elements that make up a grammar, a phonology can now be described in terms of operations or rules for combining phonemic and allophonic segments« (Bates et al. 1987, S. 158). Das phonologische System ist in den wesentlichen Zügen mit 4 Jahren ausgebildet, abgeschlossen ist es erst mit ca. 7 Jahren (Locke 1995).

Die Vokale sind sämtlich mit drei Jahren vorhanden, von den Konsonanten stehen zu diesem Zeitpunkt zur Verfügung: die Nasale /m/, /n/, /ŋ/ die stimmlosen Verschlusslaute /p/, /t/, /k/, die Gleitlaute /w/, /j/, /h/, die Frikative /f/, /s/ sowie die stimmhaften Verschlusslaute /b/, /d/, /g/ außer in Endposition. Mit vier Jahren verfügen englisch lernende Kinder dann über die stimmhaften Verschlusslaute in Endstellung, über palatale Frikative und Affrikaten /ʃ/, /tʃ/, /dʒ/, die Liquidae /l/, /r/ zumindest in Anfangs- oder Mittelposition des Wortes und über /v/, /z/ in medialer Position. Nach diesem Zeitpunkt sind die intervokalischen alveolaren Verschlusslaute, verschiedene Frikative und der stimmhafte Palatallaut /z/ noch zu erwerben (vgl. Ingram 1989, S. 365). Eine Übersicht über den Erwerb des deutschen Lautinventars bietet Kauschke 2012, S. 34.

Kontinuität zwischen vorsprachlicher und sprachlicher Entwicklung: Roman Jakobson vertrat die These, dass die vorsprachliche Lautentwicklung keinerlei Kontinuität zur sprachlichen aufweist, dass Kinder zunächst systematisch alle Laute aller natürlichen Sprachen ausprobieren, bevor dann ihr Lautrepertoire durch ihre Umgebungssprache beeinflusst wird. Diese **Diskontinuitätshypothese** wird nicht mehr einhellig befürwortet. So zeigt die Analyse der in der vorsprachlichen Entwicklungsphase gebrauchten Laute durchaus nicht die von Jakobson postulierte Vielfalt (vgl. Ingram 1989, S. 106; Locke 1983, S. 3 ff.). Des Weiteren wurde in verschiedenen Studien von de Boysson-Bardies et al. (1984, 1986, 1989, 1992) gezeigt, dass Babbellaute von Kindern verschiedener Sprachumgebungen wie z. B. Chinesisch, Arabisch, Schwedisch und Französisch ab 4 bis 7 Monaten Merkmale der Angleichung an die Muttersprache in verschiedenen Aspekten zeigen (vgl. Kent/Miolo 1995, S. 319 f.). Weitere Evidenzen zugunsten einer Kontinuität zwischen vorsprachlicher und sprachlicher Entwicklung sind nach Locke (1995, S. 283 f.):

Evidenzen für Kontinuität

- Das Konsonanteninventar des Lexikons mit 12 Monaten korreliert positiv mit der phonologischen Entwicklung mit drei Jahren (vgl. Vihman 1986).
- Der Grad der Syllabizität im vokalen Spiel mit 12 Monaten korreliert positiv mit der Produktion von Konsonanten am Wortende mit 29 Monaten (vgl. Menyuk et al. 1986).
- Das Alter des Einsetzens des Babbelns steht in Bezug zum späteren Fortschritt in der lexikalischen Entwicklung (vgl. Stoel-Gammon 1989).
- Die Babbeläußerungen weisen dieselben phonetischen Präferenzen (vgl. Oller et al. 1976), ähnliche Verteilungen der Konsonanten, ähnliche Äußerungslänge und phonotaktische Struktur (vgl. Vihman 1986) auf wie die ersten Wörter.

Die empirischen Befunde stützen demnach die **Kontinuitätshypothese**.

Die Lautrezeption

Beginn der Lautrezeption: Die Lautrezeption ist zunächst gebunden an das **Hörvermögen**, das spätestens ab der Geburt vorhanden ist. Auf interessante auditive Reize, etwa eine nicht zu laute Rassel oder eine sanfte Stimme, reagiert das Neugeborene, indem es Augen und Kopf der Geräuschquelle zuwendet. Das Neugeborene kann bei seiner Geburt menschliche von nicht-menschlichen Lauten unterscheiden, es präferiert Sprachlaute vor anderen Lauten und es kann bereits vier Tage nach seiner Geburt die Prosodie seiner Umgebungssprache von der anderer Sprachen unterscheiden (vgl. Jusczyk et al. 1993; Nazzi et al. 1998; Voloumanos/Werker 2007). Außerdem kann es verschiedenartige Geräuschfrequenzen unterscheiden. Neugeborene bevorzugen Geräusche mit Frequenzen von 500–900 Hertz, die denen der menschlichen, weiblichen Stimme entsprechen. Zu hohe oder zu laute Geräusche rufen Schreckreaktionen oder die Reaktion des Abschaltens oder Weinens hervor (vgl. Brazelton/Cramer 1991, S. 76). Menschliche Laute sind dem Neugeborenen lieber als nicht-menschliche Geräusche (vgl. Brazelton/Cramer 1991, S. 87).

Präferenz für Sprachlaute

Das Neugeborene kann die Stimme seiner Mutter von anderen weiblichen Stimmen unterscheiden. Die Präferenz für die mütterliche Stimme scheint mit den **intrauterinen Wahrnehmungen** zusammenzuhängen (vgl. DeCasper/Fifer 1980; DeCasper/Spence 1986). Aber auch Kinderlieder oder die Erkennungsmelodie einer Seifenoper werden nach der Geburt wiedererkannt (Moon/Fifer 2000). Neugeborene können aufgrund ihrer vorgeburtlichen Spracherfahrung Vokale ihrer Umgebungssprache von fremden unterscheiden (Moon et al. 2013). Säuglinge von zwei Tagen präferieren darüber hinaus eine »infant directed speech« vor einer »adult directed speech« (vgl. Cooper/Aslin 1990). Neugeborene können Zusammenhänge zwischen Gehörtem und Gesehenem herstellen (Morongiello et al. 1998), sie können die Sprechrhythmen des Holländischen und Japanischen unterscheiden (Ramus et al. 2000), und sie können mit verschiedenen Tonhöhen gesprochene Wörter sowie Sätze mit verschiedenen Rhythmen unterscheiden (Nazzi/Floccia/Bertoncini 1998; Nazzi/Bertoncini/Mehler 1998). Dies ist auf entsprechende neuronale Strukturen vor der Geburt zurückzuführen (Partanen et al. 2013).

Präferenz für die mütterliche Stimme

Unterscheidung von Sprechrhythmen

Kategoriale Lautwahrnehmung: Die Lautwahrnehmung des Säuglings ist auf spezifische Kontraste des sprachlichen Signals eingestellt. Er kann z. B. *ba* von *ga*, *ba* von *pa* unterscheiden. Die Lautunterscheidung ist wie bei Erwachsenen kategorial. Beim Erwachsenen erfolgt die Wahrnehmung phonemischer Kontraste, also des Unterschiedes von z. B. *b* und *p* in *Bier* und *Pier* nicht einfach gemäß den akustischen Eigenschaften der Laute. Viele Varianten von *Pier* werden noch als *Bier* verstanden und umgekehrt. Es gibt eine kritische Schwelle in der Stimmeinsatzzeit (*voice onset time*) bei der Artikulation von *Bier* und *Pier*, nach deren Über- oder Unterschreiten die Schallereignisse als *Pier* oder *Bier* diskriminiert werden. Diese Abhängigkeit der Lautwahrnehmung von einer kritischen Schwelle bezeichnet der Ausdruck kategoriale Lautwahrnehmung (vgl. Eimas 1985, S. 76 f.). Kategorial wahrgenommen werden u. a. Artikulationsart (Stimmeinsatzzeit) und Artikulationsort (Einsatzfrequenz des zweiten und dritten Formanten), die Phonemkontraste konstituieren.

Eimas et al. (1971) zeigten, dass die Kontraste zwischen *bah* und *pah* von Kindern im Alter von 1 bis 4 Monaten nach dem Schwellenwert der Stimmeinsatzzeit unterschieden wurden. Diese Sensibilität für Stimmeinsatzzeiten wurde bei Säuglingen aus verschiedenen sprachlichen Umgebungen beobachtet (vgl. Aslin et al. 1983). Säuglinge erwiesen sich auch als sensibel gegenüber einer Stimmgebungskategorie, nämlich der vorgezogenen Stimmgebung bei Verschlusslauten, die in ihrer Umgebungssprache keine Rolle spielt. Darin sieht Eimas einen Hinweis darauf, dass die kategoriale Lautwahrnehmung sich auf angeborene Mechanismen stützt (vgl. Eimas 1985, S. 80). Allerdings wurde die kategoriale Lautwahrnehmung auch bei nicht-menschlichen Lebewesen, den Chinchillas und Makaken, nachgewiesen (Kuhl 2004), die diese Fähigkeit offenkundig nicht zum Spracherwerb gebrauchen. Es ist also fraglich, ob die kategoriale Lautwahrnehmung ein für Sprache spezialisierter Perzeptionsmechanismus ist (vgl. Aslin et al. 1983, S. 642).

Anders als Konsonanten werden Vokale weder von Kindern noch von Erwachsenen kategorial, sondern kontinuierlich wahrgenommen (vgl. ebd., S. 623), wie Swoboda et al. (1976) für Babys von 2 Monaten feststellten. Relativ früh (mit 6 Monaten) können Kinder Kontraste zwischen Vokalen, z. B. zwischen /a/ und /i/, /i/ und /u/ erkennen (Trehub 1973; Kuhl/Miller 1975, 1982).

Neben der kategorialen Lautwahrnehmung verfügen Babys bereits sehr früh auch über die Fähigkeit, Laute zu kategorisieren, d. h. Laute trotz phonetischer Unterschiede aufgrund verschiedener Sprecher, trotz verschiedener Sprechgeschwindigkeit und unterschiedlichen sprachlichen Kontextes als gleich zu erkennen (Kuhl 2004).

Die Entwicklung der Wahrnehmung von Phonemkontrasten: Die Fähigkeit zur Wahrnehmung konsonantischer Phonemkontraste natürlicher Sprachen unterliegt einer Entwicklung (vgl. Aslin et al. 1983): Die Wahrnehmung von Stimmhaftigkeit gemäß Stimmeinsatzzeit wurde für die oralen Verschlusslaute /p/ vs. /b/ bei 4 Wochen alten Säuglingen nachgewiesen. Für orale Spiranten bzw. Frikative wie /f/ vs. /v/ konnte dies erst bei 12 Wochen alten Säuglingen festgestellt werden. Die kategoriale Wahrnehmung von Lauten gemäß ihrer Artikulationsstelle (via Einsatz und Verlauf der Formanten) konnte für Verschluss- und Reibelaute bei Kindern ab 4 Wochen erwiesen werden. Zusätzlich stellte man fest, dass die Wahrnehmungsfähigkeit auch von der Stellung der Laute in der Silbe abhängt. Die Stimmhaftigkeit/Stimmlosigkeit als Unterscheidungsmerkmal für orale Verschlusslaute wurde erst anlautend (mit 4 Wochen), dann auslautend (mit 8 Wochen), für Frikative erst auslautend, dann anlautend festgestellt. Änderungen von Tonhöhenverläufen oder Akzentgegensätze wurden wahrgenommen. Allerdings spielte die Betonung keine Rolle, Kontraste zwischen Lauten wurden unabhängig davon erkannt, ob diese Laute in einer betonten oder unbetonten Silbe dargeboten werden. Was allerdings die Diskriminationsfähigkeit beeinflusste, war im Falle von stimmhaften vs. stimmlosen Konsonanten die Dauer ihrer Darbietungszeit. Je länger sie dargeboten wurden, desto besser wurden die Kontraste erkannt (vgl. Aslin et al. 1983, S. 648).

Diese differenzierte Wahrnehmungsfähigkeit ist unabhängig von der Umgebungssprache der Kinder. Die Fähigkeit zum Erkennen verschiedener Konsonanten z. B. an ihrer *voice onset time* (VOT) ist bei Kindern in den ersten Monaten auch dann nachgewiesen, wenn die Unterscheidung in stimmhaft/stimmlos keinen phonemischen Kontrast in der Umgebungssprache konstituiert. So erbrachte eine Studie von Streeter (1976, zit. nach Aslin et al. 1983, S. 639), dass Kikuyu Babys (Kikuyu ist eine in Kenia gesprochene Sprache) sowohl zwischen vorgezogener Stimmgebung vs. Stimmhaftigkeit als auch zwischen Stimmlosigkeit und Stimmhaftigkcit unterscheiden. Der Kontrast zwischen stimmhaft/stimmlos ist aber einer, der in ihrer Umgebungssprache nicht vorkommt. Es konnte auch gezeigt werden, dass Kinder Laute, deren Wahrnehmung nicht an der VOT orientiert ist, unterscheiden können, die keinen Phonemkontrast in ihrer Umgebungssprache bilden (z. B. nasaliertes *pa* vs. nicht nasaliertes *pa*, vgl. Aslin et al. 1983, S. 641). Allerdings stellten Mehler et al. (1988) fest, dass Neugeborene eine Präferenz für sprachliche Äußerungen in ihrer Muttersprache im Gegensatz zu einer Fremdsprache haben. Eine gewisse Voreinstellung der Sprachwahrnehmung auf die Umgebungssprache scheint demnach vorhanden zu sein (vgl. Aslin et al. 1983, S. 642).

Eine zunehmende Sensibilisierung für die Muttersprache und ein zunehmender Verlust der Diskriminationsfähigkeit setzt zwischen dem 6. bis 12. Monat ein. Die Fähigkeit, in der Umgebungssprache nicht phonemdistinktive Kontraste zu erkennen, verschwindet ab dem 6. Monat. Werker und Lalonde (1988) zeigten, dass Kinder einer englischsprachigen Umgebung im Alter von 6 Monaten phonetische Kontraste, die im Hindi, nicht aber im Englischen vorkommen, leicht erkennen, sofern die damit korrelierenden Artikulationsbewegungen nicht eingeschränkt wurden (Bruderer et al. 2015). Mit 12 Monaten konnten die Kinder diese Hindi-Kontraste aber nicht mehr wahrnehmen. In dieser Phase der beginnenden Sensibilität für die Umgebungssprache konnte bei 9 Monate alten Kindern auch eine Sensitivität für prosodische Markierungen von Satzeinheiten im Englischen beobachtet werden (vgl. Jusczyk et al. 1992). Diese Sensitivität wiesen die Kinder aber nur dann auf, wenn diese prosodischen Markierungen in Form der *infant directed speech* (s. Kap. 5) dargeboten wurden. Wurden die Kinder (im Alter von 7 bis 10 Monaten) dagegen mit *adult directed speech* konfrontiert, so zeigten sie keine Sensitivität gegenüber der prosodischen Markierung von Satzeinheiten (vgl. Kemler-Nelson et al. 1989).

Nach Kuhl (2004) liegt der zunehmenden Sensibilisierung für die Phoneme der Muttersprache des Kindes die Fähigkeit zu Grunde, sich die für das Sprachsystem relevanten Phonemdistinktionen durch die Analyse der Verteilungsmuster von Lauten in der Sprache zu erschließen. Dabei spielt auch die Klarheit der elterlichen Sprache eine Rolle (Liu et al. 2003). Der Verlust der Diskriminationsfähigkeit von Lauten, die nicht zur Umgebungssprache gehören, sagt nach Kuhl et al. (2005) bessere Sprachfähigkeiten im 2. und 3. Lebensjahr voraus. Er ist darauf zurückzuführen, dass die Erfahrungen mit Sprache zu neuronalen Veränderungen führen,

Rolle der Umgebungssprache

die die Bildung erster lautlicher Repräsentationen ermöglichen und einen kognitiven Lernprozess in Gang setzen (Kuhl/Rivera-Gaxiola 2008).

Eine Wende in der Art der Sprachwahrnehmung wird markiert durch den Verlust der Fähigkeit zur Unterscheidung von Lautkontrasten in der zweiten Hälfte des 1. Lebensjahres, die keine phonemischen Unterscheidungen ihrer Umgebungssprache repräsentieren. Zunächst ist die Spachwahrnehmung an psychophysischen Parametern orientiert, dann an phonologischen. Diese Veränderung wird nach Aslin et al. (1983, S. 667) dadurch hervorgerufen, dass das Kind kommunizieren will, einer Äußerung Bedeutung zuordnen möchte. Deshalb beginne es, seine Aufmerksamkeit auf diejenigen akustischen Eigenschaften einer Äußerung zu richten, die Bedeutungsunterschiede oder -gemeinsamkeiten anzeigen. Das Feedback der Eltern ermöglicht dem Kind, die Eigenschaften im akustischen Signal zu erkennen, die in seiner Umgebungssprache bedeutungsunterscheidend sind. Dabei geht das Kind nicht auf der Laut- sondern auf der Silben- oder Wortebene vor.

Mit ungefähr 10 Monaten lassen sich dann Anzeichen eines rudimentären **Verständnisses von Wörtern** erkennen, und es konnte für den Zeitraum zwischen 10 Monaten und zwei Jahren für das Russische (vgl. Shvachkin 1948/1973) wie auch für das Englische (vgl. Garnica 1973; Edwards 1974) eine zwölfstufige Erwerbsreihenfolge von Phonemkontrasten ermittelt werden. Die Entwicklung des Erkennens der grundlegenden phonologischen Oppositionen ist mit zwei Jahren noch nicht abgeschlossen; vor allem verbleibt die Aufgabe, die an einfach strukturierten Wörtern vorgenommenen phonematischen Unterscheidungen auch auf komplexe Wörter anzuwenden (vgl. Ingram 1989, S. 184).

Statistisches Lernen

Erkennen von Regelmäßigkeiten: Kinder können schon früh Regelmäßigkeiten bzw. Muster im Lautstrom erkennen. Dies wurde bereits für Neugeborene gezeigt (Teinonen et al. 2009). Kleinkinder verfolgen die Distribution von Silben bzw. Wörtern und orientieren sich an deren Übergangswahrscheinlichkeit (Yang 2004). Saffran et al. (1996) zeigten, dass 8 Monate alte Babys anhand der Übergangswahrscheinlichkeiten zwischen den Silben Wörter als Einheit im Lautstrom erkennen können. Werden in einem Lautstrom Kleinkindern Kunstwörter wie *tupiro* oder *golabu* präsentiert, erkennen sie diese wieder, nicht aber Varianten der Kunstwörter mit einer anderen Silbenabfolge wie *pirotu*, *labugo*. Nazzi et al. (2008) wiesen den Rhythmus einer Sprache als weitere Segmentierungshilfe auf. Auch phonotaktische Regelmäßigkeiten, d. h. die in einer Sprache vorkommenden Phonemkombinationen, werden als Segmentierungshilfe des Lautstroms genutzt (vgl. Jusczyk et al. 1993). Jusczyk/Aslin (1995) ermittelten, dass 7 bis 8 Monate alte Babys Wörter der offenen Klasse in gesprochener Sprache wahrnehmen. Höhle und Weissenborn (2003) zeigten, dass Babys im Alter von 7 bis 15 Monaten auch Wörter der geschlossenen Klasse im Lautstrom erkennen können (vgl. Hochmann et al. 2010). Marcus et al. (1999) stellten fest, dass Kinder nicht nur Silbenfolgen wie *tupiro* oder *wididi* wiedererkennen können, sondern dass sie das ihnen zugrunde liegende abstrakte Bildungsmuster, z. B. ABB im Wort *wididi* nutzen, um Kunstwörter mit anderen Phonemen, aber gleichem Bildungsmuster wie *tobaba* zu erkennen. Die hierfür nötigen neuronalen Strukturen sind nach

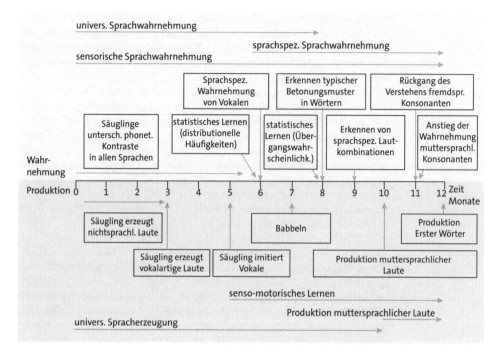

Gervain et al. (2012) schon bei Neugeborenen vorhanden. Für das frühe Erkennen von Einheiten und Strukturen in einer Sprache scheinen neben distributionellen und prosodischen Eigenschaften des Input auch Charakteristika wie Wort- bzw. Silbenränder und Wiederholungen wichtig zu sein (Mehler et al. 2008). Das Erkennen von Regelmäßigkeiten basiert auf statistischem Lernen, d. h. einem Lernen auf Basis der statistischen Eigenschaften des Input, dies sind vor allem Häufigkeit, Variabilität, Verteilung, Wahrscheinlichkeit der Ko-Okkurenz. Dies wurde nicht nur bei sprachlichen Stimuli und bei Menschen gezeigt (Bulf et al. 2011; Aslin/Newport 2014; Erickson/Thiessen 2015).

Abschließend bleibt festzuhalten, dass um den 2., den 6. und den 10. Monat herum charakteristische Veränderungen sowohl in der Lautproduktion wie in der Lautwahrnehmung zu beobachten sind.

Abb. 2.1: Lautproduktion und Lautwahrnehmung im 1. Lebensjahr (nach Kuhl et al. 2008, S. 980)

2.1.2 | Die Entwicklung von Gestik und Mimik

Die Produktion von Gesten: Schon bei Neugeborenen lassen sich **koordinierte Handbewegungen** beobachten (vgl. Meltzoff/Moore 1977; Trevarthen 1977, 1986; Nagy et al. 2013). Trevarthen/Marwick (1986, S. 288) stellten bereits bei 6 Wochen alten Kindern fest, dass sie, wenn sie mit ihren Müttern interagieren, nicht nur »cooing vocalizations« und dem Sprechen ähnliche Lippen- und Zungenbewegungen machen, sondern dass sie in diesen »Protokonversationen« eine oder beide Hände heben, die Finger ausstrecken und mit der Handflächen nach vorne zeigen. Diese Handbewegungen nennen Trevarthen/Marwick (1986, S. 289) »expressive gestures«, bei denen die meisten Kinder die rechte Hand präferieren. Diese Beobachtungen von Trevarthen haben Fogel und Hannan (1985) bei Babys im Alter von 3 Monaten bestätigt. Die frühen, **zeigegestenähnlichen Bewegungen** sind noch nicht intentional, sie erscheinen stets dann, wenn sich das Baby in einem ausgeglichenen und aufmerksamen affektiven Zustand befindet und wenn es nicht vokalisiert (vgl. Fogel/Hannan 1985). Die Häufigkeit dieser Zeigebewegung bleibt im Entwicklungszeitraum zwischen dem 2. und 10. Monat konstant (vgl. Fogel 1981; Fogel/Thelen 1987, S. 757), dagegen zeigte sich für die Bewegungen des Greifens und Hinlangens ein deutlicher Anstieg mit 4 Monaten. Fogel/Thelen nehmen an, dass die Zeigegeste eine eigenständige Entwicklung hat, andere Autoren meinen, dass die Zeigegeste in ihrer Entwicklung durch die Verhaltensformen des *reaching* und *showing/giving* vorbereitet wird (vgl. Bates et al. 1987; Capone/McGregor 2004).

Die Zeigebewegungen sind zunächst weder mit der Blickrichtung noch mit der Extension des Armes koordiniert und sie sind nicht auf den Fokus der Aufmerksamkeit des Kindes ausgerichtet. Mit 6 bis 9 Monaten kann das Zeigen (*pointing*) schon in dem Kontext auftauchen, dass das Kind seine Aufmerksamkeit auf ein Objekt ausrichtet, aber diese Bewegung ist noch nicht direktional, der Arm ist nicht ausgestreckt. Die Zeigegeste wird auch dann ausgeführt, wenn das Kind Objekte exploriert. Mit 11 Monaten wird die zeigende Geste in Ausrichtung auf ein Objekt und bei ausgestreckter Hand verwendet (siehe die Abbildung auf dem Cover dieses Bandes).

Kinder nutzen das Zeigen ab dem ersten Lebensjahr »with the motivation to help/inform others or just to jointly attend to things in the world with them« (Moll/Tomasello 2007, S. 5; vgl. Tomasello 2008; Brooks/Meltzoff 2014). Sie sind das erste Anzeichen, dass das Kind kommunikative Intentionen versteht (Liszkowski/Tomasello 2011). Die hinweisenden Zeigegesten deutet Tomasello (2008) als Vorläufer gesprochener Sprache. Die Zeigegeste wurde in vielen verschiedenen Kulturen nachgewiesen (Liszkowski et al. 2012), Die Häufigkeit ihres Gebrauchs scheint jedoch vom Bildungsstand der Eltern mit beeinflusst zu sein (Callaghan et al. 2011). Der Gebrauch von Gesten und Gesten-Wort-Kombinationen steht in positivem Zusammenhang mit dem späteren Spracherwerb (Capirci et al. 1996; Colonnesi et al. 2010; Sauer LeBarton et al. 2015). Der Gestengebrauch kann vom elterlichen Gestengebrauch befördert werden (Goodwyn et al. 2000; Zammit/Schafer 2011).

Im 2. Jahr gebrauchen Kinder Gesten, mit denen sie Aspekte von Handlungen oder Objekten durch entsprechende Körperbewegungen darstellen, wie z. B. durch die Nase schnüffeln und dabei auf eine Blume referieren. Diese Gesten ähneln **ikonischen Gesten**, insofern als sie »[...] depict actions and objects, but are different from iconics in a fundamental way, since they do not occur with speech (pointing combines with speech but depictive gestures do not) [...]« (McNeill 1992, S. 300 f.). Diese bildlichen Gesten werden bis zum Alter von ca. 18 Monaten fast ausschließlich mit dem Körper ausgeführt, Handgesten wie z. B. die Darstellung von »Schere« durch zwei sich öffnende und schließende Finger tauchen später, nach ca. 18 Monaten auf. Die häufigste Geste im 2. Lebensjahr ist die Zeigegeste.

Nach dem 2. Lebensjahr werden ikonische Gesten mit Sprechen verknüpft (vgl. ebd., S. 303). Mit 4 bis 5 Jahren werden dann die **Taktstockgesten** und **metaphorische Gesten** erworben (vgl. ebd., S. 321 ff.; Capone/ McGregor 2004).

Das Verständnis von Gesten: Einige Studien berichten (vgl. Bates et al. 1987; Leung/Rheingold 1981), dass das Verständnis hinweisender Gesten dem der Produktion von Gesten zeitlich etwas »hinterherhinkt«. Diese Studien weisen auf, dass Kinder, die selbst Zeigegesten mit einiger Sicherheit produzieren können, nicht vergleichbar sicher im Verstehen dieser Gesten sind. Einjährigen fällt es offenbar schwer, das visuelle Ziel einer Zeigegeste eines Erwachsenen zu identifizieren (vgl. Murphy/Messer 1977). Bevor Kinder 10 Monate alt sind, reagieren sie auf eine **Zeigegeste** einfach damit, dass sie auf den Finger des Erwachsenen starren. Mit 10 Monaten kann man dann durch eine Zeigegeste die Aufmerksamkeit global steuern, spezifische Referenten können die Kinder aber noch nicht ausmachen. Ein Grund dafür ist, dass sie der Arm- und Handbewegung folgen, sich dabei aber nicht an dem ausgestreckten Finger orientieren (vgl. ebd., S. 343). Ein weiterer Grund ist, dass die für den Erfolg der Zeigegeste nötige Ausrichtung der gemeinsamen Aufmerksamkeit sich im 1. Lebensjahr erst allmählich entwickelt, wie Scaife und Bruner (1976) festgestellt haben (vgl. Carpenter et al. 1998; Moore 2008). In dieser Studie folgten mit 8 Monaten deutlich mehr als die Hälfte der untersuchten Probanden der Blickrichtung eines Erwachsenen, wenn sich dieser, nach anfänglichem direktem Augenkontakt mit dem Kind, seitlich einer Lichtquelle zuwandte. Erst mit einem Jahr gaben die Kinder zu erkennen, dass sie die Orientierungsänderung des Erwachsenen bemerkten, indem sie abwechselnd auf den Erwachsenen und das Objekt seiner Aufmerksamkeit blickten. Ab 14 Monaten verstehen Kinder Zeigegesten im Rahmen gemeinsamer Aufmerksamkeitsausrichtung (Moll/Tomasello 2007; Tomasello et al. 2007). Dies zeige, dass »[...] human infants are biologically adapted for social interactions involving shared intentionality« (Moll/Tomasello 2007, S. 646).

Die Produktion mimischer Muster: Auch die Produktion organisierter mimischer Muster scheint deren Verstehen vorauszugehen.

Schon bei Neugeborenen bzw. wenige Wochen alten Säuglingen lassen sich strukturierte mimische Muster feststellen, die denen Erwachsener entsprechen. Von Geburt an vorhanden sind mimische Muster für Unlust/ Unbehagen, auch in der Ausprägung von Schmerz und Trauer (vgl. Izard/ Malatesta 1987, S. 507), das Neugeborenenlächeln als Ausdruck neuronaler Aktivität, Reaktionen auf unangenehmen Geschmack, im mimischen Display dem Ekelgesicht des Erwachsenen vergleichbar (vgl. Rosenstein/ Oster zit. in Campos et al. 1983, S. 798; Holodynski/Friedlmeier 2006). Carroll Izard glaubt, in diesem Alter schon Anzeichen des mimischen Ausdrucks von Interesse und Vorläufer von mimischen Displays für Überraschung in Form von Schreckreaktionen zu sehen (vgl. Camras et al. 1991, S. 84 ff.; Camras/Shutter 2010). Nach Paul Ekman (Ekman 1988; Ekman/ Cordaro 2011) sind die Basisemotionen *happiness*, *anger*, *fear*, *sadness*, *disgust* angeboren und universell nachweisbar. Nach Scherer et al. (2011) kann nur das Verständnis dieser Emotionen, nicht aber deren Produktion als universell belegt gelten. Feldman Barrett (2011) betrachtet Emotionen grundsätzlich als Ergebnis kognitiv-sozialer Konstruktionsprozesse. Für James Russell sind Basisemotionen Ergebnis einer entwicklungsbedingten Ausdifferenzierung der beiden anfänglich vorhandenen Emotionskategorien positiv und negativ (Widen/Russell 2010).

Frühformen des sozialen Lächelns in Reaktion auf ein menschliches Gesicht oder die menschliche Stimme in einer hohen Stimmlage zeigen sich innerhalb der ersten 3 bis 4 Wochen (vgl. Oster 1978). Das Lächeln ist auch bei blindgeborenen Kindern nachgewiesen (vgl. Eibl-Eibesfeldt 1979, S. 16 f.). Vor diesem Lächeln beobachtete Oster (1978) eine 3 bis 20 Sekunden dauernde Phase des intensiven Stirn-Runzelns zusammen mit der visuellen Fixierung des Gesichts, was anzeigt, dass das Kind die Reizmuster, die das Gesicht darbietet, zu assimilieren versucht. Ist dies gelungen, so erfolgt das Lächeln als Reaktion auf diesen Erfolg. Schon im Alter von 3 bis 4 Wochen werden einfache kognitive und affektive Verarbeitungsprozesse im Lächeln angezeigt. Die Vorstellung, dass bis zum Alter von 3 Monaten keine kognitive Reizverarbeitung und entsprechend auch kein emotionales Erleben möglich ist, wird dadurch in Frage gestellt (vgl. Keller/Meyer 1982, S. 94). Insbesondere das menschliche Gesicht evoziert bei Kindern im Alter von 2, 4, 6 und 8 Monaten den Ausdruck des Interesses zusammen mit einer verlängerten Blickdauer und einem Absinken der Herzschlagrate (vgl. Izard/Malatesta 1987, S. 505).

Subtilere Affektzustände werden ab dem 3. Monat in den Gesichtsausdrücken signalisiert. Nun tritt neben dem Lächeln auch das Lachen auf, und das Kind zeigt zunehmend Interesse auch an nicht-personalen Objekten (vgl. Trevarthen 1985). Nach Izard tauchen innerhalb der ersten 4 Monate neben dem Lächeln als Ausdruck für Freude auch die Ausdrücke für Ärger, Überraschung, Traurigkeit und Scham auf. Ärger z. B. war bereits bei 2 Monate alten Babys beobachtbar (vgl. Izard/Malatesta 1987, S. 507; Campos et al. 1983, S. 797). Alle Komponenten des Ärgergesichts zeigten erst 4 Monate alte Babys. Camras beobachtete in ihrer Fallstudie das Ausdrucksmuster für Überraschung bereits während der ersten beiden Lebensmonate in Sequenzen der erhöhten visuellen Aufmerksamkeit (vgl. Camras et al. 1991, S. 89). Camras interpretiert das Überraschungsgesicht als eine intensive Form des Interesses. Systematische Studien, die die Stimuli zu identifizieren suchten, auf die Babys zuverlässig mit dem mimischen Display der Überraschung reagieren, kamen nicht zu eindeutigen Ergebnissen (vgl. Hiatt et al. 1979; Camras et al.1991, S. 87 ff.). Ausdrücke von Traurigkeit konnten schon in den ersten Wochen in Teilkomponenten beobachtet werden und zwar in Zuständen des »distress« während einer schmerzhaften medizinischen Prozedur. Das vollständige Display von Traurigkeit wurde unter ähnlichen Bedingungen allerdings erst von 3 bis 4 Monate alten Kindern dargeboten (Izard/Malatesta 1987, S. 507). Ab dem 7., 8. Monat zeigen Kinder Angst/Furcht. Auch bei diesem Gesichtsausdruck konnte nicht klar nachgewiesen werden, welcher Stimulus diese Reaktion hervorruft (vgl. Hiatt et al. 1979; Camras et al. 1991, S. 92 f.; Camras/Shutter 2010). Im Verlauf des 2. Lebensjahres werden dann Ausdrücke für Schüchternheit, Schuld, Verachtung gezeigt (vgl. Izard/Malatesta 1987, S. 507).

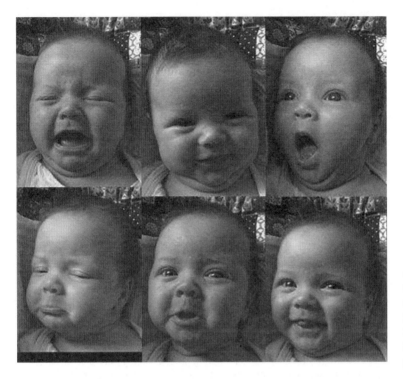

Abb. 2.2:
Gesichtsausdrücke
eines Babys (aus
Luef/Peltzer-Karpf
2013; mit freund-
licher Genehmi-
gung der Autorin)

Ein relativ stabiler Index des Gefühlszustandes ist der mimische Ausdruck bis zum 3. Lebensjahr (vgl. Malatesta et al. 1989, S. 8). Danach erwerben Kinder die Fähigkeit, den mimischen Ausdruck gemäß kulturellen Normen oder elterlichen Erwartungen zu verändern, d. h. die mimischen Displays zu überspitzen oder zu minimieren, sie zu neutralisieren oder das erlebte Gefühl durch einen anderen mimischen Ausdruck zu maskieren. Neutralisierung des expressiven Verhaltens wurde bei Vorschulkindern, Konformität mit den geschlechtsrollentypischen *display rules* wurde bei Kindern von 3 bis 4 Jahren beobachtet. Die **Maskierung der Gefühle** ist noch für Schulkinder schwer, sie haben Schwierigkeiten, Freude zu simulieren, während sie einen negativen Affekt erleben (vgl. ebd., S. 8). Der Emotionsausdruck unterliegt kultureller Variation (Röttger-Rösler et al. 2013).

Das Verstehen mimischer Muster: Nach Darwin ist nicht nur der mimische Ausdruck, sondern auch das **Erkennen von Gefühlen** am Gesichtsausdruck angeboren. Er meinte, dass das Kleinkind Gesichtsausdrücke voneinander unterscheiden kann, dass es instinktiv die Bedeutung eines Ausdrucks erfasst und dass dies eine emotionale Reaktion bei dem Kleinkind hervorruft (vgl. Harris 1992, S. 13). Diese Annahme erwies sich jedoch als methodisch schwer zu überprüfen (vgl. Campos et al. 1983, S. 824 ff.).

Gezeigt werden konnte, dass Kinder in einem relativ frühen Alter verschiedene Gesichtsausdrücke unterscheiden können. Die Studie von Caron et al. (1982) erbrachte, dass Babys ab 7 Monaten mimische Displays der Freude oder Überraschung unterscheiden können. Die Merkmale, anhand derer die Kinder die beiden Gesichtsausdrücke unterschieden, betrafen allerdings weniger die für den jeweiligen Affekt relevanten Konfigurationseigenschaften, sondern einzelne Merkmale (vgl. Caron et al. 1988, S. 604 f.).

Caron et al. 1988 stellten zudem fest, dass erst mit 5 Monaten Freude und Traurigkeit alleine am mimischen Display unterschieden werden können. In diesem Alter können Kinder die sich im Hinblick auf die Intensität weniger stark unterscheidenden Emotionen der Freude und der Ärgerlichkeit noch nicht diskriminieren, auch wenn ihnen die Ausdrücke in Ton und Bild dargeboten werden. Noch 7 Monate alte Babys können ein freudiges von einem ärgerlichen Gesicht ohne Stimme nicht unterscheiden.

Studien, die im Paradigma des *social referencing* durchgeführt wurden, haben seit langem (Sorce et al.1985) und wiederholt (vgl. Mumme/Fernald 2003; Hertenstein/Campos 2004; Vaish/Striano 2004) gezeigt, dass mimisch und/oder vokal dargebotene positive oder negative Emotionen von 12 Monate alten Babys erkannt werden, da diese deren Annäherungs- oder Vermeidungsverhalten gegenüber einem ambigen Objekt bzw. einer ambigen Situation beeinflussen. Zuverlässig erkannt werden emotionale mimische Displays jedoch erst sehr viel später, mit ca. 6 Jahren (MacDonald et al. 1996; Batty/Taylor 2006).

Die bisherigen Studien zur Produktion und zum Verstehen mimischer Displays zeigen, dass Kinder im Verlauf ihres ersten Lebensjahres mimische Muster, die diskreten Grundemotionen entsprechen, produzieren und eine Reihe kontrastierender mimischer Muster auch als unterschiedlich wahrnehmen können. Produktion und Verstehen mimischen Ausdrucks ist in der weiteren Entwicklung auf die Aneignung von kulturell bestimmten Darbietungsregeln und von weniger eindeutigen, komplexen oder gemischten Displays, sog. *blends* ausgerichtet.

2.1.3 | Die Entwicklung des Wortschatzes

Wortproduktion: Nach dem **Erwerb des ersten Wortes** mit ungefähr 12 Monaten wird zwischen 1;0 bis 1;6, (d. h. 1 Jahr; 0 Monate bis 1 Jahr; 6 Monate) einem vergleichsweise langen Zeitraum ein Wortschatz von ungefähr 50 Wörtern aufgebaut.

Ab 1;9 erfolgt eine häufig sprunghafte Ausweitung des Wortschatzes, die bis ca. 3;6 andauert und danach abflacht.

Die Altersangaben variieren sowohl für den Zeitpunkt des Auftretens des ersten Wortes wie auch für den Zeitpunkt, zu dem der sog. **Vokabularspurt** einsetzt. Bühler (1928) gibt 10 Monate als Zeitpunkt des ersten produktiven Wortes an, Bates et al. (1992, S. 84) datieren das erste Wort im Zeitraum vom 11. bis 13. Monat. Bloom/Bitetti Capatides (1987) nennen als Zeitpunkte des Auftretens des ersten Wortes 13;6 Monate, für den *vocabulary spurt* das Durchschnittsalter von 19;6 Monaten. Nach Nelson (1973) erwerben Kinder die ersten 50 Wörter zwischen dem 15. und dem 24. Monat. In der Studie von Lieven et al. (1992) wurde ein Wortschatzumfang von 50 Wörtern bereits mit 18 Monaten festgestellt. Zu ähnlichen Ergebnissen kommt eine Studie zum Deutschen von Szagun

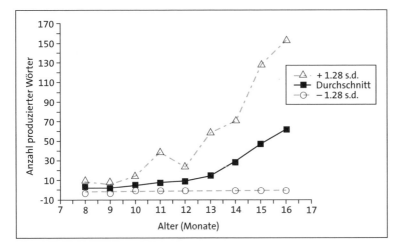

Abb. 2.3:
Wortproduktion
im Alter von 8–16
Monaten (nach
Bates et al. 1995,
S. 103)

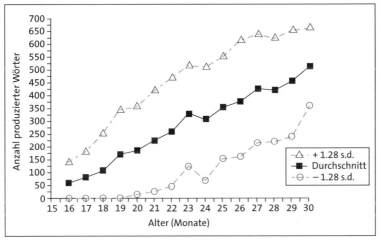

Abb. 2.4:
Wortproduktion
im Alter von 16–30
Monaten (nach
Bates et al. 1995,
S. 104)

et al. (2006). Auch die Zeitangaben für den Vokabularspurt variieren um einige Monate. Unter ›Vokabularspurt‹ wird die mit ca. 1;8 erfolgende sprunghafte Ausweitung des Wortschatzes verstanden, die bis ca. 3;6 andauert (Szagun 2002, S. 313 f.). Im Alter zwischen 3 und 6 Jahren erwerben Kinder täglich durchschnittlich 9 bis 10 neue Wörter pro Tag (Clark 2003, S. 80). Auch dies sind Durchschnittsangaben, hier besteht ebenfalls eine hohe Variabilität (Bates et al. 1994a; Bates et al. 1995). So haben Goldfield und Reznick (1990, 1996) beobachtet, dass der Vokabularspurt unterschiedlich lang andauern kann. Sie haben auch festgestellt, dass einige Kinder keinen deutlichen Vokabularspurt aufweisen, dass dieser bei einigen Kindern exponentiell verläuft, bei einigen dagegen graduell (vgl. Kauschke 2012, S. 45 f.; Tomasello 2003, S. 50 f.).

Als generelle Tendenz lässt sich festhalten, dass das erste Wort um den 12. Monat herum auftaucht, dass die ersten 50 Wörter mit dem Ende des

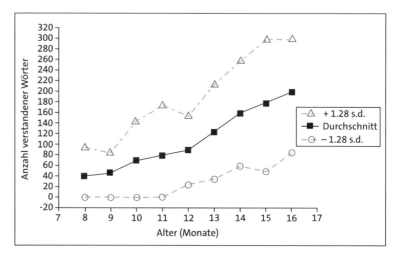

2. Lebensjahres erworben sind, dass dann eine Phase der raschen Ausweitung des Vokabulars erfolgt und dass mit dem Ende des 4. Lebensjahres eine Verlangsamung einsetzt. Der Wortschatzerwerb ist in wesentlichen Zügen mit ca. 12 Jahren abgeschlossen; allerdings werden auch nach diesem Alter weitere neue Wörter hinzugelernt (vgl. Grimm 1998).

Das Wortverständnis ist ein komplexer Vorgang. Es »[...] requires forming representations of objects and events, responding to attentional cues, remembering the sound patterns of potential words, and linking auditory and visual events« (Tincoff/Jusczyk 2012, S. 432). Die Teilkomponenten des Wortverständnisses sind mit 3–4 Monaten ausgebildet. Meist wird das Einsetzen des Wortverständnisses mit 8–9 Monaten angegeben. Tincoff/Jusczyk (2012) fanden jedoch, dass bereits 6 Monate alte Babys nicht nur die Wörter »mommy« und »daddy« verstehen, sondern auch die Wörter »Fuß« und »Hand«. Das Wortverständnis ist in der Regel früher entwickelt als der Wortgebrauch (vgl. Snyder et al. 1981; Bornstein/Hendricks 2012). Kinder mit einem rezeptiven Vokabular von weniger als 50 Wörtern produzieren in der Regel nicht mehr als 10 Wörter, Kinder mit einem rezeptiven Vokabular von mehr als 100 Wörtern gebrauchen aktiv bis zu 50 Wörter. Es gibt jedoch auch Kinder mit einem rezeptiven Vokabular von bis zu 200 Wörtern, die kaum oder überhaupt keine bedeutungsvollen Wörter benutzen. In der Regel weist das Wortverständnis eine deutliche interindividuelle Variation auf (Bates et al. 1995).

Eine besonders starke Dissoziation zwischen rezeptivem und produktivem Vokabular charakterisiert die Kinder, die als *early talker* bzw. *late talker* kategorisiert werden. Das expressive Vokabular der *late talker* ist meist erheblich kleiner als das rezeptive. Die *early talker* dagegen zeigen meist ein größeres produktives als rezeptives Vokabular (vgl. Bates et al. 1992, S. 90 f.).

Der Inhalt des frühen Wortschatzes: Über die inhaltliche Gliederung des frühen produktiven Wortschatzes im Deutschen teilen schon Stern/ Stern (1928/1965) mit, dass am Anfang des Spracherwerbs die »**Dingwör-**

ter«, die visuell sichtbare Gegenstände bezeichnen, quantitativ im Vordergrund stehen. Das Kind, das nach Beobachtungen von Stern/Stern zunächst überwiegend Substantive gebraucht, benennt Aspekte seiner unmittelbaren Umgebung: Familienmitglieder, Spielsachen, Tiere, Ess- und Trinkbares, Tönendes und Bewegtes (vgl. ebd., S. 195). Die ersten Wörter basieren auf Handlungen, Wahrnehmungen und Ereignissen, in die das Kind involviert ist (vgl. Nelson/Lucariello 1985, S. 82), sie beziehen sich auf das, was »konkret, hörbar, sichtbar, greifbar, manipulierbar« ist (Wode 1988, S. 146; vgl. Szagun 1993; Kauschke 1999a), wobei auch kulturelle Unterschiede beobachtet wurden (Papaeliou/Rescorla 2011). Daneben gibt es auch relationale Wörter, die den Zustand von Objekten bezeichnen. Mit diesen Wörtern werden nach Bloom et al. (1975) das Vorhandensein, das Nicht-Vorhandensein, das Wieder-Auftauchen von Objekten ausgedrückt. Außerdem verwenden Kinder in den Anfangsphasen viele personal-soziale Wörter (Grüße »hallo«, Gesprächssignale »hm«, Kurzantworten »ja«, »nein«), Onomatopoetica (lautmalende Wörter) und expressive Wörter (»aua«) (Kauschke 2000; Laing 2014). In der ersten Phase des Wortschatzerwerbs gebrauchen Kinder häufig ein und dieselbe Wortform um sehr verschiedene Referenten (**Übergeneralisierung**) oder nur spezifische Referenten (**Untergeneralisierung**) zu benennen. So nannte der Sohn von de Villiers/de Villiers Hunde und andere kleine Tiere »nunu«, Kühe, Pferde und andere große Tiere nannte er »moo«, »du« nannte er Enten und Vögel, als »turtle« bezeichnete er dagegen nur die aufziehbare Schildkröte im Badewasser (vgl. Grimm 1998, S. 461).

Das frühe Lexikon spiegelt nach Interpretation der verschiedenen Autoren die konkrete, auf direkt wahrnehmbare Phänomene ausgerichtete Erfahrungswelt des Kindes wider.

Auf diese Anfangsphase folgt nach Stern/Stern die **Phase der Benennung von Aktionen**. Hier beginnt das Kind insbesondere Tätigkeiten und Vorgänge zu benennen, also alles das, was mit und durch die »Gegenstände« »passiert« (vgl. Augst et al. 1977, S. 25). Auch in dieser Phase, die zwischen 1;9 und 3;0 angesetzt wird (vgl. Wode 1988, S. 144), liegt der Schwerpunkt primär auf dem Perzipierbaren. In der dritten Phase, die ab 3;0 beginnt und mit 12;0 endet, erfolgt die **lexikalische Strukturierung in Wortfelder**; hier beginnt das Kind damit, vor allem »[...] Relationen zwischen Gegenständen herzustellen, und es erwirbt den Wortschatz für qualitative Beurteilungen (z. B. durch Adjektive, Adverbien, Präpositionen und Konjunktionen)« (Augst et al. 1977, S. 25).

Benennung innerer Zustände: Kleinkinder versprachlichen nicht ausschließlich Konkretes, äußerlich Wahrnehmbares sondern beziehen sich bereits im 2. und 3. Lebensjahr mit Wörtern auf innere Zustände. Das Sprechen über innere Zustände beginnt mit ca. 18 Monaten (vgl. Bretherton et al. 1981). Mit 20 Monaten gebrauchen 30 %, mit 28 bis 30 Monaten bereits 90 % der Kinder Benennungen für die Bereiche Schmerz, Müdigkeit, Abscheu, Liebe, Moral. Die Entwicklung des Sprechens über Emotionen erlebt im dritten Lebensjahr einen sprunghaften Anstieg und wird inhaltlich komplexer, bleibt aber noch hinter den Bereichen Physiologie, Wollen und Können zurück (vgl. Bretherton/Beeghly 1982; Klann-Delius/Kauschke 1996).

Nach übereinstimmenden Untersuchungsergebnissen sind Kinder zwischen 18 und 36 Monaten in der Lage, Gefühlszustände bei sich selbst und bei anderen zu benennen, sich auf vergangene und zukünftige Emotionen zu beziehen, angemessen Vorläufer und Konsequenzen von Emotionen anzugeben und vorgestellte Emotionen spielerisch auszudrücken (vgl. Bretherton et al. 1986). Eine Ausweitung des Sprechens über Gefühle in imaginativen Kontexten geschieht bereits im 3. Lebensjahr. Die Attribution von Gefühlen taucht in Spielen auf, in denen die Kinder für sich selbst, für andere oder auch für Puppen emotionale Zustände vortäuschen; die Zuschreibung der jeweiligen Gefühle findet dann auch sprachlich statt. Am Ende des 3. Lebensjahres erhält das Kind Zugang zu mentalen Prozessen. Mit 2;8 Jahren tauchen die ersten ›echten‹ Referenzen auf mentale Vorgänge in Form mentaler Verben auf (vgl. Kauschke 2012). Bis zum Alter von 11 Jahren wächst das Emotionslexikon stark an, danach flacht die Zuwachsrate deutlich ab (vgl. Baron Cohen et al. 2010).

Nomenpräferenz
(*noun bias*)

Der Erwerb der Wortarten: Bei Kindern zwischen 9 und 23 Monaten macht der Anteil der Objekte benennenden Nomina an den verschiedenen Wörtern des Wortschatzes (*types*) wie an der Menge der produzierten Wörter (*tokens*) ungefähr ein Drittel aus (Bloom et al. 1993). Zu ähnlichen Ergebnissen kamen die Studien von Hampson (1989, zit. in Bloom et al. 1993, S. 443), von Lieven et al. (1992) und die Studie von Bates et al. (1994), sämtlich Studien, die die Verteilung von Nomina bei Kindern mit einem Wortschatz von 50 Wörtern untersuchten. Wenn der Wortschatz des Kindes mehr als 50 Wörter umfasst, nehmen die Nomina einen größeren Raum ein. Nach Bates et al. (1994) ist der Anteil der Nomina mit ca. 55 % bei einem Wortschatzumfang von 100 bis 200 Wörtern (hier ist das durchschnittliche Alter 1;8 Jahre, vgl. Bates et al. 1994, S. 97) am größten. Danach fällt der Anteil der Nomina ab, und es ist zunächst ein linearer Anstieg der Verben und Adjektive, zuletzt ein Anstieg der Wörter der geschlossenen Klasse (Funktionswörter) zu beobachten (vgl. Kauschke 2012, S. 60 ff.). Dieses gilt nicht für alle Sprachen (O'Toole/Fletcher 2012). Eine Präferenz für Nomen zeigte sich auch beim Erwerb von Sprachen, in denen Verben häufiger vorkommen (Gentner/Boroditsky 2001), wobei die Nomenpräferenz allerdings sprachspezifisch und kontextspezifisch variiert (Kauschke 2007; Waxman et al. 2013; Stoll et al. 2012).

Wortschatz als
Bedingung für
Grammatik

In der Querschnittsstudie von Bates et al. (1994), in der der Wortschatz der Kinder auf Basis von Protokollen der Mütter erhoben wurde, und an der insgesamt 1803 Kinder im Alter von 0;8–2;6 beteiligt waren, wurde als allgemeines Ergebnis die folgende Entwicklungsfolge festgestellt: »Changes in the composition of the lexicon across this developmental range reflect a shift in emphasis from *reference*, to *predication*, to *grammar*« (Bates et al. 1994, S. 98). Die altersabhängige Veränderung der Gebrauchshäufigkeit von Wörtern mit Benennungsfunktion zugunsten von Wörtern mit relationalen Bedeutungen (Verben, Adjektiven etc.) stellt eine Bedingung des Grammatikerwerbs dar, denn »[...] the move to ›sentence-hood‹ does depend (at least in part) on the emergence of predicative or relational meanings« (Bates et al. 1992, S. 85; vgl. Szagun et al. 2006).

2.1.4 | Der Syntaxerwerb

Der Erwerb von Syntax und Flexion im Deutschen lässt sich nach Wode (1988) und Szagun (1993) in vier Stadien einteilen.

1. **Einwortäußerungen:** Das erste Stadium ist das der Einwortäußerungen bzw. Holophrasen. Es beginnt mit ca. 10 bis 12 Monaten und endet mit ca. 18 Monaten. In diesem Stadium gebrauchen Kinder einzelne Wörter. Sie gehören in der Erwachsenensprache den Wortklassen Nomen, Verbpartikel, Adverb, Demonstrativa, Verben und Adjektive an. Negation (Nein) und der Gebrauch von Frageintonation sind vorhanden. Die Verwendungsweise der Wörter zeigt an, dass das Kind nicht lediglich benennt, sondern das Wort und bestimmte Elemente des Kontextes miteinander verbindet. De Laguna hat bereits 1927 (vgl. Bates et al. 1987, S. 177) diese Einwortäußerungen ›Holophrasen‹ genannt, um auszudrücken, dass das Kind über das Konzept eines Satzes verfügt, es dieses aber noch nicht realisieren kann. De Laguna meinte, dass die Satzbedeutung noch globale und unanalysierte Ereignisse beinhaltet, weshalb sie eben auch nur global, mit einer Holophrase ausgedrückt werden können.

Nach Greenfield/Smith dagegen (1976; vgl. Wode 1988, S. 227) kommen schon in den Einwortäußerungen bestimmte semantische Rollen wie Agens-Objekt, Objekt-Lokalisierung, Besitzer-Besessenes zum Ausdruck, die dann im Zweiwortstadium sprachlich explizit werden. Wenn ein Kind z. B. *dada* sagt, wenn es jemanden hereinkommen hört, enkodiert es implizit die Rolle des Agens. Die Zuweisung von intendierten semantischen Rollen in den Einwortäußerungen ist nur hochgradig interpretativ (mit Hilfe des Verfahrens der *rich interpretation*, vgl. Bloom 1973) zu gewinnen. Dementsprechend wurde das Verfahren der *rich interpretation* als problematisch zurückgewiesen, denn die Einwortäußerungen stellen nichts weiter als eine einfache Assoziation zwischen Elementen von wohlvertrauten Szenen und Ereignissen dar (vgl. Bates et al. 1987, S. 177). Diese Kritik unterschätzt jedoch den Tatbestand, dass Kinder dieses Alters im Dialog Äußerungen produzieren, die nicht nur auf Elemente des Kontextes Bezug nehmen, sondern mit denen sie auf Beiträge eines Erwachsenen richtig Bezug nehmen. Wenn der Erwachsene z. B. fragt: *Was hat der Vogel getan?* und das Kind antwortet *weg* (im Sinne von *er ist weggeflogen*), so liegt eine **vertikale Konstruktion** vor (vgl. ebd., S. 178). Diesen vertikalen Konstruktionen folgen rasch auch **horizontale Konstruktionen**. Dies sind Ketten von Wörtern, die durch längere Pausen gegeneinander abgesetzt, aber durch eine spezifische Intonationskontur als zusammengehörig markiert sind.

Untersuchungen zum **Syntaxverständnis** zeigen, dass Kinder im Alter von 13 bis 15 Monaten die syntaktische Konstituentenstruktur von einfachen Sätzen erkennen (Hirsh-Pasek/Golinkoff 1996, S. 88) und dass sie im Alter von 16 bis 19 Monaten die Wortreihenfolge von Sätzen verstehen (ebd., S. 113). Höhle et al. (2004) zeigten, dass Kinder zwischen 12 bis 16 Monaten einem neuen Wort seine syntaktische Kategorie anhand des distributionellen Wissens von Artikeln im Deutschen zuordnen können. Im Alter von 18 bzw. 19 Monaten sind Kinder in der Lage, auch diskontinuierliche Morpheme im Deutschen (z. B. *der Hamster hat leise gequiekt*; Höhle et al. 2006) oder Englischen (*Grandma is always running*; Santelmann/ Juszyk 1998) zu erkennen.

2. Zweiwortäußerungen: Das zweite Stadium der Syntaxentwicklung ist das der Zweiwortäußerungen. Wode setzt es für den Zeitraum zwischen dem 18. und 24. Lebensmonat an. In dieser Phase gibt es nach Wode keine Flexionen, allerdings sind einige Pluralformen vorhanden und zuweilen die Markierung des Genitivs mit -s (vgl. Szagun 1993, S. 31). Die Wortstellung ist nicht fest, sondern individuell variabel (vgl. Wode 1988, S. 228). Auffallend ist hier, dass Kinder auch aus unterschiedlichen Sprach- und Kulturgemeinschaften tendenziell dieselben **semantischen Relationen** ausdrücken. Lois Bloom et al. (1975) und Roger Brown (1973) haben in ihren empirischen Analysen untersucht, welche Bedeutungskategorien in den frühen sprachlichen Äußerungen von Kindern ausgedrückt werden. Sie stellten fest, dass diese sprachlichen Bedeutungskategorien den in der sensomotorischen Phase erworbenen »Erkenntnissen« entsprechen. Derartige Entsprechungen fand auch Slobin bei seiner Analyse der frühen sprachlichen Äußerungen in so verschiedenen Sprachen wie Englisch, Russisch, Deutsch und Finnisch (vgl. Szagun 1993, S. 113 ff.).

In diesem Entwicklungszeitraum sind Kinder beim **Satzverständnis** in der Lage, Subjekt und Prädikat in einfachen Sätzen zu erkennen und die Informationen der Phrasenstruktur zu nutzen, um sich die Verbbedeutung zu erschließen (vgl. Hirsh-Pasek/Golinkoff 1996, S. 154 ff.).

3. Drei- und Mehrwortäußerungen: Das dritte Stadium ist das der Drei- und Mehrwortäußerungen in der Klassifikation von Szagun. Wode unterteilt dieses Stadium nochmals. Er setzt für den Zeitraum von 2;0 und 2;6 ein Stadium an, das er Ausbau der **einfachen Syntax** nennt. Hier erfolgt die Ausrichtung der Wortstellung auf die Zielsprache, der Aufbau einfacher Sätze, der Erwerb erster hierarchischer Strukturierungen je nach Zielsprache und der Beginn der Flexion (vgl. Wode 1988, S. 226; Clark 2003, S. 187 ff.; Kauschke 2012, S. 84 ff.). Das anschließende Stadium, das Wode von 2;6 bis 4;0 ansetzt, zeichnet sich durch beginnende komplexere Syntax aus; hier tauchen Relativsätze, Konjunktionalsätze und Inversion auf und das Flexionssystem differenziert sich, die Syntax einfacher Sätze ist etabliert. Die Flexionsmorphologie zeichnet sich ihrerseits durch charakteristische Entwicklungsstadien aus; deren Aneignung wurde vor allem im Bereich der Verbflexion, der Pluralmorphologie und der Negation untersucht (Kauschke 2012, S. 70 ff.; Clark 2003, S. 187 ff.; Tomasello 2003, S. 196 ff.).

4. Komplexe Syntax: Das 4. und letzte Stadium, bei Wode von 4;0 bis 12;0 datiert, ist durch den Aufbau der komplexen Syntax gekennzeichnet (vgl. Clark 2003, S. 245 ff.). Bereits 3-Jährige können zwar Passivsätze konstruieren, wenn sie experimentell dazu veranlasst werden (Marchman et al. (1991; Tomasello 2003), in ihrer Spontansprache sind diese Konstruktionen zunächst sehr selten und werden erst mit 4 Jahren häufiger (Abbot/Behrens 2006). Die Konstituentenstruktur des Passiv und die richtige Zuordnung der thematischen Rollen sind erst mit 9 Jahren etabliert (Messenger et al. 2012). Auch Satzkonstruktionen, die allein aufgrund der Kasusmarkierung anzeigen, wer Agens und wer Patiens ist (*Den Tiger jagt der Mann*), werden erst in diesem Stadium beherrscht (Dittmar et al. 2008).

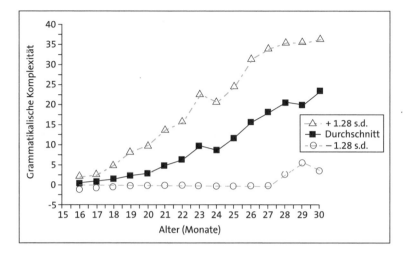

Abb. 2.6:
Grammatikalische
Komplexität (nach
Bates et al. 1995,
S. 109)

Diese Darstellung der Syntaxentwicklung zeigt als allgemeines Prinzip, dass die Entwicklung von globalen Einheiten, also Holophrasen, zu syntaktisch kombinierten, zunehmend komplexeren Äußerungen führt. Hierbei ist hervorzuheben, dass die Erwerbsreihenfolge und der Erwerbszeitpunkt morphosyntaktischer Strukturen von den strukturellen Eigenschaften der zu erwerbenden Sprache abhängig sind.

2.1.5 | Die Entwicklung pragmatischer Fähigkeiten

Mit pragmatischen Fähigkeiten sind die Fähigkeiten gemeint, einen Dialog bzw. ein Gespräch zu führen, Sprechakte zu vollziehen oder eine **komplexe sprachliche Handlung** wie etwa eine Erzählung auszuführen. Unter dem Begriff der **Gesprächskompetenz** sind die Verfahren subsumiert, die die Herstellung und Sicherung sprachlicher Kooperation vermitteln. Dieses sind Verfahren, die den Wechsel der Dialogrollen konstituieren (*turn-taking*), die die dialogische Sequenzierung leiten (*adjacency-pairs*, *turn*-übergreifende Diskursstrukturen) und die die semantischen Beziehungen zwischen und innerhalb von *turns* erzeugen. **Diskurskompetenz** umfasst die Fähigkeiten, komplexe sprachliche Handlungen bzw. Diskurse inhaltlich (kohärent), formal (kohäsiv) und situationsangemessen zu realisieren.

Gesprächskompetenz: Das schon für die vorsprachliche Phase ermittelte Bild, dass Mutter und Kind in ihren Äußerungen einander abwechseln, also die **Regeln des *turn-taking*** befolgen (vgl. Beebe et al. 1985; Stern et al. 1975; Levinson 2016), wird bestätigt, wenn man das Konversationsverhalten von Kindern im 2. und 3. Lebensjahr untersucht. Simultane Äußerungen sind auch im sprachlichen Dialog mit der Mutter eher selten (vgl. Garvey/Berninger 1981; Bloom et al. 1976; Klann-Delius/Hofmeister 1997).

Kinder sind im 2. und 3. Lebensjahr zudem in der Lage, auf die Beiträge

turn-taking

der Mutter Bezug zu nehmen. So zeigten Kaye/Charney (1980, 1981), dass weniger als 13 % aller Dialogbeiträge der beobachteten Kinder im Alter von 2;2 und 2;6 Jahren keinerlei Bezug zu dem Beitrag der Mutter hatten. In der Längsschnittstudie von Bloom et al. (1976) zu den Formen **dialogischer Bezugnahme** bei vier Kindern im Alter von 21 bis 36 Monaten zeigte sich, dass die Kinder innerhalb dieses Entwicklungszeitraums einen deutlichen Zuwachs an thematisch und sprachlich Bezug nehmenden Äußerungen aufwiesen. Auch die im Rahmen des Projektes »Dialogentwicklung und Interaktion« längsschnittlich im Alter zwischen 13 und 36 Monaten beobachteten 26 Kinder wiesen in dem Entwicklungszeitraum einen sehr signifikanten Anstieg der thematisch und sprachlich Bezug nehmenden Äußerungen auf (vgl. Klann-Delius et al. 1996). Darüber hinaus wurde festgestellt, dass die Anzahl der in den Mutter-Kind-Dialogen behandelten verschiedenen Themen mit steigendem Alter des Kindes signifikant abnahmen, d. h., dass die Kinder im Dialog mit ihrer Mutter länger bei einem Thema blieben und dieses sprachlich ausgestalteten (vgl. Kiefer 1995).

Sprechhandlungen   In Eltern-Kind Dialogen wurden zudem elementare Sprechhandlungen wie Fragen, Aufforderungen/Bitten, Zustimmung, Ablehnung und Feststellen schon bei 2-Jährigen und bis zum Alter von 5 Jahren beobachtet (Snow et al. 1996). Auch das Befolgen der **Konversationsmaximen** von Grice (1975) konnten Pellegrini et al. (1987) in einer Analyse von Dialogen zwischen 2-, 3- und 4-jährigen Kindern und ihren Müttern und Vätern relativ früh beobachten: Die Maxime der Relation, die besagt, dass der Dialogbeitrag für das Dialogthema relevant sein soll, wurde insgesamt vergleichsweise zu anderen Maximen (z. B. der Quantität) seltener verletzt. Die 2-jährigen Kinder verstießen gegen diese Maxime jedoch noch häufiger als die 3- und 4-jährigen. Diese Befunde stimmen mit anderen, früheren Untersuchungen überein, die feststellten, dass 3- bis 5-jährige Kinder sich bemühen, den Konversationsmaximen, den Prinzipien der Herstellung von Kooperativität zu folgen. So wurde gezeigt, dass Kinder ihre Dialogbeiträge relevant zu machen versuchen, dass sie der Maxime der Relation folgen, dass schon 4-Jährige den Grad ihrer Sicherheit bei Behauptungen markieren und damit anzeigen, dass sie der Maxime der Qualität folgen, dass sie versuchen, eindeutige, nicht-ambige Äußerungen zu formulieren, und damit anzeigen, dass sie dem Prinzip der Modalität folgen (vgl. Shatz 1983, S. 867 f.).

Diese frühen Formen des **Diskurswissens** entsprechen jedoch noch nicht dem Erwachsener. Erst mit 6 Jahren findet man bei Kindern zuverlässige Anzeichen dafür, dass sie Mehrdeutigkeit und Indirektheit sprachlicher Äußerungen zu verstehen beginnen. Ein Anzeichen ist, dass Kinder Witze, Sprach-spiele, Metaphern   in diesem Alter eine verstärkte Neigung haben, sich mit Witzen, Sprachspielen und Metaphern zu beschäftigen. Sie entwickeln nun eine »**metalinguistic awareness**«, eine neue Art der Bewusstheit von Sprache (vgl. Karmiloff-Smith 1986b, S. 473).

Diskurskompetenz: Beginnende Fähigkeiten, **Diskurskohärenz** herzustellen, hat eine Studie von Elena Levy (1989) in den Einschlafmonologen des Kindes Emily im Entwicklungszeitraum vom 21. bis 36. Monat beschrieben. Hierbei konnte gezeigt werden, dass schon in diesem frühen

Entwicklungszeitraum rudimentäre Fähigkeiten zur Konstruktion eines kohäsiven Diskurses verfügbar sind, indem das Kind sprachliche Mittel wie hier die Pronomina im Sinne endophorischer Referenz, d. h. als Mittel der intertextuellen Bezugnahme, gebraucht. Dieser Befund ist jedoch nur als Hinweis auf allererste Vorläufer von Textualität zu verstehen. Die Fähigkeit, längere Folgen kohärent und kohäsiv verbundener Äußerungen zu organisieren, entwickelt sich erst ab dem 4. Lebensjahr. Diese wurde für allem für den Diskurstyp der Erzählung untersucht und deutlich gemacht, dass für Erzählungen kognitive, soziale und sprachliche Fähigkeiten maßgeblich sind (Klann-Delius 2005a).

An **Erzählungen** hat Karmiloff-Smith in ihrer Studie von Erzählungen zu vorgegebenen Bildergeschichten bei Kindern im Alter zwischen 4 und 9 Jahren die folgenden Beobachtungen gemacht: Kinder unter 5 Jahren verbalisieren die Bildgeschichte als Reihung von Einzelereignissen und weisen dabei häufig unklare pronominale Referenzen auf (vgl. Karmiloff-Smith 1986b, S. 471). Erzählungen von Kindern dieses Alters weisen noch kein thematisches Subjekt auf, d. h. die grammatische Einführung eines Protagonisten, von dem aus die Ereignisfolge aufgebaut und auf den andere Protagonisten bezogen werden (vgl. ebd., S. 470). Sobald dieses kohärenzkonstituierende Verfahren erworben ist, wird es mit einer gewissen Rigidität angewandt, ihm wird die Schilderung von Details geopfert (vgl. ebd.). Mit 6 bis 7 Jahren gelingt es dann zunehmend, die Details in eine nach thematischem Subjekt organisierte Geschichte zu integrieren. Mit 8 bis 9 Jahren sind die sprachlichen Möglichkeiten der intertextuellen Bezugnahme voll entwickelt (vg. ebd., S. 471). Zu vergleichbaren Ergebnissen kamen Maya Hickman et al. (1989) in ihrer Analyse von Erzählungen zu Bildgeschichten von Kindern, die Deutsch, Englisch, Französisch oder Chinesisch als Muttersprache erwarben. Bis zum Alter von 7 Jahren bezogen sich die Kinder bei Einführung neuer Referenten in den Diskurs auf den außersprachlichen Kontext und führten die Referenten mit deiktischen Mitteln ein (vgl. Hickman et al. 1989, S. 63). Erst danach verwendeten die Kinder die für ihre Muttersprache typischen Verfahren der Herstellung von Textkohäsion (vgl. Tomasello 2003, S. 270 ff.; Küntay et al. 2014).

Neben der Fähigkeit, Erzählungen mit sprachlichen Mitteln kohäsiv zu organisieren, hat der Erzähler auch die Aufgabe zu bewältigen, die zu erzählenden Ereignisse in einer angemessenen Struktur kohärent zu präsentieren. Labov/Waletzky (1967) haben ein prototypisches Schema für Erzählungen entwickelt, dem zufolge Erzählungen Sequenzen von Äußerungen sind, die zunächst in einer Phase der Orientierung (über Ort, Zeit, Protagonisten und Mitspieler der Handlung) bestehen. Der Orientierung folgt eine Darstellung der Ereignisfolge, und zwar so, dass ein »plot« aufgebaut wird. Dies geschieht, indem in den Handlungsgang eine Komplikation eingeführt wird, die dann zu einer Auflösung gebracht wird. Abgeschlossen wird das Erzählschema durch eine Koda. Zur Erzählkompetenz gehört auch ein Wissen um die erzähltypische Abfolge und Organisation sprachlicher Äußerungen.

Die von Peterson/McCabe (1983) durchgeführte Studie über die **Entwicklung der Strukturierung von Erzählungen** bei Kindern zwischen 3;5 bis 9;5 Jahren zeigte, dass Kinder eine Vielfalt von Varianten zu dem

Studien zu Bildergeschichten

Studien zu Erzählstrukturen

Schema von Labov realisierten. Die 6-jährigen und älteren Kinder bevorzugten das prototypische Schema von Labov/Waletzky, die 4- und 5-jährigen zeigten entweder ein sprunghaftes Erzählmuster, d. h. eine sprunghafte und nicht konsistente Abfolge von Handlungen, oder sie zeigten ein Erzählmuster, bei dem nach Darstellung des Höhepunktes, ohne die Auflösung und Evaluation zu erzählen, abgebrochen wurde. Die Jüngeren trennten zudem die einleitende Phase der Orientierung noch nicht von den folgenden Sequenzen, sondern verstreuten Angaben über die Protagonisten usw. über den gesamten Text. Die jüngeren Kinder wiesen bezüglich der inhaltlichen Kohärenz von Erzählungen bzw. des Befolgens eines Erzählschemas noch wenig Organisiertheit bzw. Kompetenz auf. Allerdings konnten sogar einige 4-Jährige eine Erzählung schon nach dem Muster von Labov/Waletzky aufbauen (zu deutschen Beispielen vgl. Kauschke 2012, S. 110 ff., zu englischen Karmiloff/Karmiloff-Smith 2001, zu Beispielen anderer Sprachen Berman/Slobin 1994). Vergleichbare Entwicklungslinien ergeben auch Studien zu anderen Diskurstypen, z. B. Wegbeschreibungen oder Instruktionen (vgl. Weissenborn 1984; Klann-Delius 1987).

Zusammenfassend lässt sich festhalten, dass Kinder sowohl in monologischer wie dialogischer Konstellation schon früh erste Fähigkeiten zeigen, das, was sie sagen, als kohäsiven Text und in Bezogenheit auf einen Partner zu organisieren. Die Fähigkeit, komplexe Diskurse kohärent zu organisieren und indirektes Sprechen sowie Ironie und Metapher zu verstehen, ist jedoch die Entwicklungsaufgabe der späteren Kindheit.

2.2 | Universalität und Variabilität im Spracherwerb

Entwicklungslogik des Spracherwerbs

Ein Charakteristikum des Erstspracherwerbs ist, dass er einer bestimmten allgemeinen Entwicklungslogik folgt, die in seinen Entwicklungsphasen abgebildet ist. Die Entwicklung beginnt mit dem ersten Schrei bzw. den ersten ruhigen Grundlauten, schreitet über das Gurren, Babbeln fort zum ersten Wort, es erfolgt eine Ausweitung des Vokabulars, die Bildung von Ein-, Zwei- dann Drei- und Mehrwortsätzen, die morphologischen Markierungen werden erworben und komplexere syntaktische Muster werden angeeignet. Die jeweiligen sprachlichen Fähigkeiten werden früh im Dialog kommunikativ genutzt und später in komplexen sprachlichen Handlungsmustern wie Erzählungen, Beschreibungen, Instruktionen weiter ausgebaut. Hirsh-Pasek/Golinkoff (1996) konstatieren als vom Sprachtypus unabhängige Eigenschaft des Spracherwerbs, dass alle Kinder die Meilensteine der grammatischen Entwicklung in ungefähr dem gleichen Alter erreichen, dass sie zuerst Wörter der offenen Klasse (Nomen, Verben, Adjektive) und erst später die der geschlossenen Klasse (Funktionswörter) erwerben, dass die ersten Wörter häufig Nomina sind (z. T. auch beim Erwerb von Sprachen wie dem Koreanischen, in denen Nomina häufig elidiert sind und Verben in satzfinaler Position stehen; vgl. Kauschke 2007; Stoll et al. 2012). Bates et al. stellen fest, dass in den ersten Wortkombinationen

»[…] the same basic stock of relational meanings are encoded by 20-month-olds all around the world. Those meanings revolve around existence (e. g. appearance, disappearance and reappearance of interesting objects or events), desires (refusal, denial, requests), basic event relations (agent-action-object, possession, change of state or change of location) and attribution (›hot‹, ›pretty‹, etc.)« (Bates et al. 1992, S. 85).

Variabilität der Sprachstrukturen: Diese allgemeine Entwicklungstendenz wurde bislang meist für die indoeuropäischen Sprachen ermittelt. Ob sie insgesamt auf strukturell anders verfasste Sprachen zutrifft, ist fraglich. So gibt es Sprachen, die die Formklassen Adjektiv und Adverb nicht kennen und Sprachen, bei denen fraglich ist, ob sie die Nomina und Verben unterscheiden. Andere Sprache wiederum kennen Formklassen, die in den indoeuropäischen Sprache nicht vorhanden sind (Evans/Levinson 2009). Den wenigen empirisch festgestellten **universellen Eigenschaften** steht eine hochgradige **Variabilität der Strukturen** der verschiedenen natürlichen Sprachen auf phonologischer, morphologischer und syntaktischer Ebene gegenüber. Je nach struktureller Verfasstheit und Durchschaubarkeit des Systems der zu lernenden Sprache stellt es dem lernenden Kind unterschiedlich schwierige Aufgaben (Lieven/Stoll 2010). Welche Strukturen wann erworben werden, variiert demnach in Abhängigkeit von der unterschiedlichen Durchschaubarkeit des Systems der zu erlernenden Sprache. So ist der Erwerb der Kasusmarkierungen im Deutschen ein vergleichsweise langwieriger, erst mit ca. 3;6 abgeschlossener Prozess (vgl. Szagun 1993), weil das Kasussystem im Deutschen nicht leicht zu durchschauen ist. Irregulärer und mithin schwieriger noch als im Deutschen ist das Kasussystem im Russischen und im Serbokroatischen; hier beherrschen die Kinder das Kasussystem erst mit 6 bis 7 Jahren sicher. Im Türkischen dagegen, das über ein sehr reguläres Kasussystem verfügt, verfügen die Kinder bereits mit 24 Monaten über die grundlegende Kasusmorphologie (vgl. Bates et al. 1987, S. 186).

Erwerbsstile: Der Spracherwerb scheint aber nicht nur mit Blick auf die Systematik des zu Erlernenden, sondern auch mit Blick auf die **Lerner** ein und derselben Sprache variabel zu sein. In empirischen Studien zeigte sich, dass sich Kinder schon in der Einwortphase erheblich darin unterscheiden, welche Wortarten sie präferieren. Es gibt Kinder, die Wörter eher im Sinne von Objektnamen gebrauchen und es gibt Kinder, die diese Präferenz für Objektnamen nicht haben, in deren Einwortäußerungen auch Adjektive, Präpositionen, Adverbiale vorkommen und die darüber hinaus auch *frozen phrases* wie *stop it, love you* und ähnliches verwenden. Sie produzieren der Form nach Zweiwortäußerungen, gebrauchen sie aber wie unanalysierte Einheiten als Holophrasen. Der Stil der Kinder, die eher Objekte benennen, wird **referentieller** bzw. **analytischer Stil** genannt. Diese Kinder scheinen nach Katherine Nelson (1973) früher den Spracherwerb zu meistern. Es handelt sich hierbei um Kinder, die überwiegend in soziale Interaktionen involviert sind, die über Objekte vermittelt sind.

Die Kinder dagegen, deren Äußerungen eher soziale Routinen beinhalten und die häufig instrumental-regulatorische Ausdrücke gebrauchen, zeigen einen **expressiven bzw. holistischen** Stil. Diese Kinder durchlaufen den Spracherwerbsprozess insgesamt langsamer (vgl. Bates et al.

1987, 174). Nach Goldfield/Snow (1985) gebrauchen expressive Kinder in vorsprachlicher Kommunikation häufiger Protodeklarative. Nach Bates et al. (1992) unterscheiden sich Kinder mit einem analytischen Erwerbsstil von Kindern mit einem holistischen Erwerbsstil auf allen Stufen des frühen Spracherwerbs. So dominieren bei ›analytischen‹ Kindern in der Babbelphase kurze und konsistente Konsonant-Vokal-Segmente, in der Einwortphase überwiegen Objektbenennungen, die ersten Wortkombinationen sind telegraphisch, Funktionswörter und Flexionen sind nicht vorhanden. Die ›holistischen‹ Kinder weisen ein Babbelmuster auf, in dem sporadische Konsonanten in lange satzähnlich intonierte Lautierungen eingelassen sind; in der Phase der ersten Wörter zeigen sie ein heterogenes Vokabular, das häufig auch formelhafte Wendungen enthält; die ersten Wortkombinationen sind meist *frozen expressions*, sie enthalten Flexionen, Pronomina und andere Funktionswörter (vgl. Bates et al. 1992, S. 89). Beide Zugangswege zu Sprache, der analytische und der holistische Stil sind nach Lieven et al. (1992) gleichermaßen erfolgreiche Strategien des Syntaxerwerbs.

Erwerbsgeschwindigkeit: Auch der Zeitpunkt des **Sprachbeginns** ist sehr variabel. Es gibt Kinder, *late talker* genannt, die keine Auffälligkeiten aufweisen außer der, dass sie Sprache extrem spät und langsam lernen, daneben gibt es Kinder, die *early talker*, die Sprache ungewöhnlich früh und rasch erwerben. Einige Kinder produzieren mit 18 Monaten bereits 250 Wörter, andere erst 10 Wörter (Fenson et al. 1994). Die *late talker* weisen eine besonders markante Dissoziation des frühen expressiven gegenüber dem rezeptiven Vokabular auf (Bates et al. 1995, S. 134 ff.). Ein Drittel der *late talker* weisen Entwicklungsverzögerungen im Spracherwerb auf (Rescorla 2009) und sie zeigen schon mit 18 Monaten eine weniger effiziente Sprachverarbeitung (Fernald/Marchman 2012).

Geschlechterunterschiede: Die Aneignungsgeschwindigkeit und das Differenzierungsniveau in Teilaspekten des Spracherwerbs scheint zudem auch vom Geschlecht des Kindes mit beeinflusst zu sein (Klann-Delius 2005b). Die Ergebnisse entsprechender empirischer Untersuchungen sind jedoch meist nicht eindeutig und zuverlässig. Nicht als eindeutiger Befund, sondern nur als Tendenz wurde festgestellt, dass Mädchen häufiger vokalisieren, sie das erste Wort früher erwerben, sie sich das Lautsystem ihrer Muttersprache früher aneignen und bessere Artikulationsleistungen aufweisen (vgl. Klann-Delius 1980, S. 65 f.). Friederici et al. (2008) fanden einen Zusammenhang zwischen der Phonemdiskriminierungsfähigkeit von 4 Wochen alten Babys in Abhängigkeit nicht allein vom Geschlecht des Kindes, sondern von seinem Testosteronlevel. Jungen mit niedrigem Testosteronlevel konnten ebenso wie Mädchen Phoneme besser diskriminieren. Unterschiede im Syntaxerwerb scheinen dagegen nicht zu bestehen (vgl. Klann-Delius 1980, S. 66 f.). Nach Nelson (1973) verfügen Mädchen schneller als Jungen über einen Wortschatz von 50 Wörtern (vgl. Stabenow 1994).

Zum Wortschatzumfang in späteren Entwicklungsstufen liegen widersprüchliche Ergebnisse vor (vgl. Klann-Delius 2005b). Die inhaltliche Gliederung des Lexikons weist geschlechtsverbundene Unterschiede auf. Mädchen und Jungen haben ein den Geschlechtsrollen entsprechend unterschiedlich differenziertes Vokabular (vgl. Jessner 1992; Stabenow 1994; Gipper 1985). Dass Mädchen häufiger über Emotionen reden (vgl. Dunn et al. 1987; Staley 1982), ist nicht eindeutig bestätigt (vgl. Fivush 1991; Kuebli/Fivush 1992; Denham et al. 1992). Verschiedene Studien zu Geschlechterdifferenzen in pragmatischen Fähigkeiten stellten fest, dass Mädchen im Alter von 3 bis 7 Jahren in ihrem Gesprächsverhalten kooperativer sind (Sheldon 1993; Cook et al. 1985; Black 1992; Leaper 1991), häufiger indirekte, höfliche Ausdruckweisen benutzen (Nohara 1996; Sachs 1987; McClosky/Coleman 1992; Klecan-Aker 1986), detailreicher erzählen, mehr komplexe temporale Konnektoren verwenden und auch häufiger evaluative Ausdrücke verwenden, die sich auf innere Zustände beziehen (Fivush et al. 1995). In Konversationen sprechen Mädchen lebendiger, sie gebrauchen häufiger »reported speech« (Ely/McCabe 1993; Ely et al. 1995).

Bindungsqualität: Ein weiterer Faktor, der mit Unterschieden in verschiedenen Aspekten des Spracherwerbs einhergeht, ist die emotionale Bindung. Damit ist Folgendes gemeint: Alle Kinder bauen eine emotionale Bindung zu ihren primären Bezugspersonen in der Interaktion mit ihnen auf. Diese Bindung kann sich in der Qualität unterscheiden. In der Bindungsforschung werden vier Typen emotionaler Bindung unterschieden – ein sicherer Bindungstyp, ein unsicher-vermeidender, ein unsicher-ambivalenter und ein desorganisierter Bindungstyp (s. Kap. 5.5.2). Da sich die Bindungsbeziehung in ihren verschiedenen Ausprägungen im Interaktionsprozess zwischen Kind und Bezugsperson aufbaut und da diese zu typischen inneren Arbeitsmodellen des Selbst und des Anderen führt, ist es naheliegend zu fragen, ob die Bindungsqualität einen Einfluss auf den Spracherwerb hat. Die entsprechenden Forschungsergebnisse zeigen, dass Bindungssicherheit die Aneignungsgeschwindigkeit des Lexikons und der Syntax sowie das Niveau pragmatischer Fähigkeiten positiv beeinflusst: So zeigten van Ijzendoorn et al. (1995), dass sichere Bindung mit einem größeren und vielfältigeren Wortschatz und einer größeren *Mean Length of Utterance* (durchschnittliche Äußerungslänge) einhergeht. Nach Meins (1997) verfügen sicher gebundene Kinder von 11 bis 19 Monaten über ein größeres Vokabular, sie verwenden seltener »frozen phrases« und sie können früher eigene mentale Zustände von denen anderer unterscheiden. Die größere Fähigkeit der Perspektivendifferenzierung zeigt sich auch darin, dass sicher gebundene Kinder thematisch kohärente Narrative (vgl. Bretherton et al. 1990) produzieren und sie im Dialog mit ihren Bezugspersonen und anderen ebenfalls offen und kohärent kommunizieren (Oppenheim 2007).

Schichtzugehörigkeit: Neben Geschlecht und Bindungssicherheit ist auch die **soziale** Schichtzugehörigkeit ein Faktor, der mit Variation im Spracherwerb verbunden ist (Hoff 2006). Hier zeigte sich ein Einfluss auf den Wortschatzerwerb: Kinder der Oberschicht haben ein größeres und differenzierteres Vokabular als Kinder aus der (unteren) Unterschicht und sie haben eine steilere Wachstumskurve des Vokabulars in der Altersspanne vom 1. bis 3. Lebensjahr (Hart/Risley 1995, 147 f.). Zu ähnlichen Ergebnissen bezüglich des Wortschatzes kam die Studie von Pan et al. (2005) mit 1- bis 3-Jährigen, Erika Hoff (2003) mit 2-Jährigen und Weizman/Snow (2001) mit 5-Jährigen. Ein größerer Wortschatz beim Schuleintritt korreliert mit einem größeren Repertoire an verschiedenen Gesten vor dem Wortschatzerwerb (Rowe/Goldin-Meadow 2009). Fernald et al. (2013) ermittelten nicht nur einen größeren Wortschatz bei 18 Monate alten Kinder der oberen Schicht, sondern auch eine effizientere Sprachverarbeitung. Huttenlocher et al. (2002) konnten einen Zusammenhang zwischen den syntaktischen Merkmalen des Inputs von Sprechern der Ober- vs. der Unterschicht und dem syntaktischen Wissen von 5- bis 6-Jährigen aufweisen. Lloyd et al. (1998) zeigten, dass Kinder der Unterschicht Sprache weniger kompetent zum Zweck der Identifikation von Objekten einsetzen. Lawrence (1997) stellte fest, dass 5- bis 11-jährige Kinder der Oberschicht bei einer Bildbenennungsaufgabe bessere Ergebnisse erzielten. Die Studie von Burger und Miller (1999) erbrachte, dass 3-jährige Kinder der Unterschicht anders als Kinder der Mittel- bzw. Oberschicht erzählen. Die Kinder der Unterschicht benutzen eine stark dramatisierte Sprechweise und reden sehr häufig über negative Emotionen (vgl. den Übersichtsartikel von Hoff 2006).

Zusammenfassend kann festgestellt werden, dass Spracherwerb kein universell gleichförmiger Prozess ist. Denn:

»Language development is the reliable result of the mental processes set in motion when the child meets the social and linguistic world. To the degree that contexts differ in how they meet the child, language development takes different forms in different contexts« (Hoff 2006, S. 78).

3 Nativistische Konzeptionen des Erstspracherwerbs

»Es gehört nicht viel Witz dazu, einen Satz so zu formulieren, daß es viel Witz braucht, um zu verstehen, weshalb man ihn versteht. Ein beliebiger Satz genügt. Wir wissen nämlich derzeit von keinem Satz exakt anzugeben, wie das Wissen beschaffen ist, das uns [...] befähigt, ihn als wohlgeformt zu beurteilen. Erstaunlich ist nur, wie wenig Sicheres Spezialisten der Grammatiktheorie darüber wissen« (Haider 1993, S. 1).

> Als ›nativistisch‹ lassen sich solche Erklärungsansätze des Erstspracherwerbs bezeichnen, die jedem Kind ein angeborenes sprachliches Wissen zuschreiben.

Definition

Nativistische Konzeptionen des Erstspracherwerbs postulieren, »[...] daß Sprachkenntnis – eine Grammatik – nur von einem Organismus erworben werden kann, der mit einer strengen Restriktion im Hinblick auf die Form der Grammatik ›prädisponiert‹ ist. Diese angeborene Restriktion ist, im kantischen Sinne, eine Vorbedingung für sprachliche Erfahrung, und sie scheint der entscheidende Faktor in der Bestimmung des Verlaufs und des Resultats der Spracherlernung zu sein« (Chomsky 1970, S. 149 f.). Welcher Art diese Restriktionen sind, wird in den nativistischen Konzeptionen unterschiedlich bestimmt. Chomsky selbst hat unterschiedliche Versionen entwickelt, zunächst das *Language-Acquisition-Device*-Modell (LAD-Modell), dann das Prinzipien- und Parametermodell (P&P-Modell), das mit dem Minimalistischen Programm (Chomsky 1995; 2000; 2002; 2005) revidiert wurde.

3.1 | Die Spracherwerbsmodelle Chomskys

Das Language-Acquisition-Device-Modell: Mit dem LAD-Modell hat Chomsky seine Annahmen darüber formuliert, was ein Kind vor aller Erfahrung wissen muss, um die Grammatik einer natürlichen Sprache zu erwerben. Seine grundlegende Annahme ist, dass jedes Kind von Anfang an ein Wissen um Grammatik hat. Bei diesem Wissen kann es sich nicht um einzelsprachspezifisches Wissen handeln, denn jedes Baby kann jede natürliche Sprache lernen. Dieses Wissen betrifft generelle, für alle natürlichen Sprachen geltende Informationen über Form und Substanz von Sprache bzw. Grammatik. Diese sind formale und substantielle Universalien.

Universalien

Formale Universalien betreffen

- »[…] den Charakter der Regeln, die in Grammatiken erscheinen können, und die Weise, in der sie untereinander verbunden werden können« (Chomsky 1969, S. 46).
- Formale Universalien beziehen sich auf linguistische Konzepte wie Tiefenstruktur, Oberflächenstruktur, Rekursivität von Regeln, Transformationsregeln.

Substantielle Universalien beinhalten

- Informationen über die Substanz von Sprache, also die Information, dass sich sprachliche Laute von nicht-sprachlichen unterscheiden, dass Sprachen Nomina und Verben enthalten,
- »[…] daß bestimmte Benennungsfunktionen auf eine spezifizierte Weise in jeder Sprache ausgeführt werden müssen« (ebd., S. 45).

»So könnte sie [d. h. die Theorie der generativen Semantik] etwa behaupten, daß jede Sprache Ausdrücke enthalten wird, die Personen benennen, oder lexikalische Einheiten, die sich auf bestimmte Arten von Gegenständen, Gefühle, Verhaltensweisen usw. beziehen« (ebd., S. 45).

Außer der Kenntnis der formalen und substantiellen Universalien gehören zu den angeborenen Prädispositionen des Spracherwerbs ein **Hypothesenbildungsverfahren** und ein **Hypothesenbewertungsverfahren**. Aufgrund seiner Kenntnis formaler und substantieller Universalien bildet das Kind Hypothesen über die Struktur der Sprache, die es als Input erhält.

»Nachdem es [das Kind] eine zulässige Hypothese gewählt hat, kann es induktiv Daten zum Zweck einer korrektiven Handlung benutzen, wobei es seine Wahl bestätigt oder nicht bestätigt. Ist einmal die Hypothese hinreichend gut bestätigt, dann kennt das Kind die durch diese Hypothese definierte Sprache; folglich reicht seine Kenntnis unermeßlich weit über seine Erfahrung hinaus und befähigt es in der Tat, viele der Erfahrungsdaten als fehlerhaft und abweichend zu charakterisieren« (Chomsky 1970, S. 149 f.).

Da das Kind mehr als nur eine Menge von Regeln aufstellen kann, die zu den Daten passen, muss es einen Mechanismus besitzen, der ihm zu entscheiden erlaubt, welche der Regelmengen die effektivere Grammatik darstellt. Dieser Bewertungsmechanismus ist die dritte Komponenten des LAD.

Definition

> Das Language-Acquisition-Device-Modell (LAD) umfasst sprachliche Universalien, ein Hypothesenbildungsverfahren und ein Hypothesenbewertungsverfahren. Alle drei Komponenten des LAD werden als angeboren betrachtet. Sie ermöglichen dem Kind die für seine Umgebungssprache relevante Grammatik aufzufinden.

Kritik am Language-Acquisition-Device-Modell: Die LAD-Konzeption hat sich jedoch als unzutreffend erwiesen. Kritisiert wurde das LAD mit zwei zentralen Argumenten:

1. Das Hypothesenbewertungsverfahren, aber auch das Hypothesenbildungsverfahren, ist unzureichend bestimmt. Damit lässt sich in dem Modell nicht erklären, wie es zu den systematischen Entwicklungsabfolgen im Spracherwerb kommt. Das Kind wählt ja nicht einfach die korrekte Struktur aus dem Input aus. Es konstruiert die korrekten Strukturen in einem Lernprozess. Dieser Lernprozess verläuft über eine Reihe von **Zwischenstufen**, d. h. es gibt offenbar eine Abfolge von Hypothesenbildungen. Warum aber bestimmte Hypothesenbildungen systematisch vor anderen auftreten, kann das LAD-Modell nicht erklären.

2. Mit dem LAD-Modell kann nicht sichergestellt werden, dass das Kind wirklich eine korrekte Grammatik bildet. Dazu müsste es nämlich erkennen können, wann seine Hypothesen falsch sind. Es müsste also **negative Evidenzen** im Input vorfinden. Das ist aber nicht der Fall. Ohne diese negativen Evidenzen kann das Kind aber nicht wissen, ob seine Hypothese per Zufall im Datenmaterial nicht bestätigt wird oder ob sie deshalb nicht im Datenmaterial vorgefunden wird, weil sie falsch ist. Daraus wurde gefolgert: »Die beschränkte Menge und die Art des sprachlichen Inputs verlangt einen Lernmechanismus, der die Möglichkeiten des Sprachlerners von vornherein stärker beschränkt als dies beim Modell des Hypothesentestens der Fall ist« (Clahsen 1988, S. 32).

Das Prinzipien- und Parametermodell: Stärkere Restriktionen hat Chomsky in dem **Prinzipien- und Parametermodell** (= P&P-Modell) des Spracherwerbs eingeführt. Diesem Modell zufolge gehört zur genetischen Ausstattung jedes Kindes die **Universalgrammatik** (= UG). Die UG ist eine »[…] characterization of these innate, biologically determined principles, which constitute one component of the human mind – the language faculty« (Chomsky 1986, S. 24). Diese ist »a distinct system of the mind/ brain« (ebd., S. 25). Drei Faktoren der Sprachfähigkeit sind im individuellen Spracherwerb wichtig: »1. Genetic endowment […] which interprets part of the environment as linguistic experience […] 2. Experience, which leads to variation, within a fairly narrow range […] 3. Principles not specific to the faculty of language« (Chomsky 2005, S. 6). Zu diesen nichtsprachlichen Prinzipien gehören Prinzipien der Datenanalyse in der sprachlichen, aber auch in anderen Domänen, und Prinzipien der strukturellen Architektur und entwicklungsbezogene *constraints* (ebd.).

Die Universalgrammatik besteht im **P&P-Modell** aus abstrakten, allgemeinen Prinzipien, die für alle Sprache gelten, und aus Parametern, d. h. einer beschränkten Menge von Wahlmöglichkeiten innerhalb eines Prinzips.

Definition

Diese Prinzipien und Parameter der angeborenen Universalgrammatik definieren die Menge der möglichen natürlichen Einzelsprachen (Chomsky 2002, S. 11 ff.). Jede natürliche Sprache muss in dieser UG ihren Platz haben. Da das Kind über die UG verfügt, die nur zulässige Grammatiken ›erzeugt‹ kann es auch keine falsche Grammatik aufbauen. Die Aufgabe des Kindes besteht ›nur‹ darin, die für seine Muttersprache zutreffenden Parameterwerte zu erkennen und festzusetzen. Dabei kommt dem Kind zugute, dass ganze Bündel grammatischer Phänomene von einem Parameter gesteuert sein können, so dass das Kind mit der Identifikation eines Parameters weiß, »[...] daß die Sprache all jene Parameter bzw. Strukturmerkmale haben muß, die durch diesen Parameter impliziert sind. Und umgekehrt, mit der Identifikation eines Parameters weiß der Lerner, daß in der betreffenden Sprache all jene Parameter nicht auftreten können, die durch den bereits identifizierten ausgeschlossen sind« (Wode 1988, S. 55; vgl. Clahsen 1988, S. 32).

Die Rolle des Input: Dem P&P-Modell zufolge sucht das Kind beim Spracherwerb die Inputdaten daraufhin ab, welche der möglichen Optionen in seiner Sprache zutreffen und legt damit den Wert des Parameters fest. Bei diesem Lernen genügt ihm **positive Evidenz**. Außerdem kommt das Kind mit einem **beschränkten Input** aus, denn es entdeckt die gültige Struktur der Sprachdaten nicht Stück um Stück, sondern es kann sich – geleitet von den allgemeinen Prinzipien – mittels Identifikation der Parameter die Systematik der grammatischen Phänomene erschließen. Indem das Kind die Parameter fixiert, erwirbt es eine Kern-Grammatik. Dieser Erwerbsprozess ist genetisch determiniert. Der Input spielt dabei alleine eine auslösende Rolle, das Kind benötigt allein positive Evidenz (vgl. Chomsky 1988, S. 34). Sprache wird nicht gelernt, Spracherwerb ist »[...] something that happens to you. Learning language is something like undergoing puberty« (ebd., S. 173 f.).

Angeborenes, zu Erwerbendes: Was das Kind dagegen zu lernen hat, betrifft diejenigen Struktureigenschaften natürlicher Sprachen, die zufällig sind und die nicht in den Bereich der UG fallen. Diese Eigenschaften bezeichnet Chomsky als »exceptions: irregular morphology, idioms, and so forth« (Chomsky 1986, S. 147). Derartige idiosynkratische Eigenschaften verweist Chomsky in die »periphery« (ebd.). Zum angeborenen sprachlichen Wissen gehören

»[...] the principles of the various subsystems [...] and the manner of their interaction, and the parameters associated with these principles. What we learn are the values of the parameters and the elements of the periphery (along with the lexicon, to which similar considerations apply)« (Chomsky 1986, S. 150).

Die lexikalischen Einheiten und ihre Eigenschaften muss das Kind im Input entdecken. Dies ist nach Chomsky »[...] a problem of finding what labels are used for preexisting concepts [...]« (Chomsky 1988, S. 134). Der Wortschatzerwerb ist »[...] guided by a rich and invariant conceptual system, which is prior to any experience« (ebd., S. 32). Zu diesem konzeptuellen System gehören »[...] such concepts as physical object, human intention, volition, causation, goal, and so on« (ebd.).

Der Unterschied zum LAD-Modell: Anders als das LAD-Modell postuliert das P&P-Modell nicht mehr, dass das Kind sich aufgrund seines spezifischen sprachlichen und grammatischen Wissens in einem Hypothesenbildungs- und -bewertungsprozess die Sprache seiner Umgebung aneignet. Nach dem P&P-Modell ist dem Kind ein abstraktes grammatisches und konzeptuelles Wissen angeboren, das jedoch zu seiner realen Ausgestaltung des Entdeckens der Parameterrealisierungsversionen bedarf, die in der Umgebungssprache des Kindes gültig sind.

Das minimalistische und biolinguistische Programm: In Chomskys neueren Arbeiten, beginnend mit dem *minimalist program* (Chomsky 1995) und neueren Explikationen seines biolinguistischen Programms (Hauser et al. 2002; Berwick/Chomsky 2011; Berwick et al. 2013) ist eine Revision des P&P Modells enthalten. Nicht mehr Prinzipien und Parameter machen das Sprache bestimmende genetische Programm aus, sondern die minimale rekursive Syntax »merge« sowie lexikalische Einheiten. Die aus der Anwendung von *merge* auf lexikalische Einheiten erzeugten Strukturgebilde werden über eine senso-motorische Schnittstelle sprachspezifisch unterschiedlich externalisiert und über die Schnittstelle zum konzeptuellen System semantisch interpretiert.

In der revidierten Theorie hängt der Spracherwerb vom Zusammenspiel dreier Faktoren ab:

1. Einer anfänglichen genetischen Ausstattung, hierzu gehören
   – sprach- und humanspezifische Komponenten, die UG genannt werden,
   – Bedingungen, die von der Struktur der Gehirns gesetzt werden sowie
   – andere kognitive Voraussetzungen wie z. B. der Fähigkeit der statistischen Analyse
2. Externen Daten (Sprachinput) und
3. Allgemeinen Prinzipien wie der Minimierung der komputationellen Komplexität und »external laws of growth and form« (Berwick et al. 2013, S. 90).

Drei Faktoren bestimmen den Spracherwerb

Was Kinder, die z. B. Englisch lernen, sich aneignen müssen, sind »[...] the particular details for English sounds, word formation, word order, and the like«, Syntax dagegen ist angeboren (Berwick et al. 2013, S. 92). Die neuronalen Grundlagen für Syntax sind allerdings nach Berwick et al. (ebd., S. 95) erst mit 7 Jahren ausgebildet. Gleichwohl postulieren Berwick/Chomsky (2011, S. 31), dass weder bei der Sprachevolution noch im Spracherwerb Vorstufen oder einfache Formen angenommen werden können. Diese allgemeinen Aussagen lassen sich als **minimalistische Skizze des Spracherwerbs** bezeichnen, die sich vor allem bezüglich der sprach- und humanspezifischen Komponente von den ähnlich formulierten Faktoren im P&P-Modell zum Teil unterscheiden (s. Kap. 3.2).

3.2 | Die konzeptuellen Begründungen der Spracherwerbsmodelle Chomskys

Sprache, Kompetenz und Performanz: Die Spracherwerbsmodelle Chomskys sind in seinem Verständnis von Sprache und in seiner Auffassung von Kognition begründet. Sprache ist für Chomsky »[...] kein unmittelbar gegebenes empirisches Faktum, sondern zunächst ein potentiell reales Objekt« (Bierwisch 1966, S. 106). Sprachliche Äußerungen sind Realisierungen eines zugrunde liegenden, abstrakten Kenntnissystems, der sprachlichen Kompetenz. Die aktuelle Rede, die **Performanz**, ist von grammatisch irrelevanten Bedingungen kontaminiert, wie z. B. »Zerstreutheit und Verwirrung« oder »Verschiebung in der Aufmerksamkeit und im Interesse« (Chomsky, 1969, S. 13 f.). Daher kann die Performanz das sprachliche Kenntnissystem, die **Kompetenz**, nicht erschöpfend zur Geltung bringen.

Die Kenntnis einer Sprache muss nach Chomsky betrachtet werden »[...] als ein abstraktes System [...], das dem Verhalten zugrunde liegt, ein System, das aus Regeln konstruiert ist, die zusammenwirken, um die Form und die spezifische Bedeutung einer potentiell unendlichen Anzahl von Sätzen zu determinieren« (Chomsky 1970, S. 118). Die sprachliche Kompetenz ist wesentlich durch Kreativität ausgezeichnet, d. h. durch die Eigenschaft, von endlichen Mitteln unendlichen Gebrauch machen zu können (vgl. ebd., S. 18).

»[Der] normale Sprachgebrauch [ist] nicht nur produktiv und potentiell unendlich in seiner Reichweite, sondern auch frei von einer Regelung durch feststellbare Stimuli, seien diese äußere oder innere. Und nur, weil sie frei von einer Regelung durch Stimuli ist, kann die Sprache nicht nur außerordentlich begabten, sondern tatsächlich allen normalen Menschen als ein Instrument des Denkens und des eigenen Ausdrucks dienen« (Chomsky 1970, S. 27 f.).

Der Gegenstand einer linguistischen Theorie ist in erster Linie die **Kompetenz eines idealen Sprecher-Hörers** (vgl. Chomsky, 1969, S. 13 f.), die als ein Kenntnissystem bzw. als **mentales Repräsentationssystem** verstanden wird. Ebenso wie die Fähigkeit des Schachspielens bedeutet, »[...] sich in einem bestimmten mentalen Zustand zu befinden, der (u. a.) durch die abstrakte Repräsentation der Schachregeln charakterisiert ist« (Fanselow/Felix 1987, S. 31), heißt Sprachkenntnis zu haben, »[...] mit kognitiven Strukturen ausgestattet zu sein, die dieses Regelschema ausmachen« (ebd., S. 36).

Interne und externe Struktur: Der Kompetenzbegriff wurde in der Weiterentwicklung der Theorie Chomskys ausdifferenziert. Es wurden zwei Dimensionen eingeführt, die sogenannte externe, oder E-Struktur, und die interne, die I-Struktur (vgl. Chomsky 1986, S. 19 ff.). Die **E-Struktur** spezifiziert den Gegenstandsbereich des Wissens, sie gibt an, worüber ein Wissen besteht, z. B. die Gesetze der Physik, die Operationen der Mathematik etc. Die **I-Struktur** dagegen gibt an, »[...] nach welchen Regularitäten und Prinzipien das Wissen in dem jeweiligen Gebiet mental repräsentiert ist (z. B. wie etwa das Chemie-Wissen oder das Mathematik-Wissen im Gehirn kognitiv organisiert ist)« (Fanselow/Felix 1987, S. 40). Sprachliche E-Strukturen, Gegenstand traditioneller und strukturalistischer Grammatiken, werden als ein Derivat, ein Abkömmling der I-Strukturen bestimmt. Die E-Sprache wird betrachtet »as an epiphenomenon at best« (Chomsky 1986, S. 25). Es wird postuliert, dass sinnvolle Aussagen nur über die I-Strukturen, also das mental repräsentierte Wissenssystem gemacht werden können.

Diese Dichotomie wird für Sprache und Grammatik geltend gemacht, wobei unter ›Sprache‹ die empirischen Daten, unter ›Grammatik‹ die

Theorie über die diesen Daten zugrunde liegenden Gesetzmäßigkeiten verstanden wird. Sowohl für Sprache wie für Grammatik wird eine interne Sprache, eine interne Grammatik und eine externe Sprache, eine externe Grammatik angenommen. Das eigentliche Forschungsobjekt der Linguistik ist die I-Grammatik, »[...] d. h. das qua mentaler Repräsentation im Gehirn real existierende Objekt, während die I-Sprache nichts anderes ist als die empirische Datenbasis, die dem Linguisten den Zugriff auf die I-Grammatik erlaubt [...]. Somit ist die I-Sprache ein Derivat der I-Grammatik und nicht etwa umgekehrt« (Fanselow/Felix 1987, S. 44 f.).

Da die I-Grammatik eine kognitive Realität abbildet, kann diese I-Grammatik nur solche Mechanismen enthalten, die in einem endlichen Gehirn mental repräsentierbar sind, d. h. die I-Grammatik muss die Kriterien erfüllen, die sich aus der Struktur der Kognition bzw. des Gehirns ergeben (vgl. ebd., S. 47). Sie muss so beschaffen sein, dass sie lernbar ist, d. h. möglichen biologischen Gegebenheiten entspricht. Die Grammatik muss nicht primär formalen Erfordernissen genügen, sondern den Bedingungen der Sprachverarbeitung des Menschen. Damit hat sich die generative Linguistik als eine Teildisziplin der kognitiven Psychologie etabliert (vgl. Chomsky 1986, S. 27).

Modulare Architektur der internen Grammatik: Die I-Grammatik hat eine besondere Architektur. Sie besteht aus voneinander unabhängigen und nach ihnen eigenen Prinzipien arbeitenden Teilsystemen oder auch Modulen.

Module sind Teilsysteme eines Systems. ›Modulare Organisation‹ meint, dass ein System wie z. B. Sprache aus Teilsystemen besteht, die nach den für sie typischen Prinzipien arbeiten und untereinander über Schnittstellen verbunden sind. Modulare Organisation zeichnet nicht nur menschliche Kognition und Sprache aus, sondern auch elektrische Geräte wie Computer, aber auch Prozesse wie z. B. die der Automobilproduktion.

Definition

Das sprachliche Wissen ist in vier mentalen Teilsystemen organisiert:

Mentale Teilsysteme des sprachlichen Wissens

1. Das phonetisch-phonologische System; es stellt eine mentale Repräsentation der Lautregeln einer Sprache dar.
2. Das morphologische System enthält die mentale Repräsentation des Wissens der Wortbildung.
3. Das syntaktische System; es repräsentiert das Wissen der Kombination von Wörtern zu Wortgruppen und zu Sätzen sowie das Beurteilungsvermögen von grammatischen und ungrammatischen Sätzen (vgl. Grewendorf et al. 1988, S. 38 f.).
4. Das semantische System repräsentiert das Wissen »[...] wie wir mit Hilfe von Wörtern oder Sätzen Bedeutungen zum Ausdruck bringen; [...] wie sich die Bedeutung von Sätzen aus den Bedeutungen ihrer Bestandteile ergibt; [...] welche Bedeutungsrelationen zwischen Satzteilen und Sätzen bestehen bzw. bestehen müssen« (ebd.).

Autonomie von Syntax und Phonologie: Syntax und Phonologie sind zwei Module besonderer Art, sie stellen zwei in sich geschlossene Systeme kognitiver Strukturen dar. Sie sind charakterisiert durch »[...] Gesetzmäßigkeiten, die sich in keinerlei anderen Wissensdomänen wiederfinden und daher auch nicht auf andere kognitive Struktursysteme reduzierbar sind« (Fanselow/Felix 1987, S. 67). In diesem Sinne gelten **Syntax und Phonologie** als **autonom** gegenüber anderen sprachlichen und nichtsprachlichen kognitiven Systemen (vgl. ebd., S. 71). Semantik und Pragmatik werden meist nicht als in sich abgeschlossene, autonom arbeitende Subsysteme angesehen. Das menschliche Kognitionssystem wird insgesamt als modular organisiert betrachtet (vgl. ebd., S. 173).

Zugang gewinnen Linguist/innen zu diesen hoch abstrakten mentalen, modular organisierten und autonomen Repräsentationssystemen durch das Studium des Spracherwerbs beim Kind und durch die Rekonstruktion der Strukturen der Universalgrammatik. Universalgrammatik ist dabei zu verstehen als die Bedingung der Möglichkeit für die Entwicklung tatsächlicher Grammatiken von realen Sprachen und nicht nur als Menge der allen empirisch gegebenen Sprachen gemeinsamen Eigenschaften.

Die Universalgrammatik wird verstanden als die **mentale Repräsentation** eines Systems von Prinzipien, die die Klasse der natürlichen, erlernbaren Sprachen definieren. Dieses System mentaler Strukturen legt fest, was eine mögliche natürlich-sprachliche Struktur ist. Dieses System und seine Prinzipien sind spezifisch auf Sprache ausgerichtet. Die UG nimmt ein »[...] durch Prinzipien strukturiertes, aufgabenspezifisches und biogenetisch determiniertes System mentaler Strukturen« (Fanselow/Felix 1987, S. 128) an. Diese UG charakterisiert »[...] jene genetisch determinierten Eigenschaften der menschlichen Kognition, die speziell für den Erwerb von Sprache die Voraussetzung bilden. Spracherwerb lässt sich also als ein Zusammenspiel von UG-Prinzipien und konkreter sprachlicher Erfahrung ansehen« (ebd., S. 127).

Sprachfähigkeit im weiten Sinn und im engen Sinn

Das minimalistische, biolinguistische Programm: In diesem Programm wird die menschliche Sprachfähigkeit in eine *language faculty broad sense* (FLB) und eine *language faculty narrow sense* (FLN) unterschieden. Die FLN, die im Wesentlichen die Fähigkeit zur Konstruktion unendlich vieler, diskreter hierarchisch strukturierter Ausdrücke aus lexikalischen Einheiten/Konzepten meint, ist humanspezifisch. Sie ist das Charakteristikum, das Sprache von anderen kognitiven Fähigkeiten des Menschen und von Fähigkeiten anderer Tiere unterscheidet. Worin die FLN genau besteht, ist nach Fitch et al. (2005, S. 181) eine empirische Frage; die Kategorie könnte sich als leer erweisen, »[...] if empirical findings showed that none of the mechanisms involved are uniquely human or unique to language, and that only the way they are integrated is specific to human language«.

Die FLB dagegen beinhaltet neben der FLN im Wesentlichen ein sensomotorisches System und ein konzeptuell-intentionales System; die Mechanismen, auf denen die FLB beruht, sind zu großen Teilen auch bei nichtmenschlichen Tieren gegeben. Die Kernkomponente der Sprachfähigkeit, die FLN, ermöglicht durch rekursive Anwendung der Operation *merge* auf lexikalische Einheiten die Konstruktion syntaktischer Strukturen; diese lexikalischen Einheiten sind humanspezifische, mentale Einheiten, konstru-

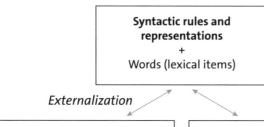

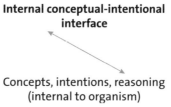

Abb. 3.1:
Das Design von
Sprache (nach
Berwick et al.
2013, S. 91)

iert durch die »cognoscitive powers« des Menschen, deren Herkunft völlig unklar ist (Berwick/Chomsky 2011, S. 39). Diese syntaktischen Strukturen werden durch das phonologische System einerseits auf das senso-motorische System abgebildet, somit externalisiert und einzelsprachlich realisiert, sie werden andererseits durch das formal semantische System auf die konzeptuell-intentionale Schnittstelle projiziert und somit interpretiert, in eine »language of thought« überführt (Hauser et al. 2002, S. 1570; Berwick et al. 2013, S. 91). Das grundlegende Design von Sprache bzw. Sprachfähigkeit wird nach Berwick et al. unterstützt von Befunden, die distinkte neuronale Verarbeitungswege für Syntax, Phonologie und Semantik bei humanen Primaten zeigen.

Die Sicht auf den Spracherwerb im biolinguistischen Programm: Die Neufassung der Theorie führt insofern zu einer modifizierten Sicht auf den Spracherwerbs, als die Parametrisierung, mit der ja die Verschiedenheit der natürlichen Sprachen erfasst werden sollte, nun in das senso-motorische *interface* verlegt wurde. Unverändert ist die Annahme eines angeborenen syntaktischen Wissens, das nun auf eine Operation, die des *merge* reduziert ist. Das Grunddesign von Sprache ist weiterhin modular, dies wird auch neurobiologisch begründet. Für den Spracherwerb werden kognitive Voraussetzungen wie die Fähigkeit zur statistischen Analyse von Sprachdaten konzediert. Unverändert ist auch die Grundannahme, dass Sprache nicht primär zum Zweck der Kommunikation evolutionär entwickelt wurde und ontogenetisch erworben wird, sondern dass Sprache im Wesentlichen eine abstrakte, mentale Größe ist, eine *language of thought*, die erst sekundär zu Kommunikationszwecken genutzt wird.

Nativismus und Empirie: Das besondere Interesse an Sprache als einem abstrakten, kreativen und humanspezifischen, primär syntaktischen Kenntnissystem begründet die nativistische Ausrichtung der Spracherwerbskonzeptionen der generativen Linguistik. Dies stellt sich dem generativen Forschungsprogramm als einzige Möglichkeit dar zu erklären, wie

Begrenzter Input   Kinder in vergleichsweise kurzer Zeit und anhand eines begrenzten Input sich das grammatische Regelsystem ihrer Muttersprache aneignen. Die zum Nativismus alternative Annahme der Ableitung grammatischer Regeln aus dem Input kann – so ein zentrales Argument des Nativismus – das **Problem Platons** nicht lösen. Dies besteht darin, dass Kinder nach dem Spracherwerb sehr viel mehr wissen als ihnen an Wissen qua Input zur Verfügung gestellt wurde. Durch Prozesse **induktiver Generalisierung** lässt sich nach nativistischer Auffassung der Spracherwerb nicht erklären, denn die Regeln und Prinzipien natürlicher Sprache spiegeln sich in den Äußerungen, die Kinder hören, nicht direkt wider. Die Sprachdaten, mit denen das Kind konfrontiert ist, enthalten keine Information darüber, welche Generalisierung zutrifft und sie bieten keine negativen Evidenzen. Der Input ist demnach **qualitativ unterdeterminiert**. Außerdem ist nicht sichergestellt, dass das Kind im Input stets die Strukturen angeboten bekommt, die es für eine korrekte Generalisierung benötigt. Der Input ist demnach auch **quantitativ unterdeterminiert** (vgl. Fanselow/Felix 1987, S. 117).

3.3 | Modifikationen des P&P-Modells

Das von Chomsky entwickelte P&P-Modell des Spracherwerbs enthält Unbestimmtheiten bezüglich des **Entwicklungsbegriffs**, der Konzeptualisierung des biologisch verankerten **sprachlichen Wissens** und der Rolle des **Input**, die zu Ausdifferenzierungen und Modifikationen des P&P-Modells führten. Dies trifft auch auf die minimalistischen Skizze des Spracherwerbs zu.

3.3.1 | Das Entwicklungsproblem des P&P-Modells

Zur Lösung des Entwicklungsproblems werden innerhalb des Nativismus zwei Ansätze vertreten: Der Ansatz des lexikalischen Lernens, in dem Entwicklung **kontinuierlich** gesehen wird (Clahsen 1988; Pinker 1985), und der Ansatz des Heranreifens der Prinzipien der Universalgrammatik, der eine **diskontinuierliche** Entwicklung annimmt (Borer/Wexler 1987; Felix 1992).

Die Diskontinuitätshypothese zum Syntaxerwerb besagt, dass Veränderungen in der kindlichen Sprachentwicklung auf einen **Reifungsplan** zurückzuführen sind, der die universalgrammatischen Prinzipien auslöst. Die ersten Entwicklungsstadien des Spracherwerbs, die Ein-, Zwei- und Dreiwortphase werden nicht als syntaktisch aufgefasst. Hier liegen allein semantische Kategorien und Relationen vor. Die frühe kindliche Grammatik fällt nach Felix noch nicht in den Geltungsbereich der Universalgrammatik. Eine umfassende Restrukturierung dieser frühen Grammatik setzt genau dann ein, wenn dem Kind gemäß Reifungsplan das universalgrammatische Prinzip, das **X-bar Schema** verfügbar wird. Sobald dieses Schema ausgelöst ist, ist auch die Funktion dieses X-bar Schemas wirksam. Sie besteht darin, die Klasse der möglichen Grammatiken zu beschränken. Aufgrund dieses Schemas strukturiert das Kind seine Grammatik so, dass sie mit universalgrammatischen Prinzipien übereinstimmt.

Das X-bar Schema besagt: Jedes syntaktische Wort, jedes X, wird zu einer Phrase XP projiziert. Jede Phrase, jedes XP, hat einen Kopf X. Ergänzungen zu syntaktischen Wörtern oder ihren Projektionen sind immer Phrasen. Dieses X-bar Schema beinhaltet das grundlegende syntaktische Verknüpfungsprinzip.

Definition

Der Kontinuitätshypothese zufolge werden syntaktische Strukturen nicht durch Regeln erzeugt, sondern kommen durch die **Projektion lexikalischer Eigenschaften** zustande. Die lexikalische Eigenschaft z. B. des Verbs *claim*, Satzteile als Ergänzung nehmen zu können, konstituiert die Projektion der Verbalphrase gemäß X-bar Schema (vgl. Chomsky 1986, S. 82).

Die Theorie des lexikalischen Lernens von Pinker und Clahsen geht davon aus, dass die **Prinzipien der UG von Anfang an wirksam** sind. Sie behauptet, dass alle sukzessiven Übergangsgrammatiken in den Geltungsbereich der UG fallen. Auf einen Reifungsplan verzichtet diese Konzeption. Es wird davon ausgegangen, dass die beobachtbaren Veränderungen im kindlichen Syntaxerwerb primär auf lexikalisches Lernen zurückzuführen sind, d. h. darauf, dass Kinder zunehmend mehr Wörter mit den für sie typischen syntaktischen Eigenschaften erwerben. Clahsen gibt dafür ein Beispiel:

»Nebensatz-einleitende Konjunktionen sind z. B. Kindern in frühen Entwicklungsphasen nicht zugänglich, und die dazugehörigen syntaktischen Lernmechanismen können noch nicht wirksam werden. Das hat zur Folge, daß frühe kindliche Grammatiken keine strukturellen Möglichkeiten zur Satzeinbettung bieten. Erst wenn Konjunktionen identifiziert und im Lexikon der Kinder kategorisiert werden, können die damit verbundenen universalgrammatischen Parameter fixiert werden. Die lexikalistische Position ermöglicht so eine Analyse der kindlichen Übergangsgrammatiken, die der Kontinuitätshypothese entspricht« (Clahsen 1988, S. 26).

Charles Yang (2002; 2004) geht davon aus, dass dem Kind dank der UG die gesamte Vielzahl möglicher Sprachen sowie Parameter von Anfang an zur Verfügung stehen, diese dann im Prozess der Spracherfahrung darum konkurrieren, mit welcher Wahrscheinlichkeit sie die Sprachdaten erfolgreich analysieren können. Das erfolgreichere Modell setzt sich durch. In diesem Modell versucht Yang, den Chomsky'schen Nativismus des P&P-Modells mit Befunden zum statistischen Lernen zu vereinbaren.

Einstiegshilfen im Spracherwerb – *bootstrapping*-Ansätze: Die Spracherwerbskonzeption von Pinker und Clahsen ist nicht nur eine spezifische Interpretation des P&P-Modells, sie geht auch über das P&P-Modell hinaus. Pinker stellte sich die Frage, wie das Kind aus dem Sprachangebot die Informationen gewinnt, die es zur Fixierung der universalgrammatischen Parameter benötigt. Das Kind »weiß« zwar mit dem X-bar Schema etwas über die universellen Eigenschaften der Kategorien des X-bar Schemas, es weiß also, was Nomen, Verben, Köpfe sind. Aber dieses Wissen allein reicht nicht aus. Das Kind muss an den Inputdaten erkennen, welches Segment ein Nomen, welches ein Verb etc. ist. Da es keine universell festgelegte Stellung oder universelle morphologische Markierungen für diese Kategorien gibt, kann das Kind an den Daten selbst die Kategorien noch nicht erkennen. Pinker macht zur Lösung dieses Problems einen Vorschlag, der als ***semantic bootstrapping*** bekannt wurde (Pinker 1987). Die Hypothese des *semantic bootstrapping* besagt, dass sich das Kind anhand der semantischen Eigenschaften der Inputdaten erschließt, welches Segment welcher syntaktischen Kategorie entspricht.

<table>
<tr><td>Definition</td><td>

bootstrapping ist ein Begriff aus der Informationstechnologie. Damit gemeint ist die Installation des Betriebssystems eines Computers bzw. das Systemeröffnungsprogramm.

</td></tr>
</table>

Die Hypothese des *semantic bootstrapping* ist deshalb plausibel, weil das Sprachmaterial, das dem Kind angeboten wird, meist eine enge Beziehung zwischen konzeptuellen Einheiten und syntaktischen Kategorien aufweist: Objekte werden bevorzugt durch Nomina ausgedrückt, Handlungen und Zustände durch Verben. Derartige Form-Funktionsentsprechungen erlauben dem Kind, die syntaktischen Kategorien seiner Sprache zu identifizieren.

Das *semantic bootstrapping* stellt eine erste Lernstrategie dar. Wenn mit deren Hilfe die syntaktischen Kategorien identifiziert wurden, setzt eine zweite Lernstrategie ein, und zwar die Strategie des **strukturabhängigen distributionellen Lernens**. Auf Basis der mithilfe des *bootstrapping* verfügbaren syntaktischen Kategorien beginnt das Kind, auch die semantisch nicht unmittelbar erschließbaren Inputdaten in ihrer Struktur zu analysieren und die gültigen Parameterwerte sukzessive festzusetzen.

Das ***prosodic*** bzw. ***phonological bootstrapping*** ist eine weitere Einstiegshilfe (vgl. Morgan/Demuth 1996). Kinder nutzen auch prosodische Information wie Betonung, Rhythmus, Intonation, um syntaktisch relevante Einheiten wie Wörter, Phrasen und Sätze im Lautstrom zu entdecken und syntaktisch zu kategorisieren. Dieses *prosodic bootstrapping* scheint insbesondere für die ersten Entwicklungsphasen wichtig zu sein (vgl. Hirsh-Pasek/Golinkoff 1996). Da aber prosodische und syntaktische Strukturen nicht koinzidieren, sondern nur in einigen Dimensionen korrelieren, ist das *prosodic bootstrapping* keine ausreichende Hilfe. Als Ankerpunkte der Segmentation und Klassifikation schlagen Höhle/Weissenborn (1999) häufig vorkommende Wörter vor (vgl. Weissenborn/Höhle 2000).

3.3.2 | Probleme der Annahme einer biologischen Verankerung der UG

Harmans Problem: Das Problem der biologischen Verankerung der UG, das als »Harmans Problem« figuriert, besteht im Wesentlichen darin, dass die UG als sprachliches, angeborenes Wissen nicht durch unabhängige Experimente als biologisch real nachgewiesen werden kann, was jedoch zur Absicherung des Postulats notwendig ist (vgl. Fanselow 1992, S. 341). Externe Experimente sind für das UG-Konzept ein Problem, weil die Elemente der UG sprachspezifisch sind, in keiner anderen Domäne gelten und insofern extern nicht nachweisbar sind. »Wenngleich klar ist, *daß* eine biologische Sprachfähigkeit angeboren sein muß, so folgt daraus noch nicht, daß irgendeines der linguistisch motivierten Prinzipien der Universalgrammatik als Entität biologisch real sein muß« (ebd.). Es ist demnach fraglich, ob die Prinzipien der UG identifizierbare Teile des menschlichen Kognitionssystems und im Gehirn verankert sind. Vorstellbar ist, dass »[...] die Prinzipien der UG [...] Konsequenzen sehr allgemeiner neuronaler Strukturaufbauprinzipien [sind], die sich ergeben, wenn sprachliche Strukturen im vorgegebenen neuronalen System repräsentiert und verarbeitet werden müssen« (ebd.).

Metaprinzipien als Lösung: Dies führte zu einer Revision, der zufolge die Prinzipien der UG aus allgemeineren und nicht mehr sprachspezifischen Repräsentationssystemen abgeleitet werden. Als entsprechende abstrakte und nicht sprachspezifische Eigenschaften von Repräsentationssystemen werden diskutiert: Vollständigkeit, Ökonomie, Homogenität, kategoriale Kohärenz, globale Harmonie (vgl. Bierwisch 1992, S. 27; Fanselow 1992). Diese abstrakten Eigenschaften von Repräsentationssystemen haben den Status von **Metaprinzipien** (vgl. Bierwisch 1992, S. 28). Diese Prinzipien werden erst dann sprachspezifisch, wenn sie sich auf sprachliche Elemente beziehen. Die Konstruktion dieses Modells stellt insofern eine Lösung von Harmans Problem dar, da die für Sprache postulierten Prinzipien, insofern sie auch außerhalb von Sprache angenommen werden, sprachunabhängig nachgewiesen oder widerlegt werden können.

Anbindung der Parametrisierung an das Lexikon: Dieses Modell der Metaprinzipien bietet zwar eine Lösung des Nachweisproblems der mentalen Realität der UG, es führt aber auch zu weiteren Problemen. Zum einen wirft das Modell die Frage der Spezifik der Sprachdisposition auf, zum anderen erfordert die Bestimmung der Prinzipien der UG als Derivat aus allgemeinen Metaprinzipien eine Klärung des Erwerbs strukturell verschiedener natürlicher Sprachen. Eine Lösung der letztgenannten Frage sieht Bierwisch darin, dass die Parametrisierung von den Prinzipien gelöst und von lexikalischen Konfigurationen abhängig gemacht wird. Die Revision besteht hier also darin, dass die Festlegung der Parameter nicht mehr abhängig von den Prinzipien der UG, sondern gemäß Konfrontation mit den strukturierten lexikalischen Einheiten erfolgt. Bei Bierwisch werden die lexikalischen Einheiten als Projektion außersprachlicher (konzeptueller und artikulatorischer) Information auf den sprachunspezifisch strukturierten Repräsentationsmechanismus verstanden; diese lexikalischen Einheiten steuern wiederum die Parameterwertfestsetzung.

Modifikation der Modularitätshypothese: Verbunden mit dieser Revision sind modifizierte Auffassungen über die **modulare Architektur** von Kognition und Sprache. Die Autonomie der sprachlichen gegenüber außersprachlichen Modulen wird weiter postuliert, jedoch hervorgehoben, dass Autonomie der Module nicht gleichbedeutend damit ist, dass die für das Modul konstitutiven Bedingungen nur für dieses und nicht auch für andere Module gelten (vgl. Bierwisch 1992, S. 29). Da gerade die menschliche Sprachfähigkeit in der phonetischen und in der semantischen Form **Schnittstellen** mit außersprachlichen Modulen hat, teilt sie mit diesen bestimmte (aber nicht alle) Eigenschaften. Die **Gattungsspezifik** der Sprachfähigkeit kann demnach bestimmt werden als »spezielle Kombination der anteilig integrierten Prinzipien« (ebd., S. 29).

Für die menschliche Sprachfähigkeit charakteristisch ist die Kombination von diskreter Repräsentationsstruktur und nicht-endlichen Distinktionsmöglichkeiten, die in rekursiven Operationsschemata gegeben ist. Bierwisch schlägt vor, die UG als ein System von Schemata zur Erzeugung von Kategorisierungsdispositionen zu modellieren. Diese beziehen sich auf außersprachliche Module und liefern den Inhalt der Kategorisierungen. Die Organisationsform sprachlicher Repräsentationsformen ist so, dass sie diskrete Datenstrukturen für die Erzeugung komplexer Konfigurationen disponiert. Diese **Disponiertheit auf Kombination** hin ist eine Eigenschaft von Lexikoninformationen.

»Integrierte Repräsentationen komplexer sprachlicher Ausdrücke sind [...] die Ausfaltung der Information der in ihnen enthaltenen lexikalischen Einheiten. Diese Ausfaltung und ihr Ergebnis unterliegt den Prinzipien von UG, die nun weitgehend als Effekt sprachunspezifischer Metaprinzipien zu verstehen sind. Die relevante Infinitheit diskreter Repräsentationen ist damit in der Essenz auf die Disposition, Datenstrukturen [...] zu bilden, zurückgeführt« (ebd., S. 30).

Neben phonetischen und semantischen Kategorisierungsdispositionen besteht die UG damit »[...] aus dem Bauplan für Lexikoneinheiten, genauer für das Arrangement und die Verzahnung der Informationskomplexe solcher Einheiten« (ebd., S. 30). Dementsprechend nimmt Bierwisch an,

»[...] daß die Spezifik der Sprachfähigkeit darin bestehen dürfte, daß das menschliche Gehirn mit einem Repräsentations- und Berechnungssystem ausgestattet ist, das mentale Strukturen anderer Module – insbesondere der konzeptuellen Repräsentation der Umwelt sowie der Feinmotorik primär des Artikulationsapparates und der entsprechenden perzeptiven Muster – in effektiver Weise zu codieren und miteinander zu korrelieren und zu kombinieren gestattet« (ebd., S. 31)

Bierwischs Modifikation des Prinzipien- und Parametermodells entspricht der Revision im *minimalist program* und der korrespondierenden Standardtheorie Chomskys nur teilweise, da es den außersprachlichen Modulen eine stärkere Rolle zumisst.

Revision des
P & P-Modells

Die spezifischen Konsequenzen dieser Revisionen des P&P-Modells für die Spracherwerbsforschung sind noch nicht expliziert. Allgemeine Konsequenzen dieser Theorierevision sind:

1. Die Syntax hat an Spezifik und an Gewicht verloren.
2. Die Thesen der Autonomie der Syntax im Rahmen der Modularität der Kognition spielen keine wesentliche Rolle mehr, da nun eher das

Zusammenwirken der Subsysteme im Mittelpunkt steht und die Prinzipien der Syntax weniger spezifisch sprachlich bestimmt sind.

3. Da das grammatische Prinzipiensystem ohne wesentlichen Bezug auf Sprache formuliert ist, ist die Annahme eines autonomen, angeborenen grammatischen Wissens kaum mehr zwingend (vgl. Fanselow 1992, S. 350).

3.3.3 | Das Erwerbsszenario als Problem des P&P-Modells

Inkonsistenzen im Erwerbsszenario des P&P-Modells führten Haider zu einer radikalen Revision dieses Modells. Nach Haider beruht die Vorstellung, im Grammatikerwerb würden Parameter fixiert, »auf einer Fehleinschätzung« (Haider 1991, S. 26), denn das angeborene Programm zur Sprachverarbeitung ist dem Kind **kognitiv unzugänglich**. Zugänglich sind dem Kind empirische Sprachdaten. Da ihm aber die Parameter kognitiv unzugänglich sind, kann es auch gar nicht wissen, wonach es suchen soll, d. h. es kann nicht entscheiden, ob ein Sprachdatum einer zulässigen Option entspricht oder nicht. Die Theorie Chomskys setzt voraus, dass die in der UG spezifizierten Parameter auf irgendeine Weise auf die empirische Datenstruktur abgebildet werden. Die Theorie formuliert aber nicht, wie diese Abbildung funktioniert, und sie kann das auch gar nicht formulieren, wenn sie gleichzeitig postulieren muss, dass das angeborene Programm zur Sprachverarbeitung kognitiv unzugänglich ist. Aus diesem Grund schlägt Haider vor, das P&P-Modell und sein Erwerbsszenario gänzlich zu revidieren: Nicht mehr das Auslösen (*triggern*) vorgegebener abstrakter grammatischer Informationen durch primäre sprachliche Daten charakterisiert den Spracherwerb.

Revision des Erwerbsszenarios

»Die UG ist kein Steuersystem wie unter der Chomskyschen Auffassung, sondern ein System von aktivierbaren Verarbeitungsroutinen für Informationsstrukturen spezieller Art. Die Auslöserreize, die das System aktivieren, sind die durch den allgemeinen kognitiven Apparat eingespeisten Informationsstrukturen. Für den Erwerb bedeutet dies folgendes. Das Kind versucht, die komplexen Muster zu analysieren und mentale Repräsentationen dieser Muster zu erzeugen. Es geht dabei willkürlich, d. h. zufallsgesteuert vor, wobei seine allgemeinen kognitiven Fähigkeiten die Rahmenbedingungen bilden [. . .]. Immer dann aber, wenn es eine Repräsentation wählt, die mit den UG Routinen harmonieren, wird diese Repräsentation stabilisiert. Diese Funktionsweise läßt sich mit einem Konzept von *kognitiver Resonanz* erfassen« (Haider 1991, S. 23).

Das angeborene Systempotential: In diesem Modell wird nicht das System der UG auf die Daten projiziert, sondern hier wird Spracherwerb als Projektion von Daten auf eine systemadäquate Struktur bestimmt. Diese systemadäquate Struktur wird als angeborenes, zufallsbedingtes kognitives Systempotential des menschlichen Zentralnervensystems charakterisiert. Die Prinzipien, durch die dieses Systempotential determiniert ist, sind »uns unbekannt« (ebd., S. 21). Angeboren ist nicht das, was die Linguistik in ihren Grammatiktheorien ausbuchstabiert, angeboren ist vielmehr das Systempotential. Was dann von Linguisten als sprachliche Struktur beschrieben wird, ist Konsequenz der Eigenschaften des Systempotentials, mit ihm also nicht identisch. Daher darf die UG »[...] nicht in den Kategorien beschrieben werden, derer wir [uns] für die Beschreibung der Grammatiken natürlicher Sprachen bedienen« (ebd., S. 20). Nach Haider ist der »[...] UG Koprozessor [...] eher eine Vernetzung von vorhandenen Systemroutinen zu einer Funktionseinheit« (ebd., S. 24), er ist keine lokal identifizierbare Verarbeitungseinheit. Diese Auffassung stellt eine Revision der Autonomiehypothese dar. Außerdem werden in diesem Modell der UG die Art und Vielfalt sprachlicher Variation nicht festgelegt (vgl. ebd., S. 25).

Spracherwerb als Selektionsvorgang: Haiders Modell der kognitiven Resonanz stellt eine tiefgreifende Revision des P&P-Modells, aber auch der minimalistischen Skizze dar. Nicht mehr ein abstraktes Wissen um Sprache, eine UG ist angeboren. Angeboren ist eine als Filter wirksame, auf Sprache hin spezialisierte Verarbeitungskapazität. Spracherwerb ist kein Prozess des Entdeckens oder Aktivierens der jeweils zutreffenden, bereits intern vorhandenen Strukturmöglichkeiten. Spracherwerb ist ein Selektionsvorgang von zufällig gebildeten Repräsentationen. Die Selektion von mit UG-konformen Repräsentationen bezieht sich dabei nicht allein auf syntaktische Repräsentationen, sondern auch auf den Bereich des lexikalischen Lernens. Die Informationen, die hier gelernt werden müssen, werden UG-gerecht selegiert. Dieses Modell ist ein theoretischer Entwurf. Wie die Phänomene des Spracherwerbs damit in Übereinstimmung zu bringen sind, bleibt zu klären, ebenso wie diese Vorstellungen entwicklungstheoretisch einzulösen sind.

3.3.4 | Der sprachliche Input als Problem des P&P-Modells

Qualität
und Quantität
des Input

Einen weiteren Problembereich des P&P-Modells stellt die Qualität und Quantität des sprachliche Input dar. In der minimalistischen Skizze ist die Rolle des Input für den Spracherwerb nicht näher spezifiziert. Nach Chomskys P&P-Modell besteht die Rolle des Input darin, dass die für die korrekten Parameterbelegungen nötigen Informationen durch die einmalige Konfrontation mit relevanten sprachlichen Daten ausgelöst, d. h. *getriggert* werden.

Die Qualität des Input: Ein Problem ergibt sich dadurch, dass man unter dieser Annahme präzise angeben können muss, welches die relevanten Daten sind, die das Triggern leisten (vgl. Meisel 1995, S. 18). Hinzu kommt, dass die Daten nicht immer so eindeutige Informationen über die jeweils geltenden Parameter enthalten, wie gemäß P&P-Modell erforderlich wäre.

Außerdem ist der sprachliche Input nicht immer grammatisch. Valian (vgl. ebd., S. 18) stellte fest, dass in ihren Daten 4 % der Äußerungen der Eltern völlig ungrammatisch und 16 % leicht ungrammatisch waren. Wenn aber bis zu 20 % der sprachlichen Daten, die ein Kind hört, leicht oder völlig ungrammatisch sind, wirft das ein gravierendes Problem für die *trigger*-Hypothese auf, denn diese sagt ja, dass schon ein minimaler Sprachdatenkontakt den fraglichen Parameterwert festzulegen erlaubt. Für diese Schwierigkeit gibt es verschiedene Lösungsvorschläge, einen eher lerntheoretischen und einen eher die UG aufwertenden.

Valian z. B. schlägt vor, dass die für das Kind relevanten Daten genau die sind, in denen die Eltern dem Kind seine eigenen unvollständigen und ungrammatischen Äußerungen in korrekter Form widerspiegeln. Durch Vergleich seiner Äußerungen mit denen der Eltern könne dann das Kind ersehen, was es falsch oder richtig gemacht hat. Unklar bleibt allerdings, aufgrund welcher Fähigkeiten das Kind überhaupt einen erfolgreichen Vergleich seiner Äußerungen mit denen der Eltern vornehmen kann. Eine alternative Lösung, die von Weissenborn und Roeper vorgeschlagen wird, besagt, dass es immer dann, wenn ein Parameter durch verschiedene Merkmale ausgezeichnet ist, für ihn einen einzigen, in der UG spezifizierten *trigger* gibt. Diese Version verlagert die Lösung des Problems in die UG. Yang (2002; 2004) dagegen sieht die Bedeutung empirischer Daten darin, dass sie die in der UG gegebenen Prinzipien und Parameter nach Wahrscheinlichkeitsaspekten miteinander in Wettstreit bringen und die in der Datenanalyse erfolgreichste Grammatik gewinnt.

Die Quantität des Input: Zusätzlich zu dem Problem der qualitativen Beschaffenheit des Input besteht ein Problem der Quantität. Unklar ist, wie häufig ein als *trigger* wirkendes Datum dem Kind präsentiert werden muss, damit es den zutreffenden Parameterwert fixiert. Randall (vgl. Meisel 1995) stellt fest, dass ein Kind eine ausreichende Menge von sprachlichen Zeichen dazu benötige, gibt aber zu, dass man sehr wenig darüber wisse, wie groß diese Menge eigentlich sein muss. Lightfoot (vgl. ebd.) meint, dass die primären sprachlichen Daten salient sein und häufig vorkommen müssen, um eine *trigger*-Wirkung zu haben, denn gelegentliche Konfrontationen mit divergenten sprachlichen Daten (z. B. einem Hausgast, der Dialekt spricht) haben keinen Effekt auf den Spracherwerb. Für dieses quantitative Problem scheint es ebenso wie für das qualitative Input-Problem keine überzeugenden Lösungen zu geben.

Zusammenfassend lässt sich feststellen, dass das P&P-Modell eine Reihe von Problemen enthält, die zu Modifikationen und gravierenden Revisionen Anlass gaben. Die Rolle des sprachlichen Input, das Entwicklungsproblem, der Status und die interne Architektur der UG sowie das genetisch spezifizierte sprachliche Wissen erwiesen sich dabei als zentral. Das P&P-Modell wurde mit dem *minimalist program* einer erheblichen Revision unterzogen. Dieses Modell wird von Chomsky selbst als ein offenes Programm und noch kein fertiges Resultat bezeichnet (Chomsky 2005). Da sich damit die Konzeption der UG geändert hat und das angeborene humanspezifische sprachliche Wissen auf die Operation *merge* reduziert ist, die Konsequenzen für den Spracherwerb noch nicht näher spezifiziert sind, ist derzeit offen, wie genau der Spracherwerb sich nach neuester nativistischer Auffassungsich vollzieht. Dass der Spracherwerb auf angeborenen sprachspezifischen Kenntnissen beruht, ist jedoch weiterhin eine zentrale Annahme.

3.4 | Nativismus, Autonomie und Modularität im Spracherwerb: empirische Befunde

Eine wesentliche These des nativistischen Forschungsprogramms besagt, dass die menschliche Kognition und die Sprache **modular** aufgebaut sind (Fodor 1983; Jackendoff 2000). Vor allem für die Syntax wurde postuliert, dass sie unabhängig von allgemeinen kognitiven Verarbeitungsprozessen ist, dass sie **autonom** arbeitet. Insbesondere die Fähigkeit zur syntaktischen Rekursion wird im Nativismus als angeboren betrachtet, da sie weder auf allgemeine kognitive Fähigkeiten noch auf sozial vermittelte Lernprozesse zurückgeführt werden kann (Hauser et al. 2002). Als Beleg für die Richtigkeit dieser Annahme werden u. a. Studien über auffällige Spracherwerbsverläufe bei Kindern angeführt (vgl. Chomsky 1988, S. 38 f.; Pinker 1994, S. 52 f.). Diese Kinder haben entweder soziale Depravierung erfahren oder sie haben bestimmte genetische Defizite oder organische Behinderungen. Ergebnisse empirischer Studien über den Sprachentwicklungsverlauf bei diesen Kindern werden im Folgenden unter der Frage vorgestellt, ob sie als empirische Evidenz zugunsten des Nativismus, der Modularität von Sprache und Kognition und der Autonomie von Syntax betrachtet werden können.

3.4.1 | Der Spracherwerb bei sprachlich-sozialer Isolation

Der Spracherwerb von sog. **wilden Kindern**, d. h. Kindern, die in sozialer Isolierung aufwuchsen und erst spät mit Sprache konfrontiert wurden, weist charakteristische Auffälligkeiten auf (Lebrun 1980; 2002). Diese Kinder können Sprache nur mit Mühe und niemals vollständig erlernen, sofern sie Sprache überhaupt erwerben.

Kaspar Hauser, ein zwischen 3/4 und 15/16 Jahren angeblich in Isolation gehaltener Junge, erwies sich nach seiner Integration in die soziale Welt als erstaunlich lernfähig.

Er lernte in kurzer Zeit soweit zu sprechen, dass er seine Gedanken ausdrücken konnte; vor allem entwickelte er bemerkenswerte Fähigkeiten im Argumentieren und Philosophieren. Er lernte Lesen und Schreiben und erwarb eine gute Kompetenz in Mathematik. Trotz dieser erstaunlichen Fähigkeiten blieb seine Sprache defizitär, ihr fehlte die Syntax, ihr fehlten die morphologischen Markierungen. Kompetenz erwarb Kaspar Hauser im Bereich der allgemeinen kognitiven Fähigkeiten eingeschlossen der konzeptuellen Aspekte von Sprache (Semantik), keine Kompetenz erwarb er dagegen im Bereich von Syntax und Morphologie (vgl. Curtiss 1989).

Abb. 3.2:
Kaspar Hauser
(getuschte Federzeichnung von
Johann Georg
Laminit,
1775–1848)

Genie: Vergleichbare Auffälligkeiten zeigte der Spracherwerb eines modernen wilden Kindes, dokumentiert von Susan Curtiss (1977). Dieses Kind, ein Mädchen namens Genie, wurde mit 20 Monaten bis zum Alter von 13;6 Jahren von ihren Eltern in völliger sozialer Isolation gehalten. Niemand sprach mit ihr, und es war ihr bei Androhung schwerer Strafen verboten, Laute von sich zu geben oder Geräusche zu machen. Als Genie aufgefunden wurde, war ein leises Winseln ihre einzige Lautäußerung. Sie konnte einige wenige Wörter wie »Klapper« oder »Mutter« und Redewendungen wie »Schluss damit« verstehen, eine Warnung oder Verneinung konnte sie am Tonfall erkennen. Genie erwarb nach ihrer sozialen Reintegration innerhalb von 4 Jahren die meisten Aspekte des konkreten operativen Denkens (s. Kap. 4), darüber hinaus zeigte sie auffallend gut entwickelte Fähigkeiten in der visuell-räumlichen Perzeption. Ihr Kurzzeitgedächtnis war schlecht. Vor allem ihr Spracherwerb wies Auffälligkeiten auf. So entwickelte Genie rasch ein differenziertes Lexikon und begann auch, Wörter zu Zwei- und Mehrwortäußerungen zu kombinieren, aber ihre Äußerungen blieben weithin ungrammatisch. Sie konnte zwar zunehmend längere Wortketten bilden, deren propositionale Komplexität anstieg, aber die Morphologie und das System der syntaktischen Markierung propositionaler Zusammenhänge fehlten (vgl. Curtiss 1989, S. 118). Auch ihre kommunikativ-pragmatischen Fähigkeiten waren auffällig. Die Äußerungen Genies folgten zwar regelmäßig den Grice'schen Konversationsmaximen (vgl. Grice 1975), ihre sprachlichen Fähigkeiten der Kommunikationsregulation waren dagegen kaum entwickelt. Genie erlangte in ihren nicht-sprachlichen Fähigkeiten das Niveau der konkret-operationalen Intelligenz, das Kinder mit 7 bis 8 Jahren erreichen.

Chelsea: Ein weiterer Fall von Spracherwerb nach einer langen Phase der Isolation von einer sprechenden Umgebung ist Chelsea, eine 32-jährige Frau, deren Familie sie für taub hielt und bei der man per Zufall entdeckte, dass sie nur schwerhörig war. Als Chelsea ein Hörgerät trug, war sie in der Lage, Sprache zu lernen, allerdings nur selektiv. So erwarb Chelsea ein Lexikon, dieses aber war nicht logisch strukturiert und die mit den Wörtern verbundenen syntaktischen Informationen wurden nicht erworben. Morphologie und Syntax wurden nicht erlernt (vgl. Curtiss 1989, S. 119 f.). Im Bereich kommunikativer Fähigkeiten war Chelsea kompetent, ebenso im Bereich der sprachlichen, konventionellen Kommunikationsregulation. Weniger kompetent war sie im Bereich des Einbringens von eigenen Beiträgen zu einem Thema. Chelsea erreichte ebenso wie Genie die Stufe der konkret-operationalen Intelligenz. Entsprechende Befunde werden auch von anderen, ähnlichen Fällen berichtet (Grimshaw et al. 1998). Studien zur Wirkung von Cochlea Implantaten zeigen, dass diese Hörhilfe um so effektiver ist, je früher sie eingesetzt wird (Kral et al. 2001; Rubinstein 2002; Wu/Yang 2003; Lederberg/Spencer 2005).

In den geschilderten Fällen zeigt sich, dass der Spracherwerb ohne sprachlichen Input stark beeinträchtigt ist (weitere Fälle schildert Skuse 1994). Insbesondere Syntax und Morphologie lassen sich nach mangelndem sprachlichen Input in der Kindheit nicht mehr vollständig erwerben; dies kann von allgemeinen kognitiven Fähigkeiten nicht kompensiert werden. Ein Grund dafür mag sein, dass die für den Spracherwerb notwendigen Mechanismen nicht mehr zur Verfügung stehen. Dies entspricht Lennebergs Annahme einer **kritischen Periode** für den Spracherwerb, die mit Beginn der Pubertät beendet ist und nach deren Abschluss ein müheloser und vollständiger Erstspracherwerb nicht mehr möglich ist (vgl. Lenneberg 1972; Newport et al. 2001). Eine kritische Phase für den Erstspracherwerb ist, sofern es sie gibt (Bruer 2001), ein Hinweis auf die neurobiolo-

Einschätzung

gische Verankerung des Spracherwerbs, nicht aber ein Beweis dafür, dass sprachliches Wissen angeboren ist (Kuhl 2010).

3.4.2 | Der Spracherwerb bei Kindern mit Gehirnläsionen

Sprachleistungen bei Schädigung der linken oder rechten Gehirnhälfte: Beobachtungen zu Sprachleistungen bei Kindern mit Gehirnläsionen, die bereits in den 1970er Jahren veröffentlicht wurden (vgl. Dennis und Whitaker 1977, S. 95) zeigten, dass unterschiedliche sprachliche Leistungsdefizite auftreten je nach dem, ob die rechte oder die linke Gehirnhälfte geschädigt ist. Bei einer linkshemisphärischen Läsion treten den älteren Studien zufolge signifikant häufiger Sprachbehinderungen auf (vgl. ebd.). Die linke Hemisphäre scheint normalerweise der Spezialist für die Sprachverarbeitung und den Spracherwerb zu sein. Sie scheint insbesondere auf die formalen Aspekte von Sprache hin spezialisiert zu sein, d. h. auf Syntax, Morphologie, Phonologie. So konnte Curtiss (1989) in ihrer Analyse der sprachlichen Leistungen von drei Kindern, deren linke Gehirnhälfte vor oder während der Geburt geschädigt wurde, zeigen, dass die Kinder, die nur noch über die rechte Hemisphäre verfügten, gerade im Bereich der Syntax signifikante Probleme hatten. Ein vergleichbares Bild erbrachten Analysen sprachlicher Fähigkeiten von Kindern, die im Verlauf der frühen Kindheit eine entweder rechts- oder linkshemisphärische Läsion erfuhren: Die Kinder mit einer Linkshemisphärenläsion zeigten geringere Fähigkeiten im Gebrauch und im Verstehen von Syntax, die lexikalischen Verstehens- und Produktionsleistungen waren bei den Kindern mit Rechts- wie Linkshemisphärenläsion gleichermaßen behindert. Dieses unterschiedliche Muster zeigte sich auch dann, wenn man die gemessene Intelligenz der Kinder kontrollierte (vgl. Bates/Roe 2001).

Altersabhängige Spezialisierung der Gehirnhälften: Spätere Studien verweisen darauf, dass diese Hemisphärenspezialisierung erst im späteren Kindesalter deutlich wird. So zeigen sowohl früh rechts- wie linkshemisphärisch geschädigte Kinder eine signifikante Verzögerung in der Gestenentwicklung, im Auftreten des ersten Wortes, im Beginn des Wortverständnisses und in der frühen morphologischen sowie syntaktischen Entwicklung (vgl. Eisele/Aram 1995; Feldman et al. 1992; Thal et al. 1991; Marchman et al. 1991). Entwicklungsverzögerungen im Bereich der Produktion des ersten Wortes und der Syntax wurden etwas häufiger bei linkshemisphärisch geschädigten Kindern beobachtet. Entwicklungsverzögerungen im Verstehen des ersten Wortes sowie im Verstehen von Präsuppositionen und Implikationen wurden eher bei rechtshemisphärisch geschädigten Kindern festgestellt. Diese Unterschiede zeigen sich vor allem bei jüngeren Kindern, bei älteren Kindern sind sie nicht mehr signifikant (Bates/Roe 2001). Weder links- noch rechtshemisphärische Läsionen müssen zu dauerhaften, gravierenden Beeinträchtigungen der Sprachperformanz führen (vgl. Eisele/Aram 1995, S. 688; Vargha-Khadem et al. 1997). Nach Elman et al. (1996, S. 303) und Stiles et al. (2005) weisen die meisten älteren Kinder mit Gehirnläsionen eine Sprachentwicklung innerhalb des Altersnormbereichs auf (vgl. Reilly et al. 2004). Dies trifft auch

Plastizität des Gehirns

auf Kinder zu, deren linke Gehirnhälfte entfernt werden musste (de Bode et al. 2015). Bei Kindern weist das Gehirn demnach eine erstaunliche **Plastizität** für Sprachfunktionen auf (vgl. Elman et al. 1996, S. 306; Eisele/Aram 1995, S. 688; Müller 2009), dabei scheint das Gehirn von Anfang an einen gewissen Bias für die linkshemisphärische Verarbeitung von Sprache zu haben, der aber durch Lernprozesse überschrieben werden kann (Bates/Roe 2001), wie sich an den anfänglichen Verzögerungen des Spracherwerbs zeigt.

Bei Kindern mit Gehirnläsionen spielen demnach insgesamt komplexe neuronale, lernabhängige Reorganisationsprozesse eine Rolle. Diese Befunde sind kein Beleg dafür, dass Spracherwerb auf einem anfänglich vorhandenen, sprachspezifischen, neuronal verankerten Wissen im Sinne des Chomsky'schen Sprachorgans beruht.

Einschätzung

3.4.3 | Der Spracherwerb bei Kindern mit starker geistiger Retardierung

In der Regel geht eine ausgeprägte geistige Retardierung mit einem entsprechend beeinträchtigten Spracherwerb einher. Einige Kinder aber können trotz stark eingeschränkter nonverbaler Intelligenz, bei einem Intelligenzquotienten (IQ) von 40 bis 70, Sprache zumindest in einigen Aspekten erwerben.

Antony: Ein Kind mit starker geistiger Retardierung ist Antony, sein IQ liegt bei ungefähr 50. Antony begann mit 1 Jahr zu sprechen und gebrauchte vollständige Sätze mit 3 Jahren. Im Alter von 6 Jahren ist seine Sprache phonologisch wohlgeformt, strukturell differenziert und überwiegend grammatisch wohlgeformt. Seine Sprache ist allerdings semantisch defizient und im Sprechen nimmt Antony keinerlei Bezug auf die Bedürfnisse seines Gesprächspartners, obwohl er die sprachlichen Mittel zum Gespräch besitzt. Nach Curtiss hat Antony Grammatik unabhängig von Semantik und Pragmatik erworben. Er hat eine autonome Syntax aufgebaut (vgl. Curtiss 1989, S. 125) bei sehr begrenzten kognitiven Fähigkeiten, von denen man nicht sicher sagen konnte, ob sie überhaupt dem letzten Stadium der sensomotorischen Intelligenz entsprachen. Dieses Stadium erreichen Kinder nach Piaget in der Regel mit 24 Monaten (s. Kap. 4).

Laura: Ein fast identisches Bild bietet ein weiterer Fall, Laura, eine Jugendliche von 16,5 Jahren und einem IQ von 44. Laura hat das letzte Stadium der sensomotorischen Intelligenz noch nicht erreicht. In allen nichtsprachlichen Aufgaben ist sie sehr schwer zu testen. In sprachlichen Tests ist sie dagegen erfolgreich: Sie kann Sätze korrekt wiederholen und sie entdeckt auch kleinere phonologische, syntaktische oder morphologische Fehler in Vorgabesätzen. Lauras syntaktische und morphologische Fähigkeiten sind sehr differenziert. Sie produziert Relativsätze, Passivsätze, sie pronominalisiert, beherrscht die Möglichkeiten der Vertauschung der Wortfolge im Englischen, und sie hat eine voll entwickelte Nominal- und Verbalphrasenmorphologie. Laura gebraucht eine große Zahl von Satzadverbialen und verfügt über ein differenziertes Lexikon. Ähnlich wie bei

Antony ist ihre Rede jedoch semantisch leer und konfus, und sie passt auch nicht zum Kontext (vgl. Yamada 1990).

Christopher: Ein noch dramatischeres Bild bietet der Fall Christopher (vgl. Smith/Tsimpli 1995). Sein nonverbaler IQ beträgt 60 bis 70. Christopher hat eine schlechte Hand-Augen-Koordination, er kann die Piaget'schen Konservierungsaufgaben (s. Kap. 4) nicht lösen, gleichwohl aber einfache arithmetische Operationen ausführen. Christopher ist nicht autistisch, aber er hat Schwierigkeiten, die für autistische Kinder charakteristisch sind, er ist nicht in der Lage, mentale Zustände anderer Personen korrekt zu beurteilen.

In markantem Kontrast zu seinen eingeschränkten kognitiven Fähigkeiten stehen Christophers hoch spezialisierte sprachliche Fähigkeiten: Christopher lernte Dänisch, Holländisch, Französisch, Deutsch, Neugriechisch, Hindi, Italienisch, Norwegisch, Polnisch, Portugiesisch, Russisch, Spanisch, Schwedisch, Türkisch und Walisisch. Über diese typologisch zum Teil sehr verschiedenen Sprachen verfügte Christopher auf einem unterschiedlichen Niveau. Einige Sprachen sprach er fließend, von anderen hatte er Grundkenntnisse. Er konnte auch schriftliche Dokumente in diesen Sprachen lesen. Seine sprachliche Kompetenz im Englischen, seiner Muttersprache, war völlig normal. Allerdings ergaben die mit Christopher durchgeführten Tests, dass er gewisse Schwierigkeiten im Bereich von Semantik und Pragmatik hatte. So konnte Christopher Sätze, die eine metalinguistische Negation enthalten und zu ihrem Verständnis das Abrufen enzyklopädischen Wissens erfordern, nicht angemessen verstehen. Er konnte auch rhetorische Fragen nicht als solche entschlüsseln, pragmatisch und inhaltlich völlig bizarre Texte erschienen ihm nicht anstößig. Ironie, Metaphern, Witze waren Christopher fremd. Er ist unfähig, Sprache zu verstehen, wenn dies metarepräsentationale Verarbeitungsprozesse einschließt (vgl. ebd., S. 78 f.). Karmiloff-Smith hebt hervor, dass das mentale Alter von Christopher dem eines 9-Jährigen entspricht und er des Lesens kundig ist, was mit der Annahme einer von Intelligenz völlig unabhängigen besonderen mündlichen Sprachkompetenz nicht vereinbar sei (Karmiloff-Smith 2006, S. 10 f.)

Einschätzung   Der Spracherwerb dieser Kinder mit starker mentaler Retardierung zeigt, dass die von Piaget für den Spracherwerb als grundlegend postulierten allgemeinen kognitiven Fähigkeiten (s. Kap. 4) offenbar nicht entscheidend sind. Die morphosyntaktische und die semantisch-pragmatische Kompetenz scheint bei diesen Kindern unterschiedlich stark von ihrer kognitiven Beeinträchtigung betroffen zu sein. Der sprachliche Entwicklungsverlauf ist bei diesen Kindern nicht dokumentiert. Ihr Leistungsprofil wurde erst nach Abschluss des Spracherwerbs beschrieben. Die Dissoziation der kognitiven, morphosyntaktischen und semantisch-pragmatischen Leistungen können somit nur als Beleg einer modularen Organisation von Sprache und Kognition nach Abschluss des Spracherwerbs, nicht aber als Beleg einer von Anfang an modularen Organisation und Autonomie der Grammatik bewertet werden.

3.4.4 | Der Spracherwerb bei Kindern mit Down Syndrom und mit Williams Syndrom

Kinder mit Down Syndrom (= DS) weisen ein ebenfalls nicht übereinstimmendes Muster in der kognitiven wie der sprachlichen Entwicklung auf. Das DS beruht auf einem genetischen Defekt. Die Entwicklung von DS-Kindern ist durch eine ausgeprägte und zunehmende **Verlangsamung** gekennzeichnet (vgl. Wendeler 1988). Fast auf jeder Sprachentwicklungsstufe zeigen Kinder mit DS eine deutliche Verzögerung ihrer sprachlichen gegenüber ihrer nicht-sprachlichen kognitiven Entwicklung; mit steigendem Alter haben diese Kinder eine gegenüber ihren nicht-sprachlichen Leistungen zunehmend geringere sprachliche Kompetenz (vgl. Bates et al. 1995, S. 144; Miller 1988; 1999; Abbeduto/Chapman 2005). Ab dem 3. bis 4. Lebensjahr entwickeln sich die kognitiven und sprachlichen Fähigkeiten immer weiter auseinander.

Die Sprachentwicklung von DS-Kindern zeigt besondere Charakteristika sowohl in der vorsprachlichen Entwicklung wie im Bereich der Produktion und der Rezeption.

Sprachentwicklung von DS-Kindern

1. Die vorsprachliche Entwicklung: In der vorsprachlichen Periode werden gleich häufig kommunikative Handlungen vollzogen wie bei unauffälligen Kindern gleichen mentalen Alters, allerdings kommunizieren DS-Kinder mehr zum Zweck sozialer Interaktion als um nach Objekten zu ersuchen. Wenn sie älter werden, zeigen DS-Kinder ebenso häufig Kommunikationsversuche, aber die pragmatischen Aspekte des Sprecher-Hörer Wissens können nicht elaboriert werden. Pragmatische Fähigkeiten wie z. B. auf eine Frage sozial angemessen zu antworten, sind vorhanden, sobald aber sprachliche Fähigkeiten mit eingebracht werden müssen, sind die pragmatischen Fähigkeiten der DS-Kinder begrenzt (vgl. Chapman 1995, S. 645).

2. Die Sprachproduktion weist die folgenden Merkmale auf:

Die Lautentwicklung verläuft in den beiden ersten Lebensjahren bei den DS-Kindern ähnlich der Entwicklung gleichaltriger unauffälliger Kinder und ist vom mentalen Alter unabhängig (vgl. ebd., S. 646). Die weitere phonologische Entwicklung der DS-Kinder weist bei qualitativer Ähnlichkeit zu der unauffälliger Kinder zeitliche Verzögerungen auf. Auch die phonologischen Fehler wie Auslassung des letzten Konsonanten, Reduktion von Konsonantenclustern, Auslassung unbetonter Silben entsprechen denen unauffälliger Kinder. Allerdings zeigen DS-Kinder diese Fehler noch als Jugendliche. Dies kann nicht allein auf anatomische Besonderheiten zurückgeführt werden.

Die lexikalische Entwicklung: Das erste Wort erwerben DS-Kinder zu demselben Zeitpunkt wie unauffällige Kinder gleichen mentalen Alters. Allerdings verläuft die weitere lexikalische Entwicklung bei DS-Kindern verlangsamt. Die ersten 50 Wörter von DS-Kindern sind im Inhalt und in der Wortart ähnlich denen unauffälliger Kinder: Nomina überwiegen, Funktionswörter sind selten (vgl. ebd., S. 648). Das Lexikon der älteren DS-Kinder enthält zunehmend mehr Verben, was auch für unauffällige Kinder charakteristisch ist. Neue Wörter können sich DS-Kinder ebenso rasch aneignen wie unauffällige Kinder vergleichbaren mentalen Alters, sofern es einfache Wörter sind (Abbeduto et al. 2007). Der Wortschatzerwerb ist bei DS-Kindern aber in der Regel langsamer als bei Kindern vergleichbaren mentalen Alters (Miller 1999).

Die syntaktischen Fähigkeiten der DS-Kinder werden zum Teil kontrovers eingeschätzt. Der Beginn von Zweiwortäußerungen erfolgt bei DS-Kindern zu demselben Zeitpunkt wie bei unauffälligen Kindern vergleichbaren mentalen Alters. Der weitere Entwicklungsverlauf weist jedoch Abweichungen auf; nach Fowler (1990, zit. in Chapman 1995, S. 651) zeigten DS-Kinder zwar »delayed language without deviance«, aber ein relativ frühes Erreichen eines Plateaus mit ca. 7 bis 8 Jahren unabhängig vom mentalen Alter. Chapman dagegen fand in seiner Studie von Erzählungen bei 16- bis 20-jährigen DS-Jugendlichen einen signifikanten Anstieg komplexer Sätze, allerdings enthielten die Äußerungen häufig Auslassungen grammatischer Morpheme (vgl. ebd., S. 652; Boudreau/Chapman 2000). Nach Bates et al. (1995, S. 144) haben DS-Kinder besondere Schwächen im Gebrauch von freien und gebundenen Morphemen.

3. Sprachrezeption: Auch die sprachrezeptiven Fähigkeiten der DS-Kinder weisen Besonderheiten auf. Die Spracherkennung von DS-Kindern ist im Vergleich mit Kindern gleichen mentalen Alters eingeschränkt. Unterscheidungen des Artikulationsortes, die durch rasche Formantenübergänge signalisiert werden, können sie nicht erkennen. DS-Kinder scheinen weniger als andere Kinder auf *baby-talk* anzusprechen. Das Wortverständnis und seine Entwicklung entsprechen bei DS-Kindern dem von unauffälligen Kindern vergleichbaren mentalen Alters. Dies trifft auch für die Anfänge des Syntaxverständnisses zu. Erst in der Adoleszenz bleibt das Syntaxverständnis der DS-Kinder hinter dem vergleichbarer unauffälliger Kinder zurück.

Insgesamt zeichnet sich die Entwicklung der DS-Kinder dadurch aus, dass eine Dissoziation von Sprache und Kognition nicht in den Anfängen des Spracherwerbs, sondern erst in dessen Verlauf festgestellt werden kann. Die besonderen Beeinträchtigungen in der Sprachproduktion können darauf zurückgeführt werden, »[…] that they may be selectively impaired in the ability to detect, store, and/or retrieve aspects of the auditory input that are low in phonological salience or stress […] and low in visual imagery […]« (Bates et al. 1995, S. 147). Daher ist das Sprachentwicklungsprofil von DS-Kinder keine zwingende Evidenz für die Modularitäts- und Autonomiethese (Abbeduto/Chapman 2005).

Sprachentwicklung von WS-Kindern

Kinder mit Williams-Syndrom (= WS) erwerben trotz vergleichbar geringer allgemein-kognitiver Fähigkeiten wie die DS-Kinder eine verhältnismäßig differenzierte sprachliche Kompetenz. Kennzeichnend ist zudem ihre hohe Soziabilität (Fishman et al. 2011). Das Williams Syndrom ist wie das Down Syndrom auf einen Gendefekt zurückzuführen (vgl. Karmiloff-Smith et al. 1998).

1. Nicht-sprachliche Fähigkeiten: Das hervorstechendste Merkmal der Kinder mit WS ist, dass sie sehr geringe nicht-sprachliche Fähigkeiten haben. Insbesondere schlecht schneiden sie bei visuell-räumlichen Testaufgaben ab (vgl. Martens et al. 2008). WS-Kinder verfügen dagegen über gute Fähigkeiten, Gesichter zu erkennen, die jedoch auf anderen Verarbeitungsmechanismen als bei Unbeeinträchtigten basieren (Karmiloff-Smith

2006, S. 11; Grice et al. 2001). Sie haben zudem ein gutes auditorisches Kurzzeitgedächtnis (Bishop 1999). Schlecht sind ihre Leistungen bei Problemlöseaufgaben und Aufgaben, die schließendes Denken erfordern. Bei Aufgaben, bei denen sie Intentionen und Pläne anderer Personen erschließen müssen, schneiden sie vergleichsweise gut ab (vgl. Bates et al. 1995, S. 145). WS-Kinder werden als hyper-sozial beschrieben (Jones et al. 2000).

2. Die vorsprachliche Entwicklung: WS-Kinder zeigen spät Gesten und *babbling* sowie die Fähigkeit den Lautstrom zu segmentieren; sie nutzen nicht die Blickrichtung bei referentieller Kommunikation und scheinen auch die referentielle Funktion des Zeigens nicht zu verstehen (Karmiloff-Smith 2006).

3. Die sprachliche Entwicklung: Im sprachlichen Bereich zeigen Kinder bzw. Jugendliche mit WS auf den ersten Blick überraschend gute Leistungen.

Das Lexikon: In ihrer Spontansprache gebrauchen WS-Kinder bzw. Jugendliche häufig ungewöhnliche Wörter wie *surrender, nontoxic, commentator, brochure* (vgl. Bellugi et al. 1988, S. 182), deren Bedeutung sie zu verstehen scheinen. Das Vokabular eignen sich WS-Kinder bzw. Jugendliche jedoch anders als unauffällige Kinder an. Stevens/Karmiloff-Smith (1997) stellten experimentell fest, dass die von ihnen untersuchten Probanden (im Alter von 8 bis 30 Jahren), die über ein im Verhältnis zu ihren nonverbalen Leistungen großes Vokabular verfügten, nur zwei der insgesamt vier für den Lexikonerwerb normalerweise relevanten Aneignungsprinzipien beim Wortlernen anwendeten. D. h. »[...] the relatively high vocabulary scores displayed by people with WS do not necessarily reflect a normal developmental pathway« (Stevens/Karmiloff-Smith 1997, S. 757).

Grammatik: Nach Beobachtungen von Bellugi et al. (1988) ist die Spontansprache der drei von ihnen untersuchten WS-Jugendlichen kontextuell angemessen und bezüglich der grammatischen Form komplex und im Allgemeinen korrekt. Weitere, umfassendere Tests der morphosyntaktischen Fähigkeiten größerer Probandengruppen von WS-Kindern und -Jugendlichen mit verschiedenen Muttersprachen kamen nicht zu übereinstimmenden Ergebnissen: Einige Studien fanden, dass der Grammatikerwerb insgesamt verlangsamt, aber dem unauffälliger Kinder vergleichbar verläuft; andere Studien stellten dagegen nicht nur eine Verzögerung, sondern untypische Entwicklungsverläufe fest.

So wurde gezeigt, dass WS- Kinder im morphosyntaktischen Bereich Auffälligkeiten aufweisen (Mervis et al. 1999; vgl. Martens et al. 2008). WS-Kinder mit Französisch als Muttersprache wiesen in Studien von Karmiloff-Smith et al. (1997; 1998) nur eingeschränkte Fähigkeiten auf, die Genuskongruenz zwischen Artikel, Adjektiv und Nomen bei ihnen nicht geläufigen Wörtern vorzunehmen, wozu unauffällige Kinder problemlos in der Lage waren. Ein weiterer, von Karmiloff-Smith et al. (1998) vorgenommener Test der rezeptiven morphosyntaktischen Fähigkeiten zeigte, dass die WS-Probanden Probleme der Integration von Subkategorisierungsinformationen des Verbs in das Satzverständnis aufwiesen. Analysen der Spontansprache von Kindern und Jugendlichen mit WS wiesen eine erhebliche Anzahl von morphosyntaktischen Fehlern nach (vgl. Karmiloff-Smith et al. 1997, S. 257).

Damit zeigt sich für Karmiloff-Smith et al., dass »[...] contrary to a popular view in the literature (e.g. [Pinker 1994]), people with Williams syndrome do not have entirely normal syntax« (Karmiloff-Smith et al. 1998, S. 348). Clahsen dagegen folgert aus seinen Befunden, denen zu Folge zwar die Morphologie, insbesondere die der irregulären Formen, bei WS beeinträchtigt, das syntaktische Berechnungssystems (im Sinne von Chomsky 1995) aber intakt sei, dass die Sprache der WS-Kinder eine modulare Sicht von Sprache bestätigt (Clahsen/Almazan 1998; Clahsen/Temple 2003). Fishman et al. (2011) dagegen ermittelten, dass die relativ gut erhaltenen Sprachfähigkeiten von Personen mit WS mit ihren sozial-affektiven Expressionsfähigkeiten korrelieren.

Pragmatik: Auch Aufgaben wie die, eine Bildergeschichte nachzuerzählen, bewältigen WS-Kinder mit erstaunlichem Erfolg (vgl. Reilly et al. 1990). Die WS-Kinder erzählten in einer grammatisch weithin korrekten Ausdrucksweise, die Erzählungen enthielten emotional getönte Beschreibungen. Allerdings erzählten sie die Geschichte thematisch weniger kohärent und boten detaillierte Einzelbeschreibungen (Reilly et al. 2004). WS-Kinder gebrauchen in ihrer Spontansprache häufig soziale Phrasen und Klischees, d. h. Merkmale einer Cocktailparty-Sprache (vgl. Udwin/Yule 1990, 1991). Sie haben Probleme, eine Konversation angemessen zu beginnen und zu unterhalten, sie haben Schwierigkeiten auf klärende Nachfragen oder Informationsfragen angemessen zu antworten (vgl. Martens et al. 2008, S. 582). Sie nutzen Prosodie nicht angemessen als Verfahren der Regulierung des *turn-taking* (Stojanovic 2010).

Phonologie und Semantik: Im Bereich der Phonologie weisen Kinder mit WS Schwierigkeiten in der Segmentierung des Lautstroms auf. Im Bereich der Semantik wie z. B. dem Verstehen von sprachlichen Raumausdrücken (Philipps et al. 2004) ist die Sprache der WS-Kinder nicht unauffällig. Nach Thomas (2005) scheint die untypische phonologische und semantische Kompetenz eine Grundlage der untypischen morphosyntaktischen Fähigkeiten zu sein. Demnach verweisen die Befunde zum WS gerade nicht auf eine Autonomie der Syntax.

DS- und WS-Kinder im Vergleich **Das sprachliche Leistungsprofil von Kindern mit WS und mit DS:** In ihren sprachlichen Leistungen unterscheiden sich Kinder mit DS und WS, obwohl beide vergleichbar niedrige IQ-Werte aufweisen und bei beiden ein eindeutig genetischer Defekt vorliegt. Ein Vergleich der Spracherwerbsverläufe von Kindern mit WS und mit DS im Alter von 12 bis 76 Monaten, den Singer et al. (1994) unternahmen, zeigte, dass sich die WS- von den DS-Kindern in der Einwortphase, in der das Vokabular bis zu 300 Wörter umfasste (die Kinder waren hier 34 bzw. 32 Monate alt), weder im Verstehen noch in der Produktion von Wörtern unterschieden. Beide Gruppen waren in Bezug auf diese Maße gleichermaßen gegenüber unauffälligen Kindern weit zurückgeblieben. Allerdings gebrauchten die DS-Kinder signifikant häufiger Gesten (vgl. Singer et al. 1994, S. 4). Mervis/Robinson (2000) ermittelten dagegen einen deutlichen Vorsprung der WS- gegenüber den DS-Kindern im Alter von 2 bis 3 Jahren. Bei einigen WS-Kindern ging das Benennen dem hinweisenden Gestengebrauch um einige Monate voraus (vgl. Stevens/Karmiloff-Smith 1997, S. 739). In den ersten Anfängen zeigten die DS-Kinder gegenüber den WS-Kindern außerdem einen Vorsprung im Sprachverstehen. Dieser anfängliche Vorsprung im Verstehen verschwand im Laufe der Entwicklung (vgl. Singer et al. 1994, S. 11).

In Bezug auf die grammatische Entwicklung fanden Singer et al., dass WS-Kinder grammatisch komplexere und längere Äußerungen produzieren als DS-Kinder. Die grammatischen Fähigkeiten der WS-Kinder entsprachen denen unauffälliger Kinder mit einem vergleichbar großen produktiven Wortschatz. Im Entwicklungsverlauf zeigte sich, dass die DS-Kinder, die zunächst kommunikativ kompetenter (Gestengebrauch) waren und ein besseres Wortverständnis hatten, zunehmend in ihrer sprachlichen Entwicklung verlangsamten, während die WS-Kinder, wenn sie einmal einen hinreichend großen Wortschatz aufgebaut hatten, die Meilensteine der grammatischen Entwicklung in einer normalen Geschwindigkeit erreichten.

Neuroanatomische Besonderheiten: Sowohl für Kinder mit WS wie mit DS wurden neuroanatomische Besonderheiten beobachtet. So stellten Jernigan/Bellugi (1994) fest, dass bei WS-Kindern das Volumen des Großhirns, nicht aber des Kleinhirns verringert ist, während das Kleinhirn bei DS-Kindern mehr als nur proportional kleiner als das ebenfalls verringerte Großhirn ist. Bei WS-Kindern konnten zudem besonders schnelle und sensible neuronale Aktivitätsmuster beim Satzverstehen und ein gutes explizites Langzeitgedächtnis bei beeinträchtigtem impliziten Gedächtnis festgestellt werden (vgl. Bellugi et al. 1994; Neville et al. 1994). Reiss et al. (2004) ermittelten neuroanatomische Korrelate zu den besonderen kognitiven Defiziten im visuell-räumlichen Bereich und relativ intakten Fähigkeiten in der Verarbeitung von Emotionen und Gesichtsdisplays. Weitere neuroanatomische Auffälligkeiten stellen die Forschungsberichte von Martens et al. (2008) und von Brock (2007) dar.

Die Bedeutung der Befunde zum Spracherwerb bei Kindern mit WS und mit DS: Die berichteten Befunde können nicht als sicherer Beweis für die Existenz eines autonomen Syntaxmoduls von Beginn an gedeutet werden, denn zum einen zeigen sich die charakteristischen Fähigkeiten und Behinderungen im grammatischen Bereich erst vergleichsweise spät, zum anderen sind die Sprachfähigkeiten von Kindern mit WS nicht unauffällig; sie sind bei ihnen wie bei den DS-Kindern möglicherweise darauf zurückzuführen, dass ihr Gehirn eine qualitativ andere Form der Organisation aufweist als das von Kindern mit anderen geistigen Behinderungen (vgl. Bates et al. 1995, S. 149). »[…] Williams Syndrome may not present a selective sparing of normal language in the face of mental retardation, but rather, a completely new and different mode of brain organization for language« (Elman et al. 1996, S. 312; vgl. Stojanovik et al. 2004). Karmiloff-Smith et al. (2003) kommen angesichts der empirischen Befunde zu dem Schluss, dass die Annahme der Dissoziation und modularer Organisation von Kognition und Sprache ein Mythos sei. Brock stellt in seinem sehr ausführlichen Review von Studien zum Spracherwerb bei WS fest: »[…] there is actually very little evidence to show that language is even a relative strength« (Brock 2007, S. 116) und kommt zu dem Schluss:

Einschätzung

»As such, there really is no basis for citing Williams syndrome as evidence for the modularity of syntax or morphology. Indeed, far from showing that language and general cognition can develop independently, the evidence for parallel deficits in visuospatial cognition and language arguably demonstrate the precise opposite« (ebd., S. 119).

3.4.5 | Der Spracherwerb bei Kindern mit Autismus

Der Autismus ist charakterisiert durch eine stark ausgeprägte soziale Kontaktlosigkeit, emotionale Labilität und selektive Aufmerksamkeitsausrichtung. Für den Autismus gibt es keine einheitliche Ursachengruppe, verschiedene Störungsgruppen können zu autistischen Erscheinungsbildern führen, eine erbliche Belastung ist wahrscheinlich (vgl. Rollett 1998, S. 955 f.). Der Begriff ›Autismus‹ deckt ein Spektrum ab, innerhalb dessen das sog. Kanner Syndrom mit ausgeprägter Symptomatik und unterschiedlichen Intelligenzgraden und das Asperger-Syndrom mit weniger gravierender Symptomatik und meist hoher Intelligenz unterschieden werden (Kamp-Becker/Bölte 2011; Frith 2013). Autistische Kinder weisen neuroanatomisch bedingte Beeinträchtigungen der Aufmerksamkeitskontrolle auf (vgl. Courchesne et al. 1994), Probleme des Verstehens von Emotionen (vgl. Sigman 1994; Hobson 1993), ein spezifisches Defizit des Verstehens psychologischer Kausalität (vgl. Baron-Cohen 1993; Tager-Flusberg 1981, 1992) bzw. der Unterscheidung zwischen Überzeugungen anderer Personen und eigenen (vgl. Frith 1989). Kinder mit Asperger-Syndrom, aber nur wenige autistische Kinder erwerben Sprache. Sofern autistische Kinder zu sprechen lernen, ist ihr Sprachbeginn stark verzögert (vgl. Fay 1988).

Sprachentwicklung autistischer Kinder

Die Sprachproduktion: **Die Lautentwicklung** autistischer Kinder verläuft zu Anfang ähnlich der von unauffälligen Kindern gleichen mentalen Alters. Auch die Fehler, die sie machen, entsprechen im Typ und in der Häufigkeit denen mental vergleichbarer, unauffälliger Kinder (vgl. ebd.). Einige autistische Kinder können zudem die suprasegmentalen Charakteristika von Sprache, also Betonung, Rhythmus, Prosodie erkennen. Prosodie, Rhythmus, Betonung und Tonhöhe ihrer eigenen Rede sind jedoch abweichend (vgl. Tager-Flusberg 1993, S. 141).

Die frühe **Syntaxentwicklung** entspricht der unauffälliger Kinder (Swensen et al. 2007). Der spätere Syntaxerwerb ist jedoch entwicklungsverzögert (vgl. Fay 1988). In ihrer Spontansprache begehen autistische Kinder häufig semantische Fehler. Ein semantisches Defizit besteht noch in der Adoleszenz (vgl. Tager-Flusberg 1981, S. 50).

Der **Wortschatz** autistischer Kinder ist im Bereich der Wörter, die sich auf subjektive Zustände oder Affekte beziehen, eingeschränkt (vgl. Goodman 1972). Zwar erwerben autistische Kinder Ausdrücke für innere Zustände wie Emotion und Volition, aber Wörter, die kognitive Zustände oder gemeinsame Aufmerksamkeitsausrichtung enkodieren, kommen bei ihnen im Vergleich zu Kindern mit DS äußerst selten vor (vgl. Tager-Flusberg 1993, S. 148 f.).

Das Sprachverständnis autistischer Kinder ist eingeschränkt. Autistische Kinder können ihr Erfahrungswissen zum Verständnis von Sätzen nicht ausnutzen.

Besondere Auffälligkeiten im Bereich der Pragmatik: Die Hauptbehinderung autistischer Kinder und Jugendlicher (beiden Typs) liegt im Bereich der Pragmatik (vgl. Blank et al. 1979, S. 346). Schon in der **vorsprachlichen Entwicklung** zeigen sie eine auffallende Interesselosigkeit an spielerischer, nicht-sprachlicher Kommunikation. Sie gebrauchen keine protodeklarativen Zeigegesten, um einen anderen auf etwas aufmerksam zu machen (vgl. Baron-Cohen 1993, S. 72 ff.). Autisten haben Schwierigkeiten »[…] with *all forms of communication*, not vocal alone« (Fay 1988, S. 194).

Die Sprache autistischer Kinder ist sozial unangemessen, sie nehmen in ihrer Rede nicht **Bezug auf einen Gesprächspartner**, indem sie neue Informationen zu einem Gesprächsthema beitragen (vgl. Tager-Flusberg 1993, 151 f.). Die Unfähigkeit, sich auf die Rede eines anderen zu beziehen, gilt auch für autistische Jugendliche, die sich ein vergleichsweise großes Lexikon und differenzierte morphosyntaktische Fähigkeiten angeeignet haben. Die Personalpronomina ›ich‹ und ›du‹ werden häufig verwechselt, ebenso Fragen und Feststellungen (vgl. ebd., S. 147). Autistische Kinder haben zudem Schwierigkeiten, **Geschichten** zu vorgegebenen einfachen Bildfolgen zu erzählen (vgl. Peng 1988, S. 208). Insbesondere die für Erzählungen wichtige Berücksichtigung des Wissenszustandes und der emotionalen Verfassung des Hörers, das Verstehen der Gedanken, Gefühle und Motive der Protagonisten einer Erzählung scheint eingeschränkt (vgl. Loveland/Tunali 1993; Kelley et al. 2006; Losh/Capps 2003). Bruner/Feldman vermuten, dass die sprachlichen, affektiven und kognitiven Beeinträchtigungen autistischer Kinder und Jugendlicher auf eine mangelnde Bereitschaft oder Fähigkeit zurückgeführt werden kann, Erfahrungen in narrativen Strukturen zu organisieren (vgl. Bruner/Feldman 1993, S. 288).

Insgesamt zeigt sich, dass vor allem die semantisch-pragmatischen Fähigkeiten vom Autismus des Kanner- wie des Asperger-Typus betroffen sind, dass morpho-syntaktische Fähigkeiten im Sinne einer Entwicklungsverzögerung affiziert sind, dass die Intelligenz vor allem im Bereich der sozialen Kognition beeinträchtigt ist. Da sowohl Sprache wie Kognition selektiv beeinträchtigt sind, entspricht das Störungsbild beim Autismus nicht der Modularitätsthese.

Einschätzung

3.4.6 | Der Spracherwerb bei blinden und gehörlosen Kindern

Bei blinden Kindern scheint der Spracherwerb zwar verzögert, aber qualitativ ähnlich dem Spracherwerb unbeeinträchtigter Kinder zu verlaufen. Nach Landau und Gleitman (1985) unterscheiden sich die sprachlichen Leistungen blinder von denen sehender Kinder nicht wesentlich. Allerdings ist bei blinden Kindern der Spracherwerb in den Bereichen beeinträchtigt bzw. verzögert, in denen Kinder Unterstützung durch visuelle Informationen benötigen. Blinde Kinder scheinen gerade im **Lauterwerb** bei den Lauten weniger schnell voranzuschreiten, bei denen wie z. B. bei den Lauten /b/ und /w/, die Beobachtung der Artikulationsbewegungen hilfreich ist (vgl. Mills 1988, S. 155). Mulford stellte zudem fest, dass sich das **Vokabular** blinder Kinder durch einen relativ hohen Anteil spezifischer Nomina und Handlungswörter, einen entsprechend geringeren Anteil von allgemeinen Nomina und erstaunlich wenig Funktionswörter von dem sehender Kinder unterscheidet (vgl. Mulford 1988, S. 309 ff.). Darüber hinaus verwenden blinde Kinder häufiger Pronomina semantisch unangemessen. Exophorische Referenzen, d. h. pronominale Bezugnahme auf den situativen Kontext und die Erfahrung, wurden seltener gebraucht. Deiktische Ausdrücke wie *this, there* werden nicht mit Bezug auf die Position des Sprechers und Hörers differenziert von blinden Kindern in einem Alter, in dem dies sehende Kinder tun (vgl. Mills 1988, S. 159). Blinde Kinder scheinen sich die Bedeutung von Wörtern wie *look* und *see* nicht primär aus den unterschiedlichen syntaktischen Verwendungsweisen zu erschließen, sondern auch – so Dunlea (1989, S. 19 f.) – ihre Erfahrungen mit der realen Welt und die semantischen und pragmatischen Bezüge, in denen Wörter wie *look* vorkommen, mit zum Bedeutungsaufbau zu benutzen. Blinde Kinder gebrauchen erste Wörter »[...] typically as part of a routine or to accompany the child's own action or manipulation of an object. Using words in less contextually bound ways (e. g. to anticipate or remember actions or to label new persons or objects) appears to be a relatively late development for many blind children [...]« (Mulford 1988, S. 331). In ihrer Entwicklung scheinen diese Kinder in besonderem Maße auf sprachlichen Input und die wirksame Unterstützung ihrer Betreuungspersonen angewiesen zu sein (vgl. Dunlea 1989).

Zusammenfassend lässt sich mit Mills (1988, S. 163) feststellen:

»Blind children are clearly different in some aspects of their language development, for example in their acquisition of phonology, in the patterns of interaction in infancy, in the structure of the early lexicon. Some of these differences involve a delay compared with sighted children, others an alternative path.«

Gehörlose und schwerhörige Kinder entwickeln trotz intensiver sprachlicher Unterweisung meist nur ein rudimentäres Verständnis ihrer Muttersprache (vgl. Newport 1988, S. 158). Wird ihnen jedoch rechtzeitig eine Zeichensprache beigebracht, so zeigt ihr Zeichenspracherwerb dieselben Muster und Entwicklungsmeilensteine im Erstspracherwerb wie der normalsinniger Kinder (vgl. Gregory/Mogford 1981; Orlansky/Bonvillian 1988, S. 273; Meadow 1976; Emmorey 2000); sie haben dann auch bessere Leistungen im Zweitspracherwerb (Mayberry/Lock 2003). Nur wenn gehörlosen bzw. schwerhörigen Kindern eine Zeichensprache beigebracht wurde, zeigten sie nicht die sonst charakteristischen kognitiven Entwicklungsverzögerungen (vgl. Meadow 1976; Orlanski/Bonvilian 1988).

Wenn gehörlosen Kindern keine Gebärdensprache angeboten wird, erfinden sie selbst Gebärden, sog. *home signs*, deren Strukturen eigene, von ihren Interaktionserfahrungen unabhängige Regularitäten aufweisen (vgl. Goldin-Meadow/Mylander 1998).

Gebärdenspracherwerb: Die **ersten Gebärden** erscheinen nach einer Studie von Gleitman (1984) ungefähr zu dem Zeitpunkt, zu dem Kinder sonst ihr erstes Wort gebrauchen. Entsprechend tauchen **Zwei- und Dreizeichensequenzen** zu dem Zeitpunkt auf, zu dem hörende Kinder Zwei-

und Dreiwortäußerungen gebrauchen, und diese Sequenzen drücken dieselben semantischen Relationen aus, die auch sonst in den Zwei- und Mehrwortäußerungen enkodiert werden.

Genetische Grundlage von Zeichensprache: Kontrovers ist, ob der ungesteuerte Zeichenspracherwerb als Hinweis auf sprach- bzw. zeichenspezifische genetische Dispositionen betrachtet werden kann, wie Gleitman (1984, S. 569) annimmt. Für Newport (1982) sind die *home signs* und deren Entwicklungsmeilensteine ebenso wie die in der zweiten Generation erfolgende Ausarbeitung einer internen Morphologie – vergleichbar den Kreolsprachen als Ausdifferenzierung von Pidgins (vgl. Bickerton 1984) – Anzeichen eines generellen Lernmechanismus und nicht einer spezifischen genetischen Voreinstellung auf formalsprachliche Markierungen. Nach Goldin-Meadow/Mylander (1998) dagegen verweisen die spontanen **Gestenschöpfungen**, da sie von der jeweiligen Umgebungssprache unabhängige, ähnliche Muster präferieren, auf eine genetische Grundlage. Dass aber ein Problem zu ähnlichen Lösungen führt, ist kein zwingendes Argument anzunehmen, dass die Ressourcen der Problemlösung angeboren sind (vgl. Elman et al. 1996).

3.4.7 | Sprachlernleistungen bei nicht-menschlichen Primaten

Unterweisung in gesprochener Sprache: Die ersten Experimente, in denen man noch versuchte, Affen gesprochene Sprache beizubringen, scheiterten kläglich. Die von dem Ehepaar Kellog 1931 unterrichtete Schimpansin Gua erwarb kein einziges Wort. Die Schimpansin Viki lernte nach drei Jahren intensiven Sprachtrainings genau vier Wörter, nämlich *Papa*, *Mama*, *Tasse*, *rauf*, die sie allerdings sehr unklar artikulierte.

Unterweisung in Zeichensprache: Als man entdeckte, dass der Vokaltrakt des Schimpansen nicht in der Lage ist, menschliche Laute hervorzubringen, wurde Schimpansen, so z. B. Washoe, Zeichensprache gelehrt. Washoe lernte die Zeichen der Zeichensprache bedeutungsvoll, abgelöst von der konkreten Situation und auch kreativ einzusetzen – so bezeichnete sie z. B. einen Schwan als Wasservogel. Ihre Zeichenketten zeigten jedoch anders als bei Kindern keine erkennbare Abfolge. Zu einem ähnlichen Ergebnis führten die Trainingsexperimente mit Sarah, die mehr als hundert Wörter zu verstehen lernte, darunter so komplexe Wörter wie *derselbe*, *verschieden*, *wenn ... dann*. Sarah zeigte keine Anzeichen **syntaktischer Fähigkeiten** und sie begann nie von sich aus eine Kommunikation. Vergleichbare Leistungen zeigte auch das Gorilla-Weibchen Koko. Koko, die im Stanford-Binet-Intelligenztest einen IQ von 85 bis 95 erzielte, erwarb nach einer Trainingszeit von 5 1/2 Jahren einen Wortschatz von insgesamt 645 lexikalischen Einheiten, ihr aktiver Wortschatz umfasst 375 Zeichen. Sie ist in der Lage, Zeichen zu generalisieren und kreativ zu gebrauchen, so bezeichnete sie ›Maske‹ mit ›Augenhut‹, oder ›Zebra‹ mit ›weißer Tiger‹. Darüber hinaus kommunizierte sie auch von sich aus. Aber auch Koko war nicht in der Lage, eine strikte Zeichenfolge einzuhalten, oft machte sie mit je einer Hand ein Zeichen gleichzeitig.

Nicht-menschliche Primaten und Zeichensprache

Gardner et al. (1992) konnten bei den Schimpansen Tatu (63 Monate) und Dar (56 Monate) **kommunikative Fähigkeiten** feststellen, die denen von Kindern in den ersten Entwicklungsjahren entsprechen. Auf kategoriale Fragen vom Typ ›was ist das‹, ›wie heißt das‹, ›was für eine Farbe ist das‹ gaben die Schimpansen meist korrekte Antworten. Wenn sie bei der Antwort Fehler machten, dann waren sie nicht gravierend, denn sie antworteten immerhin mit einem Zeichen, das zu der Kategorie gehörte, auf die sich die Frage bezog. Patricia Greenfield und Sue Savage-Rumbaugh (1993) stellten bei ihrem Vergleich des **Imitationsverhaltens** von drei Schimpansen mit dem von kleinen Kindern fest, dass die Schimpansen ebenso wie kleine Kinder Imitationen benutzen, um eine Reihe von pragmatischen Funktionen zu erfüllen, um eine Bestätigung, eine Frage, eine Gegenbehauptung, einen Kommentar usw. auszudrücken. Im Unterschied zu Kindern benutzten die Schimpansen Imitationen jedoch nicht, um mit Wörtern zu spielen oder um weitere Äußerungen des Partners zu elizitieren. Dies zeigt, dass die »[...] motivation to keep a conversation going and to use language for its own sake, is, among the primates, unique to the human species« (Greenfield/Savage-Rumbaugh 1993, S. 21).

Zeichenspracherwerb in Interaktion mit Menschen: Wenn nichtmenschlichen Primaten eine Symbolsprache nicht mittels direkter Unterweisung beigebracht wird, sondern sie diese von Anfang an in der Interaktion mit Menschen kennenlernen, sind sie in der Lage, spontan Symbole zu gebrauchen (vgl. Savage-Rumbaugh et al. 1993, S. 41). Einer der so aufgezogenen Affen ist der Bonobo Kanzi (Savage-Rumbaugh/Lewin 1994).

Kanzi bekam das Training mit Lexigrammen seiner Mutter mit und lernte offenbar durch Beobachtung die Bedeutung der Lexigramme. Diese gebrauchte und verstand er auch dekontextualisiert. Sein **Vokabular** entsprach dem eines 2- bis 3-jährigen Kindes. Kanzi zeigte darüber hinaus gewisse syntaktische Fähigkeiten, aber es ist fraglich, ob man ihm produktive syntaktische Fähigkeiten zuschreiben kann. Ein etwas eindeutigeres Bild bieten die **syntaktischen Verstehensleistungen**, die Savage-Rumbaugh et al. (1993) bei Kanzi im Vergleich zu dem 2-jährigen Mädchen Alia überprüften. Es zeigte sich, dass der Bonobo ebenso gut wie das 2-jährige Mädchen Sätze wie z. B. *Die Überraschung ist in der Geschirrspülmaschine versteckt* verstand und dass sich beide im Verstehen auf syntaktische Informationen bezogen (vgl. Savage-Rumbaugh et al. 1993, S. 97; Tomasello/Call 1997, S. 265 ff.).

Die Humanspezifik rekursiver Syntax: Ob nicht-menschliche Primaten tatsächlich syntaktische Fähigkeiten wie Kinder erwerben können, wird kontrovers eingeschätzt. Nim Chimsky, ein Schimpanse, den die amerikanische Zeichensprache gelehrt wurde und dessen Leistungen systematisch dokumentiert sind, weist nach der Analyse von Charles Yang (2013) keine regelbasierte Grammatik auf. Lisztaffen (*cotton top tamarins, Saguinus oedipus*) können, wie Fitch und Hauser (2004) feststellten, zwar einfache Sequenzen von Typ $(AB)^n$, nicht aber vom Typ $(A^n B^n)$ unterscheiden, insbesondere dann, wenn diese Strukturen eine bestimmte Größe überschreiten.

Saffran et al. (2008) zeigten in einer Reihe von Experimenten, dass Kinder im Alter von 12 Monaten komplexe grammatische Muster erwerben, indem sie statistisch erwartbare Muster sprachlicher Strukturen nut-

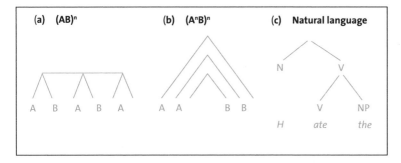

Abb. 3.3: Serielle Strukturen und hierarchische Strukturen (aus Berwick et al. 2013, S. 94)

zen, während erwachsene Lisztaffen dies nur bei einfachen grammatischen Strukturen tun. Nach Bornkessel-Schlesewsky et al. (2015, S. 143) verfügen nicht-menschliche Primaten über »[...] the basic computational building blocks necessary for language processing [...] although the system lacks the necessary quantitative scale to support language«.

Für die These, dass sich die Humanspezifik von Sprache in der rekursiven Syntaktizität erschöpft, liegt derzeit keine überzeugende Evidenz vor. Denn es gibt menschliche Sprachen, die keine rekursive Struktur haben (vgl. Pinker/Jackendoff 2005; Everett 2005; Pullum/Scholz 2010). Zudem wurden im Gesang einiger Vögel rekursive Strukturen (vgl. Gentner et al. 2006; Abe/Watanabe 2011) bzw. eine kompositionelle Syntax (vgl. Suzuki et al. 2016) gefunden; hinzu kommt, dass der Erwerb der spezies-typischen Lautmuster Parallelen zum kindlichen Spracherwerb aufweist. So imitieren Kinder wie Vögel die Vokalisierungen der Erwachsenen, beide durchlaufen eine Babbel-Phase, bei beiden ist ein mit der Lautierungsmotorik assoziiertes Gen an der Vokalisierung beteiligt, die Gehirnregionen für Vokalisierungen sind bei beiden ähnlich und es gibt eine Dissoziation der Gehirnregionen für die Produktion von Lauten und das Verstehen (vgl. Berwick et al. 2013, S. 90). Für Berwick et al. (2011, 2013), Luuk/Luuk (2011) sowie Corballis (2007) ist allerdings fraglich, ob die bisherigen Studien zu rekursiven Strukturen bei Singvögeln überzeugend sind. Allerdings konzedieren Berwick et al. (2013, S. 96), dass derzeit zu viel noch nicht gut genug verstanden ist, um der starken Feststellung sicher zu sein, dass »only the simple merge system plus words remain uniquely human«.

Evidenzen zur Humanspezifik von Rekursion

Schimpansen wie Washoe, Sarah, der Bonobo Kanzi und Gorillas wie das Weibchen Koko sind in der Lage, einige Grundcharakteristika von Sprache zu erwerben. Diese scheinen die Fähigkeiten einiger wild lebender Arten von Altweltaffen zu übersteigen, die aber einige vokale Signale und Gesten in einem referentiellen Sinn gebrauchen (vgl. Zuberbühler 2005), auch Alarmrufe zu bedeutungsvollen Sequenzen verbinden können (vgl. Arnold/Zuberbühler 2006) und Gesten flexibel und intentional kommunikativ verwenden (vgl. Tomasello 2008). Sprach-trainierte nicht-menschliche Primaten scheinen eine (manuelle) Sprachkompetenz zu entwickeln, die der eines 2–3-jährigen Kindes entspricht. Komplexe syntaktische Fähigkeiten scheinen nicht dazuzugehören, aber was die Affen lernten, ist doch bedeutend mehr, als man bislang den nächsten Anverwandten der Menschen zutraute. Bei allen erstaunlichen Leis-

Sprachfähigkeit von nicht-menschlichen Primaten

tungen der sprachlernenden Affen darf man allerdings nicht vergessen, dass die meisten Affen Zeichensprache nicht von sich aus lernten. Sie zeigten von sich aus kein Bedürfnis nach symbolischer Kommunikation, es sei denn, sie wurden wie Menschenkinder sozialisiert. Aber auch dann verwenden sie Zeichensprache überwiegend als Mittel zur Realisierung ihrer Bedürfnisse (Tomasello 2008). Spracherwerb ist gleichwohl nicht so exklusiv gattungsspezifisch, wie dies zugunsten des Nativismus häufig angeführt wird. Schon Charles Darwin sagte, »[...] that the behavior of man differs from the behavior of other animals in degree, not in kind« (zit. nach Savage-Rumbaugh et al. 1993, S. 105).

Skepsis gegenüber
dem Nativismus

Zusammenfassung: Die berichteten Sprachentwicklungsprofile bei Kindern mit unterschiedlich begründeten Entwicklungsbehinderungen und bei Affen lassen sich nicht problemlos als positive Evidenz zugunsten des Chomsky'schen Nativismus, seiner Annahme der Autonomie der Syntax und der modularen Organisation des menschlichen Geistes bewerten. Skepsis ist aus den folgenden Gründen angebracht:

1. Dass gewisse Sprachkompetenzen trotz geringer nicht-sprachlicher Intelligenz erworben werden können, ist zunächst eine klare Evidenz gegen die mit Piagets Theorie häufig verbundene Annahme, die kognitive Entwicklung sei für die sprachliche notwendig und hinreichend (vgl. Cromer 1974). Das Entwicklungsprofil von Kindern mit DS, WS und Autismus zeigt nicht nur sprachliche Besonderheiten, sondern auch spezifische, selektive Beeinträchtigungen nicht-sprachlicher kognitiver Fähigkeiten. Diese sind mit neuroanatomischen Besonderheiten verbunden. Die unterschiedliche, selektive Beeinträchtigung sprachlicher und kognitiver Leistungen kann Ausdruck dieser Besonderheiten sein. Somit sind die Befunde vereinbar mit der These von Bates (vgl. Bates/Snyder 1987), dass Sprache und Kognition auf eine ihnen gemeinsame Basis bezogen werden können. Die Befunde sind auch vereinbar mit der Spezifizitätshypothese (vgl. Meltzoff/Gopnik 1989), der zufolge Sprache und Kognition nicht in einem allgemeinen, sondern spezifischen Zusammenhang stehen, d. h. spezifische kognitive Entwicklungen sind mit spezifischen sprachlichen Erwerbungen verbunden.

2. Zwar können bestimmte sprachliche Subsysteme im Verhältnis zu anderen besser entwickelt werden, sie sind jedoch nicht völlig unbeeinflusst von der Beeinträchtigung. Dies haben gerade die neueren Studien zum Spracherwerb von Kindern mit WS gezeigt. Sie verweisen auch darauf, dass Kinder mit WS über qualitativ andere Spracherwerbsstrategien verfügen als unauffällige Kinder. Aus genetischer Sicht stellen Fisher/Vernes (2015, S. 291) fest : »[...] we should not expect neurodevelopmental disorders to carve up cognition into clear-cut dissociable packages, each directed by a different gene.« Die sprachpathologischen Befunde, aber auch Befunde der unauffälligen Sprachentwicklung, verweisen darauf, dass Modularität und damit (wenn überhaupt) Autonomie formalsprachlicher Fähigkeiten nicht den Anfangs- sondern den Endzustand der Sprachentwicklung charakterisieren (vgl. Elman et al. 1996; Karmiloff-Smith 1995; 2006).

3. Trotz Gehirnschädigungen können Kinder Sprache innerhalb ihres Altersnormbereichs erwerben. Dies spricht dafür, dass das Gehirn über

große Reorganisationsfähigkeiten und Plastizität verfügt. Damit ist die Annahme einer von Anfang an vorhandenen modularen Organisation des Gehirns und seiner höheren kognitiven Funktionen, Sprache eingeschlossen, schwer vereinbar.

4. Sprachentwicklungspathologische Befunde sind generell mit großer Vorsicht zu interpretieren. Denn zum einen kann nicht davon ausgegangen werden, »[...] that the atypically developing brain is necessarily a window on the normal brain and its purported modularity [...]. It should always be borne in mind that equivalent behavioral outcomes [...] can stem from different brain structures and processes« (Stevens/Karmiloff-Smith 1997, S. 758); zum anderen kann in sprachpathologischen Fällen schwer entschieden werden, ob die Gehirnorganisation für Sprache auf die Krankheit oder auf individuelle Besonderheiten zurückgeführt werden muss. Der Grund dafür ist, dass die Gehirnorganisation für Sprache und andere höhere kognitive Funktionen zwischen normalen Individuen stark variiert und idiosynkratische Muster aufweist, die so einzigartig sind wie der Fingerabdruck (vgl. Elman et al. 1996, S. 248). Zu methodischer Vorsicht lädt auch die Geschichte der in der Presse vielfach gerühmten Entdeckung eines Sprachgens ein (vgl. ebd., S. 372).

5. Auch Genie und Chelsea, die Sprache erst nach der sog. kritischen Periode erwarben, sprechen nicht zwingend für eine biologische Verankerung sprachlichen Wissens. Denn die kritische Periode selbst muss nicht als Indiz für eine genetische Disponiertheit von Sprache, sondern kann auch als Ergebnis des Lernprozesses selbst gedeutet werden (vgl. ebd., S. 389; Bortfeld/Whitehurst 2001).

6. Die relativen Beschränkungen von Sprachlernleistungen bei Affen sind kein sicherer Beweis, dass Sprache dem Menschen in ihren formalen Charakteristika angeboren ist, denn dafür können auch nicht-sprachliche Kompetenzen, über die Schimpansen und andere nicht-menschliche Primaten nicht verfügen, geltend gemacht werden. Tomasello z. B. vermutet, dass die Fähigkeit zum kulturellen Lernen (Tomasello/Call 1997) bzw. die Fähigkeit zur *shared intentionality* (Tomasello et al. 2005) der zwischen Mensch und äffischen Anverwandten entscheidende Unterschied ist.

3.5 | Evaluation nativistischer Begründungen des Spracherwerbs

Außer den auf die Sprachpathologie bezogenen Einwänden gegen die Annahme von Autonomie und Modularität sind eine Reihe weiterer, **allgemeiner Einwände aus verschiedenen Disziplinen** gegen den Nativismus Chomskys zu nennen, unter denen methodologische Probleme des Nativismus, die Perspektive sprachlicher Universalität und die Frage der biologischen Angemessenheit der Angeborenheitshypothese von Sprache die gravierendsten darstellen.

Einwände seitens der Biologie: Die These des Chomsky'schen Nativismus ist, dass seine Grammatiktheorie eine zutreffende Charakterisierung der biologischen Grundlagen der menschlichen Sprachfähigkeit leistet.

Daraus folgt, dass genau bestimmt werden müsste, wie der **Weg vom genetischen Code zur Grammatiktheorie** Chomskys verläuft.

Definition

Der Begriff ›genetischer Code‹ bzw. ›Codierung‹ meint den komplexen Prozess, in dem die Erbinformation eines Organismus, niedergelegt in der DNA (Desoxyribonukleinsäure) Doppelhelix aus den Basenpaaren A (Adenin), C (Cytosin, G (Guanin), T (Thymin), umgeschrieben wird in RNA (Ribonukleinsäure)-Stränge; diese werden weiter übersetzt in die Aminosäuresequenz der Polypeptidkette eines Proteins, des Bausteins von Zellen. Ein Teil der translatierten DNA-Stränge wird nicht weiter übersetzt, sondern zur Regulation verwendet. Regulationsmechanismen, die auch von Umwelteinflüssen mitbestimmt werden, sind Gegenstand der Epigenetik.

Der Weg vom genetischen Code zur Grammatik ist nicht dargelegt (Fisher/Vernes 2015, S. 290). Hauser et al. (2014, S. 1) sind skeptisch, ob dies in naher Zukunft gelingen kann, denn »[...] our understanding of the genetics of language is so impoverished that there is little hope of connecting genes to linguistic processes any time soon.« Diese Skepsis ist insbesondere mit Blick auf die genetische Verankerung der Chomsky'schen UG angebracht. Denn bislang ist es noch nicht gelungen, Chomskys UG in irgendeiner Weise auf Mechanismen der Genexpression zurückzuführen. Aus derzeitiger biologischer Perspektive ist dies sehr unwahrscheinlich, denn – so Fisher und Vernes (2015, S. 291) - »it is not possible for a gene to specify an individual cognitive process«. Außerdem stellt sich die Frage »How can there be an innate universal grammar if genes only code for proteins and are so few, and so broadly shared with other species?« (Ramus 2006, S. 250; vgl. Fisher 2006). Wenn die UG nicht unmittelbar im genetischen Code enthalten ist, so könnte sie aber in neuronalen Prozessen verankert sein. Dies ist bislang nicht nachgewiesen.

Bei dem derzeitigen Wissensstand ist offen, wie zwischen grammatischen Einheiten und neuronalen Prozessen kausale und nicht nur korrelative Beziehungen formuliert werden können (Poeppel 2011). Entsprechend unklar sind die kausalen Beziehungen zwischen sprachlichen, neuronalen und genetischen Prozessen. Bekannt ist, dass bestimmte Genmutationen mit bestimmten sprachlichen, aber auch kognitiven Auffälligkeiten korrelativ verbunden sind (Graham/Fisher 2013; Dediu/Christiansen 2015), die keine Evidenz für eine strikte Modularität hergeben (Fisher/ Vernes 2015). Selbst wenn die genetischen Grundlagen für die die menschlichen Sprachfähigkeit im Wesentlichen auszeichnende Rekursivität gefunden würden, wäre zunächst nicht mehr gefunden, als dass das menschliche Gehirn derartige Strukturen produzieren kann, nicht aber dass dies eine genetisch bestimmte wesentliche Eigenschaft von Sprache ist. Denn sprachlich relevant sind diese Strukturen dann, wenn sie auf sprachlichen Einheiten, d. h. Wörtern, operieren. Wörter aber sind wesentlich bedeutungshaltige Einheiten. Eine genetische Grundlage für Bedeutung ist aber bislang noch nicht einmal dann gefunden, wenn man die genetischen

Beziehung
zwischen sprach-
lichen, neuronalen
und genetischen
Prozessen

Grundlagen der neuronalen Systeme als notwendige Basis des Bedeutens entziffert hat.

Das ›Sprachgen‹: Die in der Presse vielfach erwähnte Entdeckung eines »Sprachgens« FOXP2 trägt zur Lösung der genetischen Grundlagen einer UG im Sinne Chomskys wenig bei. Die nähere Untersuchung des Falles der Familie KE, in der einige Mitglieder über drei Generationen hinweg eine Sprachstörung und Auffälligkeiten des FOXP2 Gens aufweisen, zeigt, dass nicht nur die Sprechmotorik oder die Morphosyntax, sondern auch die nicht-verbale Intelligenz beeinträchtigt ist (Lai et al. 2001; Watkins et al. 2002a; Graham/Fisher 2013); diese Verhaltensbesonderheiten korrelieren mit Auffälligkeiten der Gehirnstruktur (Watkins et al. 2002b). Da die Sprachstörung der Mitglieder der KE-Familie sich nicht nur auf Grammatik, sondern auf alle Aspekte der expressiven Sprache bezieht und eine beeinträchtigte nicht-sprachliche Intelligenz umfasst, können die Befunde nicht im Sinne einer Dissoziation von Sprache und Kognition gedeutet werden. Nach Fisher et al. (1998, S. 170) ist das am Störungsbild beteiligte Gen »[...] unlikely to be one specifically involved in grammar. Nevertheless, it is clearly crucial for the normal acquisition of language skills [...]«. Wirkungen der Mutation des Transkriptionsfaktors FOXP2 im Sinne einer Beeinträchtigung der Sprechfähigkeit und der Motorik wurden in weiteren Studien an Menschen und anderen Tieren (Mäusen, Vögeln) festgestellt (Fisher/Scharff 2009). Dass FOXP2 nicht nur im Gehirn, sondern auch in Herz und Lungen des Menschen nachgewiesen ist (Fisher 2006), verweist darauf, dass FOXP2 Teil eines komplexen regulatorischen Netzwerkes ist, »whose activity and effects are highly context-dependent« (Dediu/Christiansen 2015, S. 5). FOXP2 ist nicht nur an der verbalen Dyspraxie beteiligt, sondern wurde auch für Autismus, *Specific Language Impairment* (SLI) und eingeschränkte kognitive Fähigkeiten festgestellt (ebd., S. 4). Wie genau FOXP2, das bei Sprachstörungen nicht immer verändert ist (Karmiloff-Smith 2006), zum Spracherwerb beiträgt, ist derzeit offen.

UG als Bauplan für Sprache: Das biogenetische Programm Chomskys ist nach Auffassung von Biologen kaum überzeugend, denn in ihm wird der Anfangszustand so beschrieben, als würde die DNA schon das vollständige Muster, die Blaupause, den Bauplan für die Bildung des Körpers und seiner mentalen Leistungen enthalten. Tatsächlich (vgl. Smith Cairns 1991, S. 614) gibt es aber keine eins-zu-eins Abbildung von den Genen auf die Teile des Körpers. Diese kann es auch nicht geben, weil »[...] there is simply not enough space in the genome to contain a full and complete description of the adult« (Elman et al. 1996, S. 350). Die Vorstellung der UG als Bauplan für Sprache erweist sich schon damit als unzutreffend. Was Gene enthalten, ist »[...] a program that specifies cellular structures and the number and position of the cells« (Jacob zit. nach Smith Cairns 1991, S. 614). Demnach kann die UG nur aufgefasst werden als ein »[...] recipe for the construction of the grammar of a human language as such grammar develops in response to a child's linguistic environment. [...] universal grammar is expressed as the result of the developmental process, not something that exists prior to it« (ebd., S. 615). In diesen Entwicklungsprozess sind involviert »[...] many dynamic processes including cell growth, migration, and synaptic generation and degeneration« (Dodd/Fo-

FOXP2 – das
Sprachgen?

gel 1991, S. 617). Die Bestimmung der UG als angeborenes sprachliches Wissen ist angesichts dieser Tatsachen wenig überzeugend.

Das Verhältnis von Erbe und Umwelt: In den Modellen Chomskys spielt die Umwelt eine gegenüber dem genetischen Erbe marginale Rolle – sie ist lediglich Auslöser bereits genetisch vorgegebenen Wissens. Eine Wechselwirkung wird nicht angenommen, Erbe und Umwelt erscheinen somit getrennt. Diese Dissoziation von Erbe und Umwelt ist aus Sicht der **Genetik und Epigenetik** nicht überzeugend (Fisher 2006).

Definition

> Genetik untersucht die Erbinformationen, die im Genom eines Individuums gegeben sind, sie untersucht die Expression dieser Informationen in der Ausbildung des Organismus sowie die Formen und Mechanismen der Weitergabe der genetischen Informationen an die nächste Generation.
>
> Epigenetik befasst sich mit der vererbbaren, veränderbaren chemischen Modifikation der Genexpression ohne Veränderung der DNA. Diese chemischen Modifikationen beeinflussen die Genexpression, indem sie bewirken, dass DNA-Sequenzen an- oder abgeschaltet werden. Epigenetische Modifikationen sind von der Umwelt beeinflusst.

Das Genom, die Gesamtheit der genetischen Informationen eines Individuums, gespeichert in dessen DNA, ist nicht aufzufassen als ein Speicher des genetischen Codes, sondern ist eine dynamische Einheit, die sich durch eine permanente und komplexe Interaktion zwischen der DNA und ihrer Umgebung auszeichnet. Entsprechend ist die Entwicklung eines Individuums »[...] best considered as the emergent property of a constant interplay between the genome and it's environment (Meaney 2010, S. 45). Dies zeigt sich in den Mechanismen der **Genexpression** (vgl. Dediu 2015). Hierbei werden in einem komplexen Prozess der Übersetzung der DNA in RNA Proteine erzeugt, durch die die Struktur und Funktion von Zellen und letztlich die Entwicklung des Organismus bestimmt werden, wobei regulatorische Prozesse maßgeblich sind (vgl. Fisher/Vernes 2015; Nikolova/Hariri 2015). Die regulatorischen Prozesse sind vermittelt durch regulatorische Netzwerke, diese umfassen Protein produzierende Gene, deren Produkt die Transkription anderer Gene kontrolliert, sowie RNA-Moleküle und epigenetische Marker, die die Information in der DNA nicht verändern, aber bestimmen, wie diese gelesen und interpretiert wird.

Diese **epigenetischen Marker** können durch Umwelteinflüsse modifiziert werden. Erfahrungen von z. B. Hunger oder Stress können die Genaktivität eines Organismus beeinflussen, und dies kann auf verschiedenen Wegen an die nächste Generation weiter gegeben werden (Meaney/Szyf 2005; Szyf 2015; Dediu/Christiansen 2015).

Im Tiermodell wurde gezeigt, dass das Verhalten von Rattenmüttern gegenüber ihren Jungen deren epigenetische Marker verändern und somit die Wirkung der DNA beeinflussen kann, was sich im Gehirn der Rattenkinder und deren Verhalten zeigt (Meaney 2010). Die Beeinflussung genetischer Marker ist reversibel (ebd.). Ein ähnlicher, epigenetisch vermittelter Zusammenhang zwischen elterlichem Verhalten und psychosozialer Anpassung ihrer Kinder wurde in einer neuen Studie berichtet (Naumova et al. 2016). Bei Menschenkindern wurde zudem der Einfluss von Stress oder Armut auf die Genexpression gezeigt (van Ijzendoorn et al. 2011). Bei ihnen ist insbesondere die neuronale Entwicklung durch ein komplexes Wechselspiel von Genexpression und Umwelt charakterisiert. Während in der embryonalen Phase die Interaktion zwischen genetischen und Umweltfaktoren weithin auf der Ebene der Zell-Zell-Interaktion stattfindet (vgl. Szyf 2015; Bloomfield 2011), spielen externe Faktoren in der postnatalen Phase eine wesentliche Rolle (Stiles/Jernigan 2010, S. 345; van Ijzendoorn et al. 2011). Dies bestätigt die zahlreichen Deprivationsstudien, die einen Einfluss frühkindlicher Erfahrungen auf die kindliche Entwicklung dokumentiert haben (van Ijzendoorn et al. 2015; LaFreniere/MacDonald 2013; Szyf/Bick 2013).

Da der Spracherwerb an die neuronale Entwicklung gekoppelt ist, dürfte auch für ihn das Wechselspiel von Erbe und Umwelt im Sinne der Genetik und Epigenetik gelten, was jedoch erst näher aufzuklären ist (Rice 2012). Hierbei wirkt nicht nur die externe Umwelt auf das Kind, auch die genetischen Bedingungen des Kindes beeinflussen die Reaktionen der Umwelt. Der Zusammenhang von Erbe und Umwelt ist bidirektional (Meaney 2010).

Erbe und Umwelt

Zwar haben die Erkenntnisse der Genetik und Epigenetik in vielfacher Weise das dynamische Wechselspiel von Erbe und Umwelt aufgewiesen, die **Konsequenzen für den Spracherwerb** können derzeit nur in allgemeiner Weise und nicht mit Bezug auf epigenetische Mechanismen angegeben werden. Bekannt ist, dass die Erfahrung mit Sprache und das sprachliche Verhalten selbst Einfluss auf die neuronale Organisation und Verschaltung der kortikalen Bereiche nehmen, die das neuronale Substrat der Sprachverarbeitung darstellen (Neville/Bruer 2001). Studdert-Kennedy (1991) gibt als Evidenz für diese Annahme empirische Studien an, die zeigen, dass Teile des auditorischen Kortex bei gehörlosen und Zeichensprache benutzenden Individuen für die Verarbeitung visueller Informationen kooptiert wurden. Weitere Beispiele sind Kooptierungen des visuellen Kortex bei Blinden für auditorische Funktionen (vgl. Elman et al. 1996, S. 299 ff.). Auch Transplantationsstudien sprechen dafür, dass der Kortex ein »organ of plasticity« (ebd., S. 3) ist, denn hier konnte gezeigt werden, dass z. B. Zellen des visuellen Kortex nach ihrer Transplantation in den sesomotorischen Kortex sich dort wie sensomotorische Zellen verhielten. Nach Studdert-Kennedy legen diese Befunde nahe,

»[...] to be wary of the modish metaphors of »hard wiring« and »software programs«. They recall a dictum of the great English neuropsychologist, Henry Maudsley: »the nervous system of man and animals is moulded structurally according to the modes of its functional exercise.« [...] In other words, neural structure emerges with neural function. Accordingly, the invariant course of development, typical of a particular species, may be guided as much by invariants of behavior, in response to an invariant environment, as by the species' characteristic genome« (Studdert-Kennedy 1991, S. 44).

Insgesamt kann aus dem derzeitigen Kenntnisstand gefolgert werden, dass die Annahme einer das Chomsky'sche Programm charakterisierenden Dissoziation von Erbe und Umwelt unzutreffend ist.

»The proper study of language development then is a sort of postnatal embryology of behavior, a description of the sequence of conditions, both inside and outside the organism, both linguistic and extralinguistic, that induce language growth. Just how language-specific genes and the environment that control their expression contribute to this development is so far beyond the scope of present knowledge that we have little to gain from substituting »innate« for a frank admission of ignorance. Rather, it is precisely by rejecting the fiats of nativist dogma that we may be led into a deeper understanding of the nature and function of linguistic form« (ebd., S. 48).

Einwände seitens der Linguistik: Haider z. B. stellt grundsätzlich in Frage, ob eine linguistische Theorie überhaupt mit den der Sprachverarbeitung zugrunde liegenden biologischen und auch psychologischen Prozessen übereinstimmen kann und soll, denn »[...] die formalen Eigenschaften, auf die wir bei der Analyse der Grammatik natürlicher Sprachen stoßen, [spiegeln] nur indirekt die Eigenschaften der UG wider« (Haider 1991, S. 21). Auch der dem Chomsky'schen Nativismus inhärente **linguistische Universalismus** erweist sich bei näherer Betrachtung als ein ebenso anspruchsvolles wie problematisches Programm. Die universellen Eigenschaften aller natürlichen Sprachen in der UG via Prinzipien und Parameter zu definieren ist schon angesichts der Tatsache anspruchsvoll, dass die Gesamtzahl der heute auf der Erde gesprochenen Sprachen auf 4000 bis 10000 geschätzt wird. Zudem ist nicht eindeutig geklärt, wie viele Sprachen es tatsächlich gibt – dafür spricht die enorme Schwankungsbreite in der Einschätzung der Menge der verschiedenen Sprachen. Diese Schwankungsbreite hat nicht nur damit zu tun, dass immer wieder neue Sprachen entdeckt werden oder Sprachen aussterben. Sie hat auch nicht nur damit zu tun, dass in vielen Ländern die Landessprachen noch nicht oder nur unvollständig erfasst sind. Eine zentrale Schwierigkeit besteht darin, zuverlässige Kriterien dafür zu finden, was eine eigenständige Sprache ist (vgl. Crystal 1993, S. 284 f.). Die These der UG als dem genetischen Programm für Sprache bezieht sich nicht nur auf gegenwärtige, sondern auch auf vergangene wie in Zukunft entstehende Sprachen. Da viele Sprachen ausgestorben sind und sich über zukünftige Sprachen keine Vorhersagen treffen lassen können, sind universelle Eigenschaften von Sprache auf empirischem Wege nicht zu ermitteln (vgl. ebd., S. 85).

Hinzu kommt, dass die derzeit bekannten natürlichen Sprache sich durch eine hochgradige strukturelle Variabilität auszeichnen (Evans/Levinson 2009; Dabrowska 2015). Da auch die variablen Möglichkeiten in der UG des P&P-Modells spezifiziert sind, folgt daraus, dass dem Menschen ein recht detailliertes genetisches Programm unterstellt werden muss. Wenn aber dem Menschen qua genetischem Programm ein hoch detailliertes Wissen über vorhandene und zukünftige Sprachen zukommt, ergibt sich die schon von Piaget formulierte Frage, warum ihm nicht ebenso das neuzeitliche mathematische und physikalische Wissen genetisch einprogrammiert ist.

Mit dem minimalistischen Programm wurde die Vielfalt der natürlichen Sprachen in die senso-motorische Schnittstelle verlagert, der universelle Kern wird von der syntaktischen Operation *merge* und Wörtern gebildet. Sofern die für syntaktische Operationen erforderlichen Wörter aber nicht nur hoch-abstrakte Konzepte – deren Herkunft unklar ist – sind, sondern lexikalische Einheiten mit morphosyntaktischen Eigenschaften, ist auch hier das Problem der Vielfalt von Sprachen gegeben.

Einwände seitens der Entwicklungspsychologie und Psycholinguistik: Hier wird auf das methodologische Problem aufmerksam gemacht, das in der Gefahr liegt, bei der Suche nach Universellem andere wesentliche Aspekte des Spracherwerbs zu ignorieren. Zwar könnte sich die Annahme angeborener Prädispositionen *(constraints)* für den Spracherwerb als zutreffend erweisen, »[...] but a premature retreat to such explanations prevents us from seeing or learning from important facts about language development« (Sokolow/Snow 1991, S. 635). Diese »important facts« sind interindividuelle und kulturell bedingte Unterschiede im Spracherwerb, die Tatsache, dass Spracherwerb nicht allein Syntaxerwerb umfasst, dass im Spracherwerb der Input mehr als eine nur auslösende Wirkung hat und dass im Verlauf des Spracherwerbs morphologische und lexikalische Fehler auftauchen, deren Verschwinden innerhalb der UG-Konzeption nicht geklärt ist (vgl. Karmiloff-Smith 1991, S. 622). Ein wesentliches Problem des Nativismus sieht Karmiloff-Smith auch darin, dass bei Annahme zahlreicher hoch spezialisierter angeborener Kompetenzen die tatsächliche Flexibilität und Kreativität des sich entwickelnden Systems kaum erklärbar ist (vgl. Karmiloff-Smith 1995, S. 9). In dieser Kritik wird der Nativismus als eine **Immunisierungsstrategie** gegenüber der realen Vielfalt des Spracherwerbs betrachtet (Tomasello 2004). Seitens der Entwicklungspsychologie und Psycholinguistik wird dem Chomsky'schen Nativismus vor allem entgegengehalten, dass er mit dem Postulat angeborenen Wissens Entwicklungsprozesse nicht erklärt (vgl. Braine 1994). »To say that a behavior is innate is thus seen as tantamount to explaining the ontogeny of that behavior. In fact, nothing has been explained« (Elman et al. 1996, S. 357).

Einwände seitens der Evolutionsbiologie: In evolutionsbiologischen Überlegungen wird die These vertreten, dass der Mensch mit einer ungeheuren Vielzahl von genetisch vorgegebenen Potenzen ausgestattet ist und dass evolutionäre Entwicklungsprozesse sich dadurch auszeichnen, dass aus diesem gleichsam unerschöpflichen Potential durch Aktivierung eine selektive Auswahl getroffen wurde (vgl. Piatelli-Palmarini 1989). Nicht Selektion, sondern **Exaptation** bestimmen die Entwicklungslogik. Dabei meint Exaptation »[...] das Entstehen neuer Qualitäten aus Zufallskonstellationen ohne Selektionsdruck« (Haider 1991, S. 19). Demnach ist das menschliche Sprachvermögen ein »[...] durch die allgemeine Kapazitätssteigerung des Zentralnervensystems entstandenes, exaptives Systempotential« (ebd., S. 20). Wenn diese Auffassung richtig ist, so ist sie nicht gut verträglich mit der Annahme genetisch einprogrammierten spezifischen Wissens, denn dieses ist gar nicht nötig. Das Systempotential wird durch zufallsgesteuerte Repräsentationsbildung auf die Struktur eingestellt, die es sukzessive erlaubt, die Inputdaten richtig zu verarbeiten. Diese Konzeption verzichtet explizit darauf, die strukturelle Variabilität natürlicher Sprachen in das genetische Programm aufzunehmen und entspricht in seinen Annahmen über die biologischen Voraussetzungen und den Erwerbsprozess von Sprache eher konnektionistischen Ansätzen (s. Kap. 5).

In konnektionistischen Spracherwerbskonzepten werden Universalien nicht auf angeborenes Wissen im Sinne eines **repräsentationalen Nativismus** (vgl. Elman et al. 1996) bezogen, sondern natürliche Sprachen werden als Lösungen des komplexen Problems bestimmt, nicht-lineare Muster des Denkens auf eine lineare Signalsequenz zu projizieren. Die Lösung dieses komplexen Problems ist nach konnektionistischer Auffassung nicht von Anfang an repräsentiert, sondern ist im Sinne eines **chronotopischen Nativismus** angeboren »[…] by guaranteeing the brain will develop in such a way that the solution is inevitable« (ebd., S. 34).

Wenn Evolution als Selektionsvorgang aufgefasst wird, in dem Sprache sich aus vielfältigen Quellen zur **Anpassung** an veränderte Umweltbedingungen zum Zweck der Überlebenssicherung der sozialen Gruppe durch Kommunikation langsam herausbildet, ist Sprache mehr als ein im Wesentlichen durch rekursive Operationen definiertes Modul. Dies haben Pinker und Jackendoff (2005) in ihrer Replik auf die Beschreibung der FLB und FLN in Hauser et al. (2002) dargelegt und betont, dass auch Phonologie und Morphologie regelhaft und sprachspezifisch in einer für die Einzelsprache typischen Form sind. Angesichts der Vielfalt der von Kindern zu lernenden Sprachen kann dies kein sprachspezifisches angeborenes Wissen sein. Nach Fitch (2009, S. 290) gibt es kein angeborenes sprachliches Wissen: »[…] songbirds like human children, are borne with a readiness to master their species specific communicative system. But they are not borne knowing this system«. Auch Chomskys Annahme, dass Sprache aufgrund einer kleineren Mutation in der Evolutionsgeschichte entstanden ist, wird kritisch gesehen:

»This romantic notion is inconsistent with the messy mappings between genetics and cognitive processes […] It is also imcompatible with data from comparative genomics, which have catalogued the many small DNA changes that distinguish us from other hominins […] and indicate that our origins cannot be explained by only one single genetic trigger […]« (Fisher/Vernes 2015, S. 291).

Zusammenfassung: Bei dem gegenwärtigen Stand der Kenntnis in der Spracherwerbsforschung, in der Biologie, in den Neurowissenschaften und angesichts der radikalen Veränderungen innerhalb der Theorie der generativen Grammatik scheint wenig dafür zu sprechen, weiterhin anzunehmen, dass der kindliche Spracherwerb sich gemäß dem genetisch vorgegebenen und in der UG spezifizierten sprachlichen Wissen, ausgelöst durch Inputdaten, vollzieht. Damit wird nicht bestritten, dass der kindliche Spracherwerb auf genetischen Prädispositionen beruht. Diese beinhalten die für den Spracherwerb notwendigen neuroanatomischen Strukturen, deren funktionale Differenzierung und Integration sowie die an Sprachproduktion und -rezeption beteiligten Organe. Zu ihnen gehören wahrscheinlich auch einige der in der neueren Forschung ermittelten kognitiven und sozialen Kompetenzen des Säuglings (s. Kap. 5).

Die Charakterisierungen der menschlichen Sprachfähigkeit und des

Spracherwerbs im LAD- und im P&P-Modell haben sich als unzutreffend erwiesen. Die These der Autonomie von Grammatik ist in Revisionen des P&P-Modells reduziert auf die Annahme eines für sprachliche Informationsverarbeitung besonders effizienten Ko-prozessors, dessen Berechnungsergebnisse von Eigenschaften des phonologischen und logischen Interface bestimmt werden. Befunde aus der Sprachentwicklungspathologie lassen sich nicht als Evidenzen zugunsten einer von Anfang an gegebenen modularen Organisation von Sprache und Kognition bewerten.

Versuche, das Entwicklungsproblem im Rahmen der P&P-Theorie zu lösen, führten dazu, nicht nur das sprachliche Wissen, sondern auch die Erwerbsreihenfolge als angeboren zu unterstellen. Dieser Maturationismus ist angesichts des Scheiterns des P&P-Modells und der Kritik gegenüber dem Nativismus wenig überzeugend. Andere Lösungsversuche des Entwicklungsproblems postulieren, dass das Kind außer seinem grammatischen Wissen auch prosodische und semantische *cues* als Einstiegshilfen sowie statistische Informationen des Input nutzt. Damit werden dem Kind Erkennungsleistungen zugestanden, die zwischen dem sprachlichen Wissen qua UG und dem Input vermitteln. Diese Version der Lösung des Entwicklungsproblems zeigt, dass das angeborene sprachliche Wissen und ein unspezifischer Input alleine den Spracherwerb nicht ermöglichen.

Da in den Revisionen des P&P-Modells und dem minimalistischen Programm dem Lexikon eine zunehmend größere Bedeutung in der Sprachtheorie und im Spracherwerb eingeräumt wird, das Wortmaterial einer Sprache, wenn auch möglicherweise durch *constraints* begrenzt (s. Kap. 4), gelernt werden muss, kann auch im Nativismus auf Lernen nicht verzichtet werden.

4 Kognitivistische Erklärungskonzepte des Spracherwerbs

»[...] das der Wortsprache unkundige Kind [...], welches denken lernt, so wie es sehen und hören lernt, dieses zeigt dem aufmerksamen Beobachter deutlich, dass es lange vor der Kenntniss des Wortes als Verständigungsmittels der erwachsenen Menschen und lange vor dem ersten erfolgreichen Versuche, in articulirten Wörtern sich auszudrücken, sogar vor der Erlernung eines einzigen Wortes Vorstellungen logisch verknüpft und Begriffe bildet, also denkt« (Preyer 1900, S. 224).

> Als kognitivistisch werden diejenigen Erklärungskonzepte bezeichnet, in denen der Spracherwerb vor allem an die kognitive Entwicklung des Kindes gebunden wird.

Definition

Ein kognitivistisches Konzept, das die Spracherwerbsforschung und die Entwicklungspsychologie nachhaltig bestimmt hat und in unterschiedlicher Weise noch immer bestimmt (vgl. Barouillet 2015 und die weiteren Artikel im Band 38 der Zeitschrift *Developmental Review*), hat der Biologe und Entwicklungspsychologe Jean Piaget entwickelt.

4.1 | Die Bestimmung von Spracherwerb und kognitiven Grundlagen bei Piaget

4.1.1 | Grundzüge der Entwicklungstheorie Piagets

Piagets Theorie der kognitiven Entwicklung des Kindes ist ausgezeichnet durch ein spezifisches Verständnis von Denken und von Sprache, von der Entwicklung und ihrem Initialzustand, ihrer Entwicklungsmechanismen und Entwicklungsstufen. Dies soll im Folgenden zur ersten Orientierung erläutert werden.

Denken, Erkennen bzw. **Intelligenz** ist in der Theorie Piagets wesentlich an den Begriff des Handelns gebunden. Denken entspringt dem Handeln und ist selbst eine besondere Form des Handelns. »Auch in ihren höher gearteten Äußerungen, wo sie nur noch dank den Mitteln des Denkens funktioniert, besteht die Intelligenz immer noch darin, Handlungen zu vollziehen und zu koordinieren, allerdings in einer verinnerlichten und überlegenden Form« (Piaget 1972, S. 39). So bestimmt Piaget Intelligenz auch als einen »Sonderfall der biologischen Anpassung« (Ginsburg/Opper 1993, S. 27) oder als »die Gleichgewichtsform, zu der alle kognitiven Strukturen hinstreben« (ebd., S. 28). Intelligenz ist für Piaget etwas Aktives, »ein System von lebendigen und aktiven Operationen« (ebd., S. 27; vgl. Furth 1972, S. 25 f.). Piaget betrachtet »[...] alles, was wir gewöhnlich mit objektiver, stabiler Realität verbinden, z. B. Wahrnehmung, Identität, räumliche Koordinaten, objektive Zeit oder Kausalität als Konstruktionen und aktive, lebendige Operationen« (Furth 1972, S. 25 f.). Eine Konsequenz dieses konstruktivistischen Intelligenzbegriffs ist Piagets

»[...] entschiedene Weigerung, Objektivität in einem anderen als konstruktivistischen Sinne aufzufassen. Ein Ding in der Welt ist erst dann ein Objekt der Erkenntnis, wenn der erkennende Organismus mit ihm in Interaktion tritt und es als ein Objekt konstituiert. Daraus folgt unmittelbar Piagets Ablehnung der beiden Alternativen von Nativismus und Empirismus. [...] Für Piaget [...] ist Erkenntnis auf allen Ebenen eine dynamische Beziehung. Sie ist mit den Strukturen des Organismus, der die Erkenntnis besitzt, innig verbunden und hängt von ihnen ab. Indem der Organismus internen Gesetzen gemäß die Interaktion strukturiert, baut er die objektive Erkenntnis auf, wie sie auf verschiedenen Stufen beobachtet werden kann« (ebd., S. 41 f.).

Sprache betrachtet Piaget in ihrer Repräsentationsfunktion, in ihrer begrifflich-semantischen und ihrer sozial-kommunikativen Funktion. Die Repräsentationsfunktion, d. h. die Funktion, etwas durch etwas anderes darzustellen, ist für Piaget keine allein der Sprache eigentümliche Leistung, denn diese Funktion wirkt auch im Spiel, in der Kinderzeichnung, im Traum, in der Nachahmung.

Sprache als Ausdruck des Denkens: Das Besondere an Sprache ist für Piaget, dass sie in sozial-konventioneller Weise repräsentiert und »[...] ein System von kognitiven Werkzeugen (Beziehungen, Klassifizierungen usw.) im Dienste des Denkens« (Piaget/Inhelder 1977, S. 67) bereitstellt.

Das Verhältnis von Sprache und Denken: Aus Piagets Verständnis von Sprache und von Denken folgt die für seine Theorie so charakteristische Annahme, dass »[...] das Denken dem Sprechen vorausgeht und dass dieses sich darauf beschränkt, es tief greifend umzugestalten, indem es ihm hilft, seine Gleichgewichtsformen durch bessere Schematisierung und mobilere Abstraktion zu erreichen« (Piaget 1972, S. 273).

Sprache und soziale Kommunikation: Sprache ist nicht nur ein Medium des Ausdrucks, sondern auch der sozialen Kommunikation des Denkens. So bereichert die Sprache die kindlichen Möglichkeiten in besonderer Weise, »[...] indem sie einen Kontakt mit anderen sicherstellt, der viel stärker ist als die bloße Nachahmung und so der sich entwickelnden Vorstellung ermöglicht, ihre Fähigkeiten zu steigern, indem sie sich auf die Kommunikation stützt« (Piaget/Inhelder 1977, S. 48). Dank Sprache können intelligente Akte mit wesentlich größerer Geschwindigkeit ausgeführt werden, sie können sich vom Unmittelbaren lösen und sich auf umfassendere raumzeitliche Zustände erstrecken, dank Sprache gelangt das Denken zu Gesamtvorstellungen. Sprache konstituiert jedoch nicht das Denken.

Kindliche Entwicklungsprozesse betrachtet Piaget als stufenförmige und progrediente Prozesse. Dabei beziehen sich die Entwicklungsstufen »[...] auf die gesetzmäßige Folge relativ stabiler Erkenntnisstrukturen, die das Verhalten des Organismus charakterisieren« (Furth 1972, S. 39). Bärbel Inhelder definiert vier Merkmale der stufenförmigen Intelligenzentwicklung:

»1. Jede Stufe umfaßt eine Periode der Bildung (Genesis) und eine Periode des Erreichens. Das Erreichen ist durch die fortschreitende Organisation einer aus inneren Operationen zusammengesetzten Struktur gekennzeichnet. 2. Jede Stufe stellt gleichzeitig das Erreichen der einen Stufe und den Ausgangspunkt der nächsten Stufe, eines neuen evolutionären Prozesses dar. 3. Die Reihenfolge der Stufen ist konstant. Das Alter bei ihrem Erreichen kann innerhalb bestimmter Grenzen in Abhängigkeit von Motivationsfaktoren, Übung, kulturellem Milieu usw. variieren. 4. Der Übergang von einer früheren zu einer späteren Stufe folgt in Analogie zu dem Prozeß der Integration einem Gesetz der Implikation, d. h.: frühere Strukturen werden zu einem Teil späterer Strukturen« (Inhelder 1972, S. 51).

Merkmale der Intelligenzentwicklung

Intelligenzentwicklung als Konstruktion: Die Entwicklung der Intelligenz und der Sprache versteht Piaget als einen aktiven Konstruktionsprozess des Kindes. Die Entwicklung bewegt sich zwischen den Polen der Anpassung des Organismus an die Umwelt, der **Akkomodation** und der Anpassung der Umwelt an die vorhandenen Strukturen des Organismus, der **Assimilation**, wobei ein zunehmend stabileres Gleichgewicht, eine **Äquilibration** zwischen beiden Polen erreicht wird (vgl. Piaget 1972, S. 192). In diesem durch Assimilation und Akkomodation vermittelten Prozess werden zunehmend komplexere, interiorisierte und äquilibrierte Strukturen des Erkennens aufgebaut. Instabilitäten des erreichten Strukturniveaus, Instabilitäten des selbstregulierenden Systems treiben aus sich neue Strukturbildungen hervor:

»Man könnte also sagen, daß der Mensch immer und immer wieder durch die – äußerlichen oder innerlichen – Veränderungen, die es auf der Welt gibt, aus dem Gleichgewicht gebracht wird, und daß jede neue Verhaltensweise nicht nur darauf hinausläuft, das gestörte Gleichgewicht wiederherzustellen, sondern auch auf ein Gleichgewicht abzielt, das stabiler ist als der Zustand vor dieser Störung« (ebd., S. 191).

Die Genese von Neuem: Dem Piaget'schen Konstruktivismus zufolge ist die Genese von Neuem nicht an seine Präformation im Genom gebunden (vgl. Piaget 1980a, S. 33). Auch der Erwerb von Sprache ist für Piaget keine Frage der »[...] Präformation seit jeher, [denn] weshalb [...] auf den Menschen warten, damit sie sichtbar wird, wo doch der Schimpanse oder die Biene schon so sympathisch sind?« (Piaget 1973, S. 85 f.). Ebenso wenig ist Spracherwerb für ihn nur durch Interaktion mit der Umwelt erklärlich (vgl. Piaget 1973, S. 86 f.). Spracherwerb ist in den aktiven Konstruktionsprozess der Erkenntnisstrukturen des Kindes eingebettet. Als **angeboren** betrachtet Piaget »[...] only the functional mechanisms permitting the organization of the child's interaction with his environment [...]« (Karmiloff-Smith 1979, S. 5; vgl. Bronckart/Sinclair 1978, S. 980). Was die Interaktion des biologisch bestimmten Organismus mit seiner Umwelt anlangt, so bemerkt Piaget:

»Das Nervenystem und seine späte Reifung (Myelogenese und vor allem Cytoden-drogenese) beschränken sich also darauf, einen bestimmten Bereich von Möglich-keiten zu eröffnen, in dem eine gewisse Anzahl von Verhaltensweisen verwirklicht wird (und zweifellos ziemlich wenige im Vergleich zu den noch offenen Möglich-keiten); doch diese Verwirklichung setzt bestimmte Bedingungen physischer Er-fahrung (Manipulation von Objekten usw., was gleichermaßen für die Logik we-sentlich ist) und bestimmte soziale Bedingungen voraus (gezielter Informations-austausch, gegenseitige Kontrolle usw.), und eben diese verschiedenen Bedingun-gen gewährleisten die Vollendung, was die Reifung bloß möglich macht« (Piaget 1972, S. 301).

Die Überwindung des Nativismus und des Empirismus: Die konstruktivis-tische Perspektive auf Entwicklung überwindet die Vereinseitigungen des Empirismus und des Nativismus, sie bietet einen dritten Weg, indem sie Vorgänge der Selbstregulierung als Entwicklungsprinzip annimmt. Die Vorgänge der Selbstregulierung

»[...] führen wie die Vererbung zu notwendigen, in gewisser Hinsicht sogar zu noch notwendigeren Ergebnissen, denn die Vererbung variiert in ihren Inhalten viel mehr, als die allgemeinen Organisationsgesetze die Selbstregelung jedes Verhaltens zum Ausdruck bringen. Und vor allem erstreckt sich die Vererbung auf Inhalte, die so, wie sie sind, übertragen oder nicht übertragen werden, während eine Selbstre-gulierung eine Richtung vorschreibt, die mit einer Konstruktion vereinbar ist; die Konstruktion ist zwingend, weil ihr ein Plan zugrundeliegt« (Piaget 1973, S. 86).

Chomskys Annahme der Präformation als Lösung von Platons Problem hält Piaget für wenig plausibel, da sie zu der unsinnigen Annahme führt,

»[...] that a baby at birth would already possess virtually everything that Galois, Cantor, Hilbert, Bourbaki, or MacLane have since been able to realize. And since the child is himself a consequence, one would have to go back as far as protozoa and viruses to locate the seat of ›the set of all possibilities‹« (Piaget 1980a, S. 26).

Piaget kommt aufgrund derartiger Überlegungen zu der Schlussfolgerung, dass

»[...] the theories of preformation of knowledge appear, for me, as devoid of con-crete truth as empiricist interpretations, for the origin of logico-mathematical structures in their infinity cannot be localized either in objects or in the subject. Therefore, only constructivism is acceptable [...]« (ebd., S. 26).

Die Annahme **angeborenen Wissens** erscheint Piaget auch deshalb wenig plausibel, denn wenn Wissen spezies-spezifisch angeboren ist, dann muss man zeigen, durch welche Mutationen und unter welchem Selektions-druck sich dieses Wissen entwickelt hat. Die Annahme einer für die menschliche Spezies spezifischen Mutation ist für Piaget biologisch nicht überzeugend: Mutation beruht auf Zufall, und es ist nicht einzusehen, wie Wissen aus Zufall entstanden sein kann (vgl. ebd., S. 30).

»I absolutely refuse, for my part, to think that logico-mathematical structures would owe their origin to chance; there is nothing fortuitous about them. These structures could not be formed by survival selection but by an exact and detailed adaptation to reality« (Piaget 1980b, S. 59).

Diese Schwierigkeiten sind – so Piaget – überwindbar, wenn Entwicklung auf Selbstregulation bezogen wird. »It is therefore in this direction, and

not in mere heredity, that one has to seek the biological explanation of cognitive constructions [...]« (ebd., S. 31).

Der Initialzustand des Kindes: Ein weiteres, allgemeines Charakteristikum der Piaget'schen Entwicklungstheorie betrifft seine Vorstellungen
vom Initialzustand des Kindes. Nach Piaget befindet sich das Kind zunächst im Zustand des **Adualismus**, d. h. im Zustand der Diffusion zwischen Ich und Nicht-Ich bzw. Umwelt, später im Zustand des intellektuellen **Egozentrismus**, den es erst im Lauf der Entwicklung zu überwinden,
d. h. zu dezentrieren lernt.

Diese Denkfigur entspricht der Denkweise der Psychoanalyse dieser
Zeit, mit der Piaget sympathisierte; sie betrachtete das Kind als zunächst
autistisch, asozial, dem Lustprinzip folgend, die Anpassung des kindlichen Denkens und Handelns an die Realität galt als ein späteres Entwick-
lungsresultat. Zwischen beiden Polen der Entwicklung, dem Autismus
und dem rationalen, logischen Denken steht nach Piaget der Egozentrismus. Das Kind vollzieht den Übergang vom Autismus und Egozentrismus
zur nächsten Stufe, dem rationalen Denken, aufgrund des Ungleichge-
wichtes zwischen Assimilation und Akkomodation, der relativen Instabilität seiner äußeren und inneren Handlungsschemata, die aufgrund ihrer
noch fehlenden Angepasstheit an die Realität die Entwicklungsveränderungen aus sich hervor treiben. Hierbei hat die soziale Umwelt weniger
eine befördernde oder unterstützende Funktion; sie stellt die das Kind zur
Anpassung zwingende Wirklichkeit dar.

Das Soziale ist gedacht als eine zwingende, aufgrund der Kollektivität
und Verbindlichkeit wirksame äußere Kraft auf die inneren Entwicklungsprozesse. Dieses Soziale wirkt im Sinne einer das kindliche System perma-
nent destabilisierenden Größe und in diesem Sinne wirkt es auf die kindliche Entwicklung (vgl. Piaget 1967b, S. 31).

4.1.2 | Die Entwicklung von Kognition und Sprache bei Piaget

4.1.2.1 | Die Intelligenzentwicklung

Nach Piaget vollzieht sich die Intelligenzentwicklung in vier aufeinander
folgenden Stufen,

- der Stufe der sensomotorischen Intelligenz (von Geburt bis ca. 2 Jahre),
- der Stufe des intuitiven Denkens (2 bis 7 Jahre),
- der Stufe der konkreten Operationen (7 bis 12 Jahre) und
- der Stufe der abstrakten, formalen Operationen (Adoleszenz).

Vier Stufen
der Intelligenz-
entwicklung

Die Entwicklungsperiode der sensomotorischen Intelligenz ist in sechs
Stadien untergliedert und ist »[...] durch eine ungeheure geistige Entwicklung gekennzeichnet« (Piaget 1972, S. 193). Hier ereignet sich »[...] eine
richtiggehende kopernikanische Revolution im kleinen« (ebd., S. 193).
Insofern ist diese Periode für Piagets Konzept besonders informativ.

Das erste Stadium: Diese sensomotorische Entwicklungsstufe (von Geburt bis 1. Monat) beginnt mit der **Übung angeborener Reflexmechanis-**

Sechs Stadien der
sensomotorischen
Intelligenz-
entwicklung

men, z. B. dem Saug-, Greif-, Schluckreflex usw. Die Übung der Reflexe führt zur Konsolidierung der Handlungsschemata, zugleich führt die Konsolidierung der gegebenen Schemata zu deren Anpassung an die Umwelt, das Üben führt zur Differenzierung der angeborenen Schemata. In diesen Übungen assimiliert der Säugling die Objekte seiner reflektorischen Tätigkeiten so, dass er diese sensorisch-motorisch immer besser ›erkennen‹ kann (vgl. Piaget/Inhelder 1977, S. 13).

Das zweite Stadium: In diesem Stadium, dem Stadium der primären Kreisreaktionen (1. bis 4. Monat), beginnt die **Etablierung der ersten Gewohnheiten**, die eine Ausweitung der sensomotorischen Assimilation auf den Reflex darstellen. Das Verhalten des Kindes führt per Zufall zu einem interessanten Ergebnis, das das Kind dann zu reproduzieren versucht. Gelingt ihm dies nach einigen Versuchen, wird das entsprechende Verhalten und sein Ergebnis wiederholt; diese Sequenz wird zur Gewohnheit (vgl. Ginsburg/Opper 1993, S. 34; vgl. Montada 1987, S. 415).

Das dritte Stadium: Den Beginn einer ersten Zweck-Mittel-Differenzierung charakterisiert das folgende 3. Stadium, das Stadium der sekundären Kreisreaktionen (4. bis 10. Monat). Der Säugling entdeckt, dass eine bestimmte Handlungsweise immer wieder zu einem bestimmten Ergebnis führt, d. h. er erkennt, dass diese Handlungsweise ein Mittel zum Erreichen eines Zieles sein kann. Hierin sieht Piaget das **Erwachen der Intelligenz**, nämlich den Beginn der Differenzierung von Mittel und Ziel. Diese erste Ziel-Mittel-Relation wird im folgenden 4. (10. bis 12. Monat) und 5. Stadium (12. bis 18. Monat) weiter ausgearbeitet.

Das vierte Stadium: Dieses Stadium ist gekennzeichnet durch die **Koordinierung der erworbenen Handlungsschemata** und ihre **Anwendung auf neue Situationen**. Das Kind hat bereits ein Ziel (z. B. einen Gegenstand haben wollen) und probiert anschließend geeignete Mittel zum Erreichen dieses Zieles aus. Die Mittel, die das Kind anwendet, entstammen sämtlich bereits vorhandenen Assimilationsschemata. Charakteristisch für diese Stufe ist außerdem, dass mehrere Handlungsschemata auf ein und dasselbe Objekt angewendet werden. Eine Rassel wird z. B. betrachtet, geschüttelt, in den Mund genommen (vgl. Montada 1987, S. 415).

Das fünfte Stadium: Dieses Stadium ist dadurch charakterisiert, dass sich das Kind neue, geeignete Mittel zum Erreichen seines Zieles sucht.

Das sechste Stadium: Im letzten Stadium der sensomotorischen Intelligenzentwicklung (18. bis 24. Monat) wird das Kind fähig, »[...] neue Mittel nicht mehr nur durch äußere materielle, tastende Versuche, sondern durch innere Kombinationen zu finden, die zu einem plötzlichen Verstehen oder *Insight* führen« (Piaget/Inhelder 1977, S. 17). Handlungen werden nun nicht mehr nur äußerlich, sondern innerlich, als Vorstellung vollzogen. »Diese Verinnerlichung von Handlungen charakterisiert den Übergang zum Denken« (Montada 1987, S. 416).

Errungenschaften
der senso-
motorischen
Entwicklung

Die sensomotorische Entwicklung »[...] führt zu einer Art Logik des Tuns, die Beziehungen und Verbindungen (Funktionen) schafft, Schemata ineinander verschachtelt [...], kurz gesagt Ordnungs- und Verbindungsstrukturen enthält, die die Substruktur der künftigen Denkoperationen darstellen« (Piaget/Inhelder 1977, S. 18). Wenngleich gebunden an die sensomotorische Modalität führt die sensomotorische Entwicklung zu dem entscheidenden Ergebnis, dass in ihr die großen Kategorien des Tuns aufgebaut werden, »[…] nämlich die Schemata des permanenten Gegenstandes, des Raumes, der Zeit und der Kausalität, Substrukturen der entsprechenden künftigen Begriffe. Keine dieser Kategorien ist von Anfang an gegeben [...]« (ebd., S. 18).

Die Objektpermanenz: Bis zum 4. Stadium der sensomotorischen Entwicklung verfügt das Kind noch nicht über Objektpermanenz. Das Universum des Kindes ist eine Welt, die aus unbeständigen, beweglichen Bildern besteht, die erscheinen und dann wieder vollständig verschwinden. Verschwindet ein Objekt aus dem Gesichtsfeld des Kindes, dann existiert es für das Kind nicht mehr, was Piaget daraus folgert, dass das Kind zunächst nicht nach einem Gegenstand sucht, wenn er vor ihm verborgen wird. Erst im 4. Stadium beginnt das Kind, nach einem vor seinem Blick verborgenen Gegenstand zu suchen. Allerdings sucht das Kind im 4. Stadium noch nicht systematisch, es kann die von seinem eigenen Tun unabhängigen Ortsveränderungen noch nicht mit seinem Suchschema koordinieren. Im 5. Stadium kann das Kind derartige Ortsveränderungen des Objektes mit seinem Suchschema verbinden, sofern diese nicht zu komplex sind. Erst im 6. Stadium kann das Kind auch komplexere Ortsveränderungen meistern, z. B. ein Kissen aufheben, darunter ein Tuch entdecken, dieses fortziehen und dann den Gegenstand finden. Hierin sieht Piaget eine Art des praktischen Schlussfolgerns (vgl. ebd., S. 18 f.).

Raum und Zeit konstituieren sich erst im Lauf der sensomotorischen Entwicklung. Zu Anfang existieren für das Kind weder ein einziger Raum noch eine zeitliche Ordnung: »Gegeben ist nur ein System von heterogenen Räumen, die alle auf den eigenen Körper zentriert sind: Mund- [...], Tast-, Seh-, Hör-, Posituralraum; und einige zeitliche Eindrücke [...] ohne objektive Koordinierungen« (ebd., S. 19). Diese Räume werden fortschreitend koordiniert und werden – sobald das Schema des permanenten Gegenstandes sich entwickelt – in ihrer Koordination systematisch. Im 4. und 5. Stadium wird das Grundgerüst des praktischen Raumes entwickelt. Sobald diese Grundstruktur verinnerlicht ist, bildet sie die Grundlage für die Operationen der euklidischen Metrik (vgl. ebd., S. 20).

Kausalität: Parallel zu diesen Entwicklungen verläuft die Herausbildung des praktischen Schemas der Kausalität. Das Kind ist in den ersten Phasen auf das eigene Tun zentriert und hat noch kein Bewusstsein von räumlichen und körperlichen Verbindungen. Im dritten Stadium erkennt das Kind, wenn es Dinge nach verschiedenen Schemata manipuliert, sein Tun als Ursache. Zieht es etwa an der Schnur, so ist die Ursache für die folgenden Bewegungen der an der Schnur aufgehängten Spielsachen nicht die Schnur, sondern das Schema an-der-Schnur-ziehen, denn das Kind zieht auch dann an der Schnur, wenn die Gegenstände außerhalb seiner Reichweite bewegt werden. Diese Kausalität ist magisch, »[...] weil sie auf das Tun des Subjekts ohne jede Berücksichtigung der räumlichen Bezüge zentriert ist« (ebd., S. 21). Sobald sich das Schema des permanenten Objektes und des Raumes entwickelt, verobjektiviert sich dieses magische Kausalitätsschema. Ursache- und Wirkungs-Beziehungen können nun vom Tun des Subjekts losgelöst werden. Die Bewegung z. B. einer Decke oder einer Schnur wird nun als Ursache für die Bewegung des Gegenstandes ›erkannt‹.

In den Entwicklungen der Sensomotorik zeigt sich nach Piaget ein allgemeines Entwicklungsgesetz. Die sensomotorische Schematik äußert sich zunächst in Rhythmen, darauf folgen Regulationen (Gewohnheiten) und zuletzt tritt ein Anfang von Reversibilität auf. Diese Entwicklungsabfolge gilt nicht nur für die Sensomotorik, sondern kennzeichnet die gesamte Intelligenzentwicklung: »Die ganze Entwicklung des Denkens wird [...] beherrscht durch einen allgemeinen Übergang von den Regulationen zur verinnerlichten oder operativen Reversibilität [...]« (ebd., S. 23).

Das anschauliche, intuitive Denken: In der auf die Sensomotorik folgenden Phase des voroperationalen, anschaulichen Denkens (2 bis 7 Jahre) ist das Kind zum Denken über die Welt fähig, die mentalen Prozesse sind jedoch noch intuitiv, anschauungsgebunden, sie sind noch nicht systematisch. Allerdings hat dieses Fehlen von Systematik ein System, das darin besteht, dass Kinder auf dieser Entwicklungsstufe sich bei ihren Denkprozessen auf einige wenige Aspekte zentrieren, aber noch nicht in der Lage sind, mehrere Aspekte zu koordinieren.

Konservierung: Die besondere Art des intuitiven Denkens zeigt sich in verschiedenen Bereichen, sie wurde z. B. in sog. Konservierungsexperimenten nachgewiesen. In derartigen Experimenten wird geprüft, ob Kinder erkennen, dass eine Flüssigkeitsmenge, wenn sie z. B. von einem breiten, kurzen in ein langes, schmales Glas umgeschüttet wird, erhalten bleibt. Oder man rollt eine Knetkugel zu einer Wurst aus und fragt, ob nun mehr, weniger oder gleich viel Knete vorhanden ist. Die Erhaltung der Zahl wird geprüft, indem man dem Kind zwei Reihen von gleich vielen Plättchen vorlegt, dann die Plättchen in der zweiten Reihe mit einem größeren Abschied zueinander verschiebt, und dann fragt, ob gleich viel oder mehr Plättchen in der unteren Reihe vorhanden sind (vgl. Oerter/Montada 2008, S. 440)

In derartigen Experimenten stellte man fest, dass Kinder der intuitiven Intelligenzstufe aufgrund der Formveränderungen auf Substanzveränderungen schlossen. Dass eine Menge oder eine Masse unverändert bleibt, wenn sich deren Form ändert, war diesen Kindern noch nicht zugänglich, denn sie zentrierten bei der Beurteilung der Veränderungen nur eine Perspektive, entweder die Länge bzw. Höhe oder die Breite bzw. Dicke des Flüssigkeitsbehälters bzw. Objekts und setzten beide Dimensionen noch nicht zueinander in Beziehung. Derartige ›Fehlurteile‹ aufgrund einseitiger Zentrierung wurden bei Konzepten der Zeitdauer, des Alters und auch bei moralischen Urteilen gefunden.

Perspektivübernahme: Das zentrierte, intuitive Denken zeigte sich auch in Bereichen, in denen Kinder die Perspektive eines anderen übernehmen sollten. Die Fähigkeit, die Perspektive eines anderen zu übernehmen, wurde von Piaget in dem Drei-Berge-Experiment geprüft (vgl. Montada 1987, S. 421). Hier wurde dem Kind ein Modell mit drei Bergen gezeigt, und das Kind sollte aus einer Reihe von Zeichnungen oder Fotografien diejenigen auswählen, die seiner Sicht auf die drei Berge entsprachen (vgl. Oerter/Montada 1998, S. 525).

Diese Aufgabe bewältigten 4-jährige Kinder. Wurden sie aber gebeten, eine Abbildung zu suchen, die der Perspektive eines Betrachters, der eine andere Position als das Kind einnahm, entsprach, so waren sie dazu nicht in der Lage, sondern wählten wiederum die Abbildung, die ihrer eigenen Sicht auf die drei Berge entsprach. Für Piaget ist dies ein Hinweis auf den kindlichen Egozentrismus, d. h. die intellektuelle Haltung, die Welt allein vom eigenen Standpunkt aus zu betrachten.

Klassenhierarchie: Die noch fehlende Koordination von Perspektiven zeigt sich auch im Bereich der Begriffsbildung. Das Konzept der Klasseninklusion, der Klassenhierarchie ist noch nicht etabliert.

Legt man Kindern eine Abbildung von erwachsenen Frauen und Männern und von Jungen und Mädchen vor und fragt sie, ob auf dem Bild mehr Mädchen als Kinder zu sehen sind, so antworten sie, dass mehr Mädchen zu sehen sind (vgl. Oerter/Montada 1998, S. 529).

Kinder dieser Entwicklungsstufe verstehen noch nicht, dass das Konzept ›Mädchen‹ in dem Oberbegriff ›Kind‹ eingeschlossen ist oder dass »gelbe Primeln« eine Unterklasse von »Primeln« sind (vgl. Ginsburg/Opper 1993, S. 160 f.). Hierin drückt sich aus, dass Kinder auf der intuitiven Entwicklungsstufe die den Klassenhierarchien zugrunde liegenden allgemeinen Eigenschaften (Komposition, Assoziativität, Identität, Negation, Tautologie) noch nicht erworben haben.

Relationsbildung: Kinder dieser Entwicklungsstufe verfügen ebenfalls nicht über die systematische Relationsbildung. Diese ist z. B. bei der Ordnungsrelation erforderlich, da hier Relationen des Typs a < b < c ... zu bilden sind. Werden Kinder dieses Alters gebeten, z. B. mehrere Stöcke nach der Länge zu ordnen, leisten sie nur Einzelanordnungen, keine Gesamtreihe.

Die konkret-operative Intelligenz: All die ›Fehlurteile‹ des intuitiven Denkens sind auf der Stufe der konkret-operativen Intelligenz (7 bis 12 Jahre) überwunden, denn hier ist das Denken im Rahmen konkreter Aufgaben operativ, d. h. reversibel geworden.

Die formal-operative Intelligenz: Der Fortschritt der letzten, der formal-operativen Stufe der Intelligenzentwicklung besteht darin, dass die zuvor gegebene Bindung an konkrete Aufgaben überwunden wird, dass in das Denken sämtliche Möglichkeiten einer Situation miteinbezogen, Hypothesen gebildet, an Experimenten überprüft und aus den Ergebnissen Schlüsse gezogen werden. »Das adoleszente Denken ist jetzt so leistungsfähig und flexibel, daß es ein hohes Maß an Gleichgewicht erreicht hat« (Ginsburg/Opper 1993, S. 258).

4.1.2.2 | Die Sprachentwicklung

Das Entstehen der Repräsentationsfunktion

Nach Piaget gründet die Aneignung von Sprache in der Repräsentations- bzw. Symbolfunktion, die sich im Verlauf der sensomotorischen Entwicklung aus Nachahmung und Spiel entwickelt. Repräsentation heißt, dass eine Vorstellung z. B. eines abwesenden Objektes und zugleich ein Darstellungsmedium für dieses innere Bild entwickelt wurde. Mit der Bildung der Repräsentations- bzw. Symbolfunktion »[...] wird der Erwerb der Sprache, d. h. des Systems der kollektiven Zeichen, möglich, und dank der Gesamtheit der individuellen Symbole und dieser Zeichen gelangen die sensomotorischen Schemata dahin, sich in Begriffe zu verwandeln oder sich um neue begriffliche Schemata zu erweitern« (Piaget 1969b, S. 16 f.).

Zeichen und Bezeichnetes bilden sich im Zuge der Entwicklung der **Nachahmung** und des **Spiels** in parallel zur sensomotorischen Entwicklung verlaufenden Phasen heraus.

Entwicklung der
Nachahmung

Die Entwicklung der Nachahmung vollzieht sich in 6 Stufen:

Im ersten Stadium wird die Nachahmung vorbereitet, indem z. B. der stimmliche Reflex über den Anfangsreiz hinaus aktiv geübt, wiederholt wird. Dieses Üben, Wiederholen, diese zunächst funktionelle Assimilation führt dann zur reproduktiven Assimilation, in der äußere Elemente in die Reflexschemata inkorporiert werden. Dieses Inkorporieren äußerer Elemente in Reflexschemata stellt die Vorbereitung der Nachahmung dar.

Das zweite Stadium ist das Stadium der **sporadischen Nachahmung**. Hier werden sensorischer Eindruck und Reaktion miteinander verbunden: Der Eindruck löst eine Reaktion aus. Dabei haben die sensorischen Eindrücke Signalcharakter, eine bestimmte Stillage löst das Saugschema aus, ein bestimmter Ton löst, wenn er dem Lallrepertoire des Kindes entspricht, eine ihm entsprechende Lautierung aus. Die äußeren Erfahrungen werden in ein bestehendes Schema integriert, bzw. an es assimiliert. Die Vorformen der Nachahmung dieses Stadiums bezeichnet Piaget als vokale Ansteckung, die allerdings nichts Automatisches an sich hat, denn das Kind reagiert nicht auf alle Töne, sondern nur auf solche, die es interessieren.

Auch bei den Nachahmungsspielchen liegt keine eigentliche Nachahmung vor, dem Kind geht es weniger darum, einen Modellaut zu imitieren, als einen von ihm selbst produzierten Ton beizubehalten. Auch die sporadischen Imitationen, in denen Kinder mit relativer Präzision einen bekannten Laut nachahmen, den sie zuvor selbst noch nicht produziert haben, sind nicht eigentlich systematisch, denn niemals versucht ein Kind in diesem Stadium einen neuen Ton nachzuahmen, nur weil er neu ist (vgl. Piaget 1969b, S. 29). Diese Vorformen imitativen Verhaltens treten nur in Anwesenheit eines Modells (d. h. eines Erwachsenen, der z. B. bestimmte Laute produziert) auf, und sie sind beschränkt auf Laute bzw. Verhaltensweisen, die dem Kind bekannt sind. Das Kind richtet sich in seinem Verhalten also danach, diese Verhaltensweisen aufrechtzuerhalten (Zirkulärreaktion). Dabei spielt – wie Piaget (1969b, S. 32) en passant mitteilt – der respondierende Partner offenbar eine nicht unerhebliche Rolle. Respondiert er, so hält er die Lautgebung des Kindes aufrecht und befördert die Akkomodation der Lautgebung des Kindes.

Im dritten Stadium dokumentiert das Verhalten des Kindes erste Elemente von Voraussicht, von **Intentionalität**; das Kind zieht z. B. an der Schnur, um daran aufgehängte Spielzeuge zu erschüttern. Hier bildet die Schnur das Anzeichen für eine Reihe möglicher Bewegungen. Entsprechend der Ausweitung der Handlungsschemata in dieser Phase wird auch die Imitation differenzierter – das Kind kann z. B. mehr und besser Modellaute nachahmen. Allerdings reproduziert das Kind immer noch nur bereits Bekanntes.

Im vierten Stadium bilden sich die »eigentlichen Anzeichen« heraus, sie gestatten es dem Kind, »[...] nicht nur an die eigene Handlung gebun-

dene Ereignisse, sondern auch irgendwelche anderen Ereignisse voraus-
zusehen. [...] Diese Ereignisse werden als unabhängig und als mit der Tätigkeit des Objektes selbst verbunden aufgefaßt« (ebd., S. 253). In dieser
Phase beginnt das Kind, Bewegungen nachzuahmen, die es zwar schon
selbst ausgeführt hat, die für es aber selbst nicht sichtbar sind, und es beginnt, neue visuelle und akustische Modelle nachzuahmen. Diese Imitationen neuer akustischer oder visueller Modelle sind die sensomotorischen Vorläufer des späteren mentalen Symbolisierens.

Im fünften Stadium der Nachahmungsentwicklung zeigt das Kind systematische Nachahmung neuer Modelle, und zwar »[...] diejenigen inbe-
griffen, die den am eigenen Körper nicht sichtbaren Bewegungen entsprechen« (Piaget 1969b, S. 75). Die Nachahmung betrifft neue Bewegungen
und neue Laute. Das Imitieren neuer Laute und Bewegungen korrespondiert der Entdeckung neuer Mittel. In diesem Stadium ist »[...] die Nachahmung eine Art systematische Akkomodation geworden, die dahin ten-
diert, die Schemata in Funktion des Objektes zu modifizieren [...]« (ebd.,
S. 83).

Im sechsten Stadium erfindet das Kind neue Mittel durch mentale Kombinationen, es dokumentiert in seinem Verhalten die Fähigkeit, innerlich
und ohne äußeres Ausprobieren Verhaltensschemata zu koordinieren. In
dieser Phase setzt die aufgeschobene Nachahmung ein, die sich darin aus-
drückt, dass das Kind vergangene Ereignisse (z. B. den Wutanfall eines
kleinen Freundes) oder zuvor gehörte Wörter zu reproduzieren weiß
(durch zeitverzögerte Reproduktion des Wutanfalls oder Imitation der entsprechenden Wörter, vgl. Piaget 1969b, S. 85). Hier setzt der Beginn sym-
bolisierender Tätigkeit ein. Mit dem Erwerb der Repräsentationsfunktion
ist der Übergang von den Anzeichen zu den Symbolen/Zeichen erreicht.

»Dank dem Fortschritt der Akkomodation [...] schmiegen sich die Anzeichen immer mehr den Eigenschaften der Dinge an und entwickeln sich so nach und nach
zu ›Bildern‹. Da die ›Anzeichen‹ zweitens immer unabhängiger werden von der
Notwendigkeit ihrer sofortigen äußeren Aktualisierung und in rein geistige Kombinationen eingebaut werden, befreien sich diese ›Bilder‹ auch von der direkten
Wahrnehmung und erhalten ›symbolischen‹ Charakter« (Piaget 1969a, S. 357).

Die Entwicklung des Spiels erfolgt in 6 Stufen:
Im ersten und im zweiten Stadium kann man noch nichts für das Spiel
Charakteristisches erkennen.

    Im dritten Stadium findet eine Differenzierung statt in solche Aktivitä-
ten, die auf Erkenntnis ausgerichtet sind, und in solche, die überwiegend
assimilativ, spielerisch sind (vgl. Piaget 1969b, S. 122).

    Im vierten Stadium werden bekannte Schemata auf neue Situationen
aus reiner Freude am Handeln und ohne ein Bemühen um Anpassung ausgeführt und es werden auch spielerische Kombinationen von Handlungsschemata vollzogen (vgl. ebd., S. 124). Hier bilden sich **Ritualisierungen**
aus, die im 5. Stadium als motorische Handlungskombinationen neu und
spielerisch sind. Ein Beispiel ist, dass das Kind nun angesichts seines Kopf-
kissens so tut, als ob es schliefe. Hier werden Schemata auch auf inadäquate
Objekte angewandt und Schemata werden rein aus Vergnügen aktiviert. Dies
charakterisiert Piaget zufolge den Beginn der **Fiktion** (vgl. ebd., S. 129).

Entwicklung
des Spiels

Im sechsten Stadium entwickeln sich dann **Spielsymbole**. So benutzt ein Kind z. B. nun nicht mehr das Kopfkissen, um schlafen zu spielen, ein Mantelkragen oder selbst der Schwanz des Spielesels reichen dazu aus. In diesem Spiel zeigt sich das Entstehen der Repräsentationsfunktion insofern, als hier Zeichen und Bezeichnetes unterschieden werden können. Das Zeichen wird konstituiert durch das gewählte Objekt, z. B. den Eselsschwanz, es stellt den ursprünglichen Gegenstand des Schemas dar, das Zeichen wird zudem konstituiert durch die an diesem Gegenstand fiktiv durchgeführten Bewegungen (Nachahmung des Schlafens). Das Bezeichnete ist nichts anderes als das Schema selbst, wenn es real ablaufen würde (einschlafen) und das Objekt, auf das es angewandt wird (Kopfkissen).

Hierin wie in der aufgeschobenen Nachahmung findet sich als Gemeinsames ein Element der Vorstellung: »Die aufgeschobene Nachahmung des neuen Modells findet nach seinem Verschwinden statt, und das symbolische Spiel stellt eine Situation dar ohne direkte Beziehung zum Objekt, das ihm nur als Vorwand dient« (ebd., S. 130). Der Form nach entspricht das Spielsymbol dem Niveau des Vorstellungsbildes oder der aufgeschobenen Nachahmung, seinem Inhalt nach ist es deformierende Assimilation und nicht angepasste Generalisation (vgl. ebd., S. 132). »Auf allgemeine Art und Weise findet man in jedem Spielsymbol diese eigenartige Verbindung einer deformierenden Assimilation (was das Prinzip des Spiels ist) und einer Art darstellender Imitation, wobei die erstere die Bedeutung liefert oder die ›bezeichneten‹ (gemeinten) Schemata, die zweite stellt das ›Zeichen‹, nämlich das Symbol« (ebd., S. 136).

Repräsentations-
funktionDas Entstehen der Repräsentation, die Unterscheidung von Zeichen und Bezeichnetem, ist bei Piaget in den Gesamtkontext der sensomotorischen Entwicklung eingebettet. Die Nachahmung stellt dabei den auf Akkomodation, das Spiel den auf Assimilation ausgerichteten Weg der Bildung von Bezeichnungen dar, das Bezeichnete ist das kindliche Wissen, das aus der sensomotorischen Intelligenz erwächst (vgl. ebd., S. 138). Die Repräsentationsfunktion schließt die motivierten, persönlichen, mentalen und konkreten Symbole ebenso ein wie die konventionellen Zeichen, die Wörter der Sprache. Der Erwerb von Sprache folgt dem Entwicklungsverlauf der Repräsentationsfunktion. Spracherwerb beginnt im Kontext der sensomotorischen Gesamtentwicklung, Sprache stellt nur eine, wenn auch besondere Ausprägung der Repräsentationsfunktion dar. Besonders ist Sprache, weil sie die kindlichen Möglichkeiten bereichert, »[...] indem sie einen Kontakt mit anderen sicherstellt, der viel stärker ist als die bloße Nachahmung und so der sich entwickelnden Vorstellung ermöglicht, ihre Fähigkeiten zu steigern, indem sie sich auf die Kommunikation stützt« (Piaget/Inhelder 1977, S. 48).

Die Begriffs- und Bedeutungsentwicklung

Begriffe werden in der Theorie Piagets als eigenständige Konstruktionen des Subjekts aufgefasst. Ausgehend von angeborenen Reflexschemata entwickelt das Subjekt durch kontinuierliche Prozesse der gegenseitigen Assimilation und Akkomodation in der Auseinandersetzung mit der Umwelt sowie durch deren Verinnerlichung, allmähliche Differenzierung und Integration Begriffe und Begriffssysteme. Dabei sind Begriffe Instrumente des Erkennens und Denkens, sie repräsentieren das altersspezifische Wissen und dessen allgemeine Struktur. Begriffe werden als strukturierte, dynamische Systeme mit einer gewissen Beständigkeit und Wiederholbarkeit verstanden. Sie bestehen aus Teilstrukturen und Teilkomponenten, die in gegenseitiger Abhängigkeit zueinander stehen und die die Gesamtheit der kognitiven Konstruktionen und Repräsentationen eines Subjektes ausmachen (vgl. Seiler/Wannenmacher 1987).

Die Begriffsentwicklung: Piagets primäres Interesse war darauf ausgerichtet, »universelle Mechanismen, Prozesse und Gesetzmäßigkeiten« (ebd., S. 478) der Begriffsentwicklung herauszuarbeiten. Daneben untersuchte Piaget vor allem in seinem Frühwerk auch die Begriffsentwicklung im engeren Sinne, d. h. die begriffsorientierte Bedeutungsentwicklung, die sprachlichen Ausdrücken zugrunde liegt. Aber auch hier stand im Mittelpunkt seines Interesses »[...] das begriffliche Verständnissystem, das hinter einem bestimmten Komplex sprachlicher Ausdrücke und Verwendungen steht [...]« (ebd. 1987, S. 478).

Vorläufer der Bildung von Begriffen sind die »ersten verbalen Schemata« (Piaget 1969b, S. 276), die dem sechsten Stadium der sensomotorischen Intelligenz zugeordnet sind. Diese verbalen Schemata, die Äußerung von z. B. *voua ou* für Hunde, Pferde, Kinderwagen und Radfahrer (vgl. ebd.), werden nach erkennbaren, aber noch subjektiven Prinzipien gebraucht (vgl. ebd., S. 279). Die Wörter bezeichnen nicht abgegrenzte Klassen, sondern überwiegend subjektive Handlungsschemata, das Benennen ist hier der Ausdruck einer möglichen Handlung. *(Stadien der Begriffs-entwicklung)*

Außerdem wird ein und dasselbe verbale Schema innerhalb weniger Tage auf ganz verschiedene Referenten angewendet, so z. B. *voua ou* zunächst auf Hunde, dann auf Autos, dann auf Menschen. Ausschlaggebend für diese **Übergeneralisierungen** ist eine subjektiv gefühlte Ähnlichkeit. Die verbalen Schemata befinden sich auf dem Weg zur Begriffsbildung in folgender Hinsicht:

»Vom sensomotorischen Schema haben sie noch das Wesentliche, sie sind generalisierbare Handlungsarten, und sie werden auf immer zahlreichere Gegenstände angewendet. Aber vom Begriff enthalten sie bereits eine halbwegs gelungene Loslösung von der eigenen Aktivität, und sie stellen eine Situation dar, die von der reinen Handlung zur Aussage hintendiert; übrigens kündigen sie bereits das charakteristische Kommunikationselement des Begriffs an, da sie durch verbale Phoneme bezeichnet werden, die sie in Beziehung mit der Handlung eines anderen setzen« (Piaget 1969b, S. 280).

Mit den Vorbegriffen ist die nächste Stufe der Begriffs- und Bedeutungsentwicklung erreicht (2 bis 4 Jahre). Wenn Wörter nicht mehr nur ablaufende Handlungen begleiten, sondern gebraucht werden, um eine Erinnerung an eine Handlung zu evozieren und diese darzustellen, löst sich das verbale Schema von dem sensomotorischen Schema. Wenn dann das Kind die evozierten, dargestellten Handlungen im Rahmen fortlaufender Handlungen als Beschreibungen verwendet, wird das sensomotorische Schema verdoppelt. In fortlaufenden Berichten mit den Benennungen und Beschreibungen wird das der Handlung selbst zugrunde liegende Schema überlagert durch ein Schema der Darstellung. Dieses darstellende Schema übersetzt das sensomotorische Schema in eine Art Begriff (vgl. ebd., S. 284 f.). Diese Begriffe nennt Piaget »Vorbegriffe«, ihnen fehlt der Klassenbegriff und die Identität über die Zeit (vgl. Piaget 1967, S. 144 f.), sie schwanken zwischen wirklicher Allgemeinheit und Individualität.

>»Wegen des Fehlens einer Klasse von stabiler Allgemeinheit werden die individuellen Elemente, die nicht in ein sie umfassendes wirkliches Ganzes vereinigt sind, direkt ohne permanente Individualität miteinander vermengt, und weil diese Individualität der Teile fehlt, kann das Ganze nicht als umfassende Klasse konstruiert werden. So bleibt der kindliche Vorbegriff auf halbem Wege zwischen dem Individuellen und dem Allgemeinen stehen und stellt eine Art »participation« [...] dar [...]« (Piaget 1969b, S. 288).

Dementsprechend argumentieren Kinder dieser Entwicklungsstufe **transduktiv**, d. h. nicht vom Allgemeinen zum Besonderen (**deduktiv**) oder vom Besonderen zum Allgemeinen (**induktiv**), sondern vom Besonderen zum Besonderen (vgl. Piaget ebd., S. 297).

Verbegrifflichung: Zwischen dem 4. und 7. Lebensjahr findet »[...] eine allmähliche Koordinierung der vorstellungsmäßigen Beziehungen statt, d. h. eine wachsende Verbegrifflichung, die das Kind bis an die Schwelle der Operationen führt« (Piaget 1967a, S. 146). Allerdings ist das Denken auf dieser Stufe noch durch **anschauliche Regulierungen** bestimmt, d. h. dass Kinder sich stets nur auf eine Dimension des Wahrgenommenen in einer Gesamtkonfiguration konzentrieren.

Dies spiegelt sich im kindlichen Sprachgebrauch darin, dass Kinder Ausdrücke wie z. B. Komparative noch nicht als relationale Ausdrücke verstehen und gebrauchen. Auch der Gebrauch operatorähnlicher Wörter wie *mehr, weniger, soviel wie, keine* und koordinierte Strukturen, die eng mit der Entwicklung der Operativität des Denkens verbunden sind, bereiten Schwierigkeiten, solange eine Dezentrierung und Koordinierung der Perspektiven noch nicht stattgefunden hat.

Begriffsinhalte: Die Zentrierung des Denkens und der Begriffe auf eine Dimension, das Überwiegen der subjektiven Perspektive drückt sich nicht nur in der Struktur des Begriffssystems, sondern auch in seinem Inhalt aus, den Piaget mit den Begriffen Artifizialismus, Animismus und magisch-phänomenalistisches Denken beschreibt.

Artifizialismus bezeichnet die Vorstellung des Kindes, dass die beobachtbaren Naturvorgänge sämtlich von Menschen oder anderen Kräften hergestellt sind. Für das Kind bedeutet herstellen, dass »man etwas macht« und da die Natur genauso wie der Mensch etwas macht, kann die Sonne sich selbst machen, oder der Himmel den Mond erschaffen (vgl. Piaget 1969b, S. 315).

Im **Animismus**, der Vorstellung der Belebtheit auch der physikalischen Welt, sieht Piaget einen Ausdruck der noch fehlenden Bewusstheit der Subjektivität des Denkens. Daher werden »[...] diese inneren Faktoren irgendeinem äußeren Bild zugeordnet, das den Bewegungen und der eigenen Aktivität entsprechen kann, und zwar durch unmittelbare und nicht durch eine begriffliche Analogie« (ebd., S. 319).

Das **magische Denken** entspricht der Vorstellung, dass durch Wünschen, durch Gedankenkraft Dinge bewegt, Ereignisse verändert werden können. Dieses Denken entspringt der Bezogenheit auf die eigene, subjektive Sichtweise, ohne dass sich das Kind derer bewusst ist. Als ein Übergangsphänomen, als ein Gewahrwerden der subjektiven Denkaktivität wertet Piaget das beginnende Interesse des Kindes an der Herkunft der Namen bzw. Wörter, das Benennen von Träumen und Gedanken. Allerdings werden bis zur Schwelle des operativen Denkens noch die Namen in die dazugehörenden Dinge, die Träume in das Zimmer, das Denken in die Stimme bzw. den Mund verlegt (vgl. ebd., S. 322 f.). Dies bezeichnet Piaget als kindlichen **Realismus**.

Der operative Begriff: Bis zum 7., 8. Lebensjahr findet dann eine Veränderung der Merkmale des Vorbegriffes in Richtung auf den operativen Begriff statt. Diese Veränderung wird vorbereitet durch die Konstruktion hierarchischer Verschachtelungen. Das intuitive Denken führt so zu partiellen Konstruktionen, »[...] die noch an die wahrnehmungsmäßig gegebene Konfiguration und an das Vorstellungsbild gebunden sind, die aber schon im Inneren des so begrenzten Bereichs bereits logisch sind« (ebd., S. 291 f.). Hier finden sich Fälle spontaner Klasseninklusion, d. h. des Inbeziehungsetzens von Objekten zu Klassen. Mit dem Erwerb der Klassenhierarchie und der Ordnungsrelation entwickelt sich ein operatives Begriffssystem. Schreitet dann die Entwicklung vom konkret operativen zum formal operativen Denken fort, kann sich das Begriffssystem selbst zum Gegenstand nehmen. Hier werden **wissenschaftliche Begriffssysteme** möglich.

Die Begriffsentwicklung, das Wissen von der Welt und die Strukturierung dieses Wissens, ist in der Theorie Piagets in die Stadien der Intelligenzentwicklung eingelassen. Der Aufbau eines Begriffssystems nimmt seinen Ursprung in der Sensomotorik, schreitet fort über die Entwicklung der ersten verbalen Schemata hin zu den Vorbegriffen, die jedoch die operative Systematik des adoleszenten Denkens noch nicht enthalten. Erst mit der Entwicklung des Klassenbegriffes und der Klasseninklusion erhält das begriffliche Denken eine nicht mehr an die Anschauung und die eigene Perspektive gebundene Systematik.

Begriffsentwicklung folgt den Stadien der Intelligenzentwicklung

Dieser besonderen Entwicklungslogik begrifflicher Strukturen entspricht die Art des Wissens und Denkens über die Welt: der Animismus, Artifizialismus, das magische, präkausale Denken. Was das Kind mit Wörtern meint und was es an Bedeutungen aus den Mitteilungen anderer entnehmen kann, entspricht seinem altersspezifischen begrifflichen Wissen. Die Entwicklung von Konzepten und Systemen von Konzepten ist in der Theorie Piagets der Sprache vorausgesetzt. Die sprachliche Kommunikation, d. h. der Kontakt mit den in Sprache konventionell kodierten Konzepten, befördert die Entwicklung begrifflicher Systeme, indem sie dem Kind Widersprüche innerhalb seiner Systeme zu entdecken erlaubt.

Die Kommunikationsentwicklung

Kommunikationsfähigkeit ist eine aus sprachlichen wie nicht-sprachlichen Teilfähigkeiten zusammengesetzte **komplexe Fähigkeit**. Sie bezieht sich auf Prozesse des Gebrauchs und des Verstehens sprachlicher Äußerungen, die von konkreten Subjekten mit bestimmten Zielen unter bestimmten allgemeinen und situationsspezifischen Bedingungen vollzogen werden. Ein grundlegendes Prinzip der Kommunikation ist das der **Kooperation**.

Piaget hat die Entwicklung der Kooperation in der Kommunikation verfolgt, er hat untersucht, mit welchen sprachlichen Mitteln Kinder ihre Konzepte darlegen, und er hat verfolgt, wie Kinder in der Auswahl und Aufbereitung ihres Wissens für die Kommunikation verfahren.

Egozentrismus in der Kommunikation: Piagets zentrale These ist, dass Kinder erst im Verlaufe ihrer Entwicklung die Fähigkeit erwerben, ihre Rede, sei es im Dialog, in der Diskussion, bei Beschreibungen oder Erzählungen systematisch auf ihren Kommunikationspartner hin auszurichten. Über lange Strecken hinweg denkt und spricht das Kind egozentrisch. Der kindliche **Egozentrismus**, eine intellektuelle Haltung, die den Adualismus, die fehlenden »Dualismen Innen/Außen und Denken/Dinge« (Piaget 1926/1994, S. 44) im vorstellenden Denken fortführt, besteht

»[...] in einer Absorption des Ich in den Dingen und in der sozialen Gruppe; diese Absorption vollzieht sich so, daß das Subjekt glaubt, die Dinge und die Menschen in sich zu kennen, ihnen aber in Wirklichkeit über ihre objektiven Merkmale hinaus Eigenschaften zuschreibt, die aus seinem eigenen Ich stammen oder auf die besondere Perspektive, die es einnimmt, zurückzuführen sind« (Piaget 1923/1972, S. 83).

Ebenso wie das Kind anfänglich egozentrisch, aus seiner eigenen, für allein möglich und gültig gehaltenen Perspektive die Objekte und Vorgänge in der Welt betrachtet, genauso sieht es die Personen, mit denen es zu tun hat und mit denen es kommuniziert, denn »[...] das Kind entdeckt die Menschen auf dieselbe Weise, wie es die Dinge entdeckt und es kennt beide auf die gleiche Weise« (ebd., S. 84). Der Egozentrismus als intellektuelle Haltung steht nicht in Widerspruch zu dem Gefühl des Kindes, auf andere Personen ausgerichtet zu sein (vgl. ebd., S. 86).

Im Sprechen zeigt sich der Egozentrismus darin, dass in der Rede keine explizite Bezugnahme auf den Partner erfolgt, dass der sprachliche Ausdruck der Konzepte nicht im Hinblick auf dessen Verständlichkeit für den Partner vorgenommen wird und dass die Art der Auswahl der Informationen nicht unter dem Blickwinkel erfolgt, ob sie für den Partner erforderlich sind.

Drei Stadien
der Gesprächs-
entwicklung

Gesprächsentwicklung: Mit Bezug auf die Gesprächsentwicklung unterscheidet Piaget 3 Stadien:

Das erste Stadium: In seinen frühen Beobachtungen von Gesprächen unter 4- bis 6-jährigen Kindern stellte Piaget fest, dass die jüngsten Kinder zwar untereinander sprachen, dabei häufig aber keine Antwort erwarteten oder selbst gaben. Die Kinder führten Monologe oder **kollektive Monologe**, bei denen noch keinerlei Bezugnahme auf einen Partner feststellbar war.

Im **zweiten Entwicklungsstadium** erfolgte das Einbeziehen des Gesprächspartners in das eigene Handeln und Denken, jedoch noch ohne Zusammenarbeit. Jedes Kind redete zwar von sich und dem, was es gerade macht, aber die Kinder hörten einander zu und sie hatten ein verbindendes Thema, nämlich das, was jedes Kind gerade machte (vgl. ebd., S. 100). Daneben beobachtete Piaget bereits auch gemeinsame Gespräche, die eine **Zusammenarbeit im Handeln** oder im nicht-abstrakten Denken beinhalteten (vgl. ebd., S. 102).

Im dritten Stadium, das mit ca. 7 Jahren erreicht wird, finden sich Gespräche, in denen eine **Zusammenarbeit im abstrakten Denken** erfolgt.

Ebenfalls in drei Stadien und parallel zur Entwicklung der auf Zusammenarbeit ausgerichteten Gespräche erfolgt die Entwicklung des Gesprächs im Kontext eines Dissens oder Streites (vgl. ebd., S. 107 ff.).

Komplexe Diskurse: Für komplexe Diskurse wie Erzählungen und Instruktionen beobachtete Piaget ebenfalls Wirkungen des kindlichen Egozentrismus. Der Egozentrismus stellt sich hier dar als unzureichende inhaltlich-logische Gestaltung der Erzählung bzw. Instruktion; die Kinder halten sich weder an eine natürliche noch an eine logische Reihenfolge.

Der Egozentrismus drückt sich zudem in der Gestaltung der Textkohäsion aus. Sprachliche Ausdrücke, die kausale Beziehungen implizieren (vgl. ebd., S. 133), werden unzureichend gemeistert, Wörter »[...] sind nicht vom Gesichtspunkt des Gesprächspartners her gedacht; letzterer erfasst sie auch nicht so, wie sie sind, sondern trifft eine Auswahl je nach seinen eigenen Interessen und entstellt sie gemäß seinen schon vorhandenen Vorstellungen« (ebd., S. 135).

Das Kind benutzt außerdem sprachliche Ausdrucksmittel wie Personal- und Demonstrativpronomina in einer Weise, dass deren Referenten oft nicht klar sind. »Alles wird durch Andeutungen, durch Personal- und Demonstrativpronomen ausgedrückt: er, sie, meines, ihm usw., die nacheinander alles bezeichnen, was man will, ohne Bemühung um Klarheit und Verständlichkeit« (ebd., S. 47). Hinzu kommt, dass Kinder bis zum 7./8. Lebensjahr sich nicht verpflichtet fühlen, nur eine einzige Meinung über einen Gegenstand zu haben; der Inhalt ihrer Rede weist einen Mangel an Systematisierung und Kohärenz auf.

Das egozentrische Sprechen weicht dem sozialisierten Sprechen mit Beginn des operativen Denkens. Sowohl die intellektuelle Dezentrierung mit Beginn des operativen Denkens als auch der Zwang zur Kommunikation mit Gleichaltrigen sind nach Piaget der Grund dafür, dass sich der Egozentrismus der Kommunikation mit zunehmendem Alter auflöst. Allerdings hält sich der Egozentrismus im Bereich des rein verbalen Denkens länger als in anderen Bereichen, wie Piagets Untersuchungen zum Verstehen von Sprichwörtern zeigten (vgl. ebd., S. 170 ff.).

Nach Piaget verläuft die **Kommunikationsentwicklung** im Sinne einer zunehmenden **Dezentrierung** von der eigenen Perspektive; dementsprechend verändert sich auch die Fähigkeit, die Perspektive des Diskurspartners zu übernehmen, mit ihm zu kooperieren. Die zum Verständnis erforderlichen Informationen werden zunehmend besser auf die Wissensvoraussetzungen und das Verstehensbedürfnis des Partners abgestimmt, die sprachlichen Informationen werden zunehmend im Sinne einer natürli-

Egozentrismus in komplexen Diskursen

chen oder logischen Ereignisfolge linearisiert und in ihren Bezügen sprachlich markiert.

4.2 | Ausdifferenzierungen und Weiterentwicklungen des Konzepts von Piaget

Piaget selbst hat die sprachliche Entwicklung des Kindes nicht in vergleichbar intensiver Weise empirisch erforscht wie die allgemeine Intelligenzentwicklung. Piagets allgemeinen Thesen über Sprache und ihre Ontogenese wurden von seinen Mitarbeiter/innen und späteren Interpret/innen ausgearbeitet, wobei seine Theorie als Grundlage zur Erklärung des Syntaxerwerbs, des Bedeutungserwerbs und der Kommunikationsentwicklung genutzt, ausdifferenziert und weiter entwickelt wurde.

4.2.1 | Ausdifferenzierungen und Weiterentwicklungen zum Grammatikerwerb

Erste Ausarbeitungen zum Syntaxerwerb stellten die fundamentale Bedeutung der Errungenschaften der Sensomotorik in das Zentrum der Erklärung. Dabei wurde entweder eine Analogie zwischen sensomotorischen Errungenschaften und syntaktischen Erwerbungen postuliert, oder die in der Sensomotorik erworbenen Bedeutungskategorien wurden als Voraussetzung und Basis erster syntaktischer Fügungen interpretiert.

Isomorphie sensomotorischer und syntaktischer Strukturen

Analogie zwischen sensomotorische Intelligenz und Syntax: Die nach Karmiloff-Smith (1979, S. 7) bedeutendste psycholinguistische Interpretin der Theorie Piagets, Hermine Sinclair de Zwart, versuchte, Piagets allgemeine Theorie auf den Syntaxerwerb hin auszudifferenzieren, indem sie eine grundsätzliche Isomorphie der syntaktischen (im Rahmen der Chomsky'schen Transformationsgrammatik beschriebenen) Strukturen mit den logischen, kognitiven (in der Theorie Piagets beschriebenen) Strukturen, insbesondere eine Analogie zwischen sensomotorischen Erkenntnisstrukturen und syntaktischen Strukturen, postulierte (vgl. Sinclair 1975, S. 232).

Eine Analogie zwischen sensomotorischen Erwerbungen und dem Syntaxerwerb sieht Sinclair in der Entsprechung der mit dem Ende der sensomotorischen Phase erworbenen Fähigkeit, Dinge räumlich und zeitlich zu ordnen und der für syntaktische Fügungen erforderlichen Fähigkeit zur linearen Anordnung sprachlicher Elemente. Das praktische Klassifizieren der sensomotorischen Stufe, d. h. die Anwendung einer Klasse von Objekten auf dasselbe Handlungsschema oder die Anwendung verschiedener Handlungsschemata auf ein und dasselbe Objekt, hat nach Sinclair auf sprachlicher Ebene sein Korrelat in der Klassifikation sprachlicher Einheiten als Nominalphrase und Verbalphrase. Das praktische Verbinden von Objekten und Handlungen miteinander korrespondiert den grammatischen Funktionen ›Subjekt von‹ und ›Objekt von‹. Die Fähigkeit, Handlungen sensomotorisch ineinander zu schachteln, entspricht der Rekursivität in der Sprache (vgl. Sinclair 1971a, S. 126).

Auch die am Ende der Sensomotorik ausgebildete Unterscheidung in Selbst, Handlung und Objekt der Handlung findet ihre sprachliche Entsprechung, nämlich im Übergang von den Einwort- zu Zweiwort- hin zu Mehrwortäußerungen, denn auch hier liegt nach Sinclair ein Prozess der Differenzierung von Selbst, Handlung und Objekt der Handlung vor. Sinclair hat darüber hinaus in einigen Experimenten zu zeigen versucht, dass auch in späteren Entwicklungsphasen der Spracherwerb vom Verfügen der ihm vorausgesetzten kognitiven Strukturen bestimmt ist (vgl. Sinclair 1967, 1969), wobei sie den Erwerb von relationalen Ausdrücken und den Erwerb von Passivkonstruktionen als abhängig vom Erwerb der Operativität postuliert hat (vgl. Sinclair/Ferreiro 1970; Sinclair et al. 1971).

Diese frühen Versuche einer Explikation und empirischen Überprüfung der allgemeinen Intelligenzentwicklungstheorie für den Bereich des Syntaxerwerbs erwiesen sich als nicht haltbar, da Analogiebeziehungen nicht als Kausalbeziehungen interpretiert werden können (vgl. Karmiloff-Smith 1979, S. 11; Bates/Snyder 1987).

Die semantische Fundierung des Syntaxerwerbs: Eine spezifischere Ausdifferenzierung der allgemeinen Theorie Piagets folgt der generellen Annahme, dass der frühe Spracherwerb von einem semantischen Prinzip geleitet wird (vgl. Bowerman 1977). Das heißt, dass die in der sensomotorischen Entwicklung erworbenen Konzepte und Beziehungen zwischen Konzepten die notwendige Grundlage für die Ausbildung semantischer Kategorien und Relationen sind, die wiederum die Basis des Syntaxerwerbs bereitstellen.

So haben Lois Bloom et al. (1975) und Roger Brown (1973) in ihren empirischen Analysen der in den frühen sprachlichen Äußerungen von Kindern ausgedrückten Bedeutungskategorien festgestellt, dass diese den sensomotorischen »Erkenntnissen« entsprechen (vgl. Szagun 1993, S. 127). Ähnliche Korrespondenzen fand auch Slobin bei seiner Analyse der frühen sprachlichen Äußerungen in ganz verschiedenen Sprachen, nämlich Englisch, Russisch, Deutsch, Finnisch (vgl. ebd. 1993, S. 113 ff.).

Diese Entsprechung sensomotorischer ›Bedeutungen‹ und sprachlicher Bedeutungen zeigen nicht nur die Kontinuität von Sensomotorik und ersten sprachlichen Bedeutungen auf, die Entsprechungen sind insofern bedeutsam, als sie nach Brown (1973) und Edwards (1974) den Aufbau syntaktischer Relationen ermöglichen. Dabei bezieht sich Brown auf die Kasusgrammatik von Fillmore, in der semantische Relationen für elementare grammatische Kategorien grundlegend sind. Derartige Kategorien sind: Wer hat eine Handlung vollbracht, wem ist etwas geschehen, was hat sich verändert, womit ist etwas geschehen. Sie werden in den Kasus abgebildet (vgl. Szagun 1986, S. 116). Mit Bezug auf Fillmores Grammatik wurde festgestellt, dass die primitiven semantischen Relationen, die in den ersten kindlichen Äußerungen enthalten sind und den Erwerbungen der Sensomotorik zugesprochen werden können (vgl. Bloom et al. 1975; Wells 1985; Szagun 1986, S. 124), genau die von der Kasusgrammatik zur Konstruktion syntaktisch wohlgeformter Äußerungen notwendigen Basisrelationen abbilden (vgl. Brown 1973; Edwards 1974).

Auch nach Nelson (1974) lässt sich der Syntaxerwerb in der Semantik, bei ihr im Konzept- und Wortbedeutungserwerb, fundieren. Nach Nelson

Aufbau syntaktischer Relationen auf sensomotorischen ›Bedeutungen‹

Syntaxerwerb basiert auf Wortbedeutungserwerb

erwirbt ein Kind Konzepte, indem es Objekte nach ihren verschiedenen Funktionen und den Beziehungen, in denen das Kind das Objekt erlebt, kategorisiert. Nach Anwendung dieses funktional bestimmten Konzepts auf andere gleichartige Objekte erkennt das Kind dessen **Funktionen als Kern des Konzepts** und unterscheidet sie von den Beziehungen, die es eingehen kann. Sätze sind für Nelson sprachlich benannte Konzepte, die sich auf einen funktionalen Kern beziehen, zusammen mit den Beziehungen, die sie eingehen können. Daher ist die Bildung von Konzepten und die Ausdifferenzierung der mit ihnen assoziierten Beziehungen Basis für die ersten syntaktischen Fügungen.

»When the differentiation of the functional core from other relational specifications has taken place, the child becomes able both to name the concept independently of its involvement in a defining relationship (for example, as represented in a picture or in a new location) and to express the concept and the relations independently, thereby making it possible to form relational statements, that is, two-word (or longer) utterances« (Nelson 1974, S. 280).

Operationsprinzipien: Mit seiner Annahme von universellen Operationsprinzipien hat Slobin zu erklären versucht, wie das Kind die sprachspezifischen Regularitäten seiner Umgebungssprache entdeckt. Ein derartiges Prinzip besagt »Achte auf das Wortende«. Aufgrund dieses Prinzips sind Markierungen am Wortende leichter zu erlernen als andere. Demzufolge werden auch solche Sprachen schneller erworben, in denen grammatische Funktionen eindeutig am Wortende markiert sind wie z. B. die Lokativmarkierung durch Kasus am Wortende (vgl. Szagun 1993, S. 52 ff.). Die von Slobin vorgeschlagenen Operationsprinzipien wurden aufgrund ihrer Vielzahl und relativen Unsystematik als wenig plausibel zurückgewiesen. Bestätigt ist jedoch, dass Kinder je nach Charakteristik ihrer Muttersprache unterschiedliche Dekodierungsstrategien anwenden (vgl. Peters/ Strömqvist 1996).

Diese Formen der Aneignung und Ausdifferenzierung des Konzepts von Piaget für die Spracherwerbsforschung konnten plausibel machen, dass die frühen kindlichen Äußerungen typische, mit den sensomotorischen Erkenntnissen zusammenhängende Bedeutungen ausdrücken. Die sensomotorische Intelligenz ist hier in dem Sinne dem Spracherwerb vorausgesetzt, dass sich in ihr die Erkenntnisse bilden, die dann in den Ein-, Zwei- und Dreiwortäußerungen sprachlich ausgedrückt werden. Wie das Kind jedoch von diesen semantischen Relationen zu formalen syntaktischen Prinzipien kommt, blieb in diesen Ansätzen unspezifiziert. Als problematisch wurde angesehen, dass in diesen Analysen sprachliche Strukturen, seien es semantische, seien es syntaktische, als wesentlich mit kognitiven Konzepten und Relationen vergleichbar gesehen werden.

Konstruktions-grammatik Diese Kritik betrifft nicht die von Fillmore inspirierte Konstruktionsgrammatik (Goldberg 1995; Goldberg/Suttle 2010), die den bei Piaget angelegten Gedanken der Verankerung auch des Syntaxerwerbs in kognitiven Prozessen in spezifischer Weise ausdifferenziert hat. Alle sprachlichen Strukturen werden in diesem Ansatz als kognitive Konstruktionen aufgefasst. Deren Erwerb ist ein aktiver Konstruktionsprozess, der in der zunehmenden Ausdifferenzierung und Generalisierung zunächst einfacher schematischer Strukturen besteht, wobei die Häufigkeit sprachlicher Formen im Input (vgl. Goldberg et al. 2004; Dabrowska 2015), aber auch charakteristische Merkmale der Interaktion (Tomasello 2003; s. Kap. 5) eine Rolle spielen.

Sprach- und Grammatikerwerb als kognitiver Reorganisationsprozess: Nach Annette Karmiloff-Smith besteht das Hauptproblem der Theorie Piagets darin, dass die **besondere Natur der Sprache** nicht erkannt wird. Sprache ist nach Karmiloff-Smith ein Erkenntnisobjekt besonderer Art (vgl. Karmiloff-Smith 1979, S. 15), das in der kindlichen Entwicklung ein kognitives Aufgaben- bzw. Problemfeld sui generis ist und dessen Erklärung die auf dieses besondere Aufgabengebiet bezogenen Mechanismen in den Mittelpunkt stellen muss. Eine entsprechende Modifikation der Theorie Piagets hat Karmiloff-Smith entwickelt.

Nach Karmiloff-Smith vollzieht sich **Entwicklung nicht gleichförmig**, sondern in einer Vielzahl von nebeneinander bestehenden bzw. auf unterschiedlichem Niveau durchlaufenen Phasen der Regel- bzw. Systembildung in verschiedenen Domänen (vgl. Karmiloff-Smith 1986a; 1995). Sowohl innerhalb einer Domäne wie zwischen verschiedenen Domänen kann das Kind sich in unterschiedlichen Entwicklungsphasen befinden. Entwicklung verläuft nicht im Sinne eines progredienten Aufbaus neuer Strukturen; sie ist nach Karmiloff-Smith eher im Sinne eines U-förmigen Verlaufes als Prozess der Reorganisation von Teilsystemen zu konzipieren. Dieser Reorganisationsprozess ist humanspezifisch (vgl. Karmiloff-Smith 1995, S. 31 ff.).

Entwicklungsprozesse kognitiver und sprachlicher Art werden als **Prozesse der Reorganisation** modelliert. Sie bestehen in drei Phasen, wobei in der grammatischen Entwicklung insbesondere unterschiedliche Deutungen des Form-Funktionszusammenhanges charakteristisch sind. Dies hat Karmiloff-Smith (1986a; 1995) u. a. an der Verwendung des unbestimmten Artikels im Französischen gezeigt. Der unbestimmte Artikel *un*, *une* erfüllt im Französischen zwei Funktionen, einmal die der unspezifischen Referenz (*ein Apfel und nicht eine Birne*), zum anderen erfüllt er eine numerische Funktion (*ein Apfel und nicht zwei*). Im Französischen werden beide Funktionen durch eine sprachliche Form ausgedrückt anders als etwa im Englischen (*a* vs. *one*). Karmiloff-Smith stellt fest, dass Kinder drei Entwicklungsphasen durchlaufen.

Entwicklungsphasen der Reorganisation: In der ersten und dritten Phase verwenden Kinder nur eine Form, also *un*, *une* für beide Funktionen. In der zweiten Phase dagegen gebrauchen Kinder zwei Formen und unterscheiden damit die beiden Funktionen. Die unspezifische Referenz markieren sie mit *un*, *une*, die numerische Funktion markieren sie mit einer partitiven Konstruktion, die sonst nur umgangssprachlich bei Emphase gebräuchlich ist, sie sagen z. B. *une de voiture*.

In derartigen Beispielen erkennt Karmiloff-Smith die Wirksamkeit unterschiedlicher Strategien des Umgangs mit Sprache.

In der ersten Phase verhält sich das Kind **erfolgsorientiert**, d. h. es ist bestrebt, seine Sprachproduktion möglichst dicht an die der Erwachsenen anzupassen, sein Sprachverhalten basiert auf einer Menge von isolierten, gut funktionierenden Prozeduren. Im Fall des indefiniten Artikels etwa hat

Drei Phasen der
Reorganisation

das Kind eine Prozedur für nichtspezifische Referenz, deren Produkt der indefinite Artikel ist, es hat daneben eine Prozedur für die numerische Funktion, die ebenfalls den indefiniten Artikel erzeugt, oder es hat eine Benennungsprozedur, die wiederum den indefiniten Artikel hervorbringt. Das sprachliche Verhalten beruht hier nicht auf einem organisierten repräsentationalen System.

In der zweiten Phase beginnt das Kind aus Gründen, die Karmiloff-Smith in der biologischen Ausstattung des Menschen vermutet, ein System von Beziehungen zwischen den Prozeduren aufzubauen. Es arbeitet an dem **Problem der Gemeinsamkeiten und Unterschiede der Funktionen**, die sämtlich dieselbe phonologische Form haben. Dabei baut sich das Kind kognitive ›Krücken‹, indem es zunächst verschiedene Funktionen auch auf verschiedene Formen abzubilden versucht.

In der dritten Phase drückt das Kind wieder verschiedene Funktionen mit einer Form aus, nachdem es den Prozess der repräsentationalen Reorganisation der Prozeduren abgeschlossen hat. Diesem Verhalten liegt nun eine **organisierte Repräsentation** zugrunde.

Nach Karmiloff-Smith vollzieht sich in vielen Teilbereichen ein ähnlicher Prozess der Bildung organisierter Repräsentationen, in dessen Verlauf Gesamtsysteme aufgebaut werden. Dies hat die Studie von Cheung und Wong (2011) bestätigt. Spracherwerb vollzieht sich als ein Prozess der Bildung und Repräsentation von sprachlichen Teilsystemen und deren Beziehungen untereinander. Spracherwerb wird dabei als ein sowohl domänenspezifischer wie domänenübergreifender Prozess betrachtet, d. h. »[...] that some initial domain-specific constraints channel the progressive building up of domain-specific linguistic representations but that, once redescribed, these representations become available to domain general processes« (Karmiloff-Smith 1995, S. 32).

Nach dieser Theorie stellt sich **Modularität** von Sprache und Kognition im Prozess der Entwicklung her (vgl. ebd., S. 166). Hierfür spricht auch die Gehirnentwicklung des Kindes; diese ist »[... fundamentally characterized by plasticity for learning, with the infant brain dynamically structuring itself over the course of ontogeny [...]« (Karmiloff-Smith 2013, S. 156). Bezüglich des Anfangszustands stellt Karmiloff-Smith fest, dass das Gehirn des Neugeborenen »[...] starts out with a limited number of basic-level, domain-relevant biases (slight differences across the brain chemistry, white/gray matter, neuronal density/type/orientation, firing thresholds, etc.), each of which is somewhat more relevant to the processing of certain kinds of input over others« (ebd.). Im Entwicklungsverlauf werden neuronale Netzwerke in einem Prozess des neuronalen Wettstreits relativ domänen-spezifisch.

Modularität von
Sprache und
Kognition

4.2.2 | Ausdifferenzierungen und Weiterentwicklungen zum Wortbedeutungserwerb

Die Ausdifferenzierungen des Wortbedeutungserwerbs haben zum Teil die Vorstellungen von Piaget expliziert, zum Teil haben sie Piagets Verständnis von Kognition modifiziert. Dabei wurden die Konstitution und die Entwicklung von Wortbedeutungen und deren begriffliche Grundlagen näher charakterisiert.

In ihrem merkmalssemantischen Modell bezieht Eve Clark (1973, 1975) Wortbedeutungen auf universelle Eigenschaften der menschlichen Perzeption und Kognition, wie sie in der linguistischen Merkmalssemantik von Katz und Bierwisch zur Beschreibung von Wortbedeutungen in Form von semantischen Merkmalen gefasst wurden. In dieser Konzeption besteht die Bedeutung eines Wortes in der Summe seiner semantischen Merkmale. Der konkrete einzelsprachliche Inhalt eines Wortes wird dadurch bestimmt, welche der wahrnehmbaren Merkmale von Objekten aus der Umwelt in einer Sprache zusammengefasst und mit einem Lexikoneintrag versehen werden. Nach Eve Clark verbinden Kinder zunächst nur wenige Merkmale mit einem Wort. So wenden sie das Wort z. B. *wauwau* umstandslos auf alle anderen Vierbeiner an, wenn sie z. B. die Vierbeinigkeit als kritisches Merkmal erkannt haben. Das Kind geht demnach von perzipierbaren, zunächst einzelnen Eigenschaften von Objekten aus. Der Bedeutungserwerb besteht im Zuwachs weiterer semantischer Merkmale, bis die für das Wort in der Erwachsenensprache geltenden Merkmale erreicht sind.

> Die Bedeutung eines Wortes ist die Summe seiner semantischen Merkmale

Diese Bedeutungserwerbskonzeption konnte in empirischen Studien nicht bestätigt werden (vgl. Carey 1982, S. 365 ff.). Der Status der semantischen Merkmale und deren Komplexitätshierarchie erwies sich zudem als unklar, ihr Anwendungsbereich als sehr beschränkt (vgl. Linke et al. 1994, S. 148 ff.).

Nach der funktionalen Kernhypothese von Nelson (1974) sind die sensomotorisch erfahrbaren Eigenschaften von Objekten ausschlaggebend. Diese Eigenschaften führen zu Begriffen, die dann in Wörter gefasst werden. Der Konstitutionsprozess der Begriffsbildung vollzieht sich nach Nelson in zwei Phasen.

> Begriffe gründen in Objektfunktionen

In der ersten Phase bildet das Kind vermittels seiner sensomotorischen Erfahrungen mit Objekten, z. B. einem Ball, ein Kernkonzept aus, das die Erlebnisse des Kindes, seine sensomotorischen Erfahrungen mit den Funktionen des Objekts beinhaltet (vgl. Nelson 1974, S. 283). In der zweiten Phase erkennt das Kind dann Objekte auch unabhängig von ihrer Funktion, es vergleicht sie mit ähnlichen Objekten und ordnet diese Eindrücke den primären Erkenntnisstrukturen, den Kernbegriffen zu. Es abstrahiert die statischen, visuell perzipierbaren Charakteristika des Objektes. Anschließend findet die Verknüpfung des Begriffes mit dem Wort statt.

Nach Nelson (vgl. Nelson/Lucariello 1985, S. 77 ff.) baut das Kind zunächst ein Begriffssystem auf und ist erst später, in den Vorschuljahren, in der Lage, die mit den Begriffen verbundenen Wortbedeutungen in ein semantisches System zu integrieren. Der Semantikerwerb

»[...] is dependent in part on the further differentiation and integration of the conceptual system, as well as on linguistic expression. The semantic system reflects a further process of analysis of concepts and expresses paradigmatic contrasts apparent in lexical relations such as synonymy, antonymy and hyponymy. Such contrasts become apparent in the late preschool years. It is only at that point that the lexical system becomes differentiated from the conceptual system and words can be treated as independent of the concepts to which they have been matched. Thereafter, both words and concepts may enter into more flexible relationships without entailing their counterparts« (Nelson/Lucariello 1985, S. 81).

Die Grundannahme des Modells von Nelson, dass Kinder zunächst gemäß Funktionen Begriffe bilden, hat sich empirisch nicht eindeutig bestätigen lassen, z. T. auch deshalb, weil die unterstellte Trennung von funktionalen und visuellen Objekteigenschaften wenig überzeugt, da das Kind Funktionen auch visuell perzipiert. Zwar sind die frühen Modelle von Clark und Nelson insgesamt empirisch nicht bestätigt, die spätere Forschung hat jedoch gezeigt, dass sowohl perzeptuelle wie funktionale Merkmale des Referenten eine Rolle beim Bedeutungserwerb spielen (Tomasello 2003, S. 53; Nelson 2007, S. 123 f.).

Begriffe gründen in prototypischer Erfahrung

Nach dem Prototypenmodell des Bedeutungserwerbs ist die Erfahrung des Kindes Grundlage der Begriffsbildung, die es prototypisch verarbeitet. Die Prototypentheorie (Rosch 1975; Kleiber 1998; Löbner 2003) geht davon aus, dass Erfahrungen nicht entlang trennscharfer Merkmale von perzipierten Objekten organisiert werden, sondern sie als Prototypen, d. h. als beste, typischste Vertreter von Erfahrungen mit dem jeweiligen Objekt kategorisiert werden. So ist in unserem Kulturraum eher die Taube oder das Rotkehlchen als der Pinguin als prototypischer, d. h. bester Vertreter der Klasse der Vögel anzusehen. Wir richten uns in unseren Alltagstheorien bei der Frage der Klassenzugehörigkeit also weniger an den jeweils definierenden Merkmalen aus, sondern daran, ob ein Objekt Eigenschaften mit den typischen Vertretern einer Kategorie teilt.

Die Mitglieder einer Kategorie stehen zudem in einem Beziehungssystem der Familienähnlichkeit zueinander, d. h. die Mitglieder einer Kategorie haben nicht stets dieselbe Menge von Merkmalen gemein, sondern einige weisen wenige, andere wiederum viele gemeinsame Merkmale auf. Die Mitglieder mit den meisten gemeinsamen Merkmalen bilden den Prototyp, der sich gegen andere Kategorien am deutlichsten abgrenzen lässt, die merkmalsarmen Mitglieder sind peripher und von anderen Kategorien schwer zu unterscheiden.

Nicht nur Begriffe, auch Begriffssysteme sind prototypisch organisiert. Innerhalb der Abstraktionshierarchie (z. B. *Möbel – Tisch – Couchtisch, Esstisch, Schreibtisch* etc.) gibt es eine grundlegende Ebene der Kategorisierung, die Ebene der *basic level objects*; diese wird gebildet durch diejenigen informationsreichen Bündel von perzeptuellen und funktionalen Merkmalen, »[...] die natürliche Diskontinuitäten in der tatsächlichen Welt der Objekte darstellen« (Szagun 1983, S. 60). Basisobjektbegriffe stellen das Niveau innerhalb einer Abstraktionshierarchie dar, auf dem eine Kategorie die größte Anzahl von Merkmalen hat, die Kategorien auf den höheren wie auf den darunter liegenden Hierarchieniveaus haben jeweils weniger Merkmale.

Nach Bowerman (1977), die diese allgemeine Theorie auf die Entstehung von Wortbedeutungen angewendet hat, gehen in den Prototyp die Erlebnisse des Kindes mit z. B. einem Objekt in spezifischen Situationen ein. Diese Erlebnisse werden zunächst im Sinne der *basic level objects* kategorisiert. Die Erfahrungen, die das Kind mit Personen oder Objekten in einer spezifischen Situation gemacht hat, d. h. die verschiedenen perzeptuellen, funktionalen und emotionalen Aspekte des Erlebens werden holistisch repräsentiert und bilden den Prototyp, dem dann eine lexikalische Form zugeordnet wird. Dabei lernen Kinder – wie von der Annahme der anfänglichen Kategorisierung und Benennung auf dem *basic object level* vorausgesagt – zuerst die Bezeichnungen *Hund* oder *Fisch*, bevor sie die Wörter *Collie* oder *Haifisch* erwerben. Sobald ein anderes Objekt, eine Person oder auch Situation Merkmale mit einem erworbenen Prototyp gemeinsam hat, kann das Kind nun das Wort auch hierauf überdehnen (vgl. Bowerman (1977, S. 241).

Für die Prototypentheorie spricht, dass mit ihr die relative Instabilität und Wandelbarkeit frühkindlicher Begriffe und des frühkindlichen Wortgebrauchs erfasst werden kann (vgl. de Villiers/de Villiers 1992, 357 f.). Mandler (2004) wendet gegen die Prototypentheorie kritisch ein, dass sie lediglich die Struktur des perzeptuellen, nicht aber die des konzeptuellen Wissens erfasse und Kategorisierungen nicht auf der Ebene der *basic level objects* vorgenommen würden. Seitens der Linguistik wurde das Konzept des Prototypen problematisiert und die Annahme unscharfer Kategoriengrenzen als für Sprache prinzipiell ungeeignet zurückgewiesen (Löbner 2003).

Die begriffsorientierte Theorie der Bedeutungsentwicklung von Szagun (1983, 1991) und Seiler/Wannenmacher (1987) geht – anknüpfend an die frühen Studien Piagets – davon aus, dass ein Begriff eine »inhaltsspezifische kognitive Struktur« (Szagun 1991, S. 45) ist. »Ein Begriff repräsentiert den Zusammenhang des Wissens über ein spezifisches Phänomen bzw. einen spezifischen Sachverhalt im Bewusstsein eines Menschen« (ebd., S. 45). Wörter sind die lautlichen Repräsentationen von Begriffen. »Das Wort erhält seine Bedeutung durch diese Verbindung zum Begriff. So bedeutet das Wort den Begriff« (ebd. 1991, S. 46). Die Begriffsstrukturen ändern sich gemäß den Erfahrungen, die sich aus Interaktionen des Subjekts mit der Umwelt und aus subjektivem Erleben bilden. Dabei umfasst der Begriff ›Umwelt‹ die dingliche, soziale, kulturelle und auch sprachliche Umwelt. Unter subjektivem Erleben wird das Erleben psychischer Zustände wie etwa Gefühle oder Willenszustände verstanden.

Der Erwerb von Begriffen erfolgt in aufeinander folgenden Schritten der Strukturierung und Umstrukturierung, bis der Erwachsenenbegriff gebildet ist. Die Prinzipien der Begriffsbildung sind »[...] verallgemeinernde begriffliche Assimilationen in Form von Ähnlichkeitsfeststellungen und Schlussfolgerungen der Transduktion und Induktion« (ebd., S. 48). Ähnlichkeitsfeststellungen beziehen sich dabei nicht allein auf perzeptuelle Eigenschaften von Gegenständen, sondern schließen auch sprachliche Benennungen mit ein. Durch sprachliche Benennungen z. B. der Eltern kann der Bedeutungserwerb befördert werden, weil Kinder die von Erwachsenen gleich benannten Gegenstände als einem Begriff zugehörig erkennen oder bemerken, dass Erwachsene Objekte unterschiedlich benennen,

Begriff als inhaltsspezifische kognitive Struktur

Entwicklung des
Begriffs ›Leben‹

Bedeutungserwerb
als Theorie-
entwicklung

die das Kind als gleich klassifiziert hat. Insbesondere Begriffe zu komplexen oder abstrakten Sachverhalten werden durch das Sprachangebot der
Eltern vermittelt (vgl. ebd., 50 f.).

Der Erwerbsprozess ist nicht einheitlich, er ist abhängig von der Komplexität des zu erwerbenden Begriffs (vgl. ebd., S. 46). So ist der Begriff
vom *Leben* zunächst, d. h. bei 4-Jährigen, durch eine Reihe von unkoor-
dinierten einzelnen Kriterien definiert, z. B. *Funktion haben, menschenähnlich sein, Bewegung haben, wachsen, Babys haben, atmen, essen, trin-
ken* etc. Diese Kriterien werden wechselnd angewendet mit der Konsequenz, dass auch Unlebendiges als lebendig klassifiziert wird. Bei 7-Jähri-
gen fallen dann die Kriterien *Funktion haben, menschenähnlich sein* weg,
das Kriterium *Bewegung* wird modifiziert in *Eigenbewegung*. Außerdem
werden die biologischen Kriterien koordiniert, das Kriterium der Eigenbewegung ist davon jedoch ausgeschlossen. Daher werden noch leblose
Phänomene wie Wind und Sonne als lebendig klassifiziert. Eine Koordination des Kriteriums der Eigenbewegung mit den anderen biologischen Kriterien erfolgt dann bei den 10-Jährigen. Nun werden nur noch Tiere, Pflan-
zen und Menschen als lebendig klassifiziert und benannt. Damit ist eine
Begriffsstruktur erreicht, in der die Kriterien vollständig koordiniert sind.
Auch für die abstrakten Begriffe ›Mut‹ und ›Mitleid‹ hat Szagun entsprechende Analysen vorgelegt (vgl. Szagun 2002, 328 ff.). In diesem Modell
sind das Wortverständnis und der Wortgebrauch von der Stufe der Begriffsentwicklung abhängig.

Dieser begriffsorientierte Ansatz stellt eine recht enge Fortführung der
Begriffsentwicklungskonzeption im Frühwerk Piagets dar. Mit stärkerer
Akzentuierung als in Piagets Konzept wird in diesem begriffsorientierten
Ansatz vorgeschlagen, zu den die Umwelt konstituierenden Faktoren
nicht nur die objektiven, sondern auch die sozialen und die sprachlichen
Faktoren hinzuzuzählen und auch Aspekte inneren Erlebens mit einzubeziehen. Eine Konsequenz dieser Modifikation ist die Annahme, dass Begriffsbildung auch durch sprachliche Angebote befördert wird. Der Vorteil
dieses Konzeptes besteht darin, dass in ihm auch Bedeutungen, die sich
nicht auf Objekte beziehen, berücksichtigt werden.

Die *theory theory* von Alison Gopnik und Andrew Meltzoff (1998) betrachtet die kognitive und der semantische Entwicklung **als einen Prozess
der Bildung und Veränderung von Theorien**. Sie sei ähnlich dem der
Entwicklung von Wissenschaft. Die konzeptuellen Strukturen, die Kinder
aufbauen, sind Theorien des Kindes über die Welt und diese reflektieren
sich in den Bedeutungen der sprachlichen Äußerungen von Kindern, z. B.
der Äußerung *gone* (Gopnik/Meltzoff 1998, S. 109 ff.). Dabei wird eine bi-
direktionale und spezifische Beziehung zwischen Sprache und Kognition
angenommen (ebd., S. 193). »The child's cognitive concerns shape and
motivate her use of early words. At the same time her attention to the linguistic system itself may reshape her cognition« (ebd., S. 7).

Konzeptuelle Strukturen wurzeln in diesem Modell in angeborenen
Kompetenzen, Entwicklung besteht im Prozess der Revision von Theorien, Entwicklung von Sprache und Kognition wird domänenspezifisch
betrachtet. Die Theorierevision im Lauf der Entwicklung wird in neueren
Versionen dieses Ansatzes auf einen Lernmechanismus zurückgeführt,

der mit der Bayes'schen Regel der Hypothesenabschätzung expliziert wird und der Piaget'schen Assimilation/Akkomodation entspricht (Gopnik/ Wellman 2012).

Definition

> Die Bayes'sche Regel lautet P(H/E) α [P (H/E) P(H)].
> Sie besagt: Die Wahrscheinlichkeit für eine Hypothese H nach Betrachten der empirischen Evidenzen E ist eine Funktion der Wahrscheinlichkeit, dass man die beobachteten Evidenzen E sieht, wenn die Hypothese H zutrifft, und der anfänglichen, vor Betrachtung der Evidenzen vorgenommenen Einschätzung der Wahrscheinlichkeit der Hypothese H (nach Gopnik/Wellman 2012, S. 1088).

Prinzipienorientierte Ansätze: Andere Ansätze zum Wortbedeutungserwerb versuchen die Frage zu klären, wie Kinder sich das lexikalische System ihrer Muttersprache erschließen, indem verschiedene **lexikalische Prinzipien** postuliert werden. Diese Prinzipien werden von einigen als angeboren (Markman 1994) von anderen (Golinkoff et al. 1994) als erfahrungsabhängig betrachtet. Die Funktion dieser Prinzipien ist es, die vermeintlich unbegrenzte Menge möglicher Hypothesen über die Beziehung von Lautfolge und Referent, die ein Kind bilden könnte, einzuschränken.

Lexikalische Prinzipien

Markman (1989) hat vorgeschlagen, dass Kinder beim Lexikonerwerb gelenkt werden durch drei Annahmen bzw. *constraints*, nämlich

Drei Annahmen zum Lexikonerwerb

- eine *whole object constraint*, d. h. die Annahme, dass neue Wörter sich auf das Referenzobjekt insgesamt beziehen,
- eine *taxonomic constraint*, d. h. die Annahme, dass neue Wörter sich auf Objekte vom selben Typ beziehen und
- eine *constraint of mutual exclusivity*, d. h. die Annahme, dass jedes Objekt nur einen Namen hat.

Eve Clark (1993; 1995; 2003) dagegen nimmt an, dass der Lexikonerwerb von Anfang an durch das Prinzip des Kontrastes und das Prinzip der Konventionalität geleitet wird. Das Prinzip des Kontrastes besagt, dass alle Wörter in einer Sprache in ihren Bedeutungen kontrastieren; dies trifft zu auf den Kontrast mit Bezug auf die Referenz, z. B. *Hund* vs. *Katze;* es trifft zu auf die semantische Hierarchie, z. B. *Hund* vs. *Pudel*; es trifft zu auf soziolinguistische Aspekte wie Formalität, z. B. *Polizist* vs. *Bulle*, etc. Das Prinzip der Konventionalität besagt, dass es für bestimmte Bedeutungen konventionelle Formen gibt, deren Gebrauch in der Kommunikation erwartet werden kann. Wenn nicht die erwartbare konventionelle Form gebraucht wird, heißt das, dass der Sprecher eine kontrastierende Bedeutung im Sinn hat. Diese Prinzipien beziehen sich vor allem auf Wörter mit konkreten Referenzobjekten.

Für Wörter, die Handlungen enkodieren, d. h. Verben, hat Gleitman (1990) einen Erwerbsmechanismus vorgeschlagen, den sie **syntactic bootstrapping** nennt und der das folgende Erkenntnisproblem lösen soll: Es gibt gerade im Bereich der Verben viele Wörter, die aus einer verschiedenen Perspektive auf ein und dasselbe Ereignis referieren: *chase* referiert auf ein Ereignis, das ebenso – aus anderer Perspektive – *fleeing* impliziert; ähnlich impliziert *getting* ein *giving*. Woher weiß das Kind, was mit den Verben gemeint ist? Der Vorschlag von Gleitman ist, dass das Kind sich die Bedeutung der Verben aus seiner Kenntnis ihrer syntaktischen Merkmale erschließt, also daraus, welche Valenz das Verb hat, ob es transitiv oder intransitiv ist etc.

Syntactic bootstrapping

Diese These eines *syntactic bootstrapping* wurde in einem Experiment von Naigles (1990) bestätigt. Das *syntactic bootstrapping* scheint insbesondere beim Erwerb von Wörtern wichtig, die keine unmittelbare Referenz wie Objektnamen haben (vgl. Grimm/Wilde 1998). Tomasello (1992b) und Nelson (1986) erscheint dagegen die Annahme von *constraints* und des *syntactic bootstrapping* überflüssig, da der Wortbedeutungserwerb zureichend aus Interaktionsprozessen erklärt werden könne (s. Kap. 5). Sullivan und Barner (2016) konnten zeigen, dass schon 2 Jährige neue Wörter aus dem Diskurs, in dem sie vorkommen, lernen können. Dies bezeichnen die Autorinnen als *discourse bootstrapping*.

Assoziation

Assoziationistische Konzepte (z. B. Plunkett 1997; Smith 2000; Smith et al. 1996) betonen gegenüber den bislang genannten Konzepten die Bedeutung genereller kognitiver Prozesse, die entwicklungsbedingten Veränderungen der neuronalen Systeme entsprechen. Wortschatzerwerb könne am besten, so Smith et al. (1996) und Plunkett (1997), durch »[...] dumb attentional mechanisms like perceptual saliency, association, and frequency« (Hollich et al. 2000, 12) erklärt werden. Die Annahme ist, dass die Beziehung zwischen Laut und Referent anfänglich mittels Assoziation (zeitliche Kontiguität) gestiftet wird.

Landau et al. (1988) haben in einem Experiment Kindern ein Kunstobjekt präsentiert und es mit dem Kunstwort *dax* benannt. Danach wurden den Kindern verschiedene Objekte gezeigt, die dem zuerst präsentierten Objekt in der Form oder in der Textur oder Größe ähnelten. Die Kinder wurden bei jedem Objekt gefragt, ob das ein *dax* sei. Das Ergebnis der Studie war, dass die Kinder die Testobjekte nach dem Gesichtspunkt der Formähnlichkeit mit dem Ausgangsobjekt auswählten. Somit hat sich ein *shape bias* gezeigt. In anderen Experimenten wurde festgestellt, dass die Objektwahl nach dem Gesichtspunkt der Farbe oder der Textur vorgenommen wird, wenn das Objekt Augen hat.

Mit zunehmender Bekräftigung der Assoziation in variablen Kontexten extrahiert dann das Kind Invarianzen und entdeckt Korrespondenzen zwischen Lautfolgen und Eigenschaften des Referenzobjektes (vgl. Kucker et al. 2015). Diese werden dann als Hypothese über die Beziehung von neuen Lautfolgen und deren Referent genutzt. In Situationen, in denen die Zuordnung von Lautform und Referent nicht einfach gegeben ist, nutzen Kinder *cross-situational learning statistics*. D. h. sie registrieren, wie häufig derselbe Referent in verschiedenen Situationen mit einer Wortform assoziiert ist (vgl. Smith/Yu 2008; Smith et al. 2014). Zudem haben Linda B. Smith und Chen Yu in einer neueren Studie anhand von Aufnahmen einer am Kopf des Kindes angebrachten Kamera gezeigt, dass Wortlernsituationen aus kindlicher Perspektive weniger unübersichtlich sind, als sich dies Erwachsenen darstellt (Yu/Smith 2012).

An diesem Modell wird kritisiert, dass assoziative Mechanismen der Komplexität des Wortlernens und seiner Entwicklung nicht gerecht werden können. Diese Mechanismen seien allenfalls in den Anfängen des Worterwerbs wirksam (Hollich et al. 2000).

In dem *emergentist coalition model* von Hollich et al. (2000) wird die le-xikalische Entwicklung gesehen als »[…] the product of intricate, epigenetic interactions between multiple factors« (Hollich et al. ebd., 17 f.). In diesem Modell werden die unterschiedlichen Ansätze zum Wortbedeutungs-erwerb in eine ontogenetische Stufenfolge gebracht: »Principles in the constraints/principles theories are the *products* of attentional/associatio-nistic factors in early development, which then become engines of subsequent development. Likewise, the social-pragmatic expertise evidenced by 12- and 24 months-olds in word learning situations […] is not present from the start. Rather, children must learn to exploit social interactions for their word learning potential« (Hollich et al. ebd., 17 f.). Die Annahmen dieses Modells wurden von empirischen Untersuchungen gestützt (Golinkoff/Hirsh-Pasek 2006).

Das Koalitions-modell

Das Modell des Wortlernens als Bayes'sche Inferenz beabsichtigt assoziationistische, prinzipienorientierte und sozial-pragmatische Ansätze zu integrieren (Xu/Tenenbaum 2007). Die zentrale These dieses Modells ist, dass mögliche Bedeutungen einer neuen Lautform ermittelt werden durch rationale statistische Inferenz, nach der berechnet wird, welche der denkbaren Hypothesen zur Bedeutung eines neuen Wortes aufgrund der Erwartungen des Lerners und aufgrund der statistischen Informationen der Bespiele der neuen Wortes wahrscheinlich zutreffend ist. In diesem Modell werden Hypothesen nicht angenommen oder verworfen, sondern sie werden nach ihrer Wahrscheinlichkeit, richtig zu sein, gewichtet. Der Lernmechanismus, der hier für das Wortlernen vorgeschlagen wird, ist nicht spezifisch auf Sprache bezogen, sondern auch in anderen Bereichen induktiven Lernens gegeben und es ist wahrscheinlich, dass dieser den kognitiven und neuronalen Verarbeitungsmechanismen im Wesentlichen entspricht (Xu/Tenenbaum 2007, S. 270; vgl. Xu/Kushnir 2013).

Wortlernen durch statistische Inferenz

Embodiment-Ansätze der kognitiven und sprachlichen Entwicklung: Nach Wellsby und Pexman (2014) teilen diese Ansätze Piagets Annahme, dass Intelligenz im Handeln, d. h. in senso-motorischer Interaktion mit der Welt wurzelt:»cognitive processes emerge out of and are dynamically coupled to sensorimotor systems« (Morse et al. 2015). Anders als bei Piaget wird diese Bindung kognitiver Prozesse an sensomotorische, körperliche Erfahrung nicht nur für die Anfänge der kognitiven Entwicklung, sondern für alle weiteren kognitiven Aktivitäten und deren Produkte postuliert, wobei diese Bindung je nach Version des *embodiment* (Meteyard et al. 2012) unterschiedlich strikt gedeutet wird.

Bedeutung und Verkörperung

Während empirische Studien zur Sprachverarbeitung Erwachsener im Rahmen des *embodiment* zahlreich sind, liegen vergleichsweise wenige Studien zur kognitiven und sprachlichen Entwicklung vor. Diese Studien haben vor allem das Wortlernen untersucht und gezeigt, dass kindliche Aktivitäten mit einem Objekt dessen mentale Repräsentation bestimmen und die Bedeutung einer damit assoziierte Wortform ausmachen (Smith 2005). Auch die visuell-räumlich Erfahrung mit einem Objekt und die eigene Körperposition geht in Wortbedeutungen ein (Morse et al. 2015). Für die Bedeutung von Verben konnte eine motorische Verankerung gezeigt werden: Wenn Kinder (von 5–6 Jahren) Handlungs- und Bewegungsverben hören, zeigen sich bei ihnen ähnlich wie bei Erwachsenen Aktivierungen im motorischen Kortex (Harman James/Maouene 2009). Werden Verben (Kunstwörter) neu gelernt, so zeigt sich die Aktivierung des motorischen Kortex vor allem dann, wenn die dem Verb entsprechenden Aktivitäten von den Kindern selbst ausgeführt und nicht nur beobachtet wurden (James/Swain 2011).

4.2.3 | Ausdifferenzierungen zur Kommunikationsentwicklung

Die im Rahmen der Piaget'schen Entwicklungstheorie vorgenommenen Ausdifferenzierungen wurden weniger durch Überlegungen konzeptueller Art als durch empirische Forschungsergebnisse zum Erwerb vor allem komplexer diskursiver Fähigkeiten wie Erzählungen, Wegauskünften, Instruktionen befördert. Sie zeigen, dass komplexe Diskurse die Integration verschiedener Teilfähigkeiten erfordern und die Entwicklungsstadien des Diskurserwerbs nicht problemlos als Folge des kindlichen Adualismus und Egozentrismus gedeutet werden können (Klann-Delius 2005a).

Für Erzählungen konnte Karmiloff-Smith (1986) zeigen, dass eine wesentliche Fähigkeit des Erzählens darin besteht, die darzustellende Ereignisfolge nach dem Gesichtspunkt des thematischen Subjekts zu organisieren und mittels geeigneter sprachlicher Verweise auf dieses thematische Subjekt die **Kohäsion** des Textes zu erzeugen. Karmiloff-Smith stellte fest, dass erst Kinder über 5 Jahren Geschichten gemäß thematischem Subjekt organisieren, sie Pronomina nicht deiktisch, sondern als Mittel der intertextuellen Verknüpfung einsetzen. In ihren Erzählungen sind sie aber erst im Alter von 8 bis 9 Jahren in der Lage, sowohl dem Organisationsprinzip des thematischen Subjekts zu folgen und die darauf bezogenen pronominalen Kohäsionsmittel zu verwenden, wie zugleich die Geschichte inhaltlich detailreich auszugestalten. Erst hier wird die Integration der konzeptuell-perzeptuellen Wissensbestände mit dem Diskurswissen vollzogen, was zu einer flexiblen Handhabung der sprachlichen Verfahren der Diskurskohärenz führt.

Die Fähigkeit, Geschichten aus der Perspektive ausgewählter Protagonisten zu erzählen, kann als Moment dessen gedeutet werden, dass in Erzählungen zwei Dimensionen, die »landscape of action« und die »landscape of consciousness« (Bruner 1990) aufeinander bezogen werden müssen. In Erzählungen ist nicht nur eine Ereignisfolge darzustellen, sondern sie ist aus der Perspektive der Protagonisten, ihrer Meinungen, Wünsche, Überzeugungen zu beschreiben. Nach Befunden der *theory of mind*-Forschung (vgl. Doherty 2009) sind Kinder nicht vor dem 4. Lebensjahr zu dieser Leistung in der Lage. Die Fähigkeit, Geschichten gemäß der *thematic subject constraint* zu organisieren, ist demnach an sozial-kognitive Entwicklungsprozesse gebunden. Zugleich aber sind die darauf bezogenen sprachlichen Mittel mit dem Erwerb von Perspektivität allein noch nicht gegeben.

Die Ebene der Handlung und der mentalen Vorgänge

Dies lässt sich aus der sprachvergleichend angelegten Studie von Hickman et al. (1989) ableiten. In dieser Studie, in der Kinder mit Deutsch, Französisch, Englisch und Chinesisch als Muttersprache eine Bildgeschichte erzählten, zeigte sich, dass selbst die 4-jährigen Kinder die Protagonisten der Geschichten nicht mittels Pronomina einführten, sondern stets Nomina gebrauchten, sich dabei aber bis zum Alter von 7 Jahren auf den außersprachlichen Kontext bezogen. Erst ab 7 Jahren zeigen Kinder Formen der Referenteneinführung und -fortführung, in denen sie auf Elemente des Textes und nicht des Kontextes Bezug nehmen. Dabei erwiesen sich die Formen der Textkohäsion als abhängig von den in der jeweiligen Muttersprache geltenden besonderen Regeln (vgl. Berman/Slobin 1994). Man kann, so Hickman et al. (1989, S. 71), die jüngeren Kinder »[...] nur in dem Sinne als ›egozentrisch‹ beschreiben, daß sie die intradiskursiven Funktionen der Ausdrucksmittel ihrer Muttersprache noch nicht erworben haben«. Der Erwerb dieser Ausdrucksmittel lässt sich nicht mit allgemeinen kognitiven Entwicklungen wie der der Dezentrierung, sondern nur mit sprachspezifischen kognitiven Prozessen erklären.

Bezüglich der inhaltlichen Kohärenz von Erzählungen ergaben sich Modifikationen der Piaget'schen Position dadurch, dass für Kohärenz weniger allein eine logische Ereignisabfolge als das Beherrschen des in der jeweiligen Kultur gültigen Erzählschemas und die persönliche Beteiligung bei dem zu erzählenden Ereignis erforderT ist. So haben Peterson/McCabe (1983) für Erzählungen persönlicher Erlebnisse zeigen können, dass zwar 2- bis 4-jährige Erzähler noch kein Erzählschema (im Sinne von Labov/Waletzky 1967) erkennen lassen, ihre Erzählungen noch wenig inhaltlich kohärent sind, dass aber bereits die 4- und 5-Jährigen Ansätze der Realisierung des Erzählmusters aufweisen, das dann Kinder ab 6 Jahren weitgehend beherrschen. Aus dieser Studie ging allerdings auch hervor, dass Kinder eine Vielzahl von Erzählschemata verwenden, dass sie dem Labov/Waletzky'schen Höhepunktschema nicht immer folgen, dass die Wahl des Erzählschemas auch von Charakteristika des zu erzählenden Ereignisses oder den damit verbundenen Emotionen abhängig ist (vgl. Hudson et al. 1992). Wie sprach- und kulturvergleichende Studien darlegen, sind die Formen und Inhalte des Erzählens bei Kindern nicht nur von deren sozial-kognitivem Entwicklungsstand oder interaktiven Faktoren (Hausendorf/Quasthoff 1992; 1996), sondern auch von kulturellen Traditionen mitbestimmt (Steiner/Panofski 1992; Berman/Slobin 1994).

Studien über Wegauskünfte oder Instruktionen zu Spielen (Weissenborn 1984; Klann-Delius 1987) konnten zeigen, dass die Entwicklungsbesonderheiten des Erwerbs dieser Diskurstypen nicht alleine auf den kindlichen Egozentrismus zurückgeführt werden können, komplexe Diskursfähigkeit vielmehr als Integration kognitiver, interaktiver und sprachlicher Teilfähigkeiten zu bestimmen ist. Kognitive Fähigkeiten beziehen sich auf die Fähigkeit, den Gegenstandsbereich der Kommunikation, d. h. das Raum- bzw. Regelwissen abzurufen und zu verarbeiten, interaktive Fähigkeiten betreffen die Fähigkeit, die Verstehensvoraussetzungen des Hörers bezüglich seines Raum- bzw. Regelwissens einzuschätzen und zu berücksichtigen, sprachliche Fähigkeiten meinen die Fähigkeit, das gegenstands- und interaktionsbezogene Wissen in angemessener Weise zu verbalisie-

Inhaltliche Kohärenz von Erzählungen

ren (vgl. Weissenborn/Stralka 1984, S. 131 f.). Bei komplexen Aufgaben wie einer Wegauskunft oder einer Spielerklärung zeigte sich, dass 4- bis 6-jährige Kinder ein funktionales Raum- und Regelwissen haben, dass es ihnen aber noch nicht gelingt, die zu dessen sprachlicher Darstellung für einen Hörer benötigten sprachlichen Mittel adäquat einzusetzen und die darzustellende Information in geeigneter Weise im Diskurs zu organisieren.

4.3 | Evaluation der kognitivistischen Erklärungskonzepte

Piagets Intelligenz- und Sprachentwicklungstheorie wurden fundamental in Zweifel gezogen. Die Kritik richtete sich auf seine Entwicklungstheorie bezüglich der Annahmen des Initialzustands, der Mechanismen der Entwicklung gemäß Assimilation und Akkomodation, der stufenförmigen Entwicklung, der Stadieneinteilung und ihrer zeitlichen Zuordnung, sie richtete sich auf den kindlichen Egozentrismus und die geringe Würdigung der sozialen Welt als Entwicklungsbedingung sowie auf die Annahme, dass die kognitive Entwicklung notwendige und hinreichend Bedingung für die sprachliche Entwicklung ist.

Kompetenz des Säuglings

Bezüglich des Initialzustands der Entwicklung nahm Piaget kein angeborenes Wissen wie z. B. Chomsky an, sondern postulierte, dass Intelligenz ein emergentes Resultat der Entwicklung aus zunächst einfachen senso-motorischen Aktivitäten des Säuglings ist. Dem wurde kritisch entgegen gehalten, dass der Säugling von Anfang an oder sehr früh weit mehr Kompetenzen besitzt, als Piaget annahm (s. Kap. 5).

Für den Bereich der sensomotorischen Entwicklung wurde u. a. gezeigt, dass Säuglinge bereits mit 3 bis 4 Monaten erwarten, dass ein Objekt fortbesteht, wenn es verdeckt wird, dass sie in den ersten sechs Lebensmonaten erwarten, »[...] daß physikalische Objekte solide und dreidimensional sind und sich auf kontinuierlichen Bahnen bewegen« (Sodian 1998, S. 158; vgl. Carey/Spelke 1994). Außerdem haben Säuglinge schon sehr früh ein Wissen davon, dass Agenten intentional auf Ziele ausgerichtet sind, dass sie kontingent und reziprok interagieren (Spelke/Kinzler 2007). Darüber hinaus haben Säuglinge auch ein basales Zahlen- bzw. Mengenverständnis, sie haben ein basales Wissen der Geometrie der Umwelt und sie verfügen über eine Grundkenntnis der sozialen Welt (ebd.).

Nach Carey (Carey et al. 2015; Carey 2009) und Spelke (Spelke/Kinzler 2007) sprechen diese frühen Kompetenzen dafür, dass Neugeborene mit einem »core knowledge«, d. h. »innate conceptual primitives« ausgestattet sind. Kritiker dieses Neo-Nativismus (Bjorklund 2015) sehen in den frühen Kompetenzen des Säuglings lediglich eine Bereitschaft, auf bestimmte Umweltstimuli zu reagieren, nicht aber eine präformierte Kompetenz. Nach Allen/Bickhard (2013) sprechen die frühen Kompetenzen, die gefunden wurden, nicht gegen Piaget, denn sie seien sämtlich perzeptuelle, nicht aber konzeptuelle Kompetenzen (vgl. Bremner et al. 2015).

Hinsichtlich des Entwicklungskonzeptes wurde der Entwicklungsmechanismus via Assimilation und Akkomodation als unzureichend kritisiert. Piagets Annahme, dass sich die Entwicklung in invarianten Prozessen der Assimilation und Akkomodation auf zunehmend stabilere, äquilibrierte epistemische Zustände hinbewegt, verfehle »[...] to explain how equilibrium can induce novel forms that are not already somehow contained in the organism's structure or in the invariant functions [...]« (Fogel/Thelen 1987, S. 747). Piagets Theorie habe »[...] not entirely eliminated its nativist core or its ultimate appeal to a priori executive agencies that anticipate the direction and end-stages of mental development« (Wolff, zit. nach Fogel/Thelen 1987, S. 747).

Entstehen des Neuen

Piagets Stufenmodell der Entwicklung wurde ebenfalls als unzutreffend kritisiert, da es mit U-förmigen Entwicklungsverläufen schwer vereinbar ist, d. h. mit Entwicklungsverläufen, in denen nach anfänglich angemessenen sprachlichen Verhaltensweisen Einbrüche erfolgen, die anschließend wieder eingeholt werden. Auch interindividueller Variabilität lässt sich mit dem Stufenmodell kaum erfassen. Kritisiert wurde auch die Annahme, dass Entwicklungsfortschritte aus Konflikten resultieren. Sie ergeben sich vielmehr aus einer zunehmenden Verbesserung der Exekutivfunktionen, d. h. der Planung, kognitiven Kontrolle, Selbstkontrolle und Aufmerksamkeitsspanne (vgl. Carey et al. 2015, S. 41 ff.). Zudem wurde kritisiert, dass Entwicklungsprozesse nicht in allen Domänen gleich verlaufen, sondern domänenspezifisch sind.

Variable Entwicklungsverläufe

Das Konzept der Aufgaben- oder Domänenspezifität geht über Piagets Konstrukt der horizontalen Verschiebung (*décalage*) hinaus. Das Konzept der *décalage* meint, dass Entwicklungsveränderungen wie z. B. der Erwerb des Konservierungskonzepts sich zwar nicht in allen Anwendungsbereichen gleichzeitig durchsetzen, dass Kinder das Konservierungskonzept nicht notwendig zeitgleich auf Knetmasse wie auf Flüssigkeiten anwenden können. Die Beschaffenheit der Aufgabe spielt offenbar eine Rolle. Aber Piaget unterstellt, dass die Entwicklungsstadien gleichwohl eine ihnen zugrunde liegende charakteristische Struktur aufweisen. So bestimmen die den sensomotorischen Subphasen zugrunde liegenden operativen Strukturen das Verhalten in einer Vielzahl von Domänen, »[...] including object relations, knowledge of space and time, causal understanding, and imitation [...]« (Bates et al. 1979, S. 70). Neo-Piagetianer wie z. B. Meltzoff lehnen dieses Konzept »of a single unified stage cutting across domains« (ebd., S. 69) ab. Statt dessen nehmen sie an, »[...] that successive stages are reached within domains, each characterized by somewhat different structural principles reflecting the different characteristics of the tasks or problems that the child must solve in that content area« (ebd., S. 70).

Konzept der *décalage*

Grundsätzlich kritisiert wird an Piagets Modell der progredienten stufenförmigen Entwicklung, dass diese die Ablösung der jeweils älteren Entwicklungsstufe durch eine neue unterstellt, was mit den Gegebenheiten nicht übereinstimme. Rochat z. B. wendet ein, dass auch Erwachsene nicht durchgängig formal-operativ und analytisch denken, sondern dass auch intuitives Denken neben dem analytischen existiert (Barouillet 2011; Rochat 2015).

Verhältnis von kognitiver und sprachlicher Entwicklung

Die kognitive Entwicklung als Bedingung für den Spracherwerb hat sich als unzutreffende Annahme erwiesen. Dies zeigen die Entwicklungsprofile von Kindern mit unterschiedlichen Beeinträchtigungen (s. Kap. 3). Der normale Spracherwerb kann nicht alleine mit der allgemeinen Intelligenzentwicklung erklärt werden.

Für den **Syntaxerwerb** wurde z. B. festgestellt, dass bereits 3-Jährige unter geeigneten experimentellen Bedingungen Passivsätze produzieren können (vgl. Bates et al. 1992, S. 85 f.; Tomasello 2003), dass zumindest einige Kinder auch ohne Konservierungskonzept Komparativkonstruktionen erlernen (vgl. Sinclair de Zwart 1969). Diese Sprachfähigkeiten dürften Kinder nach ihrem kognitiven Entwicklungsstand gar nicht aufweisen.

Im Hinblick auf die **Kommunikationsentwicklung** zeigte sich, dass Kinder wesentlich früher als gemäß Piagets Annahmen zum Egozentrismus erwartbar Anzeichen der Berücksichtigung der Verstehensvoraussetzungen ihrer Gesprächspartner erkennen lassen und im Dialog erste Formen der auch sprachlichen Bezugnahme auf ihren Partner gebrauchen. Die Dezentrierung ist demnach für Bezug nehmende Kommunikation nicht grundsätzlich notwendig.

Für den **Lexikonerwerb** wurde ebenfalls kein globales Voraussetzungsverhältnis von Kognition für Spracherwerb ermittelt, es wurden aber spezifische Beziehungen zwischen Aspekten der sensomotorischen Intelligenz und Aspekten des Wortschatzerwerbs aufgezeigt. So wurden Beziehungen zwischen der sensomotorischen Entwicklung des 5. und 6. Stadiums und dem Erwerb bestimmter Wörter festgestellt.

Nach McCune-Nicolich (1981) ist der Erwerb relationaler Wörter wie *hier, dort, weg* an die Vollendung des 5. und 6. sensomotorischen Stadiums gebunden. Gopnik/Meltzoff (1984, 1986) ermittelten, dass die Wörter, die Erfolg oder Misserfolg enkodieren, mit Fähigkeiten der sensomotorischen Ziel-Mittel Koordination korrelieren. Gopnik/Meltzoff (ebd.) stellten fest, dass Wörter wie *gone* und *away*, die das Verschwinden oder die Nichtexistenz enkodieren, im produktiven Vokabular von Kindern zu dem Zeitpunkt auftreten, zu dem sie die Piaget'sche Aufgabe der unsichtbaren Ortsverlagerungen lösen können. Tomasello/Farrar (1984) fanden, dass Wörter, die sichtbare Ortsveränderungen enkodieren wie *move, up, stuck*, während des 5. Stadiums der Sensomotorik erworben werden. Wörter, die unsichtbare Ortsveränderungen enkodieren wie *gone, all gone, another* werden erst im 6. Stadium der Sensomotorik erworben. Diese Beobachtung wurde durch ein Lernexperiment von Tomasello/Farrar (1986) bekräftigt.

Naming explosion   Außerdem zeigten Bloom (1973) und Corrigan (1978), dass die *naming explosion* mit dem Erreichen der Objektpermanenz verbunden ist. Bloom et al. (1985) und Lifter/Bloom (1985) stellten eine Entsprechung des raschen Wortschatzzuwachses und spontanem Suchverhalten fest (vgl. de Villiers/de Villiers 1992, S. 360). Gopnik/Meltzoff (1987) ermittelten, dass die *naming explosion* in einem systematischen Zusammenhang mit der Fähigkeit zur praktischen Kategorisierung bei Kindern von 18 Monaten steht, dass sie aber keine bedeutsame Beziehung zum Erwerb der Objektpermanenz und der Ziel-Mittel-Koordination aufweist. Es zeigte sich zudem, dass die beobachteten Kinder sämtlich ihr erstes Wort vor Erreichen dieser kognitiven Leistungen gebrauchten.

Andere Studien wiederum stellten fest, dass z. B. die Erwerbsreihenfolge von Wörtern, die räumliche Relationen enkodieren, der Reihenfolge des Erwerbs entsprechender Konzepte in der kognitiven Entwicklung korrespondiert (vgl. de Villiers/de Villiers 1992, S. 361). Entsprechendes wurde für das Zeitkonzept (vgl. Cromer 1974) und das Kausalitätskonzept (vgl. Hood/Bloom 1979) und korrespondierende sprachliche Ausdrücke gezeigt. Auch das Wortverständnis erwies sich als vom Niveau der Begriffsbildung beeinflusst. So ergaben die Studien von Anglin (1977, 1978) und von Szagun (1991), dass das Wortverständnis präoperationaler Kinder durch figurative, subjektive Qualität und mangelnde Koordination begriffsbildender Kriterien ausgezeichnet ist.

Sprachvergleichende Studien haben diese Befunde jedoch als problematisch erwiesen. Slobins (1985) sprachvergleichenden Studien zufolge können Kinder über bestimmte Konzepte, wie z. B. das von Einzahl oder Mehrzahl, durchaus verfügen, ohne dass sie damit schon die morphologischen Markierungen für z. B. Singular und Plural erworben haben. Kinder, die z. B. Arabisch lernen, benötigen sehr lange Zeit, um die entsprechenden morphologischen Markierungen für Singular und Plural zu erwerben. Im Falle des Arabischen kann der Erwerbsprozess bis zu zwölf Jahre dauern. Türkische Kinder dagegen erwerben die für ihre Sprache charakteristischen morphologischen Markierungen sehr früh, vermutlich weil diese aufgrund ihrer Regularität und Salienz einsichtiger sind. So meistern bereits 2-Jährige das gesamte System der Kasusmorphologie im Türkischen (vgl. Bates et al. 1992, S. 87).

Für den Bereich von Wortbedeutungen stellte Bowerman (1989, 1996; Bowerman/Choi 2001) in ihren sprachvergleichenden Untersuchungen fest, dass die verschiedenen natürlichen Sprachen unterschiedliche Arten der Versprachlichung kognitiver Konzepte z. B. im Bereich der Präpositionen entwickelt haben. Wenn aber die verschiedenen Sprachen unterschiedliche semantische Klassifikationssysteme entwickelt haben, dann kann die semantische Entwicklung nicht allein auf die allgemeine konzeptuelle Entwicklung bezogen werden. Nach Bowermans Untersuchungen des Lexikonerwerbs bei koreanischen Kindern enkodieren diese schon mit 2 Jahren räumliche Relationen entsprechend den Vorgaben in ihrer Sprache und beziehen sich dabei nicht auf möglicherweise grundlegende allgemeine kognitive Konzepte wie *containment* und *support* (vgl. de Villiers/de Villiers 1992, S. 362 f.).

Gopnik/Choi (1990) stellten fest, dass Kinder im Alter von 1;6 bis 2;0 mit Englisch, Französisch oder Koreanisch als Muttersprache zwar sämtlich spezifische Beziehungen zwischen Leistungen in Teilkomponenten sensomotorischer Intelligenz und dem Gebrauch der entsprechenden Wörtern aufwiesen, dass aber die Koreanisch lernenden Kinder häufiger Verben zur Enkodierung der Konzepte *disappearance* oder *success/failure* gebrauchten und dass bei ihnen außerdem erst sehr viel später als bei Kindern anderer Muttersprache die mit dem *naming spurt* verbundenen Kategorisierungsleistungen einsetzten. Diese Unterschiede führen Gopnik/Choi darauf zurück, dass in den untersuchten Sprachen aufgrund ihrer unterschiedlichen Betonung der Nomina (Englisch) oder der Verben (Koreanisch) sich dem Kind unterschiedliche Bereiche von Sprache als kognitives Aufgabengebiet darstellen. »[…] linguistic clues might facilitate cer-

tain cognitive developments even if those developments could, in princi-
ple, be attained independently of language« (Gopnik/Choi 1990, S. 213;
Gopnik et al. 1997; Sinha et al. 1999).

Den sprachvergleichenden Befunden entsprechend schlägt Slobin
(1996) vor, die Annahme einer globalen Beziehung zwischen »thought
and language« zu ersetzen durch die spezifischere These des »thinking for
speaking« (vgl. Boroditsky/Prinz 2008; Wolff/Holmes 2011). Demnach ist
nicht nur die Annahme Piagets, dass die sprachliche Entwicklung die kognitive zur Voraussetzung hat, zurückzuweisen, sondern auch die Annahme, dass Sprache nur Ausdruck des Denkens ist, auf das Denken aber
keinen Einfluss nimmt.

Aus konzeptuellen und methodischen Gründen hat sich die starke Ko-
gnitionshypothese, der zufolge die kognitive Entwicklung notwendig und
hinreichend für die sprachliche ist, als falsch erwiesen. Zum einen lässt
sich aus Befunden der Vorzeitigkeit kognitiver vor sprachlichen Entwicklungsprozessen nicht auf eine Kausalbeziehung zwischen Kognition und
Sprache schließen (vgl. Bates/Snyder 1987, S. 173). Zum anderen lässt
sich aus Analogien zwischen kognitiven und sprachlichen Erwerbungen
nicht folgern, dass sie in einer nicht nur äußerlichen Beziehung zueinander stehen, denn »[...] in the case of analogy, two similar looking patterns
may result *not* because of a shared structural basis but because they are
independent adaptations to similar problems« (ebd., S. 178).

Analogieargumente sind allenfalls ein erster Schritt, um mögliche Beziehungen zwischen sprachlicher und nicht-sprachlicher Kognition zu betrachten. Sie müssen jedoch in **Homologieargumente** überführt werden,
d. h. es muss gezeigt werden, dass die fraglichen Strukturen auf eine ihnen
gemeinsame Basis zurückgeführt werden können oder dass sie auseinander ableitbar sind. Bates hat in zahlreichen Publikationen dargelegt, dass
Sprache und Kognition homolog sind in dem Sinne, dass sie auf eine ihnen
gemeinsame operative Basis bezogen werden können. Als Begründung für
diese These führt sie an, dass die sprachliche, kognitive und neuronale
Entwicklung des Kindes in gleichen Entwicklungsmeilensteinen konver-
giert.

Neuronale
Entwicklung

Bates et al. (1992, S. 102) sehen die folgenden zeitlichen Entsprechungen zwischen neuronalen Entwicklungen und sprachlichen sowie kognitiven Erwerbungen: Vom Zeitpunkt der Geburt an zeigt sich auf neuronaler
Ebene die Vervollständigung der Zellbildung und Zellwanderung, dem
entspricht auf sprachlicher und kognitiver Ebene die Etablierung eines
linkshemisphärischen *bias* für einige sprachliche und nicht-sprachliche
Stimuli. Im 8. bis 9. Monat bilden sich weit reichende Verbindungen zwischen den Hauptregionen des Kortex; zudem etablieren sich erwachse-
nenähnliche Verteilungen metabolischer Aktivitäten zwischen den Regionen. Dem entspricht das Auftreten von Wortverständnis, das Unterdrücken nicht-muttersprachlicher Lautkontraste, die intentionale Kommunikation mittels Lauten und Gesten, die Nachahmung neuer Handlungen
und Laute, Veränderungen im Kategorisierungsverhalten und im Gedächtnis.

Zwischen dem 16. und 24. Monat findet ein rascher Zuwachs an Synap-
sen innerhalb und zwischen den kortikalen Regionen statt. Dem ent-

spricht der rasche Vokabularzuwachs, der Beginn von Wortkombinationen, gefolgt von einer raschen Entwicklung der Grammatik; zeitgleich wachsen die Fähigkeiten im Kategorisieren, im symbolischen Spiel und in verschiedenen anderen nicht-sprachlichen Domänen. Mit 48 Monaten ist ein Höhepunkt im Gesamtniveau des Gehirnmetabolismus erreicht; die meisten grammatischen Strukturen sind zu diesem Zeitpunkt erworben, eine Periode der Stabilisierung und Automatisierung beginnt. Ab 4 Jahren bis zur Adoleszenz zeichnet sich auf neuronaler Ebene eine langsame, monotone Abnahme der Synapsendichte und des Gesamtniveaus des Gehirnmetabolismus ab. In dieser Zeitspanne werden die komplexen grammatischen Formen schrittweise zugänglich; die Fähigkeiten des Erwerbs weiterer Sprachen nehmen ab und auch die Fähigkeit, aphasische Beeinträchtigungen zu überwinden. Ähnliche Entsprechungen der neuronalen und sprachlichen Entwicklung haben Kuhl (2010) und Friederici (2005) aufgezeigt.

Dass Sprache ein Aufgabengebiet besonderer Qualität ist, haben die neo-Piaget'schen Konzepte deutlich gemacht. Aufgabenspezifität aber ist nicht identisch mit der Annahme der Autonomie sprachlicher Subsysteme gegenüber nicht-sprachlicher Kognition. Das Modell der lokalen Homologie unterstellt eine Beziehung, wenn auch eine besondere, zwischen Sprache und Kognition in der Entwicklung. Modularität, d. h. die Ausdifferenzierung und Integration der sprachlichen Subsysteme und deren Interaktion mit allgemeinen kognitiven Fähigkeiten werden in neo-Piaget'schen Konzepten nicht als zutreffende Charakterisierung des Anfangs-, sondern allenfalls des Endzustands betrachtet (vgl. Karmiloff-Smith 1995, 2006; Bates et al. 1992, S. 103).

Piagets Annahmen zur sozialen Kognition des Kindes, d. h. seine Annahmen des Adualismus, des Realismus und des Egozentrismus sowie seine Fokussierung auf die Objektwelt wurden ebenfalls kritisch beleuchtet. So wurde hervorgehoben (z. B. von Karmiloff-Smith 1979), dass die **Welt der Objekte** andere Assimilations- und Akkomodationsbedingungen eröffnet als die der sozialen Objekte, d. h. lebendiger, sprechender Personen. Die Annahme eines anfänglichen **Adualismus**, d. h. der Unfähigkeit zwischen dem »Ich und der äußeren Welt« (Piaget 1923/1972, S. 83) zu unterscheiden, wurde durch die Ergebnisse der Säuglingsforschung (vgl. Dornes 1993, 1997) und darauf bezogene Modellierungen der *Wahrnehmungswelt des Säuglings* (Stern 1992; Rochat 2015) als unzutreffend zurückgewiesen (s. Kapitel 5).

Das Konzept des auf dem Adualismus aufbauenden **Egozentrismus** erwies sich als schillernd und problematisch. Der kindliche Egozentrismus ist nach Piaget eine intellektuelle Haltung, die in einer fehlenden Differenzierung zwischen Subjekt und Objekt besteht und die Sicht auf die Welt der Dinge und Personen vom subjektiven Standpunkt aus beinhaltet. Daher denkt das Kind, dass die Dinge beseelt seien (Animismus), dass die Dinge so sind, wie sie erscheinen (Phänomenalismus), dass sie durch Wunsch und Magie dirigiert werden können, dass sie von menschlicher Kraft geschaffen sind (Artifizialismus), dass geistige Vorgänge wie Denken oder Träumen externe Realität haben (Realismus).

Diesen Annahmen stehen Ergebnisse empirischer Studien im Rahmen

Kindlicher
Egozentrismus

der *theory of mind*-Forschung entgegen. Diese Studien weisen auf, dass Kinder von 3 bis 4 Jahren eine explizite Theorie des Geistes bzw. eine *folk psychology* besitzen (Astington/Baird 2005; Wellmann et al. 2001; Doherty 2009). Sie zeigt sich bereits im 2. Lebensjahr als implizite Theorie (Baillargeon et al. 2010; Luo 2011; Sodian 2011), was jedoch nicht unumstritten ist (Ruffman 2014). Die Theorie des Geists zeichnet sich durch grundlegende Distinktion mentaler Zustände und ihrer Träger aus. So unterscheiden Kinder von 4 Jahren zwischen der physikalischen und der mentalen Welt (vgl. Wellman 1990, S. 75; Astington 1993, S. 61), zwischen Wünschen und Glauben (vgl. Hadwin/Perner 1991), zwischen eigenem Wissen und dem einer anderen Person (vgl. Astington 1991), zwischen Schein und Wirklichkeit (vgl. Lillard/Flavell 1990; Rice et al. 1997). Außerdem gebrauchen Kinder in ihren spontanen Konversationen ab dem 2. Lebensjahr zunehmend mehr sprachliche Ausdrücke für innere Zustände; mit spätestens 3 Jahren benutzen sie auch Wörter wie *denken, glauben*, um auf entsprechende mentale Akte zu referieren (s. Kap. 2.1.3). Werden Kinder gebeten, mentale Entitäten wie Träume, Erinnerungen, Vorstellungsbilder oder Gedanken zu erklären, so erklären sie diese mit Hilfe anderer mentaler Konzepte (Wellman 1990, S. 77). Wenn Kinder nach Wellman mit ungefähr 4 Jahren eine Theorie des Geistes haben, wenn sie »[...] have an explicit knowledge of the mind, obvious in their use and comprehension of mental terms such as *think, remember, know, wish, hope*, and *want* [...]«, wenn »[...] this knowledge is coherent, rests on and mandates crucial ontological distinctions, and is centrally tied to a causal-explanatory framework« (Wellman 1990, S. 86), dann lässt sich Piagets Annahme, das egozentrische Kind schreibe den Dingen und Menschen die seinem Ich bzw. seiner Perspektive entspringenden Eigenschaften zu und sei zu einem echten kommunikativen Austausch nicht in der Lage, nicht aufrechterhalten.

Auch die Annahme der Abhängigkeit sprachlicher von kognitiven Entwicklungsprozessen wird von der *theory of mind* Forschung in Frage gestellt, denn hier deuten einige Forschungsergebnisse darauf hin, dass die Entwicklung einer *theory of mind* eng mit dem Spracherwerb verbunden ist (Milligan et al. 2007; Lillard/Kavanough 2014).

Im Ergebnis führten die Entwicklungen innerhalb des kognitivistischen Erklärungskonzepts zum Spracherwerb wie die kritischen Auseinandersetzungen damit zum Konsens, dass Spracherwerb nicht zureichend allein mit allgemeinen kognitiven Entwicklungsprozessen erklärt werden kann. Auch die sensomotorischen Errungenschaften erwiesen sich nicht als grundlegende Voraussetzung für den Erwerb der Repräsentationsfunktion. Die Begriffs- und Bedeutungsentwicklung stellte sich als ein Prozess heraus, der von sprachspezifischen Kategorisierungen und sprachlichen Erfahrungen mitbestimmt wird.

Kindliche Entwicklungsprozesse sind auch im sprachlichen Bereich nicht als progrediente, durch Konflikte erzeugte, domänenunspezifische Prozesse zu betrachten. Der kindliche Spracherwerb ist domänenspezifisch und domänenübergreifend, er verläuft in den unterschiedlichen Domänen in Phasen und er besteht in Prozessen der repräsentationalen Reorganisation, die humanspezifisch sind.

Der Spracherwerb ist in einem Entwicklungsmodell, in dem nur wenige Reflexe den Initialzustand des Kindes charakterisieren, unzureichend bestimmt. Das Kind bringt spezifische Bereitschaften der Informationsverarbeitung und spezifische Präferenzen in den Spracherwerbsprozess ein, der Erwerbsprozess selbst ist ein aktiver Konstruktionsprozess.

Als Essenz der Theorie Piagets bleibt trotz dieser Kritik seine Epistemologie, sein Konstruktivismus, sein Insistieren auf Aufklärung der Epigenese und der Emergenz des Neuen sowie seine Einsicht der Verankerung von Kognition und Sprache im Handeln (vgl. Karmiloff-Smith 1995, S. 173; Mandler 2004; Mareschal et al. 2007; Allen/Bickhard 2013).

5 Interaktionistische Erklärungskonzepte des Spracherwerbs

»Lange bevor das Kind sprechen kann, hat es sozusagen eine Ahnung vom Zwiegespräch, und mittels der Sympathie und des sozialen Instinkts fühlt es ein geheimes Bedürfnis, mit den Personen der Umgebung nach Maßgabe seines Vermögens sich zu unterhalten und Wechselbeziehungen zu pflegen« (Compayré 1900, S. 291).

Anders als nativistische und kognitivistische Erklärungskonzepte lassen sich interaktionistische, sozial-pragmatische nicht als relativ geschlossene Konzepte bestimmen. Dies ist z. T. darin begründet, dass hier **Beiträge verschiedener Wissenschaften** konvergieren, nämlich der Verhaltensbiologie, Entwicklungspsychologie, Systemtheorie, Kinderheilkunde Psycholinguistik und Linguistik, z. T. darin, dass das Konzept von Interaktion und Lernen im Verlauf der Entwicklung dieser Forschungstradition unterschiedliche Fassungen erhielt. Sie reichen von Vorstellungen, in denen alleine die Rolle der Lernumwelt des Kindes betont wurde, bis zu solchen, in denen Interaktion als Zusammenspiel der Kompetenzen des Säuglings und seiner Bezugspersonen gefasst wurde und Entwicklungsprozesse auch kommunikativer und sprachlicher Art als emergente Resultate dieses Zusammenspiels verstanden wurden. Gleichwohl lassen sich für diese Modelle charakteristische, gemeinsame Grundzüge herausarbeiten.

5.1 | Grundzüge interaktionistischer Erklärungs-konzepte

Definition

> Ein wesentliches Charakteristikum interaktionistischer Erklärungskonzepte ist die These, dass kindliche Entwicklungsprozesse durch den **Austausch** mit der belebten, personalen, sozialen Umwelt vermittelt werden. Entwicklungsprozesse werden als **bidirektional** aufgefasst, Entwicklung wird nicht als einseitige Einflussnahme der Welt der Erwachsenen auf das Kind angesehen, das Kind beeinflusst seinerseits auch die Erwachsenen durch sein Verhalten.

Diese Perspektive wurde explizit systemtheoretisch gefasst (vgl. Papoušek/Papoušek 1989), d. h. Kind und personale Umwelt werden als System gedeutet, das aus sich wechselseitig beeinflussenden Systemkomponenten besteht. Nicht allein die Autoregulation wie bei Piaget, sondern die wechselseitige Regulation bestimmt den Entwicklungsprozess. Die Anwendung dieser Perspektive auf den Spracherwerb führte zu der These, dass Spracherwerb sich in einem Kind-Umwelt-System vollzieht und mit der Entwicklung der kindlichen Subsysteme Kognition, Motorik, Affekt verbunden ist.

»Language development is a process that begins early in infancy, and depends crucially on skills from a variety of domains including perception, cognition, motor development, and socialization. This interactionist view includes not only the emergence of single words and their meanings, but also the more strictly linguistic areas of phonology and grammar« (Bates et al. 1987, S. 150).

Ausgangspunkt der kindlichen Entwicklung und des Spracherwerbs sind soziale, motivationale und kognitive Voreinstellungen und frühe Kompetenzen, die durch entsprechende Response-Tendenzen der Betreuungspersonen beantwortet und im interaktiven Zusammenspiel ausdifferenziert und integriert werden. Spracherwerb ist in diesen Modellen konzipiert als ein Moment des humanspezifischen Entwicklungs- und Sozialisationsprozesses. In diesem Rahmen ist der sprachliche Input von Bedeutung (vgl. Snow 2014). Spracherwerb basiert nicht auf angeborenem sprachlichen Wissen: »[...] we come initially equipped, if not with a »theory« of mind, then surely with a set of predispositions to construe the social world in a particular way and to act upon our construals« (Bruner 1990, S. 73; vgl. Nelson 1996, S. 7).

Einige Grundgedanken interaktionistischer Erklärungsansätze zum Spracherwerb wurden in dem Konzept der Entwicklung von Sprache und Denken vorbereitet, das Lew Semjonowitsch Wygotski (1934/1969) in den 1930er Jahren entworfen hat. Entsprechend seiner Annahme »[...] der Historizität des menschlichen Bewußtseins und ihrer funktionalen Bindung an die vergesellschaftete menschliche Praxis« (Luckman 1969, S. XV) betont Wygotski die grundlegende, anfängliche Sozialität des Kindes und seiner Entwicklung, die sich in interaktiven, **intermentalen** Austauschprozessen vollzieht, durch die sich die inneren, **intramentalen** Pro-

zesse, die Individualität herausbilden (vgl. Wygotski 1934/1969, S. 317).
Dementsprechend betrachtet Wygotski den Egozentrismus als Übergangsphänomen von den »interpsychischen Funktionen zu den intrapsy-
chischen« (ebd., S. 317).

Bei der Herausbildung innerer Prozesse wird das Kind nicht wie bei
Piaget primär durch die Erfahrung mit der Dingwelt befördert, sondern in
diesem Prozess spielen die Betreuungspersonen eine entscheidende Rolle
(vgl. Meltzoff 2011). Indem sie sich in ihrem Verhalten stets auf einem dem
kindlichen Entwicklungsstand angepassten, aber etwas höheren Niveau
verhalten – Wygotski nennt dies die **Zone der nächsten Entwicklung** –
werden die Kinder in die Lage versetzt, sich auf diese nächste Zone hin-
zubewegen. Sprache ist für Wygotski als mündliche Sprache wesentlich
dialogisch und mit nonverbalen Signalen verbunden (vgl. Wygotski 1969,
S. 335). Die zunächst »äußere« Sprache wird im Entwicklungsverlauf zu
etwas Intrapsychischem, einer »inneren Sprache«, einem »Denken mit reinen Bedeutungen« (ebd., S. 350). Dieses Denken entsteht nach Wygotski
(ebd., S. 354) »[...] nicht aus einem anderen Gedanken, sondern aus dem
motivierenden Bereich unseres Bewußtseins, der unsere Triebe und Bedürfnisse, unsere Interessen und Impulse, unsere Affekte und Emotionen
umfaßt«. **Sprache** als etwas **Historisches, Soziales**, auf Bedürfnisse, Affekte Bezogenes, in der Interaktion Erworbenes, dies sind die Eckpunkte,
die interaktionistische Konzepte in ihren unterschiedlichen Ausprägungen
und Schwerpunktsetzungen markieren. Insbesondere charakteristisch ist
für sie die Annahme, dass

»[...] human languages are best thought of not as formal theories, but as cultural
products that embody in basic ways both the cognition of which they are composed and the social-communicative ends that they have evolved to serve« (Tomasello 1992a, S. 2).

Anders als in dem *words-and-rules approach* nativistischer Konzepte (Pinker 1999), in denen der Grammatikerwerb als Prozess der Kategorisierung
von Wörtern und der Aneignung der formalen Kombinationsregeln betrachtet wird, folgen einige Vertreter eines sozial-pragmatischen Ansatzes
der Auffassung des sog. *usage based approach* (Tomasello 2003; 2008). Sie
besagt, dass sprachliche Kategorien und Konstruktionen selbst bedeu-
tungstragende Symbole sind, die in historischen Grammatikalisierungs-
prozessen aus Gebrauchsmustern zum Zweck der Kommunikation abgeleitet wurden (Bybee 1995, 2010; Beckner et al. 2009; Goldberg 1995,
2006; Tomasello 2006a).

5.2 | Die Kompetenzen des Säuglings und der Betreuungsperson als Voraussetzungen des Spracherwerbs

5.2.1 | Die Kompetenzen des Säuglings

Noch in den 1950er Jahren glaubte man, Babys verfügten zu Beginn und in den ersten Wochen ihres extrauterinen Lebens lediglich über einige wenige Reflexe; man meinte, sie könnten nicht sonderlich gut hören und sehen, sie würden von Außenreizen rasch überflutet, sie lebten in einer »blooming-buzzing confusion«, wie William James, der Begründer der modernen Psychologie 1890 formulierte (vgl. Mehler 1985). Mittlerweile ist bekannt, dass Neugeborene und Säuglinge über Kompetenzen in zahlreichen Bereichen verfügen. Außer den Kompetenzen im Bereich der auditiven Wahrnehmung, der Vokalisation und des mimischen Ausdrucks (s. Kap. 2) sind die visuellen Wahrnehmungsfähigkeiten, die amodale Wahrnehmung, die Präferenz für soziale Reize und die frühe Lernbereitschaft und -fähigkeit zu nennen. Ob diese Kompetenzen Ausdruck angeborener Fähigkeiten sind oder als Voreinstellungen der Informationsverarbeitung zu bewerten sind, wird kontrovers diskutiert (vgl. Bjorklund 2015).

Merkmale der visuellen Wahrnehmung von Säuglingen

Die visuelle Wahrnehmung von Neugeborenen zeichnet sich durch folgende Merkmale aus:

- Neugeborene folgen einem sich in ihrem Gesichtsfeld langsam bewegenden Objekt mit den Augen, wobei sie auch den Kopf bewegen, das Objekt aufmerksam zu fixieren beginnen und andere Körperbewegungen aktiv unterdrücken. Objekte können Neugeborene scharf sehen, allerdings nur in einer Distanz von ca. 20 cm. (vgl. Brazelton/Cramer 1991, S. 73).
- Neugeborene unterscheiden von Anfang an Farben und Muster, z. B. Kreise von Streifen; sie präferieren hell-dunkel Kontraste und die Ecken und Kanten eines Reizes. Dies spielt insbesondere bei der Wahrnehmung des menschlichen Gesichtes eine Rolle, die einem bestimmten zeitlichen Muster folgt (vgl. Dornes 1993).
- Neugeborene nehmen ihre Umgebung von Anfang an dreidimensional wahr, sie können Position und Positionsveränderungen eines Objektes im dreidimensionalen Raum wahrnehmen (vgl. Bower 1978, S. 32).
- Das Baby unterscheidet zudem qualitative Differenzen von Objekten, so z. B. ein rundes Objekt von einem Loch desselben Umfanges (vgl. ebd. 1978, S. 32). Die Verarbeitung der Informationen erfolgt dabei sehr langsam (vgl. ebd., S. 33).
- Gesamtgestalten, also etwa ein Muster, das aus bestimmten Elementen besteht, nimmt das Baby nicht als Ganzes wahr, sondern zunächst nur dessen Elemente (vgl. ebd., S. 39). Allerdings verfügt das Baby auch über ausgleichende Strategien, Bower nennt sie die »Regel der guten Weiterführung« (ebd., S. 45). Werden z. B. die Konturen eines Objektes durch ein anderes überlagert, sind Säuglinge in der Lage, die Kontur z. B. eines Dreiecks weiterzuführen (vgl. ebd., S. 46).

Transmodale bzw. amodale Wahrnehmung ist ein weiteres Merkmal der Wahrnehmungsfähigkeit Neugeborener.

> Amodale Wahrnehmung meint, dass Wahrnehmungen, die in einer Sinnesmodalität, etwa beim Greifen, gemacht werden, von Anfang an korreliert sind mit den normalerweise zugleich erfolgenden Wahrnehmungen in einer anderen Modalität, also etwa beim Sehen (vgl. Meltzoff/Borton 1979; Lewkowicz/Lickliter 1994).

Definition

Die amodale Wahrnehmung, zu der auch Affen in der Lage sind (vgl. Sullivan/Horowitz 1983, S. 187), wurde in zahlreichen Experimenten nachgewiesen (vgl. Stern 1992, S. 74 ff.).

Meltzoff/Moore (1977) zeigten, dass 12 bis 21 Tage alte Säuglinge auf Zungeherausstrecken, Mundöffnen, Lippenvorschieben und auch auf Fingerbewegungen eines Erwachsenen mit entsprechenden imitativen Bewegungen reagieren. Meltzoff/Moore interpretieren ihre Befunde als Beleg dafür, dass die Säuglinge die visuelle Wahrnehmung der Bewegungen des Erwachsenen und die propriozeptive Wahrnehmung ihrer imitativen Bewegungen in Verbindung bringen, denn sonst könnten sie auf das Perzept nicht mit so gut passenden, imitierenden Bewegungen reagieren. Diese Abstimmung zwischen Perzept und propriozeptiver Wahrnehmung wird nach Meltzoff/Moore durch einen Prozess des aktiven *matching* auf Basis eines abstrakten repräsentationalen Systems geleistet.

Imitationsleistungen konnten schon bei Neugeborenen experimentell gezeigt werden (vgl. Meltzoff/Moore 1989; Kaye/Bower 1994; Nagy et al. 2013). Hieraus schließen Meltzoff/Moore, dass der Mensch über eine angeborene Fähigkeit zum amodalen Erkennen von **Invarianzen** und intermodalen **Äquivalenzen** verfügt. Entsprechend stellten Field et al. (1982) fest, »[...] daß zwei Tage alte Neugeborene die Mimik eines Erwachsenen zuverlässig nachahmten, der entweder lächelte, die Stirn runzelte oder Überraschung zeigte« (zit. nach Stern 1992, S. 79). Weitere Untersuchungen erbrachten, dass drei Wochen alte Säuglinge Intensitätsgrade als Invarianzen von Lautstärke und Lichtstärke amodal erkennen können. Ebenso wurde nachgewiesen, dass Säuglinge die Entsprechungen zwischen einem auditiv dargebotenen Zeitmuster und einem ähnlichen, visuell dargebotenen Zeitmuster erkennen können. Ein weiterer Befund zur amodalen Wahrnehmung besagt, dass Säuglinge Entsprechungen zwischen einem Laut, also etwa *bah*, den sie hören, und den beim Vollzug dieses Lautes typischen Mundbewegungen erkennen (vgl. Kuhl/Meltzoff 1984; Stern 1992, S. 78).

Erkennen von Invarianzen

Aus der amodalen Wahrnehmung folgt, dass Säuglinge sprachliche Signale gleichsam doppelt wahrnehmen und auch die Erwartung haben, dass der Laut und die Artikulationsbewegung zusammenpassen. Die Ergebnisse zur amodalen Wahrnehmung sind insofern interessant, als sie erklären helfen können, wieso Säuglinge irritiert reagieren, wenn Informationen diskrepant dargeboten werden, z. B. das Gesicht einer sprechenden Person, bei dem der Schall aber nicht aus dem Mund kommt. Ein zweiter

Wahrnehmung sprachlicher Signale

interessanter Aspekt ist der, dass Säuglinge vermutlich von Anfang an aus den vielfältigen Sinneseindrücken Invarianzen extrahieren können. Die Informationsverarbeitung scheint gemäß formalen, abstrakten Eigenschaften von Sinneseindrücken zu operieren (vgl. Bower 1989, S. 86). Diese Fähigkeit zur Abstraktion könnte dem Kind helfen, Invarianzen im Lautstrom und damit relevante Einheiten von Sprache zu erkennen (vgl. Sullivan/Horowitz 1983, S. 188). Dass Säuglinge Muster im Sprachstrom erkennen, haben zahlreiche spätere Studien zum statistischen Lernen gezeigt (vgl. Aslin/Newport 2014).

Eine Präferenz für das menschliche Gesicht zeigt der Säugling von Anfang an (Frank et al. 2009). »Die visuellen Reize, auf die Neugeborene am stärksten ansprechen, sind glänzende Augen, der Mund sowie die Umrisse des Gesichts. Babys scheinen mit dem Bedürfnis und der Fähigkeit zur Welt zu kommen, das menschliche Gesicht zu erforschen« (Brazelton/Cramer 1991, S. 71). Neugeborene präferieren insbesondere Objekte ovaler Form in der Größe des menschlichen Gesichts oder Objekte mit Augen und Mund; diese bevorzugen sie besonders dann, wenn sich diese Objekte bewegen und einen reaktionsbereiten Gesichtsausdruck haben (vgl. ebd., S. 72). Bewegte Gesichter oder Körperumrisse können Säuglinge besser erkennen (vgl. Bower 1978; 1989; Bjorklund 2015).

Bevorzugung der menschlichen Stimme

Zu den anfänglichen Präferenzen gehört auch die Bevorzugung der menschlichen Stimme und der besonderen Merkmale des *motherese* (s. Kap. 2.1.1). Dabei zeigen Säuglinge nicht nur Präferenzen für einzelne Reize, sondern für Reizkonfigurationen. Sie sind für Reizkombinationen aus Gesichtsausdruck und Stimme besonders empfänglich. Die Befunde zu den Präferenzen des Neugeborenen verweisen darauf, dass es genau die Reize bevorzugt, die es von Anfang an auf seine soziale Umwelt ausrichten.

Lernbereitschaft und Lernfähigkeit zeichnen Neugeborene und Säuglinge des weiteren aus. Der Säugling ist nicht – wie früher angenommen – primär darauf ausgerichtet, seine oralen Bedürfnisse zu befriedigen und

Aktive Reizsuche

Reize passiv zu registrieren. Er ist von Anfang an auf aktive Reizsuche aus, das Aufstellen und Testen von Hypothesen ist eine »Zentraltendenz im geistig-seelischen Leben des Kleinkindes« (Stern 1979, S. 69; vgl. Bruner 1987).

Dieses kognitive Operieren besteht zunächst in der Fähigkeit, Zusammenhänge wahrzunehmen (vgl. Bower 1978, S. 36). So haben Siqueland und Lipsitt (1966) festgestellt, dass wenige Tage alte Babys auf einen Klingelton hin ihren Kopf nach rechts zu wenden, auf einen Summton hin aber keine Bewegung zu vollziehen lernten. Nachdem die Signale und erwarteten Reaktionen vertauscht wurden, »[...] konnten sich die Babys sehr schnell [darauf] umstellen, und zwar schneller, als es einem nichtmenschlichen Primaten gelungen wäre. Dies ist einfaches Lernen dessen, was womit zusammenhängt« (Bower 1978, S. 36). In einem ganz ähnlichen Experiment zeigte Papoušek bereits 1961, dass sich im Verhalten des Neugeborenen, »[...] nicht nur genetische, sondern auch Umweltfaktoren bzw. Lernprozesse aus[wirken]. Das Neugeborene lernt, und zwar mit einer angeborenen Bereitschaft zum Lernen« (Papoušek 1977, S. 80). Lernen ist mit **emotionalen Reaktionen** verbunden. Die anfänglich noch mühseligen Versuche der koordinierten Reaktion waren in diesem Experiment mit Anzeichen des Missvergnügens verbunden. Sobald dann aber eine gewisse Sicherheit der Reaktion erreicht war, zeigten sich erste freudige Anzeichen in den Vokalisierungen und auch im Lächeln. Neugeborene lernen nach einem **Kontingenzprinzip**, d. h. dadurch dass sie einen zeitlichen Zusammenhang zwischen eigener Aktivität und darauf erfolgender Reaktion bemerken. Aus dem frühen Nachweis der Lernfähigkeit des Säuglings lässt sich schließen: »[...] daß Lernen beim Neugeborenen um so wahrscheinlicher ist, je eher es dem neugeborenen Organismus ermöglicht wird, eine biologisch relevante Umweltveränderung kontingent mit seiner eigenen Aktivität zu erreichen« (ebd., S. 82).

Eine spezifischer auf Sprache ausgerichtete Lernbereitschaft und –fähigkeit haben neuere Studien bei Neugeborenen gefunden. So haben Teinonen et al. (2009) gezeigt, dass bereits Neugeborene Pseudowörter aus einer Folgen von Silben unter Benutzen der Übergangswahrscheinlichkeiten extrahieren können. Demnach sind basale Mechanismen der Segmentierung schon früh gegeben.

›Übergangswahrscheinlichkeit‹ bezeichnet die Wahrscheinlichkeit, mit der ein bestimmtes Element im sprachlichen Input zusammen mit einem anderen Element auftritt. Kommt ein Element X z. B. hundert Mal im Input vor und ist es in 60 Fällen von einem Y unmittelbar gefolgt, so beträgt die Übergangswahrscheinlichkeit 0,6 (vgl. Erickson/Thiessen 2015).	Definition

Auch strukturelle Regularitäten im Sprachinput können Neugeborene erkennen. Gervain et al. (2008) stellten fest, dass Neugeborene ABB–Muster in Silbenfolgen erkennen können. Welcher Typ von Lernen diesen Formen des Mustererkennens, d. h. des statistischen Lernens, zugrunde liegt, ist noch unzureichend geklärt (vgl. Romberg/Saffran 2010; Lany/Saffran 2013).

Der Begriff ›Statistisches Lernen‹ bezeichnet ein Lernen auf Basis der statistischen Elemente des Input; dies sind vor allem deren Häufigkeit, Variabilität, Verteilung und Wahrscheinlichkeit der Ko-Okkurenz, d. h. des gemeinsamen Vorkommens (vgl. Erickson/Thiessen 2015).	Definition

5.2.2 | Die Kompetenzen der Betreuungsperson

Die Kompetenzen des Säuglings finden entsprechende Response-Tendenzen seitens seiner Betreuungspersonen, die auf die besonderen Wahrnehmungsfähigkeiten des Säuglings, seine Präferenzen und Lernfähigkeiten und seine anfänglichen Signale abgestimmt sind. Die besonderen elterlichen Verhaltensweisen, die sich im Blickverhalten, in der vokalen und mimischen Kommunikation und in Kontingenz, Konsistenz und Kontinuität der elterlichen Reaktionen ausdrücken, werden durch die Signale des Säuglings ausgelöst (Papoušek 2007). Sie stellen eine in der Schutzbedürftigkeit des Säuglings begründete Reaktionsbereitschaft auf kindliche Signale dar, die in verschiedenen Kulturen unterschiedliche Formen annehmen kann. Hanuš und Mechthild Papoušek haben dafür den Begriff der **intuitiven elterlichen Didaktik** geprägt.

Abstimmung des Blickkontakts

Studien zum elterlichen Blickverhalten haben gezeigt, dass Mütter und Väter in westlichen Kulturen gleich nach der Geburt ihres Kindes ein besonderes Interesse am Blick des Neugeborenen zeigen, dass sie versuchen, Blickkontakt mit ihrem Kind zu erzielen, auch wenn sie glauben, dass ihr Kind nicht sehen kann (vgl. Papoušek/Papoušek 1985). Karin Grossmann (1978) wies nach, dass Mütter auf den ersten Blickkontakt mit ihrem Kind mit einem deutlichen Anstieg sozialer Verhaltensweisen reagierten (vgl. Eibl-Eibesfeldt 1984, S. 249). Schoetzau/Papoušek (1977) stellten in ihrer Untersuchung des Verhaltens von Müttern gegenüber ihren Neugeborenen fest, dass Mütter ihr Gesicht und damit ihre Augen in eine für das Kind optimale Wahrnehmungsdistanz von ca. 20–25 cm brachten, ohne sich dessen bewusst zu sein. In dieser Untersuchung wurde zudem festgestellt, dass die Mütter durchschnittlich 96 % der Beobachtungszeit über ihrem Kind ins Gesicht schauten, dabei versuchten sie, in der Blickrichtung des Babys zu bleiben, indem sie den Kopfbewegungen ihres Kindes folgten. Eltern, aber auch Nicht-Eltern ebenso wie Kinder sind darauf aus, die Aufmerksamkeit des Säuglings auf sich zu ziehen, wobei sie sich intuitiv den Wahrnehmungsfähigkeiten des Neugeborenen anpassen. Dies ist eine in sehr vielen verschiedenen Kulturen beobachtete Verhaltensweise (vgl. Keller/Eibl-Eibesfeldt 1989, S. 468).

Die Mimik ist gegenüber einem Säugling ebenfalls durch besondere Merkmale ausgezeichnet. »Die Mutter übertreibt die Bewegungsausschläge und agiert langsamer. Der Blickkontakt wird länger gehalten als beim Verkehr mit Erwachsenen. Die Brauen werden betont im »Augengruß« [....] wiederholt gehoben, häufig in Verbindung mit dem Ausdruck scherzhafter Überraschung« (Eibl-Eibesfeldt 1984, S. 266; vgl. Schoetzau/Papoušek 1977).

Abstimmung der Mimik

Neben diesen besonderen mimischen Verhaltensweisen zeigt die Mutter außerdem in Reaktion auf ihr Kind Lächeln oder einen neutralen Gesichtsausdruck, also nicht die ganze Bandbreite ihrer mimischen Reaktionsmöglichkeiten, sondern gerade die, die zur Einleitung (Augengruß), zum Aufrechterhalten (Lächeln) und zur Beendigung (Stirnrunzeln, Kopfabwenden) der Interaktion oder zum Vermeiden von Interaktion (neutraler Gesichtsausdruck) nötig sind (vgl. Stern 1979, S. 20 f.). Diese übertriebenen mimischen Verhaltensweisen sind zugleich diejenigen, die der Säugling erkennen kann. Die mimischen Displays der Mutter in Reaktion auf ihren Säugling haben interaktionsregulierende Funktion, und sie sind auf die Informationsverarbeitungsmöglichkeiten des Säuglings abgestimmt. So stellt das Merkmal der relativen Langsamkeit, Deutlichkeit, Überspitzung und Übertreibung des mimischen Ausdrucks der Mutter gegenüber ihrem Säugling eine intuitive Reaktion auf die langsame Informationsverarbeitung und die noch recht unscharfe visuelle Wahrnehmung des Säuglings dar.

Eltern bzw. Mütter zeigen eine besondere **Reaktionsbereitschaft auf vokale Signale** ihres Kindes. Wenn der Säugling sich auf ihre sprachlichen Signale hin ihrem Gesicht zuwendet (was Säuglinge schon von Anfang an können), reagieren Mütter mit positiven Emotionen (vgl. Eibl-Eibesfeldt 1984, S. 250). Schon nach sehr kurzer Zeit können Mütter ihr Kind allein an seinem Schrei erkennen. Ob sie aber am Schrei die Ursache des Schreiens erkennen können, wird kontrovers eingeschätzt (vgl. Hassenstein 1987, S. 47; Eibl-Eibesfeldt 1984, S. 255).

Ihre besondere Sprechweise ist eine charakteristische Ausprägung elterlicher intuitiver Reaktionsbereitschaft auf die Wahrnehmungsfähigkeiten und Präferenzen des Säuglings, die den Spracherwerb des Kindes positiv beeinflusst (Weisleder/Fernald 2013; Graf Estes/Hurley 2013). | Abstimmung der Sprechweise

> Das *motherese*, auch *baby talk*, *child directed speech* oder Ammensprache genannt, ist eine besondere Sprechweise, die sich – ebenso wie der mimische Ausdruck – durch Vereinfachung, Verdeutlichung, Übertreibung auszeichnet. | Definition

Die Merkmale des *motherese* sind:

»[...] einfache Syntax [...], beschränktes Vokabular [...], reduzierte Satzlänge [...], längere Pause zwischen den Äußerungen [...], viele Wiederholungen [...], höherer Tonfall [...], Übertreibung der prosodischen Konturen [...], Verwendung onomatopoetischer Wörter (z. B. wau-wau) oder anderer Wörter, die eine vorhersagbare phonologische Vereinfachung aufweisen [...], hoher Prozentsatz an Fragewörtern [...], höhere fundamentale Frequenz [...], geringe Sprachdichte [...]« (Keller et al. 1982, S. 292 f.).

Dieses *motherese* verwenden nicht nur Mütter, sondern auch Väter, allerdings in einem etwas anderen Stil (vgl. Tomasello 1992b; Barton/Tomasello 1994; Pancsofar et al. 2006, 2010); es wurde beobachtet bei Nicht-Eltern (vgl. Snow 1972) wie auch bei Kindern im Alter von 4, 5 und 7 Jahren (vgl. Shatz/Gelman 1977; Sachs/Deavin 1976; Weppelman et al. 2003). Die Merkmale des *motherese* treten von Anfang an auf, unterliegen jedoch Anpassungsprozessen (vgl. Keller et al. 1982; Soderstrom 2007). Sprachlich-formale Anpassungen werden erst dann vorgenommen, wenn das Kind nach Einschätzung der Eltern in der Lage ist, auf sprachliche Informationen sensibel zu reagieren (Marklund et al. 2015). Innerhalb der ersten sechs Lebensmonate werden eher Tonhöhe, Lautstärke und Intensitätsgrad der Rede, d. h. die suprasegmentalen Charakteristika des Sprechens modifiziert (vgl. Stern et al. 1983).

Außerdem werden die »[...] so in ihrer Struktur vereinfachten und verdeutlichten musikalischen Ausdruckselemente [...] häufiger und regelmäßiger wiederholt als die wechselhaften Sprachinhalte und auf wenige Grundmuster zurückgeführt [...]« (Papoušek/Papoušek 1981, S. 295). Mit der besonderen Adaptierung der elterlichen Sprechweise auf der suprasegementalen Ebene werden entsprechende Kapazitäten des Säuglings beantwortet, dem weniger ein Sinn- und Syntaxverständnis unterstellt werden kann als eine anfängliche Sensibilität für Tonhöhe, -dauer, Prosodie und Pausen. Dies sind gerade nicht analytisch, sondern ganzheitlich prozessierte Aspekte von Sprache, die auch im Mittelhirn und im limbischen System unter Einbeziehen der rechten Hemisphäre des Neocortex verarbeitet werden, also Verarbeitungsweisen erfordern, die bereits beim Neugeborenen wahrscheinlich sind (vgl. ebd., S. 295).

Erhöhte Stimmlage als Merkmal des motherese

Der Tonhöhenverlauf scheint in der Rede gegenüber Neugeborenen, Säuglingen und Kleinkindern entscheidend zu sein (vgl. Fernald/Simon 1984; Segal/Newman 2015). So zeigten Fernald/Kuhl (1987), dass vier Monate alte Babys auch dann das *motherese* einer an einen Erwachsenen gerichteten Sprechweise vorzogen, wenn die semantisch-syntaktische Information wie auch Intensität und Dauer als Merkmale der Rede experimentell extrahiert wurden und nur noch die Tonhöhen-Charakteristika erkennbar waren. Insbesondere die erhöhte Stimmlage und charakteristische Tonhöhenverläufe wurden als Merkmal des *motherese* in verschiedenen Sprachen und Kulturen nachgewiesen (Broesch/Bryant 2015). Grieser und Kuhl (1988) konnten ebenso wie Papoušek/Papoušek (1989) dieses Merkmal auch in einer Tonsprache wie dem Chinesischen nachweisen. Papoušek/Papoušek sehen in der Ammensprache eine Verhaltensweise, die dem Kind das Sprachverständnis erleichtert:

> »Wir nehmen an, daß die elterliche Sprechweise ermöglicht, sich mit typischen musikalischen Grundmustern der »Muttersprache« vertraut zu machen, sie zu erkennen, wiederzuentdecken und Konzepte darüber zu entwickeln. Es lernt, diesen Mustern in ihrer Beziehung zur jeweiligen Situation, zum eigenen Verhaltens- und Bedürfniszustand und zum Verhalten der Mutter gewisse elementare Botschaften zu entnehmen. Man kann die musikalischen Grundmuster der Ammensprache daher als Kristallisationskerne des späteren Sprachverständnisses ansehen« (ebd., S. 296).

Die den Spracherwerb anbahnende und unterstützende Funktion des *motherese* ist an die interaktive, kommunikative Verankerung dieser Sprechweise gebunden, wie die Studien von Hirsh-Pasek et al. (2015), Golinkoff et al. (2015) und Ramirez-Esparza et al. (2014) gezeigt haben.

Die Funktionen des *motherese* umfassen eine sprachanbahnende, Einheiten im Sprachsignal markierenden Funktion und eine sozial-affektive sowie eine aufmerksamkeitssteuernde, interaktionsregulierende Funktion, z. B. die Funktion des Tröstens, Lobens, Anregens, Verbietens (vgl. Papoušek/Papoušek 1989, S. 486). Eine weitere Funktion des *motherese* scheint in der Vorbereitung auf den Dialog, das *turn-taking*, zu bestehen. Schust (1983) stellte in ihrer Analyse der Sprechweise von Müttern mit ihren Neugeborenen fest, dass diese von Anfang an bestrebt sind, das Neugeborene als einen kompetenten Dialogpartner zu behandeln, es mit allen seinen noch nicht intentionalen Äußerungen in den kommunikativen Austausch einzubeziehen.

Abstimmung des Verhaltens

Eine besondere Responsivität kennzeichnet zudem das elterliche Verhalten; sie ist durch zwei wesentliche Merkmale charakterisiert. Eltern bieten zum einen ihr Verhalten in aufeinander abgestimmten Verhaltensblöcken dar. Wenn sie mit ihrem Kind reden, dann ist diese Rede mit dazu passenden Körper- und Gesichtsbewegungen versehen. Sie bieten dem

Kind eine »integrated, multimodal stimulation« (Sullivan/Horowitz 1983, S. 190) und befördern damit die intermodale Extraktion von Invarianzen.

Zum anderen erfolgen elterliche Responses innerhalb eines bestimmten Zeitfensters. Mütter und Väter reagieren innerhalb einer Zeit auf das Kind, in der es deren Verhaltensweise als Reaktion auf sein eigenes Verhalten wahrnehmen kann. Die Betreuungspersonen reagieren **kontingent**. »Kontingentes Verhalten des Erwachsenen bewirkt beim Kind eine Verknüpfung elterlicher mit eigenen Verhaltensweisen [...]« (Keller/ Meyer 1982, S. 123; vgl. Tamis LeMonda et al. 2014). Kontingenzerfahrung ist mit Anzeichen der Freude verbunden (vgl. Papoušek/Papoušek 1979, S. 186). Intuitiv unterstützen Eltern in ihrem Verhalten sowohl das Lernen wie auch die Motivation zum Lernen (vgl. Papoušek 2007).

Darüber hinaus reagieren Eltern für gewöhnlich **konsistent**, d. h. sie beantworten z. B. ein Lächeln mit einem Lächeln; dadurch werden Verhaltenskategorien miteinander verknüpft. »Das Kind lernt so spezifische Erwartungen über bestimmte Verhaltenskomponenten auszubilden und die Umgebung durch eine gewisse Vorhersagbarkeit zu strukturieren« (Keller/ Meyer 1982, S. 123).

Derartige Verhaltensweisen gegenüber Säuglingen zeigen in westlichen Kulturen Männer wie Frauen, Erwachsene mit und ohne Erfahrung mit Kindern wie auch Kinder selbst. Erfahrung scheint demnach nicht involviert zu sein. Daher kann in diesen unbewusst ablaufenden Verhaltensweisen von Erwachsenen eine biologisch verankerte Pflege- und Schutzbereitschaft gegenüber dem noch unreifen Neugeborenen gesehen werden. Diese Pflege- und Schutzbereitschaft unterliegt jedoch interindividueller (Ainsworth et al. 1978; Shute/Wheldall 1989) und kultureller Variation (Ochs/Schiefflin 1983,1995; Snow et al. 1987; Keller et al. 1988; Kärtner 2010; Küntay et al. 2014).

Die besonderen elterlichen Verhaltensweisen im mimischen, vokalverbalen und visuellen Bereich weisen grundlegende Gemeinsamkeiten auf. So ist das elterliche Verhalten darauf ausgerichtet, innere und äußere Ereignisströme, denen das Kind ausgesetzt ist, zeitlich zu gliedern und zu betonen (Verlangsamung, Rhythmisierung, Überspitzung). Schaffer (1982, S. 84 ff.) nennt dies die **Phasierungstechnik**. Diese Technik ist eine intuitive Antwort auf die besonderen Wahrnehmungskapazitäten des Neugeborenen und Säuglings. Außerdem ist das elterliche Verhalten darauf aus, Ereignisströme für das Kind in erwartbare (Wiederholung), strukturierte (Konsistenz der Reaktion) Einheiten zu organisieren. Schaffer fasst dies unter den Begriff der **adaptiven Techniken** (ebd., S. 86 ff.). Diese Technik ist als eine intuitive Antwort auf die anfänglichen Lernfähigkeiten des Säuglings zu betrachten. Zugleich werden mit den elterlichen Verhaltensweisen die Erfahrungen bzw. Wahrnehmungen des Kindes zu interessanten Ereignissen (Freude durch Kontingenz) geformt. Dies sind nach Schaffer (ebd., S. 91 ff.) **Erleichterungstechniken**. Diese Techniken sind eine intuitive Antwort auf die emotional-motivationale Basis von Lernvorgängen.

5.3 | Das Zusammenspiel im frühen Eltern-Kind-Dialog als Matrix für die Kommunikations- und Sprachentwicklung

5.3.1 | Lernen in der Interaktion

Wenn Eltern und Kind, die in so besonderer Weise für einander ausgestatteten Wesen, aufeinander treffen, so zeigt ihr **gemeinsames Wechselspiel** einen hohen Grad wechselseitiger Abstimmung. Diese interpersonelle Interaktion schafft für das Kind eine besondere Welt der Selbsterfahrung und Selbstregulation, die es im Umgang mit nicht-personalen Objekten nicht erreichen könnte (vgl. Brazelton et al. 1974). In diesen Interaktionen erwirbt das Kind neue Fähigkeiten, ohne dass diese in seiner genetischen Ausstattung bereits prädisponiert wären. Dieses Entstehen neuer Fähigkeiten wird im Begriff Emergenz gefasst.

Definition	Der Begriff ›Emergenz‹ bezeichnet das Entstehen neuer Eigenschaften eines Systems aufgrund des Zusammenspiels seiner Komponenten unter bestimmten Kontextbedingungen.

In ihrem dynamischen, systemtheoretischen Konzept von Entwicklung werden die Prozesse der Ausbildung neuer Eigenschaften von Esther Thelen näher charakterisiert. (vgl. Fogel/Thelen 1987; Lockman/Thelen 1993; Thelen 1989; Thelen/Smith 1994).

Entwicklungsprozesse sind diesem Konzept zufolge **multikausal**, **nicht-linear** und **komplex**. Diese Nichtlinearität und Komplexität ist in realen Systemen die Quelle von Stabilität und Veränderung gleichermaßen (vgl. Fogel/Thelen 1987, S. 747). Entwicklungsprozesse werden diesem Konzept zufolge nicht von einer vorgegebenen, repräsentationalen Zentralinstanz erzeugt (vgl. Lockman/Thelen 1993, S. 954 f.), sondern sie sind Ergebnis des Zusammenwirkens von Elementen, die zueinander in spezifischer Beziehung stehen. Verhalten ist Ausdruck eines Systemzustandes, neue Verhaltensweisen sind Ausdruck von Systemveränderungen. Durch das Zusammenwirken der Komponenten des Systems unter bestimmten Bedingungen entsteht das Neue, das in den Initialstrukturen der Systemkomponenten selbst nicht gegeben ist.

Aus der physikalischen Natur ist bekannt, dass Wolken- und Kristallbildungen Muster darstellen, die durch das Zusammenwirken von Elementen unter bestimmten Energiebedingungen entstehen. Werden die Energiebedingungen geändert, so entstehen neue Muster. Dies meint der Begriff der Emergenz (vgl. Elman et al. 1996, S. 85 ff.). Emergenz unterliegt Systembedingungen. Wird ein Schwellenwert eines Systemparameters überschritten, so kommt es zu diskontinuierlichen Veränderungen, entsteht etwas Neues. Dieses jeweils neue Verhalten »[...] emerges as a dynamic rather than as a prescriptive phenomena« (Fogel/Thelen 1987, S. 749). Entsprechend lassen sich Entwicklungsprozesse modellieren als Vorgänge, die durch das Zusammenwirken von Komponenten, die teils vom Individuum, teils vom Kontext herkommen, reguliert werden. Diese Komponenten werden in einer aufgabenspezifischen Weise so organisiert, dass das resultierende Verhalten das Systemprodukt der Komponenten ist. Wenn sich die Beziehung zwischen den Komponenten verändert, dann resultieren daraus *phase shifts*, die als generelles Modell ontogenetischer Veränderungen komplexer Systeme verstanden werden. Veränderungen kommen durch Verschiebungen zwischen dem Individuum-Umwelt-System zustande, sie ergeben sich daraus, dass entweder Komponenten über bestimmte Schwellenwerte hinausgetrieben werden oder sich die Relationen zwischen den Komponenten verändern.

Diejenige Komponente, die eine Systemveränderung bewirkt, wird **Kontrollparameter** genannt. Ein Kontrollparameter kann eine Komponente im Individuum sein oder im Aufgabenkontext: »There is no formal difference between endogenous and exogenous change because organismic and contextual variables are equally important in the dynamic assembly of behavior« (Fogel/Thelen 1987, S. 750). Neue Kontrollparameter können durch Reifungsprozesse, durch Funktionsveränderungen von Komponenten entstehen, oder sie können in der Umwelt gegeben sein. In diesem Modell haben die Eltern den Status von Kontrollparametern.

Eltern wirken **als Kontrollparameter** insofern, als sie es dem Kind auf vielfältige Weise erleichtern, seine Fähigkeiten so zu gebrauchen, wie es dies allein nicht könnte. Dadurch bieten sie dem Kind eine Interaktionsweise innerhalb der »Zone der nächsten Entwicklung« an. Die besonderen Handlungen oder Objekte, die der Erwachsene gebraucht, um die Bemühungen des Kindes zu unterstützen, sind abgestimmt auf das gegebene Kompetenzniveau des Kindes, auf den Kontext und auf die Natur der zu bewältigenden Aufgabe. Dies schließt kulturelle Variation der elterlichen Erziehungspraktiken und Sprechweisen ein. Die elterlichen Verhaltensweisen unterstützen, dass die existierenden Fähigkeiten des Kindes dynamisch reorganisiert werden, so dass Fähigkeiten emergieren, die das Kind zuvor nicht hatte.

> Eltern als Kontrollparameter

>»It is not the child's existing set of competences alone, nor the adult's sensitive framing of those skills, but the task-specific dynamic interaction of all these elements that creates the emergent skill« (Fogel/Thelen 1987, S. 752; vgl. Thelen 1989, S. 91).

Die Entwicklung des Kindes wird durch das **Zusammenwirken** der Kompetenzen des Kindes und der elterlichen Verhaltensweisen in dem Sinne befördert, dass daraus neue Systemeigenschaften, neue Entwicklungsresultate erzeugt werden. Dies schließt auch den Spracherwerb ein.

>»Die Mutter-Kind oder Vater-Kind Interaktion ist als dyadisches System zweier sich gegenseitig beeinflussender Partner zu verstehen, die sich in einem dynamischen Prozeß von individueller Reifung und Entwicklung und wechselseitiger Anpassung befinden. Ebenso entwickeln sich Vokalisation und Sprache in dynamischer Interaktion mit Fortschritten in den neuromotorischen, perzeptiven, integrativen, imitativen und kommunikativen Fähigkeiten« (Papoušek/Papoušek 1989, S. 467).

Veränderungen in der Ontogenese sind in diesem Modell nicht im Genom eingeschrieben; sie ergeben sich aus dem Zusammenwirken der Komponenten des Systems Individuum und Umwelt:

»[...] in biological systems, pattern and order can emerge from the process of the interactions of the components of a complex system without need for explicit instructions« (Thelen 1989, S. 79).

Diese Sicht wird von unterschiedlichen Computersimulationsstudien zu Sprachlernprozessen (vgl. Elman et al. 1996), von Studien zur Entwicklung der Sprachwahrnehmung (vgl. Hirsh-Pasek et al. 1996) und zum statistischen Lernen (vgl. Aslin/Newport 2014) unterstützt.

5.3.2 | Vorsprachliche Austauschprozesse

Die kindliche Lautentwicklung wurde von Papoušek/Papoušek (1989) systemtheoretisch gedeutet. So bieten die Eltern in ihrer besonderen Sprechweise eine dem kindlichen Wahrnehmungsvermögen angepasste lautliche Reizumwelt. Zudem geben sie in der Art ihres Redens dem Kind »kognitive Reizung«; indem sie eigene Äußerungen mit Variationen wiederholen, antworten sie intuitiv auf die Lernbereitschaft ihres Kindes: »Indem sie ihre eigenen stimmlichen Äußerungen nie monoton wiederholen, sondern mit abgestuften Variationen von Stimmlage, Tempo, Rhythmus oder Intensität teils steigern, teils abschwächen, teils neu kombinieren, spielerisch verfremden oder in neue Zusammenhänge bringen [...]« (Papoušek/Papoušek 1989, S. 475), bieten sie dem Kind zugleich ein **Modell für den spielerischen Umgang mit der Stimme**. Dadurch lernt das Kind, die Kontrolle über die Lautparameter Melodik, Betonung, Intensität, Zeitstruktur, Resonanzen zu gewinnen und zugleich sein Lautrepertoire zu erweitern, die zur Vokal- und Konsonantenproduktion notwendigen Veränderungen von Artikulationsart (Stimmgebung) und Artikulationsort zu erwerben.

Eine weitere wichtige Funktion der vokalen Interaktion sehen Papoušek/Papoušek darin, dass Eltern in ihren vokalen Äußerungen den Kindern einen **Nachahmungsrahmen** anbieten, und zwar tun sie das von Anfang an.

Nachahmungs-
spiele

»Um das Kind zum Vokalisieren anzuregen, stimulieren sie mit nachgeahmten Modellen aus dem aktuellen kindlichen Repertoire in der antizipierten kindlichen Stimmlage. Dadurch erhöhen die Eltern die Wahrscheinlichkeit, daß das Kind mit einem ähnlichen Laut in entsprechender Tonhöhe antwortet. Unabhängig davon, ab wann das Kind zu eigenen Nachahmungsleistungen fähig ist, gewinnt es dank des elterlichen Nachahmungsrahmens regelmäßig Gelegenheit, seine eigenen Laute mit vorausgehenden Modellauten und nachfolgenden Imitationslauten der Eltern zu vergleichen und sie ihnen anzugleichen« (Papoušek/Papoušek 1989, S. 477).

Diese Erfahrungen unterstützen die Entwicklung der Nachahmungsfähigkeit, die auch beim Wortschatzerwerb eine Rolle spielt. Außerdem setzen diese frühen vokalen **Nachahmungsspiele** dem Kind einen Rahmen, innerhalb dessen es aufgrund seiner Fähigkeit zur amodalen Informationsverarbeitung die bei den Eltern gesehene und gehörte Sprache mit seinen eigenen hörbaren und propriozeptiv wahrnehmbaren Vokalisierungen verbinden kann. Die Vokalisationsentwicklung verläuft durch intuitive elterliche Unterstützung in Richtung auf eine effektive und zunehmend mehr auf die Zielsprache bezogene Stimm- und Lautgebung.

Im Verbund damit wird zugleich auch eine wesentliche funktionale Leistung vokaler Äußerungen angebahnt, nämlich die, dass mit ihnen etwas bewirkt werden kann, und auch die, dass sie Träger von Intentionen sein können.

Die Kommunikation mittels mimischer Displays weist ebenfalls Merkmale interaktiver Einflüsse auf. Die Studien, die sich der elterlichen Responsivität auf kindliche mimische Affektäußerungen zuwenden, gehen meist davon aus, dass die grundlegenden diskreten Emotionen, nämlich Freude, Trauer, Überraschung, Interesse, Furcht, Verachtung, Ärger, Ekel angeboren sind und einem biologisch vorgegebenen Reifungsplan folgen. Hierbei kommt dem responsiven Verhalten der Eltern die Funktion eines biologischen Spiegels zu. Diese **Spiegelfunktion** ist hier ganz ähnlich wie bei dem vokalen Austausch: Die Eltern bieten dem Kind ein Modell des mimischen Ausdrucks, sie reagieren kontingent auf mimische Ausdrucksweisen ihrer Kinder, d. h. innerhalb eines Zeitrahmens, der der kindlichen Verarbeitungsfähigkeit angepasst ist. Mimik

Darüber hinaus zeigen Eltern bestimmte **Modulationstechniken** des kindlichen Affektausdrucksverhaltens: Sie reagieren überwiegend mit positiv getönten Affektausdrücken (vgl. Izard/Malatesta 1987, S. 524). Schon sehr früh, nach Izard/Malatesta (1987, S. 538) ab 3 Monaten, geben sie auch sprachliche Kommentare zu dem emotionalen Zustand des Babys ab. Dass die elterlichen Responses für die Entwicklung der mimischen Displays von entscheidender Bedeutung sind, zeigt die Entwicklung blindgeborener Kinder. Sie entwickeln die verschiedenen mimischen Displays zu ungefähr dem gleichen Zeitpunkt wie sehende Kinder, aber die Gesichtsausdrücke der blinden Kinder werden mit zunehmendem Alter seltener und sie sind weniger differenziert. In ähnlicher Richtung sind auch die vielfältigen Beobachtungen über kulturelle Unterschiede in der Sozialisation gerade des Affektausdrucksverhaltens zu sehen. So können Kinder, die zunächst Ärger und Wut offen zeigten, durch ein schweigendes Übergehen des mimischen Ausdrucks durch die Eltern dahin gebracht werden, ihren Ärger und ihre Wut kaum noch zu offenbaren. Der **mimische Ausdruck** des Kindes wird durch den der Erwachsenen beeinflusst (vgl. Izard/Malatesta 1987, S. 522; Harris 1992, S. 25). Affektmodulation

Auch die **Aktivitäten** des Kindes werden durch die elterliche Mimik in bestimmten Situationen modelliert. Zeigen Mütter ein fröhliches Gesicht, verbringen Kinder im Alter von 9 Monaten mehr Zeit bei den ihnen angebotenen Spielsachen, haben die Mütter aber ein trauriges Gesicht, so sind die Kinder weniger aktiv (vgl. Termine/Izard 1988). Kinder von 12 Monaten lassen sich zudem in einer vermeintlichen Gefahrensituation in ihrem Verhalten davon leiten, welchen Gesichtsausdruck ihre Mutter hat. Blickt die Mutter ängstlich, so reagieren Kinder in ihrem Bewegungsverhalten ängstlich, hat sie einen depressiven Gesichtsausdruck, reagieren die Kinder verunsichert, blickt die Mutter aber fröhlich und unbeschwert, überwinden die Kinder die vermeintliche Gefahrensituation (vgl. Sorce et al. 1985; Mumme et al. 1996). Einen ähnlichen Einfluss konnte man nachweisen, wenn Mütter oder andere vertraute Erwachsene bei der Annäherung eines Fremden entweder ein furchtsames oder unbeschwertes Gesicht zeigten (Campos et al. 1983, S. 807). Modulation des Verhaltens

Die vorsprachlichen kommunikativen Austauschprozesse mit dem Säugling sind, so Papoušek (2007), von zentraler Bedeutung für die kindliche Entwicklung. Sie sind die Arena intersubjektiven Lernens, welches

»[...] promote and serve multiple adaptive functions in paving the ground for social cognition, new levels of intersubjectvity, intentional communication, and attachment toward the end of the first year, and for self-recognition, empathy as well as symbolic and verbal integration beginning around the middle of the second year« (Papoušek 2007, S. 260).

Vorsprachliche Austauschprozesse sind jedoch nicht in jeder Hinsicht in allen Kulturen gleich, nicht immer werden Säuglinge als Kommunikationspartner behandelt, nicht immer sind Eltern die hauptsächlichen Interaktionspartner (Küntay et al. 2014; Kärnter et al. 2010; Keller 2012a).

5.3.3 | Der Erwerb kommunikativer Grundqualifikationen

Nach interaktionistischen Entwicklungs- und Spracherwerbskonzepten sind vorsprachliche Austauschprozesse insofern wesentlich, als in ihnen kommunikative Grundqualifikationen erworben werden, die den Spracherwerb vorbereiten. Zu diesen Grundqualifikationen gehören Reziprozität, Intentionalität, Intersubjektivität und Referenz.

Reziprozität

Definition

> Reziprozität meint die wechselseitige Bezogenheit in der Kommunikation. Sie besteht im Alternieren von vokal-verbalen Beiträgen, d. h. der zeitlichen Organisation des Austauschs, und der Auswechselbarkeit der Rollen des Sprechers und des Hörers in der Kommunikation.

Reziprozität wird im Dialog zwischen Erwachsenen nach Regeln organisiert, die im **Sprecherwechselmodell** von Sacks, Schegloff und Jefferson (1974) beschrieben wurden.

Definition

> Das Sprecherwechselmodell beschreibt die Organisation von Gesprächen in *turns*, die dem Prinzip *one speaker at a time* folgen und in der Regel keine Überlappungen der Redebeiträge oder Unterbrechungen aufweisen. Ein Wechsel des Rederechts erfolgt an sogenannten übergaberelevanten Stellen; das sind solche Stellen in einem *turn*, an denen der Redende durch Mimik, Intonation oder Redeinhalt die Bereitschaft zum Sprecherwechsel signalisiert. Hier sind drei Arten des Wechsels möglich: entweder übergibt der Redende das Rederecht an seinen Gesprächspartner, oder der Gesprächspartner wählt sich selbst als nächsten Sprecher, oder der Redende spricht weiter, falls er den *turn* nicht übergeben oder der andere sich selbst als nächsten Sprecher gewählt hat.

Die Entstehung vorsprachlicher Reziprozität im Eltern-Kind-Dialog speist sich aus zwei Quellen: zum einen aus der Zeitwahrnehmungsfähigkeit und zeitlichen Verhaltensabstimmung des Säuglings, zum anderen aus der Entwicklung von kommunikativer Eigenaktivität in interaktiven Austauschprozessen.

Kommunikative Eigenaktivität: Die Bereitschaft, selbst aktiv die ›Sprecher‹ – Rolle in einem Proto-Dialog zu übernehmen, Eigenaktivität zu zeigen, wird – wie zahlreiche Studien zeigen – in einer besonderen Art der frühen Interaktion, nämlich in der sozialen Induktion und Formung von Interaktionszyklen, vorbereitet.

Formung von Interaktionszyklen

Schon die Situation des Fütterns lässt ein charakteristisches zyklisches Muster, ein *burst-pause*-Muster, erkennen, das sich in den ersten Wochen nach der Geburt des Kindes im Wechselspiel zwischen Mutter und Kind herausbildet (vgl. Kaye 1979, S. 195). Dass sich die Mutter dem Kind anpasst, ist der Studie von Brazelton et al. (1974, S. 63) zufolge ausschlaggebend dafür, wie sich das Kind später aktiv in der Interaktion engagiert. Auch Fogel (1977, zit. in Kaye/Fogel 1980, S. 454) stellte in seiner Fallstudie eines Mutter-Kind-Paares, das er im Entwicklungszeitraum zwischen der 4. und 13. Woche verfolgte, fest, dass die Mutter dann die Aufmerksamkeit des Kindes für längere Zeit halten und ihm Vokalisierungen entlocken konnte, wenn sie zunächst abwartete, bis ihr Kind den Augenkontakt von sich aus aufnahm und sie erst dann besondere mimische Ausdrucksmuster produzierte. Ab dem 7. Lebensmonat werden Kinder nach Ergebnissen von Kaye und Fogel in ihrem Verhalten unabhängiger von dem der Mutter. Als Veränderung innerhalb des ersten halben Jahres konstatieren Kaye/Fogel (1980, S. 463) »[...] a shift from mere responsiveness to spontaneous, reciprocal communication.«

Auch in vokalen vorsprachlichen Austauschprozessen hat Catherine Snow in ihrer Längsschnittstudie von zwei Mutter-Kind-Paaren zunehmende Eigenaktivität beobachtet. Zunächst (mit 3 Monaten) zeichnen sich die Austauschprozesse zwischen Mutter und Kind dadurch aus, dass die Mütter vokale wie auch nicht-vokale Verhaltensweisen wie Schluckauf, Rülpsen etc. wie einen Dialogbeitrag behandeln, sich also so verhalten, als wäre der Dialog reziprok, als wäre ein Informationsaustausch zwischen den Partnern in beiden Richtungen gegeben (vgl. Snow 1977, S. 11). Auch wenn Mütter Lieder sangen oder Kinderverse rezitierten, taten sie dies stets in Form eines Spiels, d. h. unter Einbeziehen des Kindes. Nach Snow wird es dem Kind durch diese Art der Reziprozitätszuschreibung erleichtert zu erkennen, dass es selbst auch vokal im Austausch aktiv werden kann.

Aktivitätszuschreibung

Der hier vermutete Lernmechanismus ist der der »Zone der nächsten Entwicklung«. Denn je nach veränderten Verhaltensweisen des Kindes setzen die Mütter neue Anforderungen. Genügte der Mutter des 3 Monate alten Kindes noch ein Lächeln oder Rülpsen als Dialogbeitrag, respondiert sie bei dem 7 Monate alten Baby nur noch auf die »high quality vocalizations«. Dadurch sensibilisiert sie das Baby auf den vokalen Modus als präferierten Dialogmodus. Zugleich unterstützt sie seine Bereitschaft, sich am Dialog aktiv zu beteiligen. Zudem zeigt die Mutter durch ihr Verhalten dem Kind, an welcher Stelle des Dialogs es einsetzen kann. Das erreicht sie auch dadurch, dass sie im Dialog mit ihrem vorsprachlichen Kind Pausen macht, die gerade so lang sind, wie eine normale Pause plus der Zeit ist, die ein Kind für eine kurze vokale Reaktion benötigen würde (vgl. Stern 1979, S. 25).

Gesprächs-
ähnlichkeit
des Spiels

Der Wechsel von Dialogrollen wird ebenfalls in der vorsprachlichen Mutter-Kind-Interaktion eingeübt, wie Bruner (1987) anhand seiner Analyse des Versteckspiels in der Mutter-Kind-Dyade illustriert hat. Derartige Spiele haben nach Bruner etwas Gesprächsähnliches, denn die Struktur des Spiels, das Verschwinden und plötzliche Wiederauftauchen eines Gegenstandes oder einer Person ist invariant, aber wohinter das Gesicht oder der Gegenstand verschwindet, wie lange das dauert, all das ist variabel, und zwar in dem Maße wie jeder Mensch in jeder konkreten Situation seine Rede anpasst und auch damit variabel hält. Außerdem enthält dieses Spiel

»[…] noch ein weiteres Bauprinzip der Sprache […] – die Zuweisung von Rollen, die im Turnus gewechselt werden. Es gibt etwas, was versteckt wurde, es gibt jemanden, der es versteckt, einen Aktor und etwas oder jemanden, der die Handlung an sich erfährt. Und diese Rollen lassen sich von Spiel zu Spiel auswechseln. Die Bedeutung oder der Signalwert jeder Handlung oder Äußerung im Spiel hängt außerdem davon ab, wo das betreffende Element innerhalb der Sequenz auftritt und von wem es ausgeführt wird. Ein Spiel ist auf seine eigene Art eine kleine Proto-Konversation« (Bruner 1987, S. 38).

Außerdem werden im Spiel die Aktivitäten ganz ähnlich wie im Dialog die Information in eine **geordnete Sequenz** gebracht und das Kind ist aufgefordert»[…] die Aufmerksamkeit über eine geordnete Sequenz von Ereignissen hinweg zu verteilen. Das Spiel ist das Thema, zu welchem jede Bewegung gewissermaßen einen Kommentar liefert« (ebd., S. 38).

In derartigen routinisierten Spielen (Handlungsformaten) hat die Mutter eine unterstützende Funktion, indem sie immer wieder etwas Neues in das Spiel einführt und dann, wenn das Kind das Neue selbst aktiv übernehmen kann, ihm dieses Neue nach und nach übergibt.»Dies ist ein zentraler Zug jedes Hilfssystems« (ebd., S. 50). Bruner nennt es das »Übergabe-Prinzip« (ebd., S. 51), das er auch in den Arbeiten von Stern, Brazelton und Kaye/Charney belegt findet.

Abfolge von
Aktivität und
Passivität

Zeitlichen Verhaltensabstimmung: Reziprozität wird nicht nur als wechselseitiger Informationsaustausch und Rollentausch in vorsprachlichen, mimischen, vokalen und praktischen Austauschprozessen vorbereitet, auch die zeitliche Abstimmung von Aktivität und Passivität wird in diesen Prozessen vermittelt. Ein Befund, der in zahlreichen Studien übereinstimmend berichtet wird (vgl. Mayer/Tronick 1985; Jasnow et al. 1988; Jasnow/Feldstein 1986; Klann-Delius/Hofmeister 1997), ist der, dass in vorsprachlichen Dialogen zwischen Mutter und Kind simultane Äußerungen sehr selten vorkommen. Normalerweise sind die Dialoge alternierend und geordnet. Dies wurde für Kinder im Alter von 3 Monaten bis 3 Jahren nachgewiesen. Mayer/Tronick (1985) vermuten, dass die *turn*-Übergabe deshalb so reibungslos verläuft, weil Säuglinge im Prinzip nicht anders als Erwachsene die Hinweisreize zur *turn*-Übergabe des Partners verarbeiten. Das grundlegende reziproke Muster der Interaktion ist nach Mayer/Tronick (1985, S. 212) bereits mit zwei Monaten etabliert.

Demgegenüber haben mehrere Studien von Beebe und anderen die These verfolgt, dass die Reibungslosigkeit der *turn*-Übernahme weniger aufgrund von Übergabesignalen, sondern durch den fundamentalen Prozess des *interpersonal timing*, einer basalen Synchronisation des Verhaltens des Kindes und der Mutter gesichert wird. Dass Mutter und Kind zeitlich aufeinander reziprok abgestimmt sind, wurde am Phänomen der Passung der Pausenlängen an *turn*-Übergabestellen für 4 Monate alte Säuglinge demonstriert (vgl. Beebe et al. 1985, 1988). Es zeigte sich bereits in vokalen Austauschprozessen zwischen 4 Monate alten Kindern und ihren Müttern, dass beide im Hinblick auf die Länge dieser *switching pauses* von der Länge der vorangegangen *switching pause* des Partners beeinflusst sind. Aufgrund der reziproken zeitlichen Koordination des Verhaltens ist ein reibungsloses Alternieren gewährleistet. Beebe et al. (1988) vermuten ebenso wie Jasnow et al. (1988), dass dieser interpersonellen Koordination ein Zeitabschätzungsmechanismus im Sinne einer biologischen Uhr zugrunde liegt (vgl. Beebe et al. 1988, S. 256).

Verhaltens-
synchronisation

Nach Stern et al. (1975) ist das **Alternieren** nicht der einzige und überwiegende Modus des vokalen Austauschs bei 3 bis 4 Monate alten Kindern. Neben dem alternierenden Modus, der eher in Zuständen ausgeglichener, neutraler Gemütslage gezeigt wird, beobachteten Stern et al. auch einen Modus der **simultanen Vokalisierung**, der in Zuständen hohen positiven affektiven Engagements gezeigt wurde. Der alternierende Modus bereitet nach Stern et al. den später mit symbolischen Mitteln erfolgenden Austausch vor, die simultanen Vokalisierungen dagegen werden in emotionalen Austauschprozessen fortgeführt (vgl. Jasnow/Feldstein 1986, S. 759).

Intentionalität

> Intentionalität, das mentale Ausgerichtetsein auf Objekte oder Personen in kommunikativer Absicht, ist eine Eigenschaft des menschlichen Geistes, die in Sprache ersichtlich wird.

Definition

Die Entwicklung von Intentionalität im Sinne einer mentalen Ausgerichtetheit auf Welt und im Sinne eines Ausdrucks kommunikativer Absichten wird interaktionistisch und kognitivistisch gedeutet.

Die interaktionistische Deutung betont, dass Intentionalität vermittels Intentionalitätszuschreibung und reziproker, kontingenter Interaktion in dem System der Mutter-Kind-Dyade aufgebaut wird. So haben Studien von z. B. Ryan (1974) und Kaye (1982) dokumentiert, dass Mütter den Äußerungen ihrer Babys meist von Anfang an Absichten unterstellen, wobei sie nach Ryan (1974) bestimmte Hinweisreize des Kindes, nämlich die Intonationsmuster seiner Vokalisierungen, den situativen Kontext der Äußerung und die die Äußerung begleitenden Handlungen berücksichtigen. Aufgrund von **Intentionalitätszuschreibungen** bildet sich im Kind nach Bruner (1979) das Konzept der Intentionalität, der kommunikativen Absicht, da durch die regelmäßigen und konsistenten mütterlichen Interpre-

Intentionale
Kommunikation
durch Kontigenz-
erfahrung

tationen seiner Verhaltensweisen bestimmte Erwartungshaltungen entstehen. Wenn ein Kind z. B. vokalisiert und die Mutter dies als den vokalen Ausdruck des Wunsches nach einem Spielzeug interpretiert, sie dem Kind daraufhin das Spielzeug reicht, so bildet das Kind bei wiederholten ähnlichen Erfahrungen die Erwartungshaltung heraus, dass seine Vokalisierungen einen Effekt haben. Absichtsvolle Kommunikation ergibt sich demnach daraus, dass das Kind seine Vokalisierung mit dem damit verbundenen Effekt assoziiert und quasi schlussfolgert, dass seine lautlichen Äußerungen etwas bei Personen bewirken, das es als seine Intention, d. h. die objektgerichtete Spezifizierung seines globalen Wunsches wahrnimmt.

Dieser Entwicklungsprozess von Intentionalität durch Intentionalitätszuschreibung kann als die Fortsetzung des zunächst noch nicht absichtsvollen Aussendens expressiver Signale verstanden werden, die ja zunehmend differenziertere Anzeichen für innere Zustände des Kindes werden und als Ausdrücke des Wünschens, Wollens, Nicht-Wollens etc. interpretiert werden. Die Kundgabe emotionaler Zustände des Kindes und die konsistente Beantwortung durch die Mutter, die das Signal als einen Appell auffasst, befördert die Bereitschaft des Kindes, seine vokalen Äußerungen, wenn sie von der Mutter konsistent, angemessen und prompt beantwortet werden, als spezifisch wirksam zu erkennen. Werden sie als Verhaltensweisen erkannt, die etwas bewirken, so stellt sich zunehmend die Bereitschaft ein, diese Verhaltensweisen zu gebrauchen, um etwas zu bewirken. Nun werden vokale Äußerungen, Gesten und mimischer Ausdruck absichtsvoll, intentional gebraucht.

Für Meltzoff/Gopnik (1993) sind die elterlichen Intentionalitätszuschreibungen nur insofern für das Kind wirksam, als die frühe **Imitation** des Kindes »[...] provides the first, primordial instance of infants' making a connection between the visible world of others and the infants' own internal states, the way they ›feel‹ themselves to be« (Meltzoff/Gopnik 1993, S. 337). Meltzoff (2007) führt Imitation auf eine amodale Repräsentation von Handlungen zurück, Metzoff et al. (2013) sehen Imitation in den Spiegelneuronen (Rizzolatti et al. 2001) begründet.

Definition

Spiegelneurone wurden von Giacomo Rizzolatti und Mitarbeitern im Gehirn von Makaken entdeckt. Spiegelneurone sind Neurone, die nicht nur bei der Ausführung einer motorischen Aktivität sondern auch bei der Beobachtung der Ausführung einer Handlung durch einen anderen aktiv werden (di Pellegrino et al. 1992; Gallese et al. 1996; Rizzolatti et al. 2001). Spiegelneurone sind auch beim Menschen gegeben (Mukamel et al. 2010; Del Guidice 2009). Ob Spiegelneurone Intention oder Empathie erklären helfen, wird kontrovers diskutiert (Rizzolatti/Sinigaglia 2008; Hickock 2015).

»Like me«-
Erfahrungen

Indem Kinder ihre eigenen Körperbewegungen propriozeptiv wahrnehmen und transmodal die Äquivalenz zwischen den eigenen, gefühlten Bewegungen und den bei einem anderen beobachteten Bewegungen erkennen, verfügen sie über »primordial ›like me‹ experiences« (Meltzoff/Gopnik 1993, S. 336). Diese »**like me**«-Erfahrungen sind nach Meltzoff (2007) Ausgangspunkt von Intentionalität und sozialer Kognition. Da Erwachsene ihrerseits kindliche Verhaltensweisen nachahmen, es wechselseitige Nachahmungszyklen gibt, konsolidiert und differenziert sich die »like me«-Erfahrung. Da Eltern in ihrem Nachahmungsverhalten interpretativ verfahren, sowohl Aspekte des kindlichen Verhaltens reflektieren wie in dieses Verhalten Intentionen und Ziele hineinlesen, werden insbesondere die kindlichen Verhaltensweisen und die damit verbundenen propriozeptiven Wahrnehmungen verstärkt, die in der Kultur der Eltern bedeutungsvoll sind (vgl. ebd., S. 349). Diese Austauschprozesse ermöglichen, dass Kinder im Alter zwischen 9 bis 14 Monaten gänzlich neue Handlungen eines Erwachsenen, die sie nur kurz gesehen haben, nach einiger Zeit nachahmen können. Dies zeigt nach Meltzoff/Gopnik, dass sie diese Handlungen als zielgerichtete, intentionale Akte ›verstanden‹ haben.

Die Grundlage für eine intentionale Ausrichtung auf Personen und die Unterscheidung von Personen und Objekten liegt in der imitativ vermittelten Selbsterfahrung und Fremdwahrnehmung des Kindes: »[...] it may be our body that leads us to the knowledge of the mind [...] knowing that we inhabit similar bodies to others, and assuming that they share our internal bodily states, might be an important precursor to assuming that they share more abstract mental states as well« (ebd., S. 340).

Nach Tomasello ist Intentionalität ebenfalls eine grundlegende, vor allem sozial-kognitive Fähigkeit, die sich im Lauf der Evolutionsgeschichte als humanspezifisch herausgebildet hat. Menschenaffen verfügen zwar über viele der für eine kooperative Kommunikation notwendige Komponenten, aber sie verfügen nicht über die Fertigkeiten und die Motivation geteilter Intentionalität,

»[...] so their communicaion is not fully cooperative and inferential, in the sense that the recipient does not attempt to infer the relevance of the communicator's referential act to his social intention, and so the communicator does not display his communicative intention for her ostensively – and there is no common conceptual ground, nor any mutual expectations or norms governing the process« (Tomasello 2008, S. 238 f.).

Die *shared intentionality*, die Motiviertheit und die Fähigkeit die mentale Ausrichtung eines anderen zu lesen und sie mit ihm zu teilen, zeigt sich zwischen 9 bis 14 Monaten. Empirische Untersuchungen haben erbracht, dass Kinder mit 9 Monaten verstehen, dass andere Ziele haben, dass sie mit 12 Monaten erkennen, dass andere Mittel einsetzen, um ihre Ziele zu verfolgen, dass andere Dingen zielgerichtet ihre Aufmerksamkeit zuwenden, dass Kinder einschätzen können, was andere wissen. Zudem beginnen Kinder mit 9–12 Monaten an triadischen Interaktionen teilzunehmen und dadurch einen gemeinsamen Rahmen, einen *common ground* für die Kommunikation zu schaffen. In diesem Alter können Kinder unterscheiden, welche Gegenstände sie und ein anderer gemeinsam kennen gelernt haben und mit 14 Monaten können sie mit anderen gemeinsame Ziele und Intentionen bilden (vgl. Tomasello 2008, S. 135 ff.; Tomasello et al. 2007).

Intentionalität eröffnet nicht nur den Zugang zum Verständnis von Kommunikation, sondern ist unabdingbare Voraussetzung für das Lernen

Gemeinsam geteilte Intentionalität

von Wörtern und grammatischen Konstruktionen (vgl. Brooks/Meltzoff 2005).

Kognitive Teil-
fähigkeiten von
Intentionalität

Nach eher kognitivistischer Auffassung ist die Entwicklung von Intentionalität als ein gradueller Prozess des Erwerbs kognitiver und sozialer Teilfähigkeiten (Komponenten von Intentionalität) zu konzipieren.

1. Teilkomponente: Ausgangspunkt von Intentionalität ist nach Carol Gibb Harding (1982) ein Zustand von *being aroused to communicate*, eine primäre Orientiertheit auf das menschliche Gesicht und die menschliche Stimme und die früh einsetzende Fähigkeit, der Mutter mit Blicken zu folgen. Letztere differenziert sich mit 6 Monaten zu einem Verhalten aus, das Bruner »cross-checking« nennt, ein Verhalten, in dem Mutter und Kind wechselweise zu prüfen scheinen, ob ihre Signale beim andern ankommen. Das Verhalten des Kindes lässt noch nicht erkennen, dass es der Kommunikation als Ziel gewahr ist, aber man kann sein Verhalten als kommunikative Tendenz auffassen. Durch die mütterlichen Responses darauf wird der Grundstein dazu gelegt, dass das Kind Kommunikation als Ziel erkennt.

2. Teilkomponente: Um aber intentional, absichtsvoll kommunizieren zu können, muss das Kind spezifische kognitive Entwicklungsprozesse durchlaufen. Es muss ein Wissen von Ziel-Mittel-Relationen erwerben. Dieser Erwerbsprozess beginnt mit ca. 6 Monaten (Stufe 3 der sensomotorischen Entwicklung), wenn das Kind Anzeichen gibt, dass es ein Ziel hat, aber noch recht unorganisierte, globale Mittel, um es zu erreichen. Seine Handlungen, mit denen es das Ziel erreichen will, führen per Zufall oder durch die Hilfe der Mutter zum Erfolg. Auf der nächsten Entwicklungsstufe (Stufe 4 der Sensomotorik) zeigt das Kind in seinem Verhalten, dass es über einen Plan zum Erreichen eines Ziels verfügt. Es kann hier bereits entwickelte Handlungsschemata auf neue Ziele anwenden. Hier ist das Interesse des Kindes primär auf sein Ziel ausgerichtet, der Erwachsene wird instrumentell eingesetzt.

3. Teilkomponente: Auf der 5. Stufe der Sensomotorik wird das Kind dann fähig, neue Mittel zum Erreichen eines Zieles zu finden. Hiermit wird es dem Kind auch möglich, den Erwachsenen als Mittel zum Erreichen eines Zieles im Sinne eines unabhängigen Agenten zu gebrauchen. Das Kind zeigt nun ein Verhalten, das nicht mehr unmittelbar auf das Ziel gerichtet ist, sondern das sich intermediärer Handlungen bedient, um ein Ziel zu erreichen. Dies wiederum ist nach Harding die dritte Teilkomponente von Intentionalität.

Anzeichen von
Intentionalität

Bei allen unterschiedlichen Akzentsetzungen ist den Erklärungskonzepten gemeinsam, dass Intentionalität und absichtsvolle Kommunikation nicht erst mit dem Einsetzen von Sprache gegeben ist. Ihnen zufolge zeigt sich Intentionalität darin, dass das Kind während seiner Vokalisierungen oder nonvokalen Signale

- Augenkontakt mit dem Erwachsenen hält,
- auf ein Zielobjekt blickt oder deutet,
- diese Verhaltensweisen persistent zeigt,
- diese Verhaltensweisen stoppt, sobald es das Ziel erreicht hat, oder wenn es
- in der Lage ist, neue Handlungen eines anderen selbst nachzuahmen.

Die Konstitution des Selbst und des Anderen

Kommunikation erfordert die Bezogenheit der Partner aufeinander, Bezogenheit ihrerseits setzt voraus, dass die Grundunterscheidung in Selbst und Anderen erworben ist. Diesen Erwerbsprozess hat Daniel Stern (1992) beschrieben:

Das auftauchende Selbst: Nach Ergebnissen der Säuglingsforschung befindet sich das Neugeborene nicht im Zustand des primären Autismus, d. h. der primären Ungeschiedenheit von Selbst und Anderem. Stern (1992) zufolge entwickelt sich in der Zeit zwischen Geburt und dem 2. Monat die Empfindung eines auftauchenden Selbst und einer auftauchenden Bezogenheit. Diese These wird gestützt durch die vielfältigen Evidenzen zur relativ differenzierten, amodalen Wahrnehmungsfähigkeit, der Invarianzenbildung, und zu den spezifischen Präferenzen und Erkennungsleistungen des Neugeborenen bzw. Säuglings gegenüber menschlichen Signalen.

(Randnotiz: Empfinden des Selbst)

Außerdem wird das Auftauchen eines Selbstempfindens dadurch belegt, dass das Kind seine Umwelt auch nach ihren kategorial-diskreten und kontinuierlichen Affektqualitäten registriert. So nimmt es die diskreten Affekte Freude, Trauer, Zorn (vgl. ebd., S. 82) wahr und auch Vitalitätsaffekte (vgl. ebd., S. 87), d. h. den Grad der Belebtheit, Schnelligkeit, Gespanntheit, kurz der Vitalität, mit der z. B. Handlungen ausgeführt werden (vgl. ebd., S. 90; Stern 2010). Schon zu Beginn seiner Entwicklung erweist sich der Säugling als fähig, in globaler Weise Aspekte seines Erlebens zu ordnen und invariante Konstellationen des Selbst und des Anderen zu identifizieren.

Das Kern-Selbst: Der nächste Entwicklungsschritt besteht in der Konstitution des Kern-Selbst, der sich zwischen dem 2./3. und dem 7./9. Monat vollzieht. Dieses Kern-Selbst, dem ein Kern-Anderer entspricht, ist kein bewusstes, kognitives Konzept, sondern ein Empfinden. In ihm wird die Integration des Erlebens vollzogen. Dieses Kern-Selbst integriert

(Randnotiz: Konstitution des Kern-Selbst)

- die Erfahrung der Urheberschaft, d. h. das Empfinden, Urheber eigener, nicht aber Urheber fremder Handlungen zu sein,
- die Selbst-Kohärenz, d. h. das Empfinden, ein körperliches Ganzes mit Grenzen und einem Handlungszentrum zu sein,
- die Selbst-Affektivität, d. h. das Empfinden regelmäßiger innerer Gefühlsqualitäten und
- die Selbst-Geschichtlichkeit, d. h. das Empfinden eines fortwährenden Seins (vgl. ebd., S. 106).

Das Entstehen dieses Kernselbst beruht auf der Fähigkeit des Säuglings, Invarianzen zu erkennen, und es beruht darauf, dass ihm seine Umwelt durch die spezifischen Interaktionstechniken der Betreuungsperson als eine Umwelt mit erkennbaren Invarianzen dargeboten wird. Die Interaktionsweisen der Betreuungspersonen sind abgestimmt auf das optimale Erregungs- bzw. Stimulierungsniveau und lassen sich von den Formen der Selbstregulierung des Säuglings leiten. Der Säugling macht so Erfahrungen der wechselseitigen Regulierung von Erregungszuständen.

Die Beförderung des Selbstempfindens in der Interaktion geht einher

Erlebens-
möglichkeit von
Urheberschaft

mit basalen Fähigkeiten des Säuglings zum Erkennen bzw. Erleben von Invarianzen.

Die Urheberschaft ist eine ihrer Komponenten. Stern benennt drei Determinanten der Erlebensmöglichkeit von Urheberschaft:

1. **Motorischen Pläne**, d. h. Schemata, die der Ausführung z. B. einer koordinierten Hand-Mund-Bewegung zugrunde liegen; sie werden als Willensempfindung, als Selbst-Handlungen erlebt.

2. Das **propriozeptive Feedback**, die Selbstwahrnehmung von Handlungen, die das Kind ausführt, wie auch von Handlungen, die mit oder an ihm ausgeführt werden. Da die vom Kind ausgehenden Handlungen mit der Empfindung des Willens, die an ihm vollzogenen Handlungen jedoch ohne diese Empfindung, beide aber propriozeptiv wahrgenommen werden, ergeben sich Invarianzen, die ein Kern-Selbst und einen Kern-Anderen unterscheiden helfen.

3. Die Fähigkeit des Säuglings, **Konsequenzen einer Handlung** wahrzunehmen. Diese Konsequenzen sind anderer Art, wenn der Säugling Selbsthandlungen vollzieht, z. B. vokalisiert, als wenn die Mutter ihm gegenüber vokalisiert. Der Unterschied liegt darin, dass der Säugling seine Vokalisierung mit Gewissheit als Resonanz im Brustraum verspürt. Diese hundertprozentige Gewissheit bietet ihm die andere Person nicht. Dies hilft dem Säugling zwischen Selbst und Anderem zu differenzieren, denn die das Selbst betreffenden Handlungsmuster werden durch die Gewissheit der kontingenten propriozeptiven Wahrnehmung konstant verstärkt; die den Anderen betreffenden Handlungsmuster weisen kein ebenso dichtes Verstärkungsmuster auf (vgl. ebd., S. 120 f.).

Die Selbst-Kohärenz, d. h. das Erleben des Selbst als einer singulären, kohärenten, physisch abgegrenzten Entität entsteht dank der Fähigkeit des Säuglings, die Personen oder Objekte als raum-zeitlich mit sich identisch und mithin von ihm selbst unterschieden zu identifizieren (vgl. ebd., S. 124). Die von einem anderen Menschen ausgehenden Stimuli kann der Säugling aufgrund ihrer zeitlichen Muster als Invarianzen erkennen. Auch die Fähigkeit des Säuglings, Invarianzen in Intensität oder Form des Verhaltens erkennen zu können, machen die Annahme eines Kohärenzempfindens wahrscheinlich.

Die Selbst-Affektivität ist die dritte Komponente des Invarianzerlebens auf der Stufe des Kern-Selbst. Diskrete Affekte sind in ihrer Organisation und Manifestation vorgeprägt, sie ändern sich in der Entwicklung kaum. Mit diesen Affekten hat der Säugling von Anfang an Erfahrungen gemacht, so z. B., dass in ihm in verschiedenen Situationen die Emotion der Freude evoziert wurde; in diesen verschiedenen Situationen ergibt sich ein invariantes Erleben dadurch, dass das Kind eine charakteristische Konstellation von Ereignissen erfährt, nämlich »[...] (1) das propriozeptive Feedback aus einem bestimmten motorischen Muster des Gesichts, der Atmung und des Stimmapparates; (2) innere Empfindungsmuster der Erregung oder Aktivierung; und (3) emotionsspezifische Gefühlsqualitäten« (ebd., S. 132). Diese, für die verschiedenen Emotionen unterschiedlichen Ausprägungen der drei genannten Ereigniskonstellationen werden in unterschiedlichen Situationen als invariant empfunden und tragen somit bei zur Konstitution des Empfindens eines Kern-Selbst.

Die Selbst-Geschichtlichkeit bzw. das Gedächtnis ist die vierte Komponente. Ohne Gedächtnis, ohne Kontinuität des Erlebens ist das Empfinden des Kern-Selbst flüchtig und bedeutungslos. Was die Gedächtnisleistungen anlangt, weiß man, dass der Säugling zwischen dem 2. bis 7. Monat bereits über ein motorisches **Gedächtnis**, über ein Wahrnehmungsgedächtnis und über ein Affektgedächtnis verfügt (vgl. ebd., S. 135 ff.; Nelson 1996, S. 152 ff.; Amabile/Rovee-Collier 1991; Bauer 2015). Das Kern-Selbst ist kein Ensemble unverbundener Erlebnisse und Erfahrungen, sondern hat repräsentationale Form.

Nach Stern speichert der Säugling bereits in diesem frühen Alter seine auf Invarianzen ausgehenden Erfahrungen in Form verallgemeinerter **Repräsentationen von Interaktionen** (RIGs) ab (vgl. Stern 1992, S. 143). Diese RIGs bilden nach Stern die Grundeinheit der Repräsentation des Kern-Selbst (vgl. ebd., S. 143). Die RIGs werden im Episodengedächtnis gespeichert und können als Erinnerung aktiviert werden (vgl. ebd., S. 169; vgl. Beebe/Lachmann 1988). Da die RIGs generalisierte Schemata real erlebter Interaktionsepisoden sind, enthält jede Evokation bereits gemachter Erfahrungen auch die Evokation der Erfahrung des Selbst in Beziehung zu dem Anderen. Sobald eine RIG akiviert wird, wird auch ein »Gefährte« evoziert (vgl. ebd., S. 163). Aus dem Vergleich der aktuellen Interaktionserfahrung mit dem RIG und dem evozierten Gefährten resultiert die Bewertung der aktuellen Erfahrung als weithin gleich oder unterschiedlich. Sofern sie neue Elemente enthält, werden diese in das RIG eingebaut, d. h. das RIG wird aktualisiert und verändert. Die RIGs bzw. der evozierte Gefährte haben eine doppelte Funktion: Sie integrieren aktuelle Erfahrungen in die repräsentierten Erfahrungen, und die repräsentierten Erfahrungen bilden ein orientierendes Schema, dem gemäß die Erwartungen zukünftiger Interaktionskonstellationen geformt werden. Dies gilt auch für die Erfahrungsorganisation der Betreuungsperson. Auch die Eltern bringen ihrerseits Repräsentanzen früherer Interaktionserfahrungen in die aktuelle Interaktionsbeziehung ein. Hierdurch ergibt sich ein erster Brückenschlag zwischen der **subjektiven Welt des Kindes** und der **subjektiven Welt der Eltern**.

> Repräsentation
> des Kern-Selbst

Das subjektive Selbst: Auf Basis der in der Interaktion vollzogenen primären Bezogenheit (vgl. Trevarthen 1980) wird die Konstitution eines subjektiven Selbst vollzogen, die mit dem 7./9. Monat beginnt. Das subjektive Selbst bzw. die Intersubjektivität meint

> Konstitution des
> subjektiven Selbst

»[…] die folgenschwere Erkenntnis, daß die innerlichen subjektiven Empfindungen, der Inhalt ihrer Gefühle und Gedanken, unter Umständen mit anderen geteilt werden können. […] Diese Entdeckung läuft auf die Aneignung einer »Theorie« der getrennten inneren Befindlichkeit hinaus. Erst wenn Säuglinge wahrnehmen können, daß andere Personen sich in einem inneren Zustand befinden oder in sich aufrechterhalten können, der demjenigen ähnlich ist, den sie gerade in sich selbst wahrnehmen, wird ein gemeinsames subjektives Erleben, wird Intersubjektivität möglich (Trevarthen/Hubley 1978). Der Säugling muß eine Theorie nicht nur der getrennten, sondern auch der »berührungsfähigen getrennten Innerlichkeiten« entwickeln […]« (Stern 1992, S. 179).

Dass der Säugling um den 7./9. Monat herum diese folgenschwere Entdeckung macht, kann aus den Veränderungen in der Mimik, Gestik, in den

Vokalisierungen und im Blickverhalten geschlossen werden. So zeigt sich in dem veränderten Blickverhalten, dass das Baby eine gemeinsame Aufmerksamkeitsausrichtung mit der Betreuungsperson herstellen kann und auch aktiv sucht (Inter-Attentionalität, vgl. ebd., S. 182). Außerdem zeigen das gestische Verhalten und die Vokalisierungen des Kindes Absichten, Intentionen an. Kinder unterstellen in ihrem Verhalten, dass Erwachsene ihre Intentionen verstehen und die Erfüllung der Intentionen des Kindes zu ihrer Absicht machen können (Inter-Intentionalität, vgl. ebd., S. 188). Hinzu kommt, dass Säuglinge zu diesem Zeitpunkt Entsprechungen zwischen ihrem eigenen, innerlich erlebten Gefühlszustand und dem an einer anderen Person erlebten Gefühlszustand zu bemerken scheinen (Inter-Affektivität, vgl. ebd., S. 190).

Diese Art der affektiven intersubjektiven Bezogenheit ist von herausragender Bedeutung. Denn in ihr ist der Grund dafür zu sehen, dass das Kind überhaupt die Einsicht in die intersubjektive Bezogenheit entwickeln kann. Nicht kognitive Erwerbungen (wie z. B. Bates annimmt) oder die Etablierung eines gemeinsamen Bedeutungsrahmens in der Interaktion (wie z. B. Wygotski meinte) oder angeborene Fähigkeiten der Ausrichtung auf Intersubjektivität (wie Trevarthen postuliert) sind nach Stern (vgl. ebd., S. 192) für sich genommen entscheidend. Für Stern bildet sich die Einsicht in eine intersubjektive Bezogenheit aus in spezifischen Austauschprozessen, in denen eine Affektabstimmung, ein *affect attunement* erfolgt. Hierbei bezieht sich Stern auf die Beobachtung, dass mit ungefähr 9 Monaten die Mütter ihr zunächst auf Imitation, Nachahmen ausgerichtetes Verhalten gegenüber dem Säugling in charakteristischer Weise verändern. Nun reproduzieren sie das Verhalten des Kindes, aber in einer anderen Modalität. Dabei werden die Affektqualitäten, die sich in seinem Verhalten manifestieren, zum Ausdruck gebracht und dadurch dem Kind gezeigt.

Affektabstimmung

Das verbale Selbst: In dem Mechanismus der Affektabstimmung wird nach Stern zugleich auch die später für Sprache grundlegende Symbolisierungsfunktion vorbereitet, denn: »Die Abstimmung stellt eine Umgestaltung, eine Umformulierung eines subjektiven Zustands dar. Ihr Referent ist der subjektive Zustand, während sich im beobachtbaren Verhalten eine von zahlreichen möglichen Manifestationen oder Ausdrucksformen dieses Referenten niederschlägt« (ebd., S. 229 f.). Diese Ausdrucksformen des inneren Zustandes sind nonverbale Metaphern. Die Erfahrung mit ihnen bahnen im Kind die Fähigkeit an, später mittels konventioneller Signifikanten, mittels Symbolen Intersubjektivität herzustellen. Dies ist auf der Stufe des verbalen Selbst gegeben.

Bedeuten

Auch das Bedeuten wird nach interaktionistischer Auffassung in vorsprachlichen Interaktionsprozessen vorbereitet. Es beruht nach Bruner (1990, S. 73) auf angeborenen Bedeutungsbereitschaften, nach Nelson (1996) auf der Fähigkeit der Segmentierung und Repräsentation von Ereignissen.

Das Bedeuten beginnt nach Bruner ontogenetisch damit, dass eine Person – »[...] wie unbeholfen auch immer anzugeben versucht, woran sie denkt« (Bruner 1987, S. 54). Diesen Anfangszustand nennt Bruner das »einführende referentielle Ereignis« (ebd.). Den Endpunkt der Entwicklung bildet ein Zustand, »[...] wo beide Partner eines Kommunikationspaares einer zwischen ihnen ausgetauschten Botschaft eine referentielle oder Bedeutungs-Interpretation zuordnen« (ebd.). Dies nennt Bruner die »referentielle Episode« (ebd.).

Das Problem des Bedeutens fasst Bruner auf »[...] als das Problem, wie die Menschen gegenseitig ihre Aufmerksamkeit mit sprachlichen Mitteln beeinflussen und ausrichten« (ebd., S. 55 f.). Dies wird durch drei Teilaktivitäten realisiert, nämlich

Drei Teilaktivitäten

- die Aufmerksamkeit auf ein Objekt in einem gegebenen Kontext lenken (bzw. erkennen, wohin der Partner seine Aufmerksamkeit gelenkt hat oder die des Kindes zu lenken wünscht),
- eine Zuordnung des Objektes in der Erfahrung zu sozialen Ausdrucksmitteln vornehmen, d. h. Zeigegesten, strukturierte Stimmäußerungen, später Sprache produzieren (bzw. eine Entsprechung zwischen Stimmäußerung des Erwachsenen und Gemeintem erkennen) und
- den eigenen Bedeutungsakt zu dem des Partners in Beziehung setzen (vgl. ebd., S. 56 f.).

Die Entwicklung des Bedeutens wird durch die früh, mit dem 6. Monat einsetzende Fähigkeit des Kleinkindes begünstigt, der Blicklinie eines anderen folgen zu können, und durch die mit 8 bis 10 Monaten einsetzende Fähigkeit, auch das Objekt der Aufmerksamkeit der Bezugsperson erfassen zu können (vgl. Scaife/Bruner 1976; Brooks/Meltzoff 2005; Moore 2008). Schon im ersten Lebensjahr kann das Kind auch Intonationsmustern als Anzeichen der **Aufmerksamkeitsausrichtung** des Partners folgen (vgl. Bruner 1987, S. 57). Bereits mit 7 Monaten entdeckt das Kind »[...] Signale in der mütterlichen Sprachäußerung [...], welche anzeigen, daß die Mutter ihre Aufmerksamkeit auf etwas ausrichtet, worauf man schauen soll« (ebd., S. 60). Die nächste Phase der Aufmerksamkeitssteuerung ist im Alter von ca. 13 Monaten mit dem Zeigen auf Objekte erreicht (Brooks/Meltzoff 2014). Diese Gesten werden nun auch mit strukturierten, aber vage sprachähnlichen Lauten begleitet. Bruner sieht hierin ein Anzeichen dafür, dass das Kind anzunehmen beginnt, dass »[...] bestimmte nichtstandardisierte stimmliche Laute bestimmte Gegenstandsklassen bezeichnen« (Bruner 1987, S. 63).

Aufmerksamkeit und Bedeuten

Diese **einfachen Bedeutungsakte** werden in der Interaktion mit der Mutter bestätigt und weiter ausgearbeitet. Dadurch gewinnt das Kind subtilere Fähigkeiten des Ausdrucks und der Verhandlung über Gemeintes. Der Austausch über die kindlichen Bedeutungsakte wird erleichtert durch die im Spiel und in anderen Interaktionen erworbenen Einsichten in die Austauschbarkeit der Dialogrollen, denn Bedeuten ist nach Bruner kein einsamer Akt des Benennens, sondern des Austausches und der Verhandlung über Objekte in einem gemeinsam geteilten Referenzraum. Diesen schwierigen Prozess erleichtern Mütter intuitiv. Sie sorgen dafür, dass der Kontext, innerhalb dessen das Kind seine Bedeutungsakte vollzieht, einfach ist. Sie etablieren **Routine-Kontexte** und sie sorgen auch dafür, dass die emotionale Bereitschaft für ein Ausrichten der Aufmerksamkeit beim

Kind sichergestellt ist. Sobald die Aufmerksamkeit des Kindes auf ein Referenzobjekt gerichtet ist, führt die Mutter Benennungen ein, wobei sie diese in Dialoge einbettet, in denen das Kind seine Beiträge noch in Form von Vokalisierungen, Gesten, Augenkontakt leistet, denen sie aber referentiellen Bezug auf das fragliche Objekt und einen Bezug zu ihren Benennungen unterstellt (vgl. ebd., S. 65).

Handlungsroutinen und Bedeutungskonstitution

Einfache, vertraute und routinisierte Ereignisse, die das Kind als mentale Ereignisrepräsentationen speichert, sind in der Theorie Nelsons (1996) Bezugspunkt der vorsprachlichen Bedeutungsentwicklung. Befördert durch den dialogischen Austausch mit den Eltern und durch partizipatorische Interaktion, d. h. aktive Teilhabe an den Handlungsroutinen wie z. B. Frühstücken, erfährt das Kind, dass bestimmte Positionen (*slots*) in diesen Routinen bzw. Skripts durch verschiedene Elemente (*fillers*) belegt werden können (z. B. Essen durch Brot, Müsli, Obst); es erfährt zudem, dass bestimmte andere Elemente miteinander kombiniert werden, in einer komplementären bzw. thematischen Beziehung zueinander stehen (z. B. Teller und Spaghetti). Damit erfährt das Kind, dass Ereignisse in **paradigmatischer** bzw. taxonomischer oder **syntagmatischer** bzw. thematischer Beziehung zueinander stehen. Da die Erfahrungen des Kindes immer auch in den Diskurs mit den Eltern eingebunden sind, sind die Vorläufer eines konzeptuellen Systems nicht in einem strengen Sinne als vorsprachlich zu bezeichnen. Sie werden im Zuge des Spracherwerbs sprachspezifisch und kulturspezifisch zu einem konzeptuellen System ausdifferenziert.

Nach Bruner wird die Grundoperation des später sprachlichen Benennens und Bedeutens in der Ausrichtung der gemeinsamen Aufmerksamkeit und im dialogischen Zuschreiben von und Verhandeln über Bedeutungen aufgebaut. In der Theorie Nelsons bilden sich in Interaktionen des Kindes mit seiner Umwelt mentale Ereignisrepräsentationen und bedeutungsvolle Kategorisierungen von Erfahrungen. Bedeutung wurzelt in beiden Konzepten in der kindlichen Erfahrung.

5.4 | Der Übergang von der vorsprachlichen zur sprachlichen Kommunikation

In interaktionistischen Modellen wird der Übergang von der vorsprachlichen zur sprachlichen Kommunikation als ein kontinuierlicher Entwicklungsprozess verstanden. Bei der Erklärung dieses Übergangs werden unterschiedliche Akzentuierungen vorgenommen.

Narrative Erfahrungsorganisation und elterliche Unterstützung: Für Bruner (1990) ist der Übergang von der vorsprachlichen zur sprachlichen Kommunikation darin begründet, dass das Kind seine Erfahrungen organisieren und mit signifikanten Anderen teilen möchte (vgl. Ninio/Snow 1996, S. 71). Nach Bruner besitzt das Kind die angeborene Disposition, Erfahrungen nach Kategorien zu organisieren, die auch **Narrative** auszeichnen; dies sind die Kategorien Agentivität, Kanonizität, Linearität und Perspektivität. Die narrative Ausrichtung der Erfahrungsorganisation bestimmt »[...] the order of priority in which grammatical forms are mastered by the young child« (Bruner 1990, S. 77). Die Aneignung grammatischer Formen gemäß narrativen Kategorien und der Erwerb von Wörtern wird durch elterliche Interaktionstechniken, die, so Bruner, ein **Language Acquisition Support System** (LASS) bieten, nachhaltig unterstützt.

> Das Language Acquisition Support System (LASS) besteht darin, dass Eltern in der Interaktion mit ihrem Kind Rahmen, Bruner nennt sie Formate, schaffen, die in vertrauten Ereignisroutinen bestehen. In diesen Formaten unterstützen Eltern ihre Kinder, indem sie die Struktur von Ereignissen in ihren sprachlichen Äußerungen hervorheben, indem sie die Entsprechung zwischen Ereignissen und sprachlichen Äußerungen aufzeigen, indem sie durch ihre Reaktionen auf das Kind das Äußern kommunikativer Absichten verdeutlichen und indem sie das Kind nach und nach zu einer aktiven Teilnahme am interaktiven und sprachlichen Austausch hinführen (vgl. Bruner 1987, S. 32 ff.)

Definition

Sobald Kinder ihr Verständnis zu erkennen geben, dass Laute Bedeutung haben, beginnen Mütter Äußerungen als bedeutungshaltig aufzufassen und das Kind zu ermuntern, unverständliche oder nicht-konventionelle Formen zu verbessern. Die Mutter »[...] wurde also eine viel anspruchsvollere, wenn auch weiterhin wohlwollend interpretierende Gesprächspartnerin« (Bruner 1987, S. 70). Das vorsprachliche, »natürliche« (ebd., S. 72) Verstehen von Zeigen durch Blicke bzw. Gesten oder des Zeigens von Absichten durch Fragen seitens des Kindes wird von Müttern aufgenommen und in ein konventionalisiertes Muster überführt, und zwar in dem Maße, wie das Kind zur Aufnahme dieser Konventionen in der Lage ist. Hat das Kind eine bestimmte Stufe der Konventionalisierung kognitiv verkraftet, erweitert die Mutter die Routinen, hebt die Ansprüche und motiviert das Kind dazu, weitere Konventionalisierungen aufzunehmen.

»Auf jeder Stufe dieser Entwicklungsreihe schafft die Mutter einen Platzhalter, der später durch symbolische Elemente ersetzt werden kann. Undifferenziertes Verweisen wird durch Zeigen ersetzt. Undifferenziertes Babbeln als Antwort auf Fragen beim Buch-Lesen wird zunächst durch Laute in Lexem-Länge und schließlich durch Wörter ersetzt« (ebd.).

Repräsentation und Teilen von Erfahrung: Nach Stern wird der Übergang zur sprachlichen Symbolisierung vermittelt durch die Ausbildung von zwei Repräsentationen derselben Realität, d. h. einer Repräsentation des ursprünglichen Ereignisses, der ursprünglichen Handlung, und einer Repräsentation der in der Nachahmung vollzogenen eigenen Handlung. Zwischen beiden Versionen der Realität müssen die Säuglinge »[...] hin- und herschalten und an der einen oder anderen Regulationen vornehmen können« (Stern 1992, S. 233). Außerdem

»[...] müssen die Kinder zwischen sich selbst und dem Vorbild, das die Handlung ursprünglich ausführte, eine psychische Beziehung wahrnehmen [...]. Auf irgendeine Weise müssen sie sich selbst als dem Vorbild ähnlich repräsentieren können, so daß sie und das Vorbild sich in bezug auf die zu imitierende Handlung in der gleichen Position befinden können [...]. Das setzt die Repräsentation des Selbst als objektive Entität voraus, die sowohl von außen betrachtet als auch innerlich subjektiv empfunden werden kann« (ebd., S. 234).

Auf Basis dieser Errungenschaften der objektivierenden Repräsentation des Selbst und des Anderen, auf Basis eines reichen Schatzes innerer Erfahrungen ist das Kind kognitiv und affektiv auf das besondere Kommunikationsmedium Sprache vorbereitet, das es sich aneignet, um seine Erfahrungen mit einem signifikanten Anderen in dessen kommunikativer Modalität zu teilen.

»Eine der wichtigsten Folgen dieses dialogischen Verständnisses von Sprache ist die, daß das Sprechenlernen selbst sich neu, nämlich als Herausbildung gemeinsamer Erfahrung, Wiederherstellung der »persönlichen Ordnung«, Schaffung einer neuen Art des »Zusammenseins« von Kind und Erwachsenem darstellt. Ebenso wie die Erfahrungen des Zusammenseins in der intersubjektiven Bezogenheit das Empfinden zweier aufeinander ausgerichteter Subjektivitäten [...] voraussetzen, so schaffen nun auch auf dieser neuen Stufe der verbalen Bezogenheit Kind und Mutter eine Erfahrung des Zusammenseins, indem sie sich sprachlicher Symbole bedienen – gemeinsam entwickeln sie Bedeutungen, die das persönliche Erleben betreffen« (ebd., S. 244).

Transformation affektiver Kommunikation: In ähnlicher Weise wie Stern, wenn auch in einem etwas anderen Bezugsrahmen, erklärt Locke (1993, 1995, 2001) den Übergang von der vorsprachlichen zur sprachlichen Kommunikation. Ausgangspunkt seiner Überlegungen ist, dass das menschliche Neugeborene aufgrund seiner Unreife hilflos und auf die Betreuung eines Erwachsenen angewiesen ist. Die anfängliche Hilflosigkeit begründet biologisch die Notwendigkeit zur Kommunikation. Die Betreuungsperson ist biologisch dazu ausgestattet, die Signale des Säuglings aufzunehmen und zu beantworten, d. h. zu kommunizieren. Die anfängliche Kommunikation ist affektiv, indem sie die emotionale Bindung zwischen Säugling und Mutter befestigt. Da die Mutter in den frühen kommunikativen Austauschprozessen nicht nur agiert, sondern spricht, ist Sprache von Anfang an Teil der affektiven Kommunikation und der emotionalen Bindung (vgl. Locke 1995, S. 289). Das Kind übernimmt sprachliche Verhaltensweisen nicht, weil es kommunizieren will, sondern das Kind »[...] appears to be motivated by a desire to incorporate superficial characteristics of individuals to whom infants are emotionally attached, and since we constantly speak to and in the presence of babies, they incorporate speaking behaviors too« (Locke 1995, S. 290).

Die in vorsprachlichen Austauschprozessen vermittelten Erfahrungen von Wechselseitigkeit, die die emotionale Bindung befestigen, und die mit 2 Jahren beginnende Unterscheidung zwischen eigenen und anderen mentalen Zuständen stellen – zusammen mit der Gedächtnisentwicklung – die Grundlagen für ein rezeptives Lexikon bereit (vgl. ebd., S. 294 f.). Allerdings benötigt das Kind nach Locke zum Erwerb eines elaborierten sprachlichen Systems »a grammar analysis module« (ebd., S. 295), das er als modalitätsunspezifisch annimmt (vgl. ebd., S. 301).

Sozio-kulturelle Anpassung: Nach Katherine Nelsons Auffassung ist Entwicklung ein sozio-kultureller Anpassungsprozess, in dem das Kind die Aufgabe hat »[…] to make sense of his or her situated place in the world in order to take a skillful part in its activities« (Nelson 1996, S. 5; Nelson 2007). Dieser Prozess wird in kollaborativen Konstruktionen geleistet »[…] in which the child's individual cognitive activity is as crucial as the interaction with the knowing social world« (Nelson 1996, S. 21). Für Nelson ist **Sprache Teil des kulturellen Wissens** und insofern **Medium** wie **Katalysator** des sozial-kulturellen Entwicklungsprozesses. Dieser Entwicklungsprozess reflektiert evolutionsgeschichtliche Anpassungsprozesse, die unterschiedliche Stufen der Repräsentation und der Kultur beinhalten.

- Ausgangspunkt der kognitiven und sprachlichen Entwicklung ist das **episodische Stadium** der Säuglingszeit (0 bis 1;6 Jahre), in dem mentale Ereignisrepräsentationen und erste Kategorien gebildet werden.

  Entwicklungs-stadien nach Nelson

- Im 2., dem **mimetischen Stadium** (1;6 bis 4 Jahre) werden Ereignisse mit Wörtern, Spielen, Liedern, sozialen Ritualen repräsentiert, eine präsymbolische, handlungsgebundene Repräsentationsweise wird etabliert. Die Errungenschaften beider Entwicklungsstufen bringen Sprache hervor (vgl. Nelson 1996, S. 105), deren hauptsächlicher Gebrauch zunächst nicht symbolisch, sondern pragmatisch und dialogisch ist (vgl. ebd., S. 91). Hier kann das Kind seine mentalen Repräsentationen in den Dialog einbringen und die Beiträge des Partners interpretieren, aber es kann zwei simultane Repräsentationen derselben Situation, die eigene und die fremde, noch nicht aufeinander beziehen.
- Sprache als Symbolsystem konstituiert sich erst im 3. Stadium, dem **narrativen Stadium** (4 bis 10 Jahre), wenn das Kind seine Repräsentationen auf die eines anderen zu beziehen lernt (vgl. ebd., S. 130). Nun sind dem Kind sprachliche Repräsentationen des anderen zugänglich, Gedanken können über längere thematische Passagen in einen Diskurs integriert werden. Das Kind kann aus sprachlichen Repräsentationen anderer lernen, auch wenn sie keiner unmittelbaren eigenen Erfahrung entsprechen. Dadurch kann sprachliche Interaktion selbst zur kognitiven Entwicklung beitragen (vgl. ebd., S. 350).

Das Kind kommt nach interaktionistischer Auffassung demnach deshalb zur Sprache, genauer zum ersten Wort, weil es kommunizieren, seine Erfahrungen organisieren und sozial austauschen möchte und sich deshalb die Kommunikationsmittel der Eltern aneignet. Dieses Bedürfnis nach Kommunikation kann deshalb in Sprache umschlagen, weil das Kind die zu sprachlicher Symbolisierung notwendigen kognitiven, repräsentationalen Fähigkeiten und psychischen »Instanzen«, d. h. eine Repräsentation des Selbst, des Anderen, der Welt der Objekte und Ereignisse aufgebaut hat, und weil der von der Betreuungsperson ausgehende soziale Druck, konventionelle Sprachformen zu verwenden, hinreichend groß ist.

5.5 | Spracherwerb in der Interaktion

5.5.1 | Lexikonerwerb in der Interaktion

Verschiedene Aspekte des Interaktionsprozesses werden für den Lexikonerwerb namhaft gemacht.

Gemeinsam geteilte Intentionalität: Tomasello und Mitarbeiter/innen konnten in verschiedenen Experimenten zeigen, dass der Lexikonerwerb nicht von *lexical constraints* (s. Kap. 4.2.2), sondern von der geteilten Intentionalität bzw. Aufmerksamkeitsausrichtung des Erwachsenen und des Kindes vermittelt wird (vgl. Tomasello/Farrar 1986; Tomasello 2001, 2003, 2008). Sowohl der Erwerb von Handlungswörtern wie von Objektwörtern und Wörtern für innere Zustände vollzieht sich in der Interaktion (vgl. Tomasello/Kruger 1992; Howe et al. 2010). Kinder befinden sich nicht in der verwirrenden Situation, dass eine Wortform auf eine Unzahl möglicher Referenten bezogen werden könnte, wie in vielen Studien zum Wortschatzerwerb unterstellt wird. Vielmehr erwerben Kinder Wörter in routinisierten Handlungsformaten, die so voll sind mit Intentionen, »[...] that they even support the acquisition of words for referents that are not perceptually present« (Tomasello et al. 1993, S. 498). Der Erwerb von Wörtern, basierend auf dem Lesen der Intentionen gehörter Äußerungen, ist ein Prozess des kulturellen Lernens (Tomasello 2003), der kulturelle Unterschiede einschließt (Mastin/Voigt 2016; Vogt et al. 2015). Dieses Wortlernen vollzieht sich zunächst in der Eltern-Kind-Interaktion, später können Kinder auch durch Zuhören von Gesprächen unter Erwachsenen Wörter lernen (Floor/ Akhtar 2006), allerdings nur dann, wenn eine reziproke soziale Interaktion gegeben ist (O'Doherty et al. 2011; Okumura et al. 2013).

Ereignisstruktur: Nach Nelson (1996, 2007) werden Wörter in vertrauten, gut verständlichen und strukturierten Ereignisroutinen erworben. Derartige Routinen sind in der westlichen Kultur z. B. das abendliche Bad, das Bilderbuchbetrachten, das Essen, die sämtlich in einer strukturierten Abfolge von Ereignissen, Handlungen und Teilnehmern bestehen. Die Strukturelemente, sog. *slots*, können durch verschiedene Mitspieler, sog. *filler* besetzt werden. Diese Routinen bieten dem Kind das Gerüst, die Funktion der Wörter und deren Beziehung zueinander zu erschließen. Da in den vertrauten Interaktionen Dialoge mit den Erwachsenen geführt werden, die verschiedene Wörter als *filler* für die *slots* anbieten, wird der kindliche Lexikonerwerb auch sprachlich unterstützt. Insbesondere der Erwerb von Wörtern für innere Zustände und Abstrakta und die Bildung eines lexikalischen Systems wird durch den Dialog mit Erwachsenen (und Gleichaltrigen) befördert (Nelson 2007, S. 149 ff.).

Relevanzprinzip: Lois Bloom (2000, Bloom et al. 1993) macht als erklärendes Prinzip für den frühen Wortschatzerwerb das von Sperber/Wilson formulierte Prinzip der Relevanz geltend. Dieses Prinzip besagt besagt: »Relevance is the single property that makes information worth processing and determines the particular assumptions an individual is most likely to construct and process« (zit. nach Bloom et al. 1993, S. 447). Dies bedeutet für den Wortschatzerwerb: »What the child is feeling and thinking about that shared focus of attention determines the word's relevance, and the re-

[Marginalien:]
Worterwerb als kulturelles Lernen

Ereignisroutinen als Basis des Worterwerbs

Erwerb von Wörtern und deren Relevanz für das Kind

levance of words determines that they will be learned« (ebd.). Da das, was ein Kind über einen »shared focus of attention« denkt und fühlt, von der aktuellen Interaktionskonstellation oder den Repräsentanzen früherer Interaktionserfahrungen bestimmt ist, sind aus diesem Konzept auch Einflüsse interaktiver Erfahrungen auf den Inhalt und die Geschwindigkeit des Wortschatzerwerbs ableitbar.

Affekt: Bloom hat den Einfluss des Affektzustandes des Kindes auf seinen Wortschatzerwerb empirisch geprüft. Sie hat festgestellt, dass Kinder, die sich häufiger in neutralem Affektzustand befinden, schneller neue Wörter lernen (vgl. Bloom/Beckwith 1989; Bloom/Capatides 1987). Da eine Annahme interaktionistischer Konzepte darin besteht, dass Eltern in der Art ihrer Interaktion Affektregulierung leisten, d. h. Zustände stark positiver oder negativer Tönung zu modulieren und zu neutralisieren trachten, kann man diesen Befund als indirekten Hinweis auf eine interaktive Beförderung des Wortschatzes deuten.

Quantität und Qualität der Interaktion: Nach den Studien von Hart/Risley (1995), Hoff (2002, 2003, 2006), Pan et al. (2005) haben Qualität und Quantität des Inputs einen Effekt auf die Geschwindigkeit und das Niveau der lexikalischen Entwicklung. Für den Erwerb von Ausdrücken für innere Zustände haben Dunn et al. (1991) gezeigt, dass Kinder, in deren Familien häufiger über innere Zustände kommuniziert wird, später die entsprechenden Wörter besser verstehen (vgl. Denham et al. 1992). Furrow et al. (1992) stellten fest, dass ein auf die Regulation des Reflektierens ausgerichteter Gebrauch mentaler Ausdrücke durch die Mütter den Gebrauch mentaler Ausdrücke durch das Kind beeinflusst. Barrett et al. (1991) ermittelten, dass insbesondere in der frühen lexikalischen Entwicklung der Wortgebrauch des Kindes dem der Mutter in hohem Maße entspricht (vgl. Kauschke/Klann-Delius 2007).

Des weiteren wurde gezeigt, dass das elterliche Sprachangebot den jeweiligen Kompetenzen des Kindes entspricht. So ist die Sprechweise von Erwachsenen gegenüber Kleinkindern durch eine besondere Prosodie charakterisiert, die dem Kind die Zuordnung von Laut und Bedeutung erleichtert (Graf Estes/Hurley 2013). Zudem gebrauchen Mütter in ihren Äußerungen weniger verschiedene Wörter (*type-token-ratio*, vgl. Chapman 1981, S. 212), sie verwenden überwiegend geläufige Wörter, mehr Konkreta als Abstrakta, sie benutzen mehr Inhalts- als Funktionswörter und verwenden auch häufig Einwortäußerungen. Zu Beginn des Lexikonerwerbs, wenn Kinder vor allem Nomina gebrauchen, benutzen Mütter auch häufiger Wörter dieser Kategorie (vgl. Goldfield 1993). Diese Studienergebnisse lassen sich auch als Ausdruck der Wirkung des *motherese* auf den Lexikonererb deuten. Denn nach Hills (2013) besteht eine wichtige Funktion der elterlichen Sprechweise gegenüber Kindern im Unterschied zu ihrer Sprechweise gegenüber Erwachsenen darin, dass sie in ihr die Bedeutung von Wörtern dem Kind zeigen; sie tun dies, indem sie zum einen durch Benennung ähnlicher Wörter (z. B. heiß – Ofen, Sonne, brennen) die Bedeutung eines Wortes eingrenzen; sie tun dies zum anderen, indem sie ein Wort in vielen verschiedenen Kontexte anbieten und damit die situationsübergreifende Bedeutung, den Bedeutungskern eines Wort verdeutlichen (vgl. Clark 2010).

Sprachangebot der Eltern

Das elterliche Sprachangebot scheint demnach sowohl in seiner Quantität wie in seiner Qualität den kindlichen Lexikonerwerb zu beeinflussen (vgl. Snow 1995, 2014; Graf Estes/Hurley 2013; Kauschke/Klann-Delius 2007; Rowe 2012; Shneidman et al. 2013).

5.5.2 | Der Erwerb pragmatischer Fähigkeiten in der Interaktion

Konversation: Pragmatische Fähigkeiten, d. h. Fähigkeiten der Dialogführung und des Vollzugs von Sprechakten werden in interaktiven Austauschprozessen konstituiert. Dies zeigen Studien zur wechselseitigen dialogischen Passung in Form von Fragen (vgl. Camaioni 1979; Ervin-Tripp/Miller 1977; Snow et al. 1996) und in Form von Handhabungen des *turn-taking*-Mechanismus (vgl. Ervin-Tripp 1979; Lieven 1978a, b; Casillas 2014).

Hierbei konnten unterschiedliche Ausprägungsgrade interaktiver Förderung seitens der Eltern als Einflussgröße auf die Dialog- und Diskurskompetenz des Kindes wahrscheinlich gemacht werden. Entsprechende Studien wurden vornehmlich im Rahmen der Bindungs- bzw. *attachment*-Forschung unternommen.

Spracherwerb und Emotion

Attachment-Forschung: In diesem Forschungsprogramm wird Entwicklung verstanden als Interaktionsprozess zwischen phylogenetischer Ausstattung des Neugeborenen und einer responsiven Umwelt (vgl. Grossmann et al. 1989). Dabei wird die grundsätzliche Bedeutung der frühen Mutter-Kind-Interaktion für die kindliche Entwicklung betont, in der sich eine spezifische **affektive Bindung** zwischen Kind und Mutter entwickelt. Sie garantiert dem anfänglich als »Nesthocker« hilfsbedürftigen Neugeborenen die überlebensnotwendige Fürsorge. Das Kind wird – als Ergebnis des Selektionsdrucks in der Humanentwicklung – mit einem Repertoire von Verhaltenstendenzen geboren, die als Nähe befördernde Signale die komplementäre Response-Tendenz beim Erwachsenen ansprechen. Sie leiten einen Prozess der Nähe und Schutz vermittelnden Beziehungsaufnahme ein (vgl. Eibl-Eibesfeldt 1984).

Die Qualität des elterlichen Respondierens auf die kindlichen Signale ist vor allem wichtig (vgl. Ainsworth 1977), da sie bestimmt, welche Art von Bindung sich zwischen Kind und Bezugsperson entwickelt (vgl. Ainsworth et al. 1974). Ein angemessenes und promptes, kontingentes Respondieren befördert im Kind die Erfahrung, durch seine Signale etwas bewirken zu können (vgl. Immelmann/Keller 1988). Dies trägt dazu bei, dass das Kind die Bezugsperson als eine Schutz und Nähe spendende Person erfährt. Dadurch kann es sein Explorationsverhaltenssystem in Balance halten (vgl. Ainsworth et al. 1974). Kinder, die diese Erfahrung von zuverlässiger Nähe und Schutz im ersten Lebensjahr gemacht haben, bauen eine **sichere Bindungsbeziehung** auf. Kinder, die die Erfahrungen machen, dass ihre Bezugsperson ihr Bedürfnis nach Nähe, Schutz und Trost häufiger zurückweist, entwickeln, um sich der Bindungsfigur sicher zu sein, die Strategie, ihre Gefühle und Bedürfnisse nicht offen zu zeigen. Dies führt zu einer **unsicher-vermeidenden Bindungsbeziehung**. Kinder von Müttern dagegen, die sich inkonsistent verhalten, das eine Mal trösten und schützen, das andere Mal das Kind zurückweisen, entwickeln eine **unsicher-ambivalente Bindungsbeziehung** (vgl. Ainsworth et al. 1978).

Dialogverhalten: Im Rahmen bindungstheoretisch orientierter Studien wurde festgestellt, dass sicher und unsicher gebundene Kinder im 2. und 3. Lebensjahr sich im Dialogverhalten unterscheiden. Unsicher gebundene Kinder scheinen eher sparsam zu kommunizieren. Wenn sie kommunizieren, so kommunizieren sie in einer Separationssituation häufiger über die Separation, wobei ihre *turns* hier längere Reaktionszeiten aufweisen. In der Situation des freien Spiels kommunizieren sie eher über Themen, die wie das Bilderbuchbetrachten oder das symbolische Spiel eine interpersonale Ausrichtung haben. Bei diesen Themen scheinen sie auf dichte Abstimmung mit dem Gegenüber orientiert zu sein. Sicher gebundene Kinder dagegen richten sich thematisch eher auf die Welt der Objekte aus und zeigen eine eher balancierte Synchronisation bei der Kommunikation über die Separation oder andere Themen (vgl. Klann-Delius 1996b). Für 6-Jährige zeigten Main et al., dass sicher gebundene Kinder in den Gesprächen nach einer Separation von der Mutter Unterschiede in der *fluidity*, in der *dyadic balance* und dem *type and range of focus* der Diskurse aufwiesen (vgl. Main et al. 1985, S. 84 ff.).

Diskurs: Bezüglich diskursiver Fähigkeiten wurde vor allem für Erzählungen ein unterschiedlich fördernder Einfluss elterlicher Interaktionsweisen ermittelt (vgl. Ninio/Snow 1996, S. 175 ff.; Nelson 2007). Diese Interaktionsweisen unterscheiden sich darin, wie Eltern mit ihren Kindern über vergangene oder gegenwärtige Ereignisse reden. Festgestellt wurde ein **elaborativer Stil**, bei dem die Mütter »[...] made stories of their experiences and invited their children to participate in them« (Nelson 1996, S. 166). Die Mütter, die in der Konversation über ein vergangenes Ereignis einen **pragmatischen Stil** präferierten, »[...] tended to focus on practical matters [...], they tended to focus on the »who« and »what« rather than the »where«, »how«, and »why« (ebd.). Kinder elaborativer Mütter hatten nach den Ergebnissen von Fivush/Fromhoff (1988) und Engel (1986) zu einem späteren Beobachtungszeitpunkt ein besseres Gedächtnis für Episoden, und sie konnten diese auch eher im narrativen Format darstellen, so Reese et al. (1993). Tessler (1991) stellte bei Gesprächen über gegenwärtige Ereignisse ebenfalls einen pragmatischen und einen narrativen Stil fest und konnte zeigen, dass die Kinder narrativer Mütter sich später besser an das Ereignis erinnerten und darüber auch mehr erzählten. Auch für die Rede über zukünftige Ereignisse konnte ein pragmatischer, repetitiver gegenüber einem narrativen Stil festgestellt werden (vgl. Hudson 2004).

Einfluss der elterlichen Interaktionsweisen

5.5.3 | Syntaxerwerb in der Interaktion

Bezüglich des Erwerbs morpho-syntaktischer Regeln wurde im Rahmen des interaktionistischen Forschungsprogramms zunächst vornehmlich die Bedeutung der elterlichen Sprache, des *motherese*, empirisch überprüft.

Die Bedeutung des *motherese*: Hier wurde der Annahme gefolgt, dass die Eigenschaften des *motherese* den Syntaxerwerb in direkter Weise befördern. Ein entsprechendes Merkmal des *motherese* ist die relative Kürze der Gesamtäußerungen gemessen in Anzahl der Wörter oder Morpheme (vgl. Cross 1977; Chapman 1981). Die durchschnittliche Äußerungslänge (MLU) variiert in Abhängigkeit vom Kontext, sie ist in Situationen freien Spiels am kürzesten, länger in Buch-Lese-Situationen oder narrativen Kontexten (vgl. Snow 1972). Mütter zeigen diese Charakteristika, bevor das Kind selbst Wörter gebraucht (vgl. Snow 1977), d. h. sie tun so, als könne das Kind sie verstehen, als sei es ein Konversationspartner. Mit steigender Sprachkompetenz des Kindes gleicht sich die Länge der Äußerungen der Mütter denen der Kinder an.

Wenngleich die Äußerungen der Mütter gegenüber ihren Kleinkindern verglichen mit ihren Äußerungen gegenüber Erwachsenen und älteren Kindern kürzer sind, sind sie jedoch nicht immer auch grammatisch einfach. Denn Mütter gebrauchen in ihren Äußerungen deutlich mehr Fragen und diese wurden gegenüber Deklarativsätzen als grammatisch komplexer betrachtet (vgl. Newport et al. 1977). Eingebettete oder koordinierte Sätze kommen vergleichsweise selten vor, aber gegenüber 2-Jährigen immerhin mit einem Anteil von 10 %. Was die grammatikalische Wohlgeformtheit anlangt, so sind die mütterlichen Äußerungen überwiegend (d. h. zu 60–70 %) grammatisch oder sie enthalten nur geringfügige Abweichungen (vgl. Chapman 1981, S. 209). Darüber hinaus enthalten die mütterlichen Äußerungen wenig *dysfluencies*, d. h. abgebrochene Sätze, Fehlstarts, *ähms* und *ähs* als Anzeichen des Zögerns oder Stockens (vgl. Newport et al. 1977).

Außerdem weist das *motherese* Modellierungen in Form von Extensionen oder Expansionen auf. **Extension** bezeichnet eine Reaktionsweise, mit der die Mütter z. B. eine Zweiwortäußerung wie *Mama Tasse* wiederholen und dabei die grammatisch vollständige Version *Das ist Mamas Tasse* oder *Mama hat eine Tasse* einführen. **Expansion** richtet sich dagegen auf die semantische Modellierung, indem z. B. nicht angemessen verwendete Wörter durch passende ersetzt oder kindliche Äußerungen semantisch erweitert werden. Diese Techniken des Modellierens der kindlichen Äußerungen wurden von Brown und Hanlon, die Korrekturen kindlicher Äußerungen durch Erwachsene untersuchten, als indirekte **Korrekturen** interpretiert. Direkte grammatische Korrekturen kommen nach Brown und Hanlon (1970) sehr selten vor.

Die Studien von Brown und Hanlon (1970) und von Brown et al. (1968) wurden immer wieder als Beweis dafür angeführt, dass das Kind keinerlei **negative Evidenz** erfährt. Dies ist nicht unumstritten (vgl. Moerk 1989, 1991; Bates/Carnevale 1993, S. 442 f.). Moerk (1991, S. 221) nennt eine ganze Reihe von Studien, die auch direkte Korrekturen einschließlich syntaktischer Korrekturen belegen. Moerk selbst hat die Daten eines Kindes aus dem Korpus von Roger Brown reanalysiert und eine Reihe von Modellierungen belegt. Betreuungspersonen scheinen demnach (zumindest in den untersuchten Kulturkreisen) ihre Rede gegenüber kleinen Kindern auch in Bezug auf grammatische Aspekte zu verändern und dem Kind durch Modellierungen Hilfestellungen beim Syntaxerwerb zu geben.

Die Vielzahl an älteren empirischen Studien, die den Einfluss des *motherese* auf den Syntaxerwerb des Kindes prüften, kam zu widersprüchli-

Extensionen und Expansionen

chen Ergebnissen (vgl. Furrow et al. 1979; Furrow/Nelson 1986; Newport et al. 1977; Cross 1977; Gleitman et al. 1984; Snow et al. 1987; Hoff 2006). Keiner dieser Studien ist es gelungen, überzeugend einen durchschlagenden Effekt des *motherese* auf den Grammatikerwerb des Kindes nachzuweisen. Auch Versuche, die besonderen Leistungen des *motherese* weniger auf direktes Unterweisen grammatischer Regeln als auf das Herstellen und Aufrechterhalten einer kommunikativen Beziehung zurückzuführen und dies als die für den Grammatikerwerb notwendige Bedingung nachzuweisen (vgl. Cross 1977), kamen zu wenig überzeugenden Ergebnissen. Studien zur Bedeutung von Modellierungen für den Syntaxerwerb (vgl. Strohner et al. 1982; Anders 1982; Nelson et al. 1973) konnten die Annahme eines befördernden Einflusses von Modellierungen auf den Syntaxerwerb nicht eindeutig bestätigen (vgl. Snow et al. 1987, S. 76 f.). Moerk (1991, S. 246 f.) führt dagegen eine Reihe von Studien an, die belegen, dass Modellierungen im Sinne eines korrigierenden Feedback die grammatischen Fähigkeiten der Kinder befördern. Die Befundlage ist insgesamt wenig eindeutig (vgl. Tomasello 2003; Karmiloff/Karmiloff-Smith 2001; Hoff 2006), was Tomasello auf ein zu abstraktes Syntaxverständnis dieser frühen Studien zurückführt (vgl. Cameron-Faulkner et al. 2003, S. 847).

Kulturspezifik des *motherese*: Die Annahme einer grundlegenden Bedeutung des *motherese* für den Spracherwerb wurde zudem auch dadurch fraglich, dass wesentliche Merkmale, nämlich Vereinfachung der Rede, Behandlung des Säuglings als Konversationspartner sich nicht als universell verbreitet, sondern als kulturspezifisch herausstellten (vgl. Ochs/Schieffelin 1995, 2008; Duranti et al. 2011). Außerdem werden die wenigsten Kinder dieser Welt in einer Mutter-Kind-Dyade sozialisiert, und es gibt auch innerhalb einer Kultur sehr unterschiedliche Stile der sprachlichen Sozialisation (vgl. Lieven 1994; Keller et al. 2005).

Ob dieses kritische Argument nur gegen die besondere Ausprägung des *motherese* spricht oder generell gegen eine Anpassung der elterlichen Kommunikationsweise an das Verständnisniveau ihrer Kinder, ist schwer zu entscheiden. Denn bislang liegen zu wenige Studien vor, die kulturell unterschiedliche Sprachangebote an kleine Kinder systematisch untersucht haben, so dass – wie Elena Lieven bereits 1994 feststellte – die Formen und Wirkungen der elterlichen Sprechweisen nicht abgeschätzt werden können. Auch in Kulturen, in denen Erwachsene deutlich weniger mit ihren Kindern sprechen oder anderes mit ihnen kommunizieren, als das in westlichen Kulturen der Fall ist, wird Kindern ein Modell des Sprechens vermittelt, das sie zum Spracherwerb befähigt.

Eine entsprechende Studie haben Shneidman und Goldin-Meadow (2012) vorgelegt. In ihrer Analyse des Input, den 1-jährige Kinder in einem Dorf in Mexiko, in dem Maya Yucatec gesprochen wird, erhalten, haben die Autorinnen festgestellt, dass dieser im Vergleich zum Input US-amerikanischer Kinder geringer ist, dass er überwiegend von älteren Kindern kommt und zunächst sehr selten direkt an das Kind gerichtet ist. Waren die Kinder dann 18 Monate alt, so erhöhte sich der an das Kind gerichtete Input und im Alter von ca. 3 Jahren entsprach der Anteil der an das Kind gerichteten Äußerungen dem US-amerikanischer Kinder. Nur die an das Kind gerichteten Äußerungen der Eltern, nicht aber die anderer Kinder,

Sprachangebot der Eltern in verschiedenen Kulturen

wiesen einen förderlichen Einfluss auf den Wortschatzerwerb auf, was Shneidman und Goldin- Meadow auf den höheren Anteil von Nomen und Verben in den Äußerungen der Eltern zurückführen. Da Kinder mit 18 Monaten ihr Vokabular vor allem von Nomen und Verben aufbauen, könnte die elterliche Sprechweise als Ausdruck einer Abstimmung auf das Sprachentwicklungsniveau des Kindes gedeutet werden.

Auch wenn Eltern mit ihren Kindern, wie Elinor Ochs und Bambi Schieffelin (1995, 2008) zeigten, in einigen Kulturen erst dann sprechen, wenn die Kinder Anzeichen des Spracherwerbs erkennen lassen und sie mit ihren Kindern kommunizieren, indem sie ihnen Äußerungen vorsagen, die die Kinder nachsprechen sollen, ist die Möglichkeit nicht ausgeschlossen, dass sie dies in einer altersangemessenen Weise tun, indem sie z. B. ihre Prosodie vereinfachen und überspitzen. Derartige Untersuchungen liegen jedoch nicht vor. Die Mahnung Katherine Nelsons »[...] to study how human infants, children, and adults meet, master, and use cultural knowledge and cultural forms, for that is their destiny« (Nelson 1996, S. 23) ist weiterhin aktuell.

Die Bedeutung des Input: Eine kulturspezifisch verschiedene Ausprägung der elterlichen Sprechweise gegenüber ihren Kindern bedeutet jedoch nicht, dass der Input, den Kinder erhalten, bedeutungslos ist. Das Argument der Kulturspezifik bedeutet zunächst nur, dass der Input recht unterschiedlich aussehen kann und nicht immer auch eine besondere Feinabstimmung auf das Kind beinhalten muss. Studien zum Input und seiner Bedeutung für den Spracherwerb, die nicht primär auf die Feinabstimmung abstellen, sondern dessen für den Syntaxerwerb relevanten Informationsgehalt untersuchen, zeigen, dass der Input durchaus so informativ ist, dass aus ihm mittels distributionellem, statistischem Lernen, das schon für die Anfänge des Spracherwerb nachgewiesen ist, Wortarten, morphologische Formen und syntaktische Konstruktionen abgeleitet werden können (Cameron-Faulkner et al. 2003; Behrens 2006; Diessel 2007; Ambridge et al. 2015; Lieven 2014b; Longobardi et al. 2015; Hawthorne/ Gerken 2014; Hawthorne et al. 2015). Hierbei entdeckt und verarbeitet das Kind die im Input angelegten Hinweise entsprechend seinen kognitiven und sozialen Fähigkeiten (Lieven 2010) und entsprechend seinen Lernerfahrungen mit Sprache: »The input does not just ›imprint‹ on the child: it is interpreted through what is already learned and through a developing network of constructions« (Lieven 2014a, S. 50).

Diese Befunde werden in interaktionistischen Erklärungsmodellen zum Grammatikerwerb theoretisch gefasst:

Das Wettbewerbsmodell: Einen systemtheoretischen bzw. konnektionistischen Erklärungsansatz zum Grammatikerwerb haben Elizabeth Bates und Brian MacWhinney (1987) in ihrem Wettbewerbsmodell des Grammatikerwerbs vorgestellt. Das Modell unterstellt eine probabilistische Struktur von Sprache (vgl. Bates/Carnevale 1993). Es sieht ein System von Komponenten vor, die in spezifischer Weise interagieren. Wesentlich dabei ist die Interaktion des Organismus mit seiner Umwelt.

Die Organismus-Umwelt-Interaktion wird modelliert mit dem Konstrukt der *cue validity*, dem zufolge Menschen kognitive Mechanismen besitzen, die sie in Bezug setzen zu dem Informationsgehalt von Reizen ihrer

Umwelt. *Cue validity*, der Informationsgehalt von Umweltreizen, besteht aus den Komponenten *cue availability*, d. h. der **Verfügbarkeit** bzw. Vorkommenshäufigkeit eines Reizes, und der *cue reliability*, d. h. der **Zuverlässigkeit** eines Reizes, zu richtigen Entscheidungen zu führen. Der Informationsgehalt eines Reizes wiederum wird von dem Subjekt gemäß der *cue strength* entschlüsselt, die Relevanz einer bestimmten Information wird relativ auf ein Ziel gewichtet. Diese **Gewichtung** von Information ist im Falle der Sprachverarbeitung eine Verbindung einer gegebenen sprachlichen Form mit der ihr zugrunde liegenden Funktion. Da die *cue strength* in der Gewichtung von Information auf ein Ziel hin besteht, ist sie auch mit abhängig von der Häufigkeit und dem Schwierigkeitsgrad der Aufgabe.

Informationsgehalt, Häufigkeit, Zuverlässigkeit von Umweltreizen

Form-Funktions-Zuordnung: Der Kern von Sprachproduktion, Sprachverstehen und auch Spracherwerb besteht nach der Vorstellung von Bates/MacWhinney darin, die zutreffenden Zuordnungen von Form und Funktion vorzunehmen. Form-Funktions-Zuordnungen sind in natürlichen Sprachen selten einfach und eindeutig, sie haben den Charakter von Prototypen bzw. Koalitionen von Form-Funktions-Zuordnungen. So ist z. B. ›Subjekt‹ keine einzelne oder einzigartige Kategorie, sondern eine Koalition von »[…] many-to-many mappings between the level of form (e. g. nominative case marking, preverbal position, agreement with the verb in person and number) and the level of function (e. g. agent of a transitive action, topic of ongoing discourse, perspective of the speaker)« (Bates/MacWhinney 1987, S. 166). Was also ein Sprecher vom Subjekt weiß, ist die Menge der Verbindungen der Subjekt-Koalition, er kennt die interne Komposition des protoypischen Subjekts in seiner Sprache.

Erwerb neuer Formen: Zu diesem Wissen kommt der Sprecher dadurch, dass er in bestimmten Aufgabenkontexten den im Input vorliegenden Informationsgehalt der Form-Funktions-Zuordnung im Sinne der *cue strength* verarbeitet. Neue Formen werden im Sinne einer natürlichen Selektion aus miteinander **konkurrierenden Formen** erworben. Hört ein Sprecher des Englischen z. B. das Kunstwort *mave*, werden alle die Wörter mitaktiviert, die teilweise mit *mave* überlappen. Jedes dieser mitaktivierten Wörter hat ein Aktivierungsniveau, das weitgehend durch seine Vorkommenshäufigkeit in der jeweiligen Sprache bestimmt ist. Diejenigen mit dem Kunstwort *mave* überlappenden aktivierten Wörter, die am häufigsten vorkommen, gewinnen in der Konkurrenz um die Entscheidung, welches der Wörter als Modell der Aussprache von *mave* gelten soll (vgl. ebd., S. 168). »Hence decisions are a combined product of the number of different types in the competition pool, and the activation weights associated with each type« (ebd., S. 168 f.). Ebenfalls im Sinne einer Konkurrenz möglicher Formen für Funktionen werden von Bates/MacWhinney die Entscheidungen über syntaktische und morphologische Formen gedeutet.

Spracherwerb als Selektion konkurrierender Formen

Im Spracherwerb werden keine Regeln gelernt oder Parameter fixiert, sondern es werden **probabilistische Strukturen prototypischer Art** aufgebaut. Spracherwerb ist ein **nicht-linearer** Prozess, seine Erwerbsstadien werden bestimmt durch die *cue validity*, d. h. durch die Verfügbarkeit einer Information im Input und durch seine Eignung zum Finden einer in einem Problemkontext erforderlichen richtigen Entscheidung, die sich je nach natürlicher Sprache, aber auch innerhalb natürlicher Sprachen un-

Fähigkeiten
des Lerners

terscheiden kann. Der Spracherwerb wird zudem mitdeterminiert durch Faktoren, die im lernenden Subjekt selbst liegen, die *functional readiness* (ebd., S. 175 ff.). Das Erkennen von neuen Funktionen ist an kognitive Entwicklungsprozesse gebunden. Eine weitere **Bedingung im Subjekt** bezieht sich darauf, dass der Informationsgehalt von Reizen, d. h. die *cue validity*, von dem Subjekt entschlüsselt werden kann. Erkennbarkeit des Reizes (*perceivability*) und Leichtigkeit der Verarbeitung und des Erinnerns der grammatischen Funktion eines *cues* (*assignability*) bestimmen demnach mit, wann welche Informationen des Input ausgebeutet, d. h. in das bestehende System integriert werden können. In diesen den Erwerbsprozess jeweils limitierenden und formenden Faktoren konvergieren kognitive wie motivationale und perzeptive Kompetenzen des Subjektes, die ihrerseits einer Entwicklung unterliegen.

Empirische Überprüfung: Einige der zunächst nur theoretischen Annahmen dieses Modells wurden empirisch überprüft, und zwar anhand von **Computersimulationen** von Lernprozessen (vgl. Elman et al. 1996; MacWhinney 2010; Perfors et al. 2011) und durch das groß angelegte Studium der Bedeutung **lexikalischer Erwerbsprozesse** für den Grammatikerwerb in normalen und abweichenden Populationen (Kindern mit DS, WS, vgl. Singer et al. 1994; Kindern mit Gehirnläsionen, vgl. Marchman et al. 1991; Thal et al. 1991; *early/late talkers*, vgl. Bates et al. 1995, S. 134 ff.). In den Simulationsstudien konnte gezeigt werden, dass komplexe Lernresultate durch einfache Lernmechanismen vermittelt sind, dass Phänomene wie der *vocabulary spurt*, die Über- oder Untergeneralisierungen und deren Verschwinden »[...] in fact emergent properties of the dynamics of learning« (Elman et al. 1996, S. 125) sind. Die zahlreichen Studien zur Wortschatzentwicklung in den unterschiedlichen Populationen erbrachten, dass der Grammatikerwerb offenbar notwendig an das Erreichen einer kritischen Masse im Wortschatzerwerb gebunden ist. Dies wird als Indiz dafür gewertet, dass auch das formal-abstrakte grammatische System lexikalisch basiert und Ergebnis von Lernvorgängen ist.

Das Wettbewerbsmodell charakterisiert Tomasello als eines, das zwar zeige, welche Hinweisreize Kinder in verschiedenen Entwicklungsperioden nutzen, »[...] but it does not really provide an account of how they learn to use those cues in the first place« (Tomasello 2003, S. 190). Ein Modell, das dieses leistet, hat Tomasello entwickelt.

Sprachstruktur
entsteht aus
Sprachgebrauch

Die gebrauchsbasierte Theorie des Spracherwerbs: Bezugspunkt der *usage based theory of language acquisition* (Tomasello 2003) ist die Konstruktionsgrammatik mit ihrer Annahme, dass »language structure emerges from language use« (ebd., S. 5). Die Konstruktionsgrammatik ist auch insofern ein geeigneter Bezugspunkt für den kindlichen Spracherwerb, als sie sprachliche Einheiten stets als Paare von Form und Bedeutung auffasst und eine Separierung der semantischen von der grammatischen Ebene nicht vornimmt. Daher ist diese Grammatik mit kommunikativen Funktionen, die für den Spracherwerb bedeutsam sind, verbunden. Außerdem ist sie für die Analyse des Spracherwerbs geeignet, da keine prinzipielle Unterscheidung von Konstruktionen nach dem Grad ihrer Abstraktheit vorgenommen wird (vgl. Lieven 2014a).

Grammatikerwerb als Lernpozess: Auch in diesem Modell, das Tomasello mit Elena Lieven und einer Vielzahl von Mitarbeiter/innen ausgearbeitet hat, wird keine angeborene Universalgrammatik angenommen, der Sprach- und Grammatikerwerb wird vielmehr in den Kontext kultureller, biologischer und psycholinguistischer Prozesse gestellt. Sowohl reguläre wie idiosynkratische Konstruktionen werden nach Tomasello gelernt. Dabei werden zwei zentrale Lernprozesse angenommen, das *intention reading* bzw. kulturelle Lernen, d. h. die Fähigkeit Intentionen eines anderen und damit die Bedeutung seiner Äußerungen zu verstehen, und das *pattern finding*, d. h. die Fähigkeit aus den sprachlichen Äußerungen die relevanten Einheiten und Konstruktionen zu abstrahieren.

Die Entwicklung von Konstruktionen: Nach Tomasello sind die ersten kindlichen Äußerungen aus dem aus einfachen, häufig wiederholten Äußerungen bestehenden Input übernommen; es sind zunächst Einheiten wie Wörter oder ganze Phrasen oder gemischte Konstruktionen, die »item based constructions« darstellen, also solche Konstruktionen, die an bestimmte lexikalische Einheiten gebunden sind. So wird z. B. die Wortfolge des Englischen richtig markiert, sie ist aber an bestimmte Verben gebunden und wird auf andere als die in den Konstruktionen verwendeten Verben nicht generalisiert. Syntaktische Kategorien wie Nomen und Verb gewinnt das Kind durch distributionelle Analyse bzw. statistisches Lernen, Basis der Kategorisierung ist die Verteilung des Vorkommens funktionaler Einheiten im Input, der nach empirischen Befunden (Behrens 2006; Cameron-Faulkner et al. 2003; Diessel 2007) homogen und informationsreich ist.

Diese ersten grammatisch markierten Konstruktionen betrachtet Tomasello als ein »semi-structured inventory of relatively independent verb island constructions that pair a scene of experience and an item-based construction, with very few structural relationships among these constructional islands« (Tomasello 2006b, S. 20). Diese anfänglichen Konstruktionen, die kognitiv verankert sind »im kindlichen Verständnis bestimmter Szenarien von Erlebnissen« (Tomasello 2006a, S. 22), werden im weiteren Entwicklungsprozess in ihre verschiedenen Komponenten aufgespalten, sie werden schematisiert und durch Analogiebildungsprozesse generalisiert und abstrahiert. Aber auch komplexe Konstruktionen wie z. B. Satzkomplementkonstruktionen sind zunächst relativ einfach aufgebaut, sie bestehen aus einfachen Satzschemata und einer begrenzten Mengen von Verben, die Komplemente nehmen können.

Viele Aspekte dieses Modells bedürfen nach Tomasello (2006b) und Lieven (2014a) der weiteren empirischen Forschung.

Tomasello zum Grammatikerwerb

5.6 | Evaluation der interaktionistischen Erklärungskonzepte

Interaktionistische Spracherwerbskonzepte haben die Bedeutung der Interaktion des Kindes mit seiner Umwelt für den Spracherwerb im Verlaufe ihrer Entwicklung deutlich unterschiedlich gefasst.

Das Input-Modell: Studien zur Interaktion des Kindes mit seiner sozialen Umwelt wurden anfänglich in expliziter Gegenposition zu Chomskys

These der »poverty of stimulus« unternommen. Diese Studien folgten zunächst einem eher schlichten Verständnis des Wirkungszusammenhanges zwischen elterlichem Sprachangebot und kindlichem Spracherwerb. Die Tatsache allein, dass der sog. Input als bei weitem nicht so ungrammatisch und ungeordnet, wie Chomsky unterstellte, nachgewiesen werden konnte, schien Evidenz genug, dass der Input eine ausreichende Grundlage für den Spracherwerb darstellt. Die Beobachtung, dass Kindern eine nicht nur organisierte, sondern auch vereinfachte Sprache angeboten wurde, gab Grund zu der Annahme, dass diese dem Kind ermöglicht, sich entsprechend leicht die Grammatik seiner Muttersprache zu erschließen. Damit schienen sprachspezifische genetische Dispositionen obsolet. Dieses, von Miller (1982) als Input-Modell benannte interaktionistische Konzept wurde von Catherine Snow in ihren frühen Arbeiten und von anderen (vgl. Snow 1972, 2014) verfolgt. Dieses Konzept wurde – nicht ganz zu Unrecht – als behavioristisch verdächtigt, weil in ihm, ebenso wie im Behaviorismus, allein Umwelteinflüsse und nicht die spezifische Interaktion der sozialen Umwelt mit den kindlichen Fähigkeiten berücksichtigt wurden.

Das Output-Regulierungsmodell: In der zweiten, von Miller (1982) als Output-Regulierungsmodell bezeichneten Version des Interaktionismus, wurden die im Kind liegenden Kompetenzen anerkannt. Es wurde postuliert, dass das elterliche Sprachangebot deshalb förderlich wirken kann, weil es auf diese Kompetenzen altersentsprechend fein abgestimmt ist. Die syntaktische Feinabstimmung der elterlichen Rede wurde im Sinne des Wygotsky'schen Konzepts der »Zone der nächsten Entwicklung« als Entwicklungsmechanismus postuliert. Empirische Studien der 1970er Jahre konnten eine unmittelbar förderliche Wirkung der Feinabstimmung der elterlichen Sprechweise nicht für alle Bereiche des Spracherwerbs bestätigen. Darüber hinaus wurde gegen dieses Modell eingewandt, dass die beobachteten Formen der syntaktischen Feinabstimmung weder für andere soziale Schichten als die Mittelschicht Europas und Amerikas noch übereinstimmend für andere Kulturen nachgewiesen werden konnte. Dieses wie das erste interaktionistische Modell wurde zudem mit dem im Nativismus beliebten Standardargument kritisch zurückgewiesen, dass beide Modelle als Lernmechanismus den der Induktion unterstellen; dieser aber wirft grundsätzliche Schwierigkeiten auf, weil das Kind nicht wissen kann, ob seine Generalisierungen falsch sind und es nur per Zufall keine negativen Evidenzen fand oder ob das Fehlen negativer Evidenzen die Richtigkeit seiner Generalisierungen bestätigt. Außerdem wird Induktion als ein Mechanismus betrachtet, mit dem innerhalb der vergleichsweise kurzen Zeit des Spracherwerbs das komplexe Regelgerüst natürlicher Sprachen nicht erschlossen werden kann (vgl. Gleitman/Wanner 1982). Diese Problematisierung wurde durch die in den 1980er Jahren einsetzenden zahlreichen Studien zur Bedeutung des distributionellen Lernens und zur Gewinnung auch abstrakter Strukturen aus dem Input entkräftet.

Interaktionsvermittelte Modelle: In der dritten interaktionistischen Version wurden weniger direkte grammatische Lehrfunktionen als vielmehr ein allgemeineres kommunikatives Unterstützungssystem als Funktion interaktiver Austauschprozesse postuliert, das als notwendige Ergänzung zum LAD konzipiert war (Bruner 1987). Dieses interaktionsvermittelte Modell des Grammatikerwerbs (Miller 1982) propagierte eine funktionale Beziehung zwischen vorsprachlichen und sprachlichen Kommunikationsprozessen, verbunden mit der Annahme, dass in der Entwicklung zunächst sprachunabhängig etablierte Funktionen eine notwendige, nicht aber auch hinreichende Bedingung für die Aneignung der ihnen korrespondierenden Formen darstellt. Auf die besonderen Formeigenschaften von Sprache ausgerichtete Entwicklungen im Sinne des Chomsky'schen LAD wurden konzediert. Spracherwerb wurde als Zusammenwirken des *Language Acquisition Support System*, LASS, und des Grammatikerwerbssystems LAD gedeutet. Wie allerdings das Sprachunterstützungssystem LASS mit dem Grammatikerwerbssystem interagieren, wurde wenig konkretisiert.

Interaktionistische Modelle: Konnektionistische bzw. systemtheoretische Modelle wie das Wettbewerbsmodell von Bates/MacWhinney und das gebrauchsbasierte Modell von Tomasello haben das Zusammenspiel von Kind und sozialer Umwelt differenzierter und dynamisch gefasst. Denn die Annahme einer für den Syntaxerwerb unmittelbaren Wirkung der elterlichen Sprechweise im Sinne einer grammatischen Feinabstimmung auf den kindlichen Sprachentwicklungsstand oder im Sinne einer semantischen Feinabstimmung (semantische Kontingenz) auf die kindlichen Kommunikationsbedürfnisse oder im Sinne einer kombinierten Wirkung von LASS und LAD erwiesen sich als zu grobe Erklärungskonzepte des Sprach- und insbesondere des Grammatikerwerbs. In systemtheoretischer Sicht und aus Sicht des gebrauchsbasierten Ansatzes sind Sprach- und Grammatikerwerb als emergentes Entwicklungsprodukt auf entwicklungs- und interaktionsbedingte Veränderungen im Zusammenspiel des kindlichen und elterlichen Systems und ihrer Subsysteme zu beziehen. »It is not the child's existing set of competences alone, nor the adult's sensitive framing of those skills, but the task-specific dynamic interaction of all these elements that creates the emergent skill« (Fogel/Thelen 1987, S. 752). Dies wurde in einer Vielzahl empirischer Studien im Rahmen vor allem des gebrauchsbasierten Ansatzes gezeigt.

Diese interaktionistischen Modelle haben den Vorteil, einen integrativen Rahmen für die Erforschung des komplexen und ausdifferenzierten Spracherwerbsprozesses zu bieten, das Zusammenwirken seiner Teilkomponenten auf Basis anfänglicher Kompetenzen des Säuglings und der komplementären Responsetendenzen der Eltern in den Blick zu nehmen und die unproduktive Dichotomie von Erbe und Umwelt zu überwinden. Es ist zudem offen gegenüber solchen Aspekten der Spracherwerbsforschung, die bislang noch zu wenig berücksichtigt oder noch nicht erkannt sind. Es ist ferner nicht an eine bestimmte Sprachtheorie gebunden und ist nicht der Gefahr ausgesetzt, in dem Maße obsolet zu werden, wie diese Sprachtheorie erodiert.

Vorteil interaktionistischer Modelle

Sowohl das *competition*-Modell wie der *usage based approach* Tomasellos sind Modelle, denen zufolge grammatische Strukturen und das Lexikon aus Prozessen der Inputverarbeitung abgeleitet werden. Vor allem im gebrauchsbasierten Ansatz wird der Spracherwerbsprozess explizit im Kontext sozial vermittelten, kulturellen Lernens als ein Prozess der zunehmenden Elaboration, Generalisierung und Abstraktion von Input-Daten betrachtet. In diesem Modell sind interaktive Austauschprozesse ebenso zentral wie die entwicklungsabhängigen, im Gebrauch verankerten kognitiven Konstruktionen.

Interaktionistische Erklärungskonzepte des Spracherwerbs gehen davon aus, dass das Kind kognitive, soziale und auf Sprachverarbeitung und Kommunikation bezogene anfängliche Kompetenzen besitzt. Diese Kompetenzen werden im interaktiven Zusammenspiel mit den Betreuungspersonen und der sozialen Umwelt des Kindes weiterentwickelt. Dieses Zusammenspiel führt zur Emergenz neuer Verhaltensweisen. Entwicklungsprozesse sprachlicher und nicht-sprachlicher Art werden nicht durch ein genetisch vorgegebenes Wissen des Kindes bestimmt.

Zusammenfassung: Spracherwerb wird als ein vielschichtiger Erwerbsprozess betrachtet. Grundlage des Spracherwerbs ist im Ansatz Tomasellos die humanspezifische Ausprägung von Kooperation, die durch die Fähigkeit und Motiviertheit der *shared intentionality* vermittelt ist und die durch die elterlichen Sprachangebote zusammen mit den sich entwickelnden sozialen, kognitiven und auf Sprache ausgerichteten Verarbeitungsfähigkeiten des Kindes geformt ist. Grammatikerwerb ist an lexikalische Entwicklungsprozesse gebunden, die interaktiv vermittelt sind. Die Häufigkeit und kognitiv-affektive Verfügbarkeit von Wörtern und Konstruktionen im Input spielt in diesem Ansatz wie im Wettbewerbsmodell eine wichtige Rolle. Grammatikerwerb wird nicht als Regellernen, sondern als Aufbau probabilistischer Strukturen prototypischer Art verstanden.

Spracherwerb bezieht sich in interaktionistischen Konzepten nicht nur auf den Grammatik- und Wortschatzerwerb, sondern auch auf den interpersonalen, kulturellen Regeln folgenden Gebrauch von Sprache. Sprachgebrauch wird nach interaktionistischer Auffassung in interpersonalen, affektiv getönten Austauschprozessen bereits vorsprachlich angebahnt und in sprachlichen Austauschprozessen in zunehmend generalisierten sprachlichen Konstruktionen realisiert.

Spracherwerb wird verstanden als ein Prozess, in dem die sprachlichen Teilsysteme, das kindliche System und die Umweltsysteme entwicklungsaltersabhängig interagieren. Eine Autonomie sprachlicher Teilkomponenten wird nicht postuliert. Modularität wird als ein Prozess der Modularisierung, abhängig von neuroanatomischen und erfahrungsbestimmten Veränderungsprozessen betrachtet. Interindividuelle und kulturelle Unterschiede im Spracherwerb können ebenso in den Blick genommen werden wie Unterschiede der zu erwerbenden Sprachen. Diese Unterschiede können auf Unterschiede im Zusammenwirken des kindlichen Systems und der Umweltsysteme bezogen werden.

Auch im Rahmen interaktionistischer Modelle sind viele Fragen des Spracherwerbs noch nicht beantwortet (Lieven 2014a), sie haben aber den erheblichen Vorteil, sich diesen Fragen in empirischer Perspektive zu stellen und sowohl differenzierte wie integrative Antwortperspektiven zu eröffnen.

6 Literaturverzeichnis

6.1 | Grundlegende Literatur und Standardwerke

Abe, Kentaro/Watanabe, Dai 2011. Songbirds possess the spontaneous ability to discriminate syntactic rules. In: Nature Neuroscience 14, S. 1067–1074.

Ahlsén, Elisabeth 2006. Introduction to Neurolinguistics. Amsterdam.

Ambridge, Ben/Kidd, Evan/Rowland, Caroline F./Theakston, Anna L. 2015. The ubiquity of frequency effects in first language acquisition. In: Journal of Child Language 42, S. 239–273.

Aslin, Richard N./Newport, Elissa L. 2014. Distributional language learning: Mechanisms and models of category formation. In: Language Learning 64 (Suppl. 2), S. 86–105.

Aslin, Richard N./Pisoni, David B./Jusczyk, Peter W. 1983. Auditory development and speech perception in infancy. In: Paul H. Mussen (Hg.): Handbook of Child Psychology. New York, S. 573–687.

Astington, Janet/Baird, Jodie A. (Hgg.) 2005. Why Language Matters for a Theory of Mind. New York.

Barrett, Martyn D. 1995. Early lexical development. In: Paul Fletcher, Brian MacWhinney (Hgg.), S. 96–152.

Bates, Elizabeth/Dale, Philip S./Thal, Donna 1995. Individual differences and their implication for theories of language development. In: Paul Fletcher, Brian MacWhinney (Hgg.), S. 96–151.

Bates, Elizabeth/MacWhinney, Brian 1987. Language universals, individual variation, and the competition model. In: Brian MacWhinney (Hg.): Mechanisms of Language Acquisition. Hillsdale, NJ, S. 157–194.

Behrens, Heike 2006. The input-output relationship in first language acquisition. In: Language and Cognitive Processes 21, S. 2–24.

Behrens, Heike (Hg.) 2008. Corpora in Language Acquisition Research. History, methods, perspectives. Amsterdam, Philadelphia.

Berman, Ruth A./Slobin, Dan I. 1994. Relating Events in Narrative: A Crosslinguistic Developmental Study. Hillsdale, NJ.

Berwick, Robert C./Chomsky, Noam. 2011. The biolinguistic program: The current state of its evolution. In: A. M. Di Sciullo/C. Boeckx (Hgg.): The Biolinguistic Enterprise: New Perspectives on the Evolution and Nature of the Human Language Faculty. Oxford, S. 19–41.

Berwick, Robert C./Friederici, Angela D./Chomsky, Noam/Bolhuis, Johan H. 2013. Evolution, brain, and the nature of language. In: Trends in Cognitive Sciences 17, S. 89–97.

Blom, Elma/Unsworth, Sharon (Hgg.) 2010. Experimental Methods in Language Acquisition Research. Amsterdam.

Bloom, Lois 1970. Language Development: Form and Function of Emerging Grammars. Cambridge.

Bloom, Lois 1973. One Word at a Time: The Use of Single Word Utterances before Syntax. The Hague, Paris.

Bloom, Lois 2000. The intentionality model of word learning: How to learn a word, any word. In: Roberta M. Golinkoff et al. (Hgg.), S. 19–50.

Bowerman, Melissa 1989. Learning a semantic system: What role do cognitive predispositions play? In: Mabel L. Rice, Richard L. Schieffelbusch (Hgg.): The Teachability of Language. Baltimore etc., S. 133–169.

Bowerman, Melissa/Choi, Soonja 2001. Shaping meanings for languages: Universal and language-specific in the acquisition of spatial semantic categories. In: Melissa Bowerman, Stephen Levinson (Hgg.): Language Acquisition and Conceptual Development. Cambridge, S. 475–511.

Brown, Roger 1973. A First Language: The Early Stages. Cambridge, MA.

Bruner, Jerome 1979. Von der Kommunikation zur Sprache. In: Karin Martens (Hg.), S. 9–60.

Bruner, Jerome 1987. Wie das Kind sprechen lernt. Bern etc. (Child's Talk: Learning to use Language. New York, London 1983).

Bybee, Joan 2010. Language, usage, and cognition. Cambridge.

Cameron-Faulkner, Thea/Lieven, Elena/Tomasello, Michael 2003. A construction based analysis of child directed speech. In: Cognitive Science 27, S. 843–873.

Carey, Susan 2009. The Origin of Concepts. New York.

Chomsky, Noam 1959. Review of Skinner's ›Verbal Behavior‹. In: Language 35, S. 26–58.

Chomsky, Noam 1969. Aspekte der Syntax-Theorie. Frankfurt/Main (Aspects of the Theory of Syntax. Cambridge 1965).

Chomsky, Noam 1970. Sprache und Geist. Frankfurt/Main (Language and Mind. New York 1968).

Chomsky, Noam 1986. Knowledge of Language. Its Nature, Origin, and Use. New York etc.

Chomsky, Noam 1995. The Minimalist Program. Cambridge, MA.

Chomsky, Noam 2000. New Horizons in the Study of Language and Mind. Cambridge.

Chomsky, Noam 2002. On Nature and Language. Cambridge.

Chomsky, Noam 2005. Three factors in language design. In: Linguistic Inquiry 36, 1, S. 1–22.

Clark, Eve 1993. The Lexicon in Acquisition. Cambridge.

Clark, Eve 1995. Later lexical development and word formation. In: Paul Fletcher, Brian MacWhinney (Hgg.), S. 393–412.

Clark, Eve 2003. First Language Acquisition. New York, Cambridge.

Dediu, Dan. 2015. An introduction to genetics for language scientists. Cambridge.

Doherty, Martin 2009. Theory of mind. How children understand others' thoughts and feelings. Hove, New York.

Dornes, Martin 1993. Der kompetente Säugling. Die präverbale Entwicklung des Menschen. Frankfurt/Main.

Dornes, Martin 1997. Die frühe Kindheit. Entwicklungspsychologie der ersten Lebensjahre. Frankfurt/Main.

Duranti, Alessandro/Ochs, Elinor/Schieffelin, Bambi B. (Hgg.) 2011: The handbook of language socialization. Malden, MA.

Elman, Jeffrey L./Bates, Elizabeth/Johnson, Mark H./Karmiloff-Smith, Annette/Parisi, Domenico/Plunkett, Kim 1996. Rethinking Innateness. A Connectionist Perspective in Development. Cambridge, MA, London.

Erickson, Lucy C./Thiessen, Erik D. 2015. Statistical learning of language: Theory, validity, and predictions of a statistical learning account of language acquisition. In: Developmental Review 37, S. 66–108.

Evans, Nicholas/Levinson, Stephen C. 2009. The myth of language universals. Language diversity and its importance for cognitive science. In: Behavioral and Brain Sciences 32, S. 429–448.

Everett, Daniel L. 2005. Cultural constraints on grammar and cognition in Piraha. In: Current Anthropology 46, S. 621–634.

Fisher, Simon E./Vernes, Sonja C. 2015. Genetics and the language sciences. In: Annual Review of Linguistics 1, S. 289–310.

Fitch, Tecumseh/Hauser, Marc D. 2004. Computational constraints on syntactic processing in a nonhuman primate. In: Science 393, S. 327–338.

Fitch, W. Tecumseh 2009. Prolegomena to a future science of biolinguistics. In: Biolinguistics 3, S. 283–320.

Fletcher, Paul/MacWhinney, Brian (Hgg.) 1995. The Handbook of Child Language. Oxford, Cambridge, MA.

Fletcher, Paul/Miller, John F. (Hgg.) 2005. Developmental Theory and Language Disorders. Amsterdam, Philadelphia.

Fodor, Jerry 1983. The Modularity of Mind. Cambridge, MA.

Ginsburg, Herbert/Opper, Sylvia 1993. Piagets Theorie der geistigen Entwicklung. Stuttgart.

Goldberg, Adele 1995. Constructions: A Construction Grammar Approach to Argument Structure. Chicago.

Goldberg, Adele 2006. Constructions at work: The nature of generalization in language. Oxford.

Golinkoff, Roberta M./Hirsh-Pasek, Kathy/Bloom, Lois/Smith, Linda B./Woodward, Amanda L./Akhtar, Nameera/Tomasello, Michael/Hollich, George (Hgg.) 2000. Becoming a Word Learner: A Debate on Lexical Acquisition. Oxford, New York.

Gopnik, Alison/Meltzoff, Andrew N. 1998. Words, Thoughts and Theories. Cambridge, London.

Grimm, Hannelore ⁴1998. Sprachentwicklung – allgemeintheoretisch und differentiell betrachtet. In: Rolf Oerter, Leo Montada (Hgg.), S. 705–757.

Grimm, Hannelore/Wilde, Sabine 1998. Im Zentrum steht das Wort. In: Heidi Keller (Hg.), S. 445–473.

Hart, Betty/Risley, Todd R. 1995. Meaningful Differences in the Everyday Experiences of Young American Children. Baltimore, M. D.

Hauser, Marc D./Chomsky, Noam/Fitch, W. Tecumseh 2002. The faculty of language: What is it, who has it, and how did it evolve. In: Science 298, S. 1569–1579.

Hirsh-Pasek, Kathy/Golinkoff, Roberta Michnik 1996. The Origins of Grammar. Evidence from Early Language Comprehension. Cambridge, MA, London.

Hoff, Erika 2006. How social contexts support and shape language development. In: Developmental Review 26, S. 55–88.

Hoff, Erika (Hg.) 2012. Research methods in child language: A practical guide. Chichester.

Hollich, George J./Hirsh-Pasek, Kathy,/Golinkoff, Roberta M. 2000. Breaking the language barrier: An emergentist coalition model for the origins of word learning. Monographs of the Society for Research in Child Development 65.

Holodynski, Manfred/Friedlmeier, Wolfgang 2006. Emotionen. Entwicklung und Regulation. Heidelberg.

Karmiloff-Smith, Annette 1979. A Functional Approach to Child Language. A Study of Determiners and Reference. Cambridge etc.

Karmiloff-Smith, Annette ²1995. Beyond Modularity. A Developmental Perspective on Cognitive Science. Cambridge, MA, London.

Karmiloff, Kyra/Karmiloff-Smith, Annette 2001. Pathways to Language. From Fetus to Adolescent. Cambridge, MA, London.

Kauschke, Christina 2000. Der Erwerb des frühkindlichen Lexikons – eine empirische Studie zur Entwicklung des Wortschatzes im Deutschen. Tübingen.

Kauschke, Christina 2007. Erwerb und Verarbeitung von Nomen und Verben. Tübingen.

Kauschke, Christina 2012. Kindlicher Spracherwerb im Deutschen. Berlin, Boston.

Keller, Heidi (Hg.) 1989. Handbuch der Kleinkindforschung. Berlin etc.

Keller, Heidi (Hg.) 1998. Lehrbuch Entwicklungspsychologie. Bern etc.

Keller, Heidi 2012. The importance of culture for developmental science. In: International Journal of Developmental Science 6, S. 25–28.

Kuhl, Patricia/Rivera-Gaxiola, Maritza 2008. Neural substrates of language acquisition. In: Annual Review of Neuroscience 31, S. 511–534.

Küntay, Aylin C./Nakamura, Keiko/Sen, Beyza Atec 2014. Crosslinguistic and crosscultural approaches to pragmatic development. In: Danielle Matthews (Hg.): Pragmatic development in first language acquisition. Amsterdam, Philadelphia.

Lany, Jill/Saffran, Jenny R. 2013. Statistical learning mechanisms in infancy. In: John L. R. Rubenstein, Pasko Rakic (Hgg.): Comprehensive Developmental Neuroscience: Neural circuit development and function in the brain Vol. 3, S. 231–248.

Lieven, Elena 2010. Input and first language acquisition: Evaluating the role of frequency. In: Lingua 120, S. 2546–2556.

Lieven, Elena 2014. First language learning from a usage-based approach. In: Thomas Herbst, Hans-Jörg Schmid, Susan Faulhaber (Hgg.): Constructions Collocations Patterns. Berlin, Boston, S. 9–32.

MacWhinney, Brian 2000. The CHILDES Project: Tools for Analyzing Talk. Mahwah, N. J.

Mandler, Jean Matter 2004. The Foundations of Mind. Origins of Conceptual Thought. Oxford, New York.

Marcus, Gary F./Fisher, Simon E. 2003. FOXP2 in focus: what can genes tell us about speech and language? In: Trends in Cognitive Sciences 7, S. 257–262.

Marcus, Gary F./Vijayan, S./Bandi Rao, Shoba./Vishton, Peter M. 1999. Rule learning by seven month-old-infants. In: Science 283, S. 77–80.

Mehler, Jacques/Endress, Ansgar/Gervain, Judith/Nesor, Marina 2008. From perception to grammar. In: Angela D. Friederici, Guillaume Thierry (Hgg.) Early Language Development. Amsterdam, Philadelphia, S. 191–213.

Meltzoff, Andrew N. [2]2011. Social cognition and the origins of imitation, empathy, and theory of mind. In: Usha Goswami (Hg.): The Wiley-Blackwell handbook of childhood cognitive development. Malden, MA, S. 49–75.

Meltzoff, Andrew N./Williamson, Rebecca A./Marshall, Peter J. 2013. Developmental perspective on action science: Lessons from infant imitation and cognitive neuroscience. In: Wolfgang Prinz, Miriam Beisert, Arvid Herwig (Hgg.): Action science: Foundation of an emerging discipline. Cambridge, MA, S. 281–306.

Nelson, Katherine 1996. Language in Cognitive Development. Emergence of the Mediated Mind. Cambridge, MA.

Nelson, Katherine 2007. Young Minds in Social Worlds. Experience, Meaning, and Memory. Cambridge, MA., London.

Ninio, Anat/Snow, Catherine 1996. Pragmatic Development. Boulder, Oxford.

Ochs, Elinor/Schieffelin Bambi B. 2008. Language socialization: An historical overview. In: Patricia A. Duff, Nancy H. Hornberger (Hgg.): Encyclopedia of Language Education. New York, S. 3–15.

Papoušek, Mechthild 1994. Vom ersten Schrei zum ersten Wort: Anfänge der Sprachentwicklung in der vorsprachlichen Kommunikation. Bern etc.

Papoušek, Mechthild 2007. Communication in early infancy: An arena of intersubjective learning. In: Infant Behavior & Development 20, S. 258–266.

Papoušek, Mechthild/Papoušek, Hanuš 1989. Stimmliche Kommunikation im frühen Säuglingsalter als Wegbereiter der Sprachentwicklung. In: Heidi Keller (Hg.), S. 465–489.

Perfors, Amy/Tenenbaum, Joshua B./Regier, Terry 2011. The learnability of abstract syntactic principles. In: Cognition 118, S. 306–338.

Piaget, Jean 1923, 1972. Sprechen und Denken des Kindes. Düsseldorf (Le langage et la pensée chez l'enfant. Neuchatel [7]1968).

Piaget, Jean 1926, [4]1994. Das Weltbild des Kindes. München (La représentation du monde chez l'enfant. Paris 1926).

Piaget, Jean 1967. Psychologie der Intelligenz. Zürich, Stuttgart (La psychologie de l'intelligence. Paris 1947).

Piaget, Jean 1969a. Das Erwachen der Intelligenz beim Kinde. Stuttgart (La naissance de l'intelligence chez l'enfant. Neuchatel 1959).

Piaget, Jean 1969b. Nachahmung, Spiel und Traum. Stuttgart (La formation du symbole chez l'enfant. Neuchatel 1959).

Piattelli-Palmarini, Massimo (Hg.) 1980. Language and Learning: The Debate between Jean Piaget and Noam Chomsky. London.

Pinker, Steven/Jackendoff, Ray 2005 The faculty of language: What's special about it? In: Cognition 95, S. 201–236.

Pullum, Goffrey/Scholz, Barbara C. 2010. Recursion and the infinitude claim. In: Harry van der Hulst (Hg.): Recursion in human language. Berlin, S. 113–138.

Saffran, Jenny R./Aslin, Richard N./Newport, Elissa L. 1996. Statistical learning by 8-month old infants. In: Science 274, S. 1926–1928.

Saffran, Jenny/Hauser, Marc/Seibel, Rebecca/Kapfhamer, Joshua/Tsao, Fritz/Cushman, Fiery 2008. Grammatical pattern learning by human infants and cotton-top tamarin monkeys. In: Cognition 107, S. 479–500.

Slobin, Dan I. 1985. Crosslinguistic evidence for the language-making capacity. In: Dan I. Slobin (Hg.): The Crosslinguistic Study of Language Acquisition. Vol. 2. Theoretical Issues. Hillsdale, NJ, S. 1157–1256.

Slobin, Dan I. 1996. From ›thought and language‹ to ›thinking for speaking‹. In: John J. Gumperz, Stephen C. Levinson (Hgg.), S. 70–96.

Gumperz, John J./Levinson, Stephen C. (Hgg.) 1996. Rethinking Linguistic Relativity. Cambridge

Smith, Linda B./Suanda, Sumarga H./Yu, Chen 2014. The unrealized promise of infant statistical word-referent learning. In: Trends in Cognitive Sciences 18, S. 251–258.

Smith, Linda B./Yu, Chen 2008. Infants rapidly learn word-referent mappings via cross-situational statistics. In: Cognition 106, S. 1558–1568.

Smith, Neil/Tsimpli, Ianthi-Maria 1995. The Mind of a Savant. Learning Language and Modularity. Oxford, Cambridge, MA.

Snow, Catherine 1972. Mother's speech to children learning language. In: Child Development 42, S. 549–565.

Snow, Catherine 2014. Input to interaction to instruction: three key shifts in the history of child language research. In: Journal of Child Language 41 (Supplement S 1), S. 117–123.

Sodian, Beate 1998. Theorien der kognitiven Entwicklung. In: Heidi Keller (Hg.), S. 147–169.

Stern, Clara/Stern, William 41928, 1965. Die Kindersprache. Leipzig 1928. Reprografischer Nachdruck Darmstadt 1965.

Stern, Daniel 1992. Die Lebenserfahrung des Säuglings. Stuttgart (The Interpersonal World of the Infant. New York 1985).

Stiles, Joan/Jernigan, Terry L. 2010. The basics of brain development. In: Neuropsychology Review 20, S. 327–348.

Szagun, Gisela 2002. Wörter lernen in der Muttersprache. Der ontogenetische Vokabularerwerb. In: Jürgen Dittmann, Claudia Schmidt (Hgg.): Über Wörter. Grundkurs Linguistik. Freiburg, S. 311–333.

Szagun, Gisela 62013. Sprachentwicklung beim Kind. Eine Einführung. München, Weinheim.

Szyf, Moshe/Bick, Johanna 2013. DNA methylation: A mechanism for embedding early life experiences in the genome. In: Child Development 84, S. 49–57.

Thelen, Esther/Smith, Linda 1994. A Dynamic Systems Approach to the Development of Cognition and Action. Cambridge, MA, London.

Tomasello, Michael 1992. First Verbs. A Case Study of Early Grammatical Development. Cambridge, New York.

Tomasello, Michael 2003. Constructing a Language. A Usage-Based Theory of Language Acquisition. Cambridge, MA, London.

Tomasello, Michael 2006. Acquiring linguistic constructions. In: William Damon, Richard Lerner, Robert Siegler, Deanna Kuhn (Hgg.): Handbook of Child Psychology. Vol. 2, Cognition, Perception and Language. Cognitive Development, New York, S. 255–298.

Tomasello, Michael 2008. Origins of human communication. Cambridge, MA, London.

Tracy, Rosemarie 22008. Wie Kinder Sprachen lernen: Und wie wir sie dabei unterstützen können. Tübingen.

Wellman, Henry M. 1992. The Child's Theory of Mind. Cambridge, MA, London.

Wygotski, Lew Semjonowitsch 1934, 1969. Sprechen und Denken. Frankfurt/Main.

Yamada, Jeni 1990. Laura. A Case for the Modularity of Language. Cambridge, MA.

Yang, Charles D. 2002. Knowledge and Learning in Natural Language. Oxford.

6.2 | Zitierte Literatur

Abbeduto, Leonard/Chapman, Robin S. 2005. Language development in Down syndrome and fragile X-syndrome. In: Paul Fletcher, Jon F. Miller (Hgg.): Developmental Theory and Language Disorders. Amsterdam, Philadelphia, S. 53–72.

Abbeduto, Leonard/Warren, Steven F./Conners, Frances A. 2007. Language development in Down syndrome: From the prelinguistic period to the acquisition of literacy. In: Mental Retardation and Developmental Disabilities Research Reviews 13, S. 247–261.

Abbot Smith, Kirsten/Behrens, Heike 2006. How known constructions influence the acquisition of other constructions: the German passive and future constructions. In: Cognitive Science 30, S. 995–1026.

Abe, Kentaro/Watanabe, Dai 2011. Songbirds possess the spontaneous ability to discriminate syntactic rules. In: Nature Neuroscience 14, S. 1067–1074.

Adolph, Karen/Robinson, Scott R. 2011. Sampling development. In: Journal of Cognition and Development 12, S. 411–423.

Ahlsén, Elisabeth 2006. Introduction to Neurolinguistics. Amsterdam.

Ainsworth, Mary D. S. 1977. Feinfühligkeit versus Unempfindlichkeit gegenüber den Signalen des Babys. In: Klaus E. Grossmann (Hg.): Entwicklung der Lernfähigkeit in der sozialen Umwelt. München, S. 98–107.

Ainsworth, Mary D. S./Bell, Silvia M./Stayton, Donelda J. 1974. Infant-mother attachment and social development: »Socialization« as a product of reciprocal responsiveness to signals. In: Martin P. M. Richards (Hg.): The Integration of a Child into a Social World. London, S. 99–135.

Ainsworth, Mary D. S./Blehar, M. C./Waters, E./Wall, S. 1978. Patterns of Attachment: A Psychological Study of the Strange Situation. Hillsdale, NJ.

Allen, Jedediah W. P./Bickhard, Mark H. 2013. Stepping off the pendulum: Why only an action-based approach can transcend the nativist-empiricist debate. In: Cognitive Development 28, S. 96–133.

Amabile, Tony Ann/Rovee-Collier, Carolyn 1991. Contextual variation and memory retrieval at six months. In: Child Development 62, S. 1155–1166.

Ambridge, Ben/Kidd, Evan/Rowland, Caroline F./Theakston, Anna L. 2015. The ubiquity of frequency effects in first language acquisition. In: Journal of Child Language 42, S. 239–273.

Ament, Wilhelm 1899. Die Entwicklung von Sprechen und Denken beim Kinde. Leipzig.

Anders, Karl 1982. Spracherwerb im Dialog: von Worten zur Syntax. Materialien aus der Bildungsforschung Nr. 21, Max-Planck-Institut für Bildungsforschung. Berlin.

Ariès, Philippe 1979. Geschichte der Kindheit. München.

Arnold, Kate/Zuberbühler, Klaus 2006. Semantic combinations in primate calls. Putty-nosed monkeys rely on two basic calling sounds to construct a message of utmost urgency. In: Nature 441, S. 303.

Aslin, Richard N./Newport, Elissa L. 2014. Distributional language learning: Mechanisms and models of category formation. In: Language Learning 64 (Suppl. 2), S. 86–105.

Aslin, Richard N./Pisoni, David B./Jusczyk, Peter W. 1983. Auditory development and speech perception in infancy. In: Paul H. Mussen (Hg.): Handbook of Child Psychology. New York, S. 573–687.

Astington, Janet W. 1990. Narrative and the child's theory of mind. In: Bruce K. Britton, Anthony D. Pellegrini (Hgg.): Narrative Thought and Narrative Language. Hillsdale, NJ, S. 151–171.

Astington, Janet W. 1991. Intention in the child's theory of mind. In: Douglas Frye, Chris Moore (Hgg.): Children's Theories of Mind: Mental States and Social Understanding. Hillsdale, NJ, S. 157–172.

Astington, Janet W. 1993. The Child's Discovery of the Mind. Cambridge, MA.

Astington, Janet W./Harris, Paul L./Olson, David R. (Hgg.) 1990. Developing Theories of Mind. Cambridge etc.

Astington, Janet/Baird, Jodie A. (Hgg.) 2005. Why Language Matters for a Theory of Mind. New York.

Augst, Gerhard/Bauer, Andrea/Stein, Anette 1977. Grundwortschatz und Idiolekt. Empirische Untersuchungen zur semantischen und lexikalischen Struktur des kindlichen Wortschatzes. Tübingen.

Bailey, Donald B./Bruer, John T./Symons, Frank James/Lichtman, Jeff W. (Hgg.) 2001. Critical Thinking about Critical Periods. Baltimore.

Baillargeon, Renée/Scott, Rose M./He, Zijing, 2010. False-belief understanding in infants. In: Trends in Cognitive Sciences 14, S. 110–118.

Balaban, Evan 2006. Cognitive developmental biology: History, process and fortune's wheel. In: Cognition 101, S. 298–332.

Baltes, Paul B./Nesselroade, John R. 1979. History and rationale of longitudinal research. In: John R. Nesselroade, Paul B. Baltes (Hgg.): Longitudinal Research in the Study of Behavior and Development. New York, S. 1–39.

Bar-Adon, Aaron/Leopold, Werner F. 1971. Child Language. A Book of Readings. Englewood Cliffs, NJ.

Baron-Cohen, Simon 1993. From attention-goal psychology to belief-desire psychology: The development of a theory of mind, and its dysfunction. In: Simon Baron-Cohen, Helen Tager-Flusberg, Donald J. Cohen (Hgg.), S. 59–82.

Baron-Cohen, Simon/Golan, Ofer/Wheelwright, Sally/Granader, Yael/Hill, Jacqueline 2010. Emotion word comprehension from 4 to 16 year old: A developmental survey. In: Frontiers in Evolutionary Neuroscience 2, Article 109.

Baron-Cohen, Simon/Tager-Flusberg, Helen/Cohen, Donald J. (Hgg.) 1993. Understanding Other Minds: Perspectives from Autism. Oxford etc.

Barrett, Martyn D. (Hg.) 1985. Children's Single-Word Speech. Chichester.

Barrett, Martyn D. 1995. Early lexical development. In: Paul Fletcher, Brian MacWhinney (Hgg.), S. 96–152.

Barrett, Martyn D./Harris, Margaret/Chasin, Joan 1991. Early lexical development and maternal speech: A comparison of children's initial and subsequent uses of words. In: Journal of Child Language 18, S. 21–40.

Barrouillet, Pierre 2011. Dual process theories and cognitive development: Advances and chances. In: Developmental Review 31, S. 79–85.

Barrouillet, Pierre 2015. Theories of cognitive development: From Piaget to today. In: Developmental Review 38, S. 1–12.

Barton, Michelle E./Tomasello, Michael 1994. The rest of the family: The role of fathers and siblings in early language development. In: Clare Gallaway, Brian J. Richards (Hgg.): Input and interaction in language acquisition. Cambridge, S. 109–134.

Bates, Elizabeth/Benigni, Laura/Bretherton, Inge/Camaioni, Luigia/Volterra, Virginia 1979. The Emergence of Symbols: Cognition and Communication in Infancy. New York.

Bates, Elizabeth/Camaioni, Luigia/Volterra, Virginia 1975. The acquisition of performatives prior to speech. In: Merrill-Palmer Quarterly 21, S. 205–226.

Bates, Elizabeth/Carnevale, George F. 1993. New directions in research on language development. In: Developmental Review 13, S. 436–470.

Bates, Elizabeth/Dale, Philip S./Thal, Donna 1995. Individual differences and their implication for theories of language development. In: Paul Fletcher, Brian MacWhinney (Hgg.), S. 96–151.

Bates, Elizabeth/Goodman, Judith C. 2001. On the inseparability of grammar and the lexicon: Evidence from acquisition. In: Michael Tomasello, Elizabeth Bates (Hgg.): Language Development. The Essential Readings. Malden, MA, S. 134–162.

Bates, Elizabeth/MacWhinney, Brian 1987. Language universals, individual variation, and the competition model. In: Brian MacWhinney (Hg.): Mechanisms of Language Acquisition. Hillsdale, NJ, S. 157–194.

Bates, Elizabeth/Marchman, Virginia/Thal, Donna/Fenson, Larry/Dale, Philip/Reznik, J. Steven/Reilly, Judy/Hartung, Jeff 1994. Developmental and stylistic variation in the composition of early vocabulary. In: Journal of Child Language 21, S. 85–121.

Bates, Elizabeth/O'Connell, Barbara/Shore, Cecilia [2]1987. Language and communication in infancy. In: Joy D. Osofsky (Hg.): Handbook of Infant Development. New York, S. 149–203.

Bates, Elizabeth/Roe, Katherine 2001. Language development in children with unilateral brain injury. In: Charles A. Nelson, Monica Luciana (Hgg.): Handbook of Developmental Cognitive Neuroscience. Cambridge, MA, S. 281–307.

Bates, Elizabeth/Snyder, Lynn 1987. The cognitive hypothesis in language development. In: Uzgiris, Ina C., Hunt, J. McVicker (Hgg.): Infant Performance and Experience: New Findings with the Ordinal Scales. Urbana, S. 168–204.

Bates, Elizabeth/Thal, Donna/Janowsky, Jeri S. 1992. Early language development and its neural correlates. In: Sidney J. Segalowitz, Isabel Rapin (Hgg.): Child Neuropsychology, Part 2. Amsterdam, S. 69–110.

Batty, Magali/Taylor, Margot J. 2006. The development of emotional face processing during childhood. In: Developmental Science 9, S. 207–220.

Bauer, Daniel J./Goldfield, Beverly A./Reznick, Steven J. 2002. Alternative approaches to analyzing individual differences in the rate of early voabulary development. In: Applied Psycholinguistics 23, S. 313–335.

Bauer, Patricia J. 2015. Development of episodic and autobiographical memory: The importance of remembering forgetting. In: Developmental Review 38, S. 146–166.

Beckner, Clay/Blythe, Richard/Bybee, Joan/Christiansen, Morten H./Croft, William/Ellis, Nick, Holland, John/Ke, Jinyun/Larsen-Freeman, Diane/Schoenemann, Tom 2009. Language is a complex adaptive system: Position paper. In: Language Learning 59, Suppl. 1, S. 1–26.

Beebe, Beatrice/Alson, Diane/Jaffe, Joseph/Feldstein, Stanley/Crown, Cynthia 1988. Vocal congruence in mother-infant play. In: Journal of Psycholinguistic Research 17, S. 245–259.

Beebe, Beatrice/Feldstein, Stanley/Jaffe, Joseph/Mays, Kathleen/Alson, Diane 1985. Interpersonal timing: The application of an adult dialogue model to mother-infant vocal and kinesic interactions. In: Tiffany M. Field, Nathan A. Fox (Hgg.), S. 217–247.

Beebe, Beatrice/Lachmann, Frank M. 1988. The contribution of mother-infant mutual influence to the origins of self- and object representations. In: Psychoanalytic Psychology 5, S. 305–337.

Behrens, Heike 2006. The input-output relationship in first language acquisition. In: Language and Cognitive Processes 21, S. 2–24.

Behrens, Heike 2008. Corpora in language acquisition research. History, methods, perspectives. In: Heike Behrens (Hg.): Corpora in Language Acquisition Research. History, methods, perspectives. Amsterdam, Philadelphia, S. xi-xxx.

Bell, Martha Ann/Cuevas, Cimberly 2012. Using EEG to study cognitive development. Issues and best practice. In: Journal of Cognition and Development 13, S. 281–294.

Bellugi, Ursula/Wang, P./Jernigan, T. 1994. Williams syndrome: An unusual neuropsychological profile. In: S. Broman, T. Grafman (Hgg.), S. 23–56.

Bellugi, Ursula/Brown, Roger (Hgg.) 1964. The acquisition of language. Monographs of the Society for Research in Child Development 29.

Bellugi, Ursula/Marks, Shelly/Bihrle, Amy M./Sabo, Helene 1988. Dissociation between language and cognitive functions in Williams syndrome. In: Dorothy Bishop, Kay Mogford (Hgg.), S. 177–189.

Berman, Ruth 2014. Cross-linguistic comparisons in child language research. In: Journal of Child Language 41, S. 26–37.

Berman, Ruth A./Slobin, Dan I. 1994. Relating Events in Narrative: A Crosslinguistic Developmental Study. Hillsdale, NJ.

Berwick, Robert C./Chomsky, Noam. 2011. The Biolinguistic Program: The Current State of its Evolution. In: A. M. Di Sciullo, C. Boeckx (Hgg.): The Biolinguistic Enterprise: New Perspectives on the Evolution and Nature of the Human Language Faculty. Oxford, S. 19–41.

Berwick, Robert C./Friederici, Angela D./Chomsky, Noam/Bolhuis, Johan H. 2013. Evolution, brain, and the nature of language. In: Trends in Cognitive Sciences 17, S. 89–97.

Bickerton, Derek 1984. The language bioprogram hypothesis. In: The Behavioral and Brain Sciences 7, S. 173–188.

Bierwisch, Manfred 1966. Strukturalismus. Geschichte, Probleme und Methoden. In: Kursbuch 5, S. 77–152.

Bierwisch, Manfred 1992. Probleme der biologischen Erklärung natürlicher Sprache. In: Peter Suchsland (Hg.), S. 7–45.

Bishop, Dorothy V. M. 1999. An innate basis for language? In: Science 286, S. 2283–2285.

Bishop, Dorothy/Mogford, Kay (Hgg.) 1988. Language Development in Exceptional Circumstances. Edinburgh etc.

Bjorklund, David F. 2015. Developing adaptations. In: Developmental Review 38, S. 13–35.

Black, Betty 1992. Negotiating social pretend play: Communication differences related to social status and sex. In: Merrill-Palmer Quarterly 38, S. 212–232.

Blank, Marion/Gessner, Myron/Esposito, Anita 1979. Language without communication: A case study. In: Journal of Child Language 6, S. 329–352.

Blom, Elma/Unsworth, Sharon (Hgg.) 2010. Experimental Methods in Language Acquisition Research. Amsterdam.

Bloom, Lois 1970. Language Development: Form and Function of Emerging Grammars. Cambridge.

Bloom, Lois 1973. One Word at a Time: The Use of Single Word Utterances before Syntax. The Hague, Paris.

Bloom, Lois 2000. The intentionality model of word learning: How to learn a word, any word. In: Roberta M. Golinkoff et al. (Hgg.), S. 19–50.

Bloom, Lois/Beckwith, Richard 1989. Talking with feeling: Integrating affective and linguistic expression in early language development. In: Cognition and Emotion 3, S. 313–342.

Bloom, Lois/Bitetti Capatides, Joanne 1987. Expression of affect and the emergence of language. In: Child Development 58, S. 1513–1522.

Bloom, Lois/Lifter, Karin/Broughton, John 1985. The convergence of early cognition and language in the second year of life: Problems in conceptualization and measurement. In: Martyn D. Barrett (Hg.), S. 149–180.

Bloom, Lois/Lightbown, Patsy/Hood, Lois 1975. Structure and variation in child language. Monographs of the Society for Research in Child Development 40.

Bloom, Lois/Rocissano, Lorraine/Hood, Lois 1976. Adult-child discourse: Developmental interaction between information processing and linguistic knowledge. In: Cognitive Psychology 8, S. 521–552.

Bloom, Lois/Tinker, Erin/Margulis, Cheryl 1993. The words children learn: Evidence against a noun bias in early vocabularies. In: Cognitive Development 8, S. 431–450.

Bloomfield, Frank H. 2011. Epigenetic modifications may play a role in the developmental consequences of early life events. In: Journal of Neurodevelopmental Disorders 3, S. 348–355.

Borer, Hagit/Wexler, Kenneth 1987. The maturation of syntax. In: Thomas W. Roeper, Edwin Williams (Hgg.): Parameter Setting. Dordrecht, S. 123–172.

Bornkessel-Schlesewsky, Ina/Schlesewsky, Matthias/Small, Steven/Rauschecker, Josef P. 2015. Neurobiological roots of language in primate audition: common computational properties. In: Trends in Cognitive Sciences 19, S. 142–150.

Bornstein, Marc H./Hendricks, Charlene 2012. Basic language comprehension and production in > 100,000 young children from sixteen developing nations. In: Journal of Child Language 39, S. 899–918.

Boroditsky, L.,/Prinz, Jesse 2008. What thoughts are made of. In: Gün Semin, Eliot R. Smith (Hgg.): Embodied grounding: Social, cognitive, affective, and neuroscientific approaches. Cambridge, S. 98–115.

Bortfeld, Heather/Whitehurst, Grover J. 2001. Sensitive periods in first language acquisition. In: Donald B. Bailey et al. (Hgg.), S. 173–191.

Bortz, Jürgen [13]1993. Statistik für Sozialwissenschaftler. Berlin etc.

Bortz, Jürgen/Döring, Nicola [2]1995. Forschungsmethoden und Evaluation. Berlin, Heidelberg.

Boudreau, Donna M./Chapman, Robin S. 2000. The relationship between event representation and linguistic skill in narratives of children and adolescents with Down syndrome. In: Journal of Speech, Language and Hearing Research 43, S. 1146–1159.

Bower, Tom 1978. Die Wahrnehmungswelt des Kindes. Stuttgart.

Bower, Tom 1989. The perceptual world of the new-born child. In: Alan Slater, Gavin Bremner (Hgg.), S. 85–98.

Bowerman, Melissa 1977. The acquisition of word meaning: An investigation of some current concepts. In: Philip N. Johnson-Laird, Peter C. Wason (Hgg.): Thinking: Readings in Cognitive Science. Cambridge, MA, S. 239–253.

Bowerman, Melissa 1982. Reorganizational processes in lexical and syntactic development. In: Eric Wanner, Lila R. Gleitmann (Hgg.), S. 319–346.

Bowerman, Melissa 1989. Learning a semantic system: What role do cognitive predispositions play? In: Mabel L. Rice, Richard L. Schiefelbusch (Hgg.), S. 133–169.

Bowerman, Melissa 1996. The origins of children's spatial semantic categories: Cognitive versus linguistic determinants. In: Gumperz, J.J., Levinson, S.C. (Hgg.), S. 145–176.

Bowerman, Melissa/Choi, Soonja 2001. Shaping meanings for languages: Universal and language specific in the acquisition of spatial semantic categories. In: Melissa Bowerman, Stephen Levinson (Hgg.), S. 475–511.

Bowerman, Melissa/Levinson, Stephen C. (Hgg.) 2001. Language Acquisition and Conceptual Development. Cambridge.

Boysson-Bardies, Bénédicte de/Halle, Pierre/Sagart, Laurent/Durand, Catherine 1989. A crosslinguistic investigation of vowel formants in babbling. In: Journal of Child Language 16, S. 1–17.

Boysson-Bardies, Bénédicte de/Sagart, Laurent/Durand, Catherine 1984. Discernible differences in the babbling of infants according to target language. In: Journal of Child Language 11, S. 1–15.

Boysson-Bardies, Bénédicte de/Sagart, Laurent/Halle, Pierre/Durand, Catherine 1986. Acoustic investigation of cross linguistic variability in babbling. In: Björn Lindblom, Rolf Zetterström (Hgg.), S. 113–127.

Boysson-Bardies, Bénédicte de/Vihman, Marilyn May/Roug-Hellichius, Liselotte/Durand, Catherine/Landberg, I./Arao, F. 1992. Material evidence of infant selection from target language: A crosslinguistic study. In: Charles A. Ferguson, Lise Menn, Carol Stoel-Gammon, (Hgg.): Phonological Development: Models, Research, Implications. Timonium, MD, S. 369–391.

Braine, Martin D. S. 1963. The ontogeny of English phrase structure: The first phase. In: Language 39, S. 1–13.

Braine, Martin D. S. 1994. Is nativism sufficient? In: Journal of Child Language 21, S. 9–31.

Braunwald, Susan R./Brislin, Richard W. 1979. The diary method updated. In: Elinor Ochs, Bambi B. Schieffelin (Hgg.), S. 21–42.

Brazelton, T. Berry/Cramer, Bertrand G. 1991. Die frühe Bindung. Die erste Beziehung zwischen dem Baby und seinen Eltern. Stuttgart.

Brazelton, T. Berry/Koslowski, Barbara/Main, Mary 1974. The origins of recipro-city: The early mother-infant interaction. In: Michael Lewis, Leonard A. Rosenblum (Hgg.): The Effect of the Infant on its Caregiver. New York, S. 49–76.

Bremner, J. Gavin/Slater Alan M./Johnson, Scott P. 2015. Perception of object persis-tence: The origins of object permanence in infancy. In: Child Development Perspec-tives, S. 7–13.

Bretherton, Inge 1990. Open communication and internal working models: The role in the development of attachment realtionships. In: Ross Thompson (Hg.): Socioemo-tional Development. The Nebraska Symposium on Motivation. Lincoln, S. 57–113.

Bretherton, Inge/Beeghly, Marjorie 1982. Talking about internal states: The acquisition of an explicit theory of mind. In: Developmental Psychology 18, S. 906–921.

Bretherton, Inge/Fritz, Janet/Zahn-Waxler, Carolyn/Ridgeway, Doreen 1986. Learning to talk about emotions: A functionalist perspective. In: Child Development 57, S. 529–547.

Bretherton, Inge/Mc New, Sandra/Beeghly-Smith, Marjorie 1981. Early person know-ledge as expressed in gestural and verbal communication: When do infants acquire a »theory of mind«? In: Michael Lamb, Lonnie R. Sherrod (Hgg.): Infant Social Cogni-tion. Hillsdale, NJ, S. 333–373.

Brock, J. 2007. Language abilities in Williams syndrome: A critical review. In: Develop-mental Psychopathology 19, S. 97–127.

Broesch, Tanya/Bryant, Gregory A. 2015. Prosody in infant-directed speech is similar across western and traditional cultures. In: Journal of Cognition and Development 16, S. 31–43.

Broman, Sarah H./Grafman, Jordan (Hgg.) 1994. Atypical Cognitive Deficits in Develop-mental Disorders. Implications for Brain Function. Hillsdale, NJ etc.

Bronckart, Jean Paul/Sinclair, Hermina 1978. Genfer Untersuchungen zur genetischen Psycholinguistik. In: Die Psychologie des 20. Jh. Bd. 7. Zürich, S. 975–991.

Brooks, Rachele/Meltzoff, Andrew N. 2005. The development of gaze following and its relation to language. In: Developmental Science 8, S. 535–543.

Brooks, Rachele/Meltzoff, Andrew N. 2014. Gaze following: A mechanism for building social connections between infants and adults. In: Mario Mikulincer, Phillip R. Shaver (Hgg.): Mechanisms of social connection: From brain to group, Washington, D. C., S. 167–183.

Brown, Roger 1973. A First Language: The Early Stages. Cambridge, MA.

Brown, Roger/Cazden, Courtney B./Bellugi, Ursula 1968. The child's grammar from I to III. In: J. Hill (Hg.): Minnesota Symposium on Child Psychology Vol. II. Minneapolis, S. 28–73.

Brown, Roger/Hanlon, Camille C. 1970. Derivational complexity and order of acquisition in child speech. In: John R. Hayes (Hg.): Cognition and the Development of Language. New York, S. 11–53.

Bruderer, Alison G./Danielson, Kyle D./Kandhadai, Padmapriya/Werker, Janet F. 2015. Sensorimotor influence on speech perception in infancy. In: PNAS 112 (44), S. 13531–13536.

Bruner, Jerome 1979. Von der Kommunikation zur Sprache. In: Karin Martens (Hg.), S. 9–60.

Bruner, Jerome 1987. Wie das Kind sprechen lernt. Bern etc. (Child's Talk: Learning to use Language. New York, London 1983).

Bruner, Jerome 1990. Acts of Meaning. Cambridge, MA, London.

Bühler, Charlotte 1928. Kindheit und Jugend. Genese des Bewußtseins. Leipzig.

Bühler, Karl 1918, ⁵1929. Die geistige Entwicklung des Kindes. Jena.

Bulf, Hermann/Johnson, Scott P./Valenza, Eloisa 2011. Visual statistical learning in the newborn infant. In: Cognition 121, S. 128–132.

Bullowa, Margaret (Hg.) 1979. Before Speech. The Beginning of Interpersonal Communi-cation. Cambridge.

Burger, Lisa K./Miller, Peggy J. 1999. Early talk about the past revisited: Affect in working-class and middle-class children's co-narrations. In: Journal of Child Language 26, S. 133–162.

Bybee, Joan 1995. Regular morphology and the lexicon. In: Language and Cognitive Processes 10, S. 425–455.

Bybee, Joan 2010. Language, usage, and cognition. Cambridge.

Callaghan, Tara/Moll, Henrike/Rakoczy, Hannes/Warneken, Felix/Liszkowski, Ulf/Behne, Tanya/Tomasello, Michael 2011. Early social cognition in three cultural contexts. Boston, MA.

Camaioni, Luigia 1979. Child-adult and child-child conversations: An interactional approach. In: Elinor Ochs, Bambi Schieffelin (Hgg.), S. 325–337.

Cameron-Faulkner, Thea/Lieven, Elena/Tomasello, Michael 2003. A construction based analysis of child directed speech. In: Cognitive Science 27, S. 843–873.

Campos, Joseph J./Barrett, Karen C./Lamb, Michael E./Goldsmith, H. Hill/Stenberg, Craig 1983. Socioemotional development. In: Joseph Campos, Paul H. Mussen (Hgg.): Handbook of Child Psychology, Vol. 2: Infancy and Developmental Psychobiology. New York, S. 783–915.

Camras, Linda A./Malatesta, Carol Z./Izard, Carroll E. 1991. The development of facial expressions in infancy. In: Robert S. Feldman, Bernard Rime (Hgg.): Fundamentals of Nonverbal Behavior. Cambridge, S. 73–105.

Camras, Linda/Shutter, Jennifer M. 2010. Emotional facial expressions in infancy. In: Emotion Review 2, S. 120–129.

Capirci, Olga/Iverson, Jana M./Pizzuto, Elena/Volterra, Virginia 1996. Gestures and words during the transition to two-word speech. In: Journal of Child Language 23, S. 645–673.

Capone, Nina C./McGregor, Karla K. 2004. Gesture development: A review for clinical and research practices. In: Journal of Speech, Language and Hearing Research 47, S. 173–186.

Carey, Susan 1982. Semantic development: The state of the art. In: Eric Wanner, Lila R. Gleitman (Hgg.), S. 347–390.

Carey, Susan 2009. The Origin of Concepts. New York.

Carey, Susan/Spelke, Elizabeth 1994. Domain specific knowledge and conceptual change. In: Hirschfeld, Lawrence A., Gelman, Susan A. (Hgg.): Mapping the Mind. Domain Specificity in Cognition and Culture. Cambridge, MA, S. 169–200.

Carey, Susan/Zaitchik, Deborah/Bascandziev, Igor 2015. Theories of development: In dialogue with Jean Piaget. In: Developmental Review 38, S. 36–54.

Caron, Albert J./Caron, Rose F./Mac Lean, Darla 1988. Infant discrimination of naturalistic emotional expressions: The role of face and voice. In: Child Development 59, S. 604–616.

Caron, Rose F./Caron, Albert J./Myers, Rose S. 1982. Abstraction of invariant face expressions in infancy. In: Child Development 53, S. 1008–1015.

Carpenter, Malinda/Nagell, Katherine/Tomasello, Michael 1998. Social cognition, joint attention, and communicative competence from 9–15 months of age. Monographs of the Society for Research in Child Development 63 (4, Serial No. 176).

Casillas, Marisa 2014. Turn-taking. In: Danielle Matthews (Hg.): Pragmatic development in first language acquisition. Amsterdam, Philadelphia, S. 53–70.

Chapman, Robin S. 1981. Mother-child interaction in the second year of life. Its role in language development. In: Richard L. Schiefelbusch, Diane D. Bricker (Hgg.): Early Language: Acquisition and Intervention. Baltimore, MD, S. 201–249.

Chapman, Robin S. 1995. Language development in children and adolescents with Down syndrome. In: Paul Fletcher, Brian MacWhinney (Hgg.), S. 641–663.

Cheung, Chi-Ngai/Wong, Wan-Chi 2011. Understanding conceptual development along the implicit-explicit dimension: Looking through the lens of the representational redescription model. In: Child Development 82, S. 2037–2052.

Chomsky, Noam 1959. Review of Skinner's ›Verbal Behavior‹. In: Language 35, S. 26–58.

Chomsky, Noam 1969. Aspekte der Syntax-Theorie. Frankfurt/Main (Aspects of the Theory of Syntax. Cambridge 1965).

Chomsky, Noam 1970. Sprache und Geist. Frankfurt/Main (Language and Mind. New York 1968).

Chomsky, Noam 1977. Reflexionen über die Sprache. Frankfurt/Main (Reflections on Language. New York 1975).

Chomsky, Noam 1986. Knowledge of Language. Its Nature, Origin, and Use. New York etc.

Chomsky, Noam 1988. Language and Problems of Knowledge. The Managua Lectures. Cambridge, MA, London.

Chomsky, Noam 1995. The Minimalist Program. Cambridge, MA.

Chomsky, Noam 2000. New Horizons in the Study of Language and Mind. Cambridge.

Chomsky, Noam 2002. On Nature and Language. Cambridge.

Chomsky, Noam 2005. Three factors in language design. In: Linguistic Inquiry 36, 1, S. 1–22.

Clahsen, Harald 1988. Normale und gestörte Kindersprache. Amsterdam, Philadelphia.

Clahsen, Harald/Almazan, Mayella 1998. Syntax and morphology in Williams syndrome. In: Cognition 68, S. 167–198.

Clahsen, Harald/Temple, Christine 2003. Words and rules in Williams syndrome. In: Yonata Levy, Jeannette C. Schaeffer (Hgg.): Language Competence across Populations.Towards a Definition of Specific Language Impairment in Children. Hillsdale, NJ, S. 323–353.

Clark, Eve 1973. What's in a word? On the child's acquisition of semantics in his first language. In: Timothy E. Moore (Hg.), S. 65–110.

Clark, Eve 1975. Knowledge, context and strategy in the acquisition of meaning. In: Daniel P. Dato (Hg.): Developmental Psycholinguistics: Theory and Applications. Washington, S. 77–98.

Clark, Eve 1993. The Lexicon in Acquisition. Cambridge.

Clark, Eve 1995. Later lexical development and word formation. In: Paul Fletcher, Brian MacWhinney (Hgg.), S. 393–412.

Clark, Eve 2003. First Language Acquisition. New York, Cambridge.

Clark, Eve 2010. Adult offer, word class, and child uptake in early lexical acquisition. In: First Language 30 (3–4), S. 250–269.

Cohen, Jacob 1960. A coefficient of agreement for nominal scales. In: Educational and Psychological Measurement 20, S. 37–46.

Colonnesi, Cristina/Stams, Geert Jan J. M./Koster, Irene/Noom, Marc J. 2010. The relation between pointing and language development: A meta-analysis. In: Developmental Review 30, S. 352–366.

Compayré, Gabriel 1900. Die Entwicklung der Kindesseele. Altenburg.

Cook, Alicia S./Fritz, Janet J./McCornack, Barbara L./Visperas, Chris 1985. Early gender differences in the functional usage of language. In: Sex Roles 12, S. 909–915.

Cooper, Robin P./Aslin, Richard N. 1990. Preference for infant-directed speech in the first month after birth. In: Child Development 61, S. 1584–1595.

Corballis, Michael C. 2007. Recursion, language, and starlings. In: Cognitive Science 31, S. 697–704.

Corrigan, Roberta 1978. Language development as related to stage 6 object permanence development. In: Journal of Child Language 5, S. 173–189.

Coseriu, Eugenio/Matilal, Bimal K. 1996. Der *physei-thesei*-Streit. In: Marcelo Dascal, Dietfried Gerhardus, Kuno Lorenz, Georg Meggle (Hgg.): Sprach-philosophie. Ein internationales Jahrbuch zeitgenössischer Forschung. Berlin, New York, S. 880–900.

Courchesne, Eric/Townsend, Jeanne P./Akshoomoff, Natacha A./Yeung-Courchesne, Rachel/Press, Gary A./Murakami, James W./Lincoln, Alan J./James, Hector E./Saitoh, Osamu/Egaas, Brian/Haas, Richard H./Schreibman, Laura 1994. A new finding: Impairment in shifting attention in autistic and cerebellar patients. In: Sarah H. Broman, Jordan Grafman (Hgg.), S. 101–137.

Cromer, Richard F. 1974. The development of language and cognition: The cognitive hypothesis. In: Brian M. Foss (Hg.): New Perspectives in Child Development. Harmondsworth, Middlesex, S. 184–252.

Cross, Toni G. 1977. Mother's speech adjustments: The contribution of selected child listener variables. In: Catherine Snow, Charles A. Ferguson (Hgg.), S. 151–180.

Crystal, David 1993. Die Cambridge Enzyklopädie der Sprache. Frankfurt/Main, New York.

Curtiss, Susan 1977. Genie. A psychological study of a modern-day »wild child«. New York etc.

Curtiss, Susan 1989. The independence and task-specificity of language. In: Marc H. Bornstein, Jerome S. Bruner (Hgg.): Interaction in Human Development. Hillsdale, NJ etc., S. 105–138.

Dabrowska, Ewa 2015. What exactly is universal grammar, and has anyone seen it? In: Frontiers in Psychology 6, Article 852.

Darwin, Charles 1859. On the Origin of Species by Means of Natural Selection. London.

Darwin, Charles 1872. Der Ausdruck der Gemüthsbewegungen bei dem Menschen und den Thieren. Stuttgart (Reproduktion: Greno Verlag Nördlingen 1986).

Darwin, Charles 1877. A biographical sketch of an infant. In: Mind 2, S. 285–294.

de Bode, Stella/Smets, Lieselotte/Mathern, Gary W./Dubinsky, Stanley 2015. Complex syntax in the isolated right hemisphere: Receptive grammatical abilities after cerebral hemispherectomy. In: Epilepsy & Behavior 51, S. 33–39.

de Mause, Lloyd 1980. Evolution der Kindheit. In: Lloyd de Mause (Hg.): Hört ihr die Kinder weinen. Eine psychogenetische Geschichte der Kindheit. Frankfurt/Main, S. 12–111.

de Villiers, Jill/Pyers, Jennie E. 2002. Complements to cognition: A longitudinal study of the relationship between complex syntax and false-belief-understanding. In: Cognitive Development 17, S. 1037–1060.

de Villiers, Jill ²2000. Language and theory of mind: what are the developmental relationships. In: Baron-Cohen, Simon, Tager-Flusberg, Helen, Cohen, Donald (Hgg.): Understanding Other Minds: Perspectives from Developmental Cognitive Neuroscience. Oxford, S. 83–123.

de Villiers, Peter A. de/Villiers, Jill 1992. Language development. In: Marc H. Bornstein, Michael E. Lamb (Hgg.): Developmental Psychology: An Advanced Textbook. Hillsdale, NJ, S. 337–418.

Deacon, Terrence W. 1997. The Symbolic Species. The Co-Evolution of Language and the Brain. New York, London.

DeCasper, Anthony J./Fifer, William P. 1980. Of human bonding: newborns prefer their mothers' voices. In: Science 208, S. 1174–1176.

DeCasper, Anthony J./Spence, Melanie J. 1986. Prenatal maternal speech influences newborns' perception of speech sounds. In: Infant Behavior and Development 9, S. 133–150.

Dediu, Dan. 2015. An introduction to genetics for language scientists. Cambridge.

Dediu, Dan/Christiansen, Morten H. 2015. Language evolution: constraints and opportunities from modern genetics. In: Topics in Cognitive Science (im Druck)

Del Guidice, Marco/Maner, Valeria/Keysers, Christian 2009. Programmed to learn? The ontogeny of mirror neurons. In: Developmental Science 12 (2), S. 350–363.

Denham, Susanne A./Cook, Mary/Zoller, Daniel 1992. ›Baby looks very sad‹: Implications of conversations about feeling states between mother and preschooler. In: British Journal of Developmental Psychology 10, S. 301–315.

Dennis, Maureen 1980. Capacity and strategy for syntactic comprehension after left or right hemidecortication. In: Brain and Language 10, S. 287–317.

Dennis, Maureen/Kohn, Bruno 1975. Comprehension of syntax in infantile hemiplegics after cerebral hemidecortication: Left hemisphere superiority. In: Brain and Language 2, S. 475–486.

Dennis, Maureen/Whitaker, Harry A. 1976. Language acquisition following hemidecortication: Linguistic superiority of the left over the right hemisphere. In: Brain and Language 3, S. 404–433.

Dennis, Maureen/Whitaker, Harry A. 1977. Hemispheric equipotentiality and language acquisition. In: Sidney J. Segalowitz, Frederic A. Gruber (Hgg.): Language Development and Neurological Theory. New York, S. 93–106.

di Pellegrino, Giuseppe/Fadiga, Luciano/Fogassi, Leonardo/Gallese, Vittorio/Rizzolatti, Giacomo 1992. Understanding motor events: a neurophysiological study. In: Experimental Brain Research 91, S. 176–180.

Diessel, Holger 2007. Frequency effects in language acquisition, language use, and diachronic change. In: New Ideas in Psychology 25, S. 108–127.

Dittmar, Miriam/Abbot-Smith, Kirsten/Lieven, Elena/Tomasello, Michael 2008. German children's comprehension of word order and case marking in causative sentences. In: Child Development 79, S. 1152–1167.

Dodd, David/Fogel, Alan 1991. Nonnativist alternatives to the negative evidence hypothesis. In: The Behavioral and Brain Sciences 14, S. 617–618.

Doherty, Martin 2009. Theory of Mind. How Children Understand Others' Thoughts and Feelings. Hove, New York.

Dore, John/Franklin, Margery B./Miller, Robert T./Ramer, Andrya L. H. 1976. Transitional phenomena in early language acquisition. In: Journal of Child Language 3, 13–27.

Dornes, Martin 1993. Der kompetente Säugling. Die präverbale Entwicklung des Menschen. Frankfurt/Main.

Dornes, Martin 1997. Die frühe Kindheit. Entwicklungspsychologie der ersten Lebensjahre. Frankfurt/Main.

Dunlea, Anne (Hg.) 1989. Vision and the Emergence of Meaning: Blind and Sighted Children's Early Language. Cambridge.

Dunn, Judy/Bretherton, Inge/Munn, Penny 1987. Conversations about feeling states between mothers and their young children. In: Developmental Psychology 23, S. 132–139.

Dunn, Judy/Brown, Jane/Beardsall, Lynn 1991. Family talk about emotions and children's later understanding of others' emotions. In: Developmental Psychology 27, S. 448–455.

Duranti, Alessandro/Ochs, Elinor/Schieffelin, Bambi B. (Hgg.) 2011: The handbook of language socialization. Malden, MA.

Edwards, Derek 1974. Sensory-motor intelligence and semantic relations in early child grammars. In: Cognition 2, S. 395–434.

Edwards, Jane A. 1989. Transcription and the New Functionalism: A Counterproposal to CHILDES CHAT Conventions. Unv. Ms. Inst. of Cognitive Studies, Univ. of California at Berkeley.

Edwards, Mary Louise 1974. Perception and production in child phonology: The testing of four hypotheses. In: Journal of Child Language 1, S. 205–219.

Ehlich, Konrad/Rehbein, Jochen 1976. Halbinterpretative Arbeitstranskriptionen (HIAT). In: Linguistische Berichte 45, S. 21–41.

Eibl-Eibesfeldt, Irenäus 1979. Human ethology: Concepts and implications for the sciences of man. In: The Behavioral and Brain Sciences 2, S. 1–57.

Eibl-Eibesfeldt, Irenäus 1984. Die Biologie des menschlichen Verhaltens. München.

Eid, Michael/Gollwitzer, Mario/Schmidt, Manfred [4]2015. Statistik und Forschungsmethoden: Lehrbuch. Mit Online Materialien. Weinheim, Basel.

Eimas, Peter D. 1985. Die Sprachwahrnehmung des Säuglings. In: Spektrum Wissenschaft. März, S. 76–83.

Eimas, Peter D./Siqueland, Einar R./Juszyk, Peter W./Vigorito, James 1971. Speech perception in infants. In: Science 171, S. 303–306.

Eisele, Julie/Aram, Dorothy M. 1995. Lexical and grammatical development in children with early hemisphere damage: A cross-sectional view from birth to adolescence. In: Paul Fletcher, Brian MacWhinney (Hgg.), S. 664–689.

Ekman, Paul 1988. Gesichtsausdruck und Gefühl. Paderborn.

Ekman, Paul/Cordaro, Daniel 2011. What is meant by calling emotions basic? In: Emotion Review 3, S. 364–370.

Elman, Jeffrey L./Bates, Elizabeth/Johnson, Mark H./Karmiloff-Smith, Annette/Parisi, Domenico/Plunkett, Kim 1996. Rethinking Innateness. A Connectionist Perspective in Development. Cambridge, MA, London.

Ely, Richard/Berko Gleason, Joan B./Narasimhan, Bhuvaneswari/McCabe, Alyssa 1995. Family talk about talk: Mothers lead the way. In: Discourse Processes 19, S. 201–218.

Ely, Richard/McCabe, Alyssa 1993. Remembered voices. In: Journal of Child Language 20, S. 671–696.

Emmorey, Karen 2000. Sign language acquisition. In: Karen Emmorey (Hg.): Language, Cognition and the Brain. Mahwah, NJ, S. 169–226.

Engel, Susan 1986. Learning to Reminisce: A Developmental Study of How Young Children Talk about the Past. Unv. Diss., City University of New York.

Erickson, Lucy C./Thiessen, Erik D. 2015. Statistical learning of language: Theory, validity, and predictions of a statistical learning account of language acquisition. In: Developmental Review 37, S. 66–108.

Ervin-Tripp, Susan 1979. Children's verbal turn-taking. In: Elinor Ochs, Bambi Schieffelin (Hgg.), S. 391–414.

Ervin-Tripp, Susan/Miller, Wick 1977. Early discourse: Some questions about questions. In: Michael Lewis, Leonard A. Rosenblum (Hgg.), S. 9–25.

Evans, Nicholas/Levinson, Stephen C. 2009. The myth of language universals. Language diversity and its importance for cognitive science. In: Behavioral and Brain Sciences 32, S. 429–448.

Everett, Daniel L. 2005. Cultural constraints on grammar and cognition in Piraha. In: Current Anthropology 46, S. 621–634.

Fanselow, Gisbert 1992. Zur biologischen Autonomie der Grammatik. In: Peter Suchsland (Hg.), S. 335–356.

Fanselow, Gisbert/Felix, Sascha 1987. Sprachtheorie. 2 Bde. Tübingen.

Fay, W. H. 1988. Infantile autism. In: Dorothy Bishop, Kay Mogford (Hgg.), S. 190–202.

Feldman Barrett, Lisa 2011. Constructing emotion. In: Psychological Topics 20, S. 359–380.

Feldman, Heidi M./Holland, Audrey L./Kemp, Susan S./Janosky, Janine E. 1992. Language development after unilateral brain injury. In: Brain and Language 42, S. 89–102.

Felix, Sascha 1992. Biologische Faktoren des Spracherwerbs. In: Peter Suchsland (Hg.), S. 143–159.

Feng, Gary 2011. Eye tracking: A brief guide for developmental researchers. In: Journal of Cognition and Development 1, S. 1–11.

Fenson, Larry/Dale, Philip S./Reznik, J. Steven/Thal, Donna J./Bates, Elizabeth/Pethick, Steven J. 1994. Variability in Early Communicative Development. Monographs of the Society for Research in Child Development 59.

Fenson, Larry/Marchman, Virginia A./Thal, Donna J./Dale, Philip S./Reznick, J. Steven/Bates, Elizabeth ²2007. MacArthur-Bates Communicative Development Inventories: User's guide and technical manual. Baltimore.

Ferguson, Charles A./Macken, Marlys A. 1983. The role of play in phonological development. In: Keith E. Nelson (Hg.): Children's Language. New York, Hillsdale, NJ, Vol 4, S. 231–282.

Fernald, Anne/Kuhl, Patricia 1987. Acoustic determinants of infant preference for motherese speech. In: Infant Behavior and Development 10, S. 279–293.

Fernald, Anne/Marchman, Virginia A. 2012. Individual differences in lexical processing at 18 months predict vocabulary growth in typically developing and late-talking toddlers. In: Child Development 83, S. 203–222.

Fernald, Anne/Marchman, Virginia A./Weisleder, Adriana 2013. SES differences in language processing skill and vocabulary are evident at 18 months. In: Developmental Science 16, S. 238–248.

Fernald, Anne/Simon, Thomas 1984. Expanded intonation contours in mother's speech to newborns. In: Developmental Psychology 20, S. 104–113.

Fernald, Anne/Taeschner, Traute/Dunn, Judy/Papoušek, Mechthild/Boysson-Bardies, Bénédicte de/Fukui, Ikuko 1989. A cross-language study of prosodic modifications in mothers' and fathers' speech to preverbal infants. In: Journal of Child Language 61, S. 477–501.

Field, Tiffany M./Fox, Nathan A. (Hgg.) 1985. Social Perception in Infancy. Norwood, NJ.

Field, Tiffany M./Woodson, Robert/Greenberg, Reena/Cohen, Debra 1982. Discrimination and imitation of facial expression by neonates. In: Science 218, S. 179–181.

Fisher, Simon 2006. Tangled webs: Tracing the connections between genes and cognition. In: Cognition 101, S. 270–297.

Fisher, Simon E./Scharff, Constance 2009. FOXP2 as a molecular window into speech and language. In: Trends in Genetics 25, S. 166–177.

Fisher, Simon E./Vargha-Khadem, Faraneh/Watkins, Kate E./Monaco, Anthony P./Pembrey, Marcus E. 1998. Localisation of a gene implicated in severe speech and language disorder. In: nature genetics 18, S. 168–170.

Fisher, Simon E./Vernes, Sonja C. 2015. Genetics and the language sciences. In: Annual Review of Linguistics 1, S. 289–310.

Fishman, Inna/Yam, Anna/Bellugi, Ursula/Mills, Debra 2011. Language and sociability: insights from Williams syndrome. In: Journal of Neurodevelopmental Disorders 3, S. 185–192.

Fitch, Tecumseh/Hauser, Marc D. 2004. Computational constraints on syntactic processing in a nonhuman primate. In: Science 393, S. 327–338.

Fitch, W. Tecumseh 2009. Prolegomena to a future science of biolinguistics. In: Biolinguistics 3, S. 283–320.

Fitch, W. Tecumseh/Hauser, Mark D./Chomsky 2005. The evolution of the language faculty: Clarifications and implications. In: Cognition 97, S. 179–210.

Fivush, Robyn 1991. Gender and emotion in mother-child conversations about the past. In: Journal of Narrative and Life History 1, S. 325–341.

Fivush, Robyn/Fromhoff, Fayne A. 1988. Style and structure in mother-child conversations about the past. In: Discourse Processes 8, S. 177–204.

Fivush, Robyn/Haden, Catherine/Adam, Salimah 1995. Structure and coherence of preschooler's personal narratives over time: Implications for childhood amnesia. In: Journal of Experimental Child Psychology 60, S. 32–55.

Fletcher, Paul/MacWhinney, Brian (Hgg.) 1995. The Handbook of Child Language. Oxford, Cambridge, MA.

Fletcher, Paul/Miller, John F. (Hgg.) 2005. Developmental Theory and Language Disorders. Amsterdam, Philadelphia.

Floor, Penelope/Akhtar, Nameera 2006. Can 18-month-old infants learn words by listening in on conversations? In: Infancy 9, S. 327–339.

Fodor, Jerry 1983. The Modularity of Mind. Cambridge, MA.

Fogel, Alan 1981. The ontogeny of gestural communication: The first six months. In: R. Stark (Hg.): Language Behavior in Infancy and Early Childhood. New York, S. 17–44.

Fogel, Alan/Hannan, Thomas E. 1985. Manual actions of 2- to 3-month old human infants during social interaction. In: Child Development 56, S. 1271–1279.

Fogel, Alan/Thelen, Esther 1987. Development of early expressive and communicative action: Reinterpreting the evidence from a dynamic systems perspective. In: Developmental Psychology 23, S. 747–761.

Frank, Michael C./Vul, Edward/Johnson, Scott P. 2009. Development of infants' attention to faces during the first year. In: Cognition 110, S. 160–170.

Friederici, Angela 2005. Neurophysiological markers of early language acquisition: from syllables to sentences. In: Trends in Cognitive Sciences 9, S. 481–488.

Friederici, Angela/Pannekamp, Ann/Partsch, Carl-Joachim/Oehler, Klaus/Schmutzler, Renate/Hesse, Volker 2008. Sex hormone testosterone affects language organization in the infant brain. In: Neuroreport 19, S. 283–286.

Friedrichs, Jürgen [13]1985. Methoden empirischer Sozialforschung. Opladen.

Frith, Uta 1989. Autism. Explaining the Enigma. Oxford.

Frith, Uta 2013. Autismus. Eine sehr kurze Einführung. Bern.

Furrow, David/Moore, Chris/Davidge, Jane/Chiasson, Lorraine 1992. Mental terms in mothers' and children's speech: Similarities and relationships. In: Journal of Child Language 19, S. 617–631.

Furrow, David/Nelson, Katherine 1984. Environmental correlates of individual differences in language acquisition. In: Journal of Child Language 11, S. 523–534.

Furrow, David/Nelson, Katherine/Benedict, Helen 1979. Mother's speech to children and syntactic development: Some simple relations. In: Journal of Child Language 6, S. 423–442.

Furth, Hans G. 1972. Intelligenz und Erkennen. Die Grundlagen der genetischen Erkenntnistheorie Piagets. Frankfurt/Main.

Gallese, Vittorio/Fadiga, Luciano/Fogassi, Leonardo/Rizzolatti, Giacomo 1996. Action recognition in the premotor cortex. In: Brain 119, S. 593–609.

Gardner, R. Allen/Van Cantfort, Thomas E./Gardner, Beatrix T. 1992. Categorical replies to categorical questions by cross-fostered chimpanzees. In: The American Journal of Psychology 105, S. 27–57.

Garnica, Olga K. 1973. The development of phonemic speech perception. In: Timothy E. Moore (Hg.), S. 215–222.

Garvey, Catherine/Berninger, Ginger 1981. Timing and turn-taking in children's conversation. In: Discourse Processes 4, S. 27–57.

Gauvain, Mary/Beebe, Heidi/Shuheng, Zhao 2011. Applying the cultural approach to cognitive development. In: Journal of Cognition and Development 12, S. 121–133.

Geiger, Lazarus 1868. Ursprung und Entwicklung der menschlichen Sprache und Vernunft. 1. Bd. Stuttgart.

Geiger, Lazarus 1869, [2]1878. Der Ursprung der Sprache. Stuttgart.

Gentner, Dedre/Boroditsky, Lera 2001. Individuation, relativity ans early word learning. In: Stanley A. Kuczaj (Hg.): Language Development, Vol. 2, Language, Thought, and Culture. Hillsdale, NJ, S. 301–334.

Gentner, Timothy/Fenn, Kimberly M./Margoliash, Daniel/Nusbaum, Howard C. 2006. Recursive syntactic pattern learning by songbirds. In: Nature 440, S. 1204–1207.

Genty, Emilie/Zuberbühler, Klaus 2015. Iconic gesturing in bonobos. In: Communicative & Integrative Biology 8, 1, e992742.

Gervain, Judith/Macagno, Francesco/Cogoi, Silvia/Pena, Marcela/Mehler, Jacques 2008. The neonate brain detects speech structure. In: PNAS 105, S. 1422–14227.

Gervain, Judith/Berent, Iris/Werker, Janet F. 2012. Binding at birth: The newborn brain detects identity relations and sequential position in speech. In: Journal of Cognitive Neuroscience 24, S. 564–574.

Ginsburg, Herbert/Opper, Sylvia 1993. Piagets Theorie der geistigen Entwicklung. Stuttgart.

Gipper, Helmut 1985. Kinder unterwegs zur Sprache. Zum Prozeß der Spracherlernung in den ersten drei Lebensjahren – mit 50 Sprachdiagrammen zur Veranschaulichung. Unter Mitarbeit von Christine Boving – Ute Cron-Böngeler – Susanne Leupold – Gisela Niggemann – Martin Rothaut. Düsseldorf.

Gleitman, Lila R. 1984. Biological predispositions to learn language. In: Peter R. Marler, Herbert S. Terrace (Hgg.): The Biology of Learning. Berlin etc., S. 553–584.

Gleitman, Lila R. 1990. The structural sources of verb meanings. In: Language Acquisition 1, S. 3–35.

Gleitman, Lila R./Newport, Elissa L./Gleitman, Henry 1984. The current status of the motherese hypothesis. In: Journal of Child Language 11, S. 43–79.

Gleitman, Lila R./Wanner, Eric 1982. Language acquisition – The state of the state of the art. In: Eric Wanner, Lila R. Gleitman (Hgg.), S. 3–48.

Goldberg, Adele 1995. Constructions: A Construction Grammar Approach to Argument Structure. Chicago.

Goldberg, Adele 2006. Constructions at work: The nature of generalization in language. Oxford.

Goldberg, Adele/Casenhiser, Devin/Sethuraman, Nitya 2004. Learning argument structure generalizations. In: Cognitive Linguistics 15, S. 289–316.

Goldberg, Adele/Suttle, Laura 2010. Construction grammar. In: Wires: Cognitive Science 1.

Goldfield, B. A./Reznick, J. S. 1990: Early lexical acquisition: rate, content, and the vocabulary spurt. In: Journal of Child Language 17, S. 171–183.

Goldfield, B. A./Reznick, J. S. 1996. Measuring the vocabulary spurt: a reply to Mervis & Bertrand. In: Journal of Child Language 23, S. 241–146.

Goldfield, Beverly A. 1993. Noun bias in maternal speech to one-year olds. In: Journal of Child Language 20, S. 85–99.

Goldfield, Beverly A./Snow, Catherine 1985. Individual differences in language acquisition. In: Jean B. Gleason (Hg.): The Development of Language. Columbus etc., S. 307–330.

Goldin-Meadow, Susan/Mylander, Carolyn 1998. Spontaneous sign systems created by deaf children in two cultures. In: Nature 391, S. 279–281.

Golinkoff, Roberta M./Can, Dilara Deniz/Soderstrom, Melanie/Hirsh Pasek, Kathy 2015. (Baby) talk to me: the social context of infant-directed speech and its effects on early language acquisition. In: Current Directions in Psychological Science 24, S. 339–344.

Golinkoff, Roberta M./Hirsh-Pasek, Kathy 2006. Baby wordsmith. From associationist to social sophisticate. In: Current Directions in Psychological Science 15, S. 30–33.

Golinkoff, Roberta M./Hirsh-Pasek, Kathy/Bloom, Lois/Smith, Linda B./Woodward, Amanda L./Akhtar, Nameera/Tomasello, Michael/Hollich, George (Hgg.) 2000. Becoming a Word Learner: A Debate on Lexical Acquisition. Oxford, New York.

Golinkoff, Roberta M./Mervis, C. B./Hirsh-Pasek, Kathy 1994. Early object labels: The case for developmental framework. In: Journal of Child Language 21, S. 125–155.

Gómez, Juan Carlos/Sarriá, Encarnación/Tamarit, Javier 1993. The comparative study of early communication and theories of mind: Ontogeny, phylogeny, and pathology. In: Simon Baron-Cohen, Helen Tager-Flusberg, Donald J. Cohen (Hgg.), S. 397–426.

Goodman, Joan 1972. A case study of an autistic savant: Mental function in the psychotic child with markedly discrepant abilities. In: Journal of Child Psychology and Psychiatry 13, S. 267–278.

Goodwyn, SusanW./Acredolo, Linda P./Brown, Catherine A. 2000. Impact of symbolic gesturing on early language development. In: Journal of Nonverbal Behavior 24, S. 81–103.

Gopnik, Alison/Choi, Soonja 1990. Do linguistic differences lead to cognitive differences? A cross-linguistic study of semantic and cognitive development. In: First Language 10, S. 199–215.

Gopnik, Alison/Choi, Soonja/Baumberger, Therese 1997. Cross-linguistic differences in early semantic and cognitive development. In: Cognitive Development 11, S. 197–227.

Gopnik, Alison/Meltzoff, Andrew N. 1984. Semantic and cognitive development in 15–21 month-olds. In: Journal of Child Language 11, S. 495–515.

Gopnik, Alison/Meltzoff, Andrew N. 1986. Words, plans, things, and locations: Interactions between semantic and cognitive development in the one-word-stage. In: Stan A. Kuczaj, Martyn D. Barrett (Hgg.): The Development of Word Meaning. Progress in Cognitive Development Research. New York etc., S. 199–223.

Gopnik, Alison/Meltzoff, Andrew N. 1987. The development of categorization in the second year and its relation to other cognitive and linguistic developments. In: Child Development 58, S. 1523–1531.

Gopnik, Alison/Meltzoff, Andrew N. 1998. Words, Thoughts and Theories. Cambridge, London.

Gopnik, Alison/Wellman, Henry M. 2012. Reconstructing constructivism: Causal models, Bayesian learning mechanisms, and theory theory. In: Psychological Bulletin 138, S. 1085–1108.

Graf Estes, Katharine/Hurley, Karinna 2013. Infant-directed prosody helps infants map sounds to meanings. In: Infancy 18, S. 797–824.

Graham, Sarah A./Fisher, Simon E. 2013. Decoding the genetics of speech and language. In: Current Opinion in Neurobiology 23, S. 43–51.

Greenfield, Patricia M./Savage Rumbaugh, E. Sue 1993. Comparing communicative competence in child and chimp: The pragmatics of repetition. In: Journal of Child Language 20, S. 1–26.

Greenfield, Patricia M./Smith, H. J. 1976. The Structure of Communication in Early Language Development. New York etc.

Grégoire, A. 1937. L'apprentissage du langage: Vol. 1. Les deux premières années. Paris.

Grégoire, A. 1947. L'apprentissage du langage: Vol. 2. La troisième année et les années suivantes. Liège, Paris.

Gregory, Susan/Mogford, Kay 1981. Early language development in deaf children. In: Bencie Woll, James Kyle, Margaret Deuchar (Hgg.): Perspectives on British Sign Language and Deafness. London, S. 218–237.

Grewendorf, Günther/Hamm, Fritz/Sternefeld, Wolfgang ²1988. Sprachliches Wissen. Frankfurt/Main.

Grice, Paul H. 1975. Logic and conversation. In: Peter Cole, Jerry L. Morgan (Hgg.): Speech Acts. New York etc., S. 41–58 (Syntax and Semantics. Bd. 3).

Grice, Sarah J./Spratling, Michael W./Karmiloff-Smith, Annette/Halit, Hanife/Csibra, Gergely/de Haan, Michelle/Johnson, Mark H. 2001. Disordered visual processing and oscillatory brain activity in Autism and Williams syndrome. In: Neuroreport 12, S. 2697–2700.

Grieser, Dianne L./Kuhl, Patricia K. 1988. Maternal speech to infants in a tonal language: Support for universal prosodic features in motherese. In: Developmental Psychology 24, S. 14–20.

Grimm, Hannelore/Doil, H. 2001. ELFRA, Elternfragebögen für die Früherkennung von Riskokindern. Testzentrale. Göttingen.

Grimm, Hannelore ⁴1998. Sprachentwicklung – allgemeintheoretisch und differentiell betrachtet. In: Rolf Oerter, Leo Montada (Hgg.), S. 705–757.

Grimm, Hannelore/Wilde, Sabine 1998. Im Zentrum steht das Wort. In: Heidi Keller (Hg.), S. 445–473.

Grimshaw, Gina M./Adelstein, Ana/Bryden, M. Philip/MacKinnon, G. E. 1998. First language acquisition in adolescence: Evidence for a critical period for verbal language development. In: Brain and Language 63, S. 237–255.

Grossmann, Karin 1978. Die Wirkung des Augenöffnens von Neugeborenen auf das Verhalten ihrer Mütter. In: Geburtshilfe und Frauenheilkunde 38, S. 629–635.

Grossmann, Klaus E./August, Petra/Fremmer-Bombik, Elisabeth/Friedl, Anton/Grossmann, Karin/Scheuerer-Englisch, Herrmann/Spangler, Gottfried/Stephan, Christine/Suess, Gerhard 1989. Die Bindungstheorie: Modell und entwicklungspsychologische Forschung. In: Heidi Keller (Hg.), S. 31–55.

Gumperz, John J./Levinson, Stephen C. (Hgg.) 1996. Rethinking Linguistic Relativity. Cambridge

Hadwin, Julie/Perner, Josef 1991. Pleased and surprised: Children's cognitive theory of emotion. In: British Journal of Developmental Psychology 9, S. 215-

Haider, Hubert 1991. Die menschliche Sprachfähigkeit – exaptiv und kognitiv opak. In: Kognitionswissenschaft 2, S. 11–26.

Haider, Hubert 1993. Deutsche Syntax – generativ. Vorstudien zur Theorie einer projektiven Grammatik. Tübingen.

Harding, Carol Gibb 1982. Development of the intention to communicate. In: Human Development 25, S. 140–151.

Harding, Carol Gibb/Golinkoff, Roberta M. 1979. The origins of intentional vocalizations in prelinguistic infants. In: Child Development 50, S. 33–40.

Harris, Paul L. 1992. Das Kind und die Gefühle. Wie sich das Verständnis für die anderen Menschen entwickelt. Bern etc.

Hart, Betty/Risley, Todd R. 1995. Meaningful Differences in the Everyday Experiences of Young American Children. Baltimore, M. D.

Hassenstein, Bernhard [4]1987. Verhaltensbiologie des Kindes. München, Zürich.

Hausendorf, Heiko/Quasthoff, Uta M. 1992. Children's story-telling in adult-child interaction: Three dimensions in narrative development. In: Journal of Narrative and Life History 2, S. 293–306.

Hausendorf, Heiko/Quasthoff, Uta M. 1996. Sprachentwicklung und Interaktion: Eine linguistische Studie zum Erwerb von Diskursfähigkeiten bei Kindern, Wiesbaden.

Hauser, Marc D./Chomsky, Noam/Fitch, W. Tecumseh 2002. The faculty of language: What is it, who has it, and how did it evolve. In: Science 298, S. 1569–1579.

Hauser, Marc D./Yang, Charles/Berwick, Robert C./Tattersall, Ian/Ryan, Michael J./Watumull, Jeffrey/Chomsky, Noam/Lewontin, Richard C. 2014. The mystery of language evolution. In: Frontiers in Psychology 5, Article 401.

Haviland, Jeannette M./Lelwica, Mary 1987. The induced affect response: 10-week-old infants' responses to three emotional expressions. In: Developmental Psychology 23, S. 97–104.

Hawthorne, Kara/Gerken, LouAnn 2014. From pauses to clauses: Prosody facilitates learning of syntactic constituency. In: Cognition 133, S. 420–428.

Hawthorne, Kara/Mazuka, Reiko/Gerken, LouAnn 2015. The acoustic salience of prosody trumps infants' acquired knowledge of language-specific prosodic patterns. In: Journal of Memory and Language 82, S. 105–117.

Hertenstein, Matthew J./Campos, Joseph J. 2004. The retention effects of an adult's emotional displays on infant behavior. In: Child Development 75, S. 595–813.

Hiatt, Susan W./Campos, Joseph J./Emde, Robert N. 1979. Facial patterning and infant emotional expression: Happiness, surprise, and fear. In: Child Development 50, S. 1020–1035.

Hickman, Maya/Liang, James/Hendriks, Henriette 1989. Diskurskohäsion im Erstspracherwerb: Eine sprachvergleichende Untersuchung. In: Zeitschrift für Literaturwissenschaft und Linguistik 73, S. 53–74.

Hickock, Gregory S. 2015. Warum wir verstehen, was andere fühlen: Der Mythos der Spiegelneurone. München.

Hills, Thomas 2013. The company that words keep: comparing the statistical structure of child- versus adult-directed language. In: Journal of Child Language 40, S. 586–604.

Hirsh-Pasek, Kathy/Adamson, Lauren B./Bakeman, Roger/Owen, Margaret Tresch/Golinkoff, Roberta M./Pace, Amy/Yust, Paula K. S./Suma, Katherine 2015. The contribution of early communication to low-income children's language success. In: Psychological Science 25, 1071–1083.

Hirsh-Pasek, Kathy/Golinkoff, Roberta Michnik 1996. The Origins of Grammar. Evidence from Early Language Comprehension. Cambridge, MA, London.

Hirsh-Pasek, Kathy/Tucker, Michael/Golinkoff, Roberta Michnik 1996. Dynamic systems theory: Reinterpreting »prosodic bootstrapping« and its role in language acquisition. In: James L. Morgan, Katherine Demuth (Hgg.), S. 449–466.

Hobson, Peter 1993. Understanding persons: The role of affect. In: Simon Baron-Cohen, Helen Tager-Flusberg, Donald J. Cohen (Hgg.), S. 204–227.

Hochmann, Jean Rémy/Endress, Ansgar D./Mehler, Jacques 2010. Word frequency as a cue for identifying function words in infancy. In: Cognition 115, S. 444–457.

Hoff, Erika (Hg.) 2012. Research methods in child language: A practical guide. Chichester.

Hoff, Erika 2002. Causes and consequences of SES-related differences in parent-to-child speech. In: Marc H. Bornstein, Robert H. Bradley (Hgg.): Socioeconomic Status, Parenting, and Child Development. Mahwah, NJ, S. 147–160.

Hoff, Erika 2003. The specificity of environmental influence: Socioeconomic status affects early vocabulary development via maternal speech. In: Child Develpment 74, S. 1368–1378.

Hoff, Erika 2006. How social contexts support and shape language development. In: Developmental Review 26, S. 55–88.

Höhle, Barbara/Schmitz, Michaela/Santelmann, Lynn M./Weissenborn, Jürgen 2006. The recognition of discontinuous verbal dependencies in German 19 month-olds: Evidence for lexical and structural influences on children's early processing capacities. In: Language Learning and Development 2, S. 277–300.

Höhle, Barbara/Weissenborn, Jürgen 1999. Discovering grammar. In: Angela Friederici, Randolf Menzel (Hgg.): Learning: Rule Abstraction and Representation. Berlin, S. 37–69.

Höhle, Barbara/Weissenborn, Jürgen 2003. German learning infants' ability to detect unstressed closed-class elements in continuous speech. In: Develpmental Science 6, S. 122–127.

Höhle, Barbara/Weissenborn, Jürgen/Kiefer, Dorothea/Schulz, Antje/Schmitz, Michaela 2004. Functional elements in infants' speech processing: The role of determiners in the syntactic categorization of lexical elements. In: Infancy 5, S. 341–353.

Hollich, George J./Hirsh-Pasek, Kathy,/Golinkoff, Roberta M. 2000. Breaking the Language Barrier: An Emergentist Coalition Model for the Origins of Word Learning. Monographs of the Society for Research in Child Development 65.

Holodynski, Manfred/Friedlmeier, Wolfgang 2006. Emotionen. Entwicklung und Regulation. Heidelberg.

Hood, Lois/Bloom, Lois 1979. What, when and how about why: A longitudinal study of early expressions of causality. Monographs of the Society for Research in Child Development 44.

Howe, Nina/Rinaldi, Christina M./Recchia, Holly E. 2010. Patterns in mother- child internal state discourse across four contexts. In: Merrill-Palmer Quarterly 56, S. 1–20.

Hudson, Judith A. 2004. The development of future thinking: Constructing future events in mother-chiild conversation. In: Joan M. Lucariello, Judith A. Hudson, Robyn Fivush, Patricia J. Bauer (Hgg.): The Development of the Mediated Mind. Mahwah, N. J., S. 127–150.

Hudson, Judith A./Gebelt, Janet/Haviland, Jeannette/Bentivegna, Christine 1992. Emotion and narrative structure in young children's personal accounts. In: Journal of Narrative and Life History 2, S. 129–150.

Huttenlocher, Janellen/Vasilyeva, Marina/Cymerman, Elina/Levine, Susan 2003. Language input at home and at school: Relation to child syntax. In: Cognitive Psychology 45, S. 337–374.

Idelberger, H. A. 1903. Hauptprobleme der kindlichen Sprachentwicklung. In: Zf. f. päd. Psych., Pathol. u. Hyg. 5, S. 241–297, S. 425–456.

Immelman, Klaus/Keller, Heidi 1988. Die frühe Entwicklung. In: Klaus Immelmann, Klaus R. Scherer, Christian Vogel, Peter Schmoock (Hgg.): Psychobiologie. Grundlagen des Verhaltens. Weinheim, München, S. 133–180.

Ingram, David 1989. First Language Acquisition. Method, Description, and Explanation. Cambridge.

Inhelder, Bärbel 1972. Einige Aspekte von Piagets genetischer Theorie des Erkennens. In: Hans G. Furth (Hg.): Intelligenz und Erkennen. Frankfurt/Main, S. 44–71.

Izard, Carroll/Malatesta, Carol 1987. Perspectives on emotional development I: Differential emotions theory of early emotional development. In: Joy D. Osofsky (Hg.): Handbook of Infant Development. New York, S. 494–554.

Jackendoff, Ray 2000. Fodorian modularity and representational modularity. In: Yosef Grodzinsky, Lewis Shapiro, David Swinney (Hgg.): Language and the Brain. Representation and Processing. San Diego, S. 3–30.

Jakobson, Roman 1941, 1969. Kindersprache, Aphasie und allgemeine Lautgesetze. Uppsala 1941, Frankfurt/Main 1969.

James, Karin Harman/Maouene, Josita 2009. Auditory verb perception recruits motor systems in the developing brain: an fMRI investigation. In: Developmental Science 12, S. F26-F34.

James, Karin Harman/Swain, Shelley N. 2011. Only self generated actions create sensorimotor systems in the developing brain. In: Developmental Science 14, S. 673–678.

Jasnow, Michael/Crown, Cynthia L./Feldstein, Stanley/Taylor, Linda/Beebe, Beatrice/Jaffe, Joseph 1988. Coordinated interpersonal timing of Down-Syndrome and nondelayed infants with their mothers: Evidence for a buffered mechanism of social interaction. In: Biological Bulletin 175, S. 355–360.

Jasnow, Michael/Feldstein, Stanley 1986. Adult-like temporal characteristics of mother-infant vocal interactions. In: Child Development 57, S. 754–761.

Jernigan, T./Bellugi, U. 1994. Neuroanatomical distinctions between Williams and Down syndromes. In: Sarah H. Broman, Jordan Grafman (Hgg.), S. 57–66.

Jessner, Ulrike 1992. Zur Ontogenese von geschlechtsbedingten Sprachmerkmalen. In: Grazer linguistische Studien 38, S. 111–135.

John-Steiner, Vera/Panofsky, Carolyn 1992. Narrative competence: Cross-cultural comparisons. In: Journal of Narrative and Life History 2, S. 219–234.

Jones, Wendy/Bellugi, Ursula/Lai Zona/Chiles, Michael/Reilly, Judy/Lincoln, Alan/Adolphs, Ralph 2000. Hypersociability in Williams syndrome. In: Journal of Cognitive Neuroscience 12, S. 30–46.

Jusczyk, Peter W./Aslin, Richard N. 1995. Infants' detection of the sound patterns of words in fluent speech. In: Cognitive Psychology 29, S. 1–23.

Jusczyk, Peter W./Friederici, Angela D./Wessels, Jeanine M. I./Svenkerud, Vigdis Y./Jusczyk, Ann Marie 1993. Infants' sensitivity to the sound patterns of native language words. In: Journal of Memory and Language 32, S. 402–420.

Jusczyk, Peter W./Kemler-Nelson, Deborah G./Hirsh-Pasek, Kathy/Kennedy, Lori J./Woodward, Amanda/Piwoz, Julie 1992. Perception of acoustic correlates of major phrasal units by young infants. In: Cognitive Psychology 24, S. 252–293.

Kail, Michèle 2011. The study of early comprehension in language development. New methods, findings, and issues. In: Language, Interaction and Acquisition 2, S. 13–36.

Kamhi, Alan G. 1986. The elusive first word: The importance of the naming insight for the development of referential speech. In: Journal of Child Language 13, S. 155–161.

Kamp-Becker, Inge/Bölte, Sven 2011. Autismus. München, Basel.

Karmiloff-Smith, Annette 1979. A Functional Approach to Child Language. A Study of Determiners and Reference. Cambridge etc.

Karmiloff-Smith, Annette 1986a. Stage/structure versus phase/process in modelling linguistic and cognitive development. In: Iris Levin (Hg.): Stage and Structure. Norwood, N. J., S. 164–190.

Karmiloff-Smith, Annette 1986b. Some fundamental aspects of language development after 5. In: Paul Fletcher, M. Garman (Hgg.): Language Acquisition. Cambridge, S. 455–474.

Karmiloff-Smith, Annette 1991. Beyond modularity: Innate constraints and developmental change. In: Susan Carey, Rochel Gelman (Hgg.): The Epigenesis of Mind: Essays on Biology and Cognition. Hillsdale, NJ, S. 171–197.

Karmiloff-Smith, Annette ²1995. Beyond Modularity. A Developmental Perspective on Cognitive Science. Cambridge, MA, London.

Karmiloff-Smith, Annette 2006. The tortuous route from genes to behavior: A neuroconstructivist approach. In: Cognitive, Affective, & Behavioral Neuroscience 6, S. 9–17.

Karmiloff-Smith, Annette 2013. From constructivism to neuroconstructivism: Did we still fall into the foundationalism/encodingism trap? Commentary on »Stepping off the pendulum: Why only an action-based approach can transcend the nativist-empiricist debate« by J. Allen and M. Bickhard. In: Cognitive Development 28, S. 154–158.

Karmiloff-Smith, Annette/Brown, Janice H./Grice, Sarah/Paterson, Sarah 2003. Dethroning the myth: cognitive dissociations and innate moduarity in Williams syndrome. In: Developmental Neuropsychology 23, S. 227–242.

Karmiloff-Smith, Annette/Grant, Julia/Berthoud, Ioanna/Davies, Mark/Howlin, Patricia/Udwin, Orlee 1997. Language and Williams syndrome: How intact is »intact«. In: Child Development 68, S. 246–262.

Karmiloff-Smith, Annette/Tyler, Lorraine K./Voice, Kate/Sims, Kerry/Udwin, Orlee/Howlins, Patricia/Davies, Mark 1998. Linguistic dissociations in Williams syndrome:

evaluating receptive syntax in on-line and off-line tasks. In: Neuropsychologia 36, S. 343–351.

Karmiloff, Kyra/Karmiloff-Smith, Annette 2001. Pathways to Language. From Fetus to Adolescent. Cambridge, MA, London.

Kärtner, Joscha/Keller, Heidi/Yovsi, Relindis D. 2010. Mother-infant interaction during the first 3 months: The emergence of culture-specific contingency patterns. In: Child Development 81, S. 540–554.

Kauschke, Christina 1999. Früher Wortschatzerwerb im Deutschen: eine empirische Studie zum Entwicklungsverlauf und zur Komposition des kindlichen Lexikons. In: Jörg Meibauer, Monika Rothweiler (Hgg.): Das Lexikon im Spracherwerb. Tübingen, Basel, S. 128–156.

Kauschke, Christina 2000. Der Erwerb des frühkindlichen Lexikons – eine empirische Studie zur Entwicklung des Wortschatzes im Deutschen. Tübingen.

Kauschke, Christina 2007. Erwerb und Verarbeitung von Nomen und Verben. Tübingen.

Kauschke, Christina 2012. Kindlicher Spracherwerb im Deutschen. Berlin, Boston.

Kauschke, Christina/Klann-Delius, Gisela 2007. Characteristics of maternal input in relation to vocabulary development in children learning German. In: Insa Gülzow, Natalia Gagarina (Hgg.): Frequency Effects in Language Acquisition. Berlin, New York, S. 181–203.

Kaye, Kelly L./Bower, T. G. R. 1994. Learning and intermodal transfer of information in newborns. In: Psychological Science 5, S. 286–288.

Kaye, Kenneth 1979. Thickening thin data: The maternal role in developing communication and language. In: Margaret Bullowa (Hg.), S. 191–206.

Kaye, Kenneth 1982. The Mental and Social Life of Babies: How Parents Create Persons. Chicago.

Kaye, Kenneth/Charney, Rosalind 1980. How mothers maintain »dialogue« with two-year-olds. In: David R. Olson (Hg.), S. 211–230.

Kaye, Kenneth/Charney, Rosalind 1981. Conversational asymmetry between mothers and children. In: Journal of Child Language 8, S. 35–49.

Kaye, Kenneth/Fogel, Alan 1980. The temporal structure of face-to-face communication between mothers and infants. In: Developmental Psychology 16, S. 454–464.

Keenan, Elinor O. 1979. Gesprächskompetenz bei Kindern. In: Karin Martens (Hg.), S. 168–201.

Keller, Heidi (Hg.) 1989. Handbuch der Kleinkindforschung. Berlin etc.

Keller, Heidi (Hg.) 1998. Lehrbuch Entwicklungspsychologie. Bern etc.

Keller, Heidi 2012a. Autonomy and relatedness revisited: Cultural manifestations of universal human needs. In: Child Development Perspectives 6 (1), S. 12–18.

Keller, Heidi 2012b. The importance of culture for developmental science. In: International Journal of Developmental Science 6, S. 25–28.

Keller, Heidi/Eibl-Eibesfeldt, Irenäus 1989. Concepts of parenting. The role of eye contact in early parent child interactions in different cultures. In: Daphne M. Keats, Donald Munro, Leon Mann (Hgg.): Heterogeneity in Cross-Cultural Psychology. Amsterdam etc., S. 468–487.

Keller, Heidi/Gauda, Gudrun/Miranda, Delia/Schölmerich, Axel 1982. Strukturmerkmale elterlicher Sprache gegenüber Kindern im ersten Lebensjahr. In: Zeitschrift für Entwicklungspsychologie und pädagogische Psychologie 14, S. 292–307.

Keller, Heidi/Meyer, Hans-Jürgen 1982. Psychologie der frühesten Kindheit. Stuttgart etc.

Keller, Heidi/Schölmerich, Axel/Eibl-Eibesfeldt, Irenäus 1988. Communication patterns in adult-infant interactions in Western and non-Western cultures. In: Journal of Cross-Cultural Psychology 19, S. 427–44.

Keller, Heidi/Voelker, Susanne/Dzeaye Yovsi, Relindis 2005. Conceptions of parenting in different cultural communities: The case of West African Nso and Northern German women. In: Social Development 14, S. 158–180.

Kelley, Elizabeth/Paul, Jennifer/Fein, Deborah/Naigles, Letitia 2006. Residual language deficits in children with a history of autism. In: Journal of Autism and Developmental Disorders 36, S. 807–828.

Kemler Nelson, Deborah G./Hirsh-Pasek, Kathy/Jusczyk, Peter W./Wright Cassidy, Kimberly 1989. How prosodic cues in motherese might assist language learning. In: Journal of Child Language 16, S. 55–68.

Kent, Ray D./Miolo, Giuliana 1995. Phonetic abilities in the first year of life. In: Paul Fletcher, Brian MacWhinney (Hgg.), S. 303–334.

Kiefer, Dorothea 1995. Themenbearbeitung in der Mutter-Kind-Interaktion: eine empirische Analyse diskursiver Fähigkeiten. Unv. Magisterarbeit, Fachbereich Germanistik, Freie Universität Berlin.

Klann-Delius, Gisela 1980. Welchen Einfluß hat die Geschlechtszugehörigkeit auf den Spracherwerb des Kindes. In: Linguistische Berichte 70, S. 63–87.

Klann-Delius, Gisela 1987. Describing and explaining discourse structures: The case of explaining games. In: Linguistics 25, S. 145–199.

Klann-Delius, Gisela 1996a. Einige praktische Probleme von Langzeituntersuchungen und ihre methodologischen Implikationen. In: Konrad Ehlich (Hg.): Kindliche Sprachentwicklung. Konzepte und Empirie. Opladen, S. 17–29.

Klann-Delius, Gisela 1996b. Sprache, Sprechen und Subjektivität in der Ontogenese. In: Zeitschrift für Literaturwissenschaft und Linguistik 101, S. 114–140.

Klann-Delius, Gisela 2005a. Erzählen in der kindlichen Entwicklung. In: Petra Wieler (Hg.): Narratives Lernen in medialen und anderen Kontexten, Freiburg, S. 13–27.

Klann-Delius, Gisela 2005b. Sprache und Geschlecht. Stuttgart, Weimar.

Klann-Delius, Gisela/Hédérvari, Eva/Hofmeister, Chris 1996. Dialogentwicklung und Interaktion. Abschlußbericht. Unv. Manuskript Berlin.

Klann-Delius, Gisela/Hofmeister, Chris 1997. The development of communicative competence of securely and insecurely attached children in interaction with their mothers. In: Journal of Psycholinguistic Research 26, S. 69–89.

Klann-Delius, Gisela/Kauschke, Christina 1996. Die Entwicklung der Verbalisierungshäufigkeit von inneren Zuständen und emotionalen Ereignissen in der frühen Kindheit in Abhängigkeit von Alter und Affekttyp: eine explorative, deskriptive Längsschnittstudie. In: Linguistische Berichte 161, S. 68–89.

Klecan-Aker, Joan S. 1986. A comparison of language functions used by normal male and female pre-school children in a structured setting. In: Language and Speech 29, S. 221–232.

Kleiber, Georges 1998. Prototypensemantik. Tübingen.

Kral, Andrej/Hartmann, Rainer/Tillein, Jochen/Heid, Silvia/Klinke, Rainer 2001. Delayed maturation and sensitive periods in the auditory cortex. In: Audiology & Neurootology 6, S. 346–362.

Kreppner, Kurt 1989. Beobachtung und Längsschnitt in der Kleinkindforschung: Überlegungen zur Methodologie und Demonstration eines empirischen Beispiels. In: Heidi Keller (Hg.), S. 271–294.

Krüger, Lorenz 1987. Der Streit um das angeborene Wissen. In: Carsten Niemitz (Hg.): Erbe und Umwelt. Frankfurt/Main, S. 10–29.

Kucker, Sarah C./McMurray, Bob/Samuelson, Larissa K. 2015. Slowing down fast mapping: Redefining the dynamics of word learning. In: Child Development Perspectives 9 (2), S. 74–78.

Kuebli, Janet E./Fivush, Robyn 1992. Gender differences in parent-child conversations about past emotions. In: Sex Roles 27, S. 683–698.

Kuhl, Patricia 2004. Early language acquisition: Cracking the speech code. In: Nature Reviews Neuroscience 5, S. 831–843.

Kuhl, Patricia 2010. Brain mechanisms in early language acquisition. In: Neuron 67, S. 713–727.

Kuhl, Patricia K./Meltzoff, Andrew N. 1984. The intermodal representation of speech in infants. In: Infant Behavior and Development 7, S. 361–381.

Kuhl, Patricia K./Miller, James D. 1975. Speech perception in early infancy: Discrimination of speech-sound categories. In: Journal of the Acoustical Society of America, 58, Suppl. 1, S. 56.

Kuhl, Patricia K./Miller, James D. 1982. Discrimination of auditory target dimensions in the presence or absence of variation in a second dimension by infants. In: Perception & Psychophysics 31, S. 279–292.

Kuhl, Patricia K./Williams, Karen A./Lacerda, Francisco/Stevens, Kenneth N./Lindblom, Björn 1992. Linguistic experience alters phonetic perception in infants by 6 months of age. In: Science 255, S. 606–608.

Kuhl, Patricia/Conboy, Barbara T./Padden, Denise/Nelson, Tobey/Pruitt, Jessica 2005. Early speech perception and later language development: Implications for the »critical period«. In: Language Learning and Development 1, S. 237–264.

Kuhl, Patricia/Meltzoff, Andrew 1996. Infant vocalizations in response to speech: Vocal imitation and developmental change. In: Journaal of the Acoustical Society of America 100, S. 2425–2438.

Kuhl, Patricia/Rivera-Gaxiola, Maritza 2008. Neural substrates of language acquisition. In: Annual Review of Neuroscience 31, S. 511–534.

Küntay, Aylin C./Nakamura, Keiko/Sen, Beyza Atec 2014. Crosslinguistic and crosscultural approaches to pragmatic development. In: Danielle Matthews (Hg.): Pragmatic development in first language acquisition. Amsterdam, Philadelphia.

Kußmaul, Adolf 1859. Untersuchungen über das Seelenleben des neugeborenen Menschen. Leipzig, Heidelberg.

Labov, William 1980. Das Studium der Sprache im sozialen Kontext. In: Wolfgang Klein, Dieter Wunderlich (Hgg.): Aspekte der Soziolinguistik. Frankfurt/Main, S. 111–194.

Labov, William/Waletzky, Joshua 1967. Narrative analysis: Oral versions of personal experiences. In: June Helm (Hg.): Essays on the Verbal and Visual Arts. Seattle, S. 12–44.

LaFreniere, Peter/MacDonald, Kevin 2013. A post-genomic view of behavioral development and adaptation to the environment. In: Developmental Review 33, S. 89–109.

Lai, Cecilia S. L./Fisher, Simon E./Hurst, Jane E./Vargha-Khadem, Faraneh/Monaco, Anthony P. 2001. A forkhead domain gene is mutated in a severe speech and language disorder. In: Nature 413, S. 519–523.

Laing, Catherine E. 2014. A phonological analysis of onomatopoeia in early word production. In: First Language 34, S. 387–405.

Landau, Barbara/Gleitman, Lila R. 1985. Language and Experience. Evidence from the Blind Child. Cambridge, MA etc.

Landau, Barbara/Smith, Linda B./Jones, Susan S. 1988. The importance of shape in early lexical learning. In: Cognitive Development 3, S. 299–321.

Lany, Jill/Saffran, Jenny R. 2013. Statistical learning mechanisms in infancy. In: John L. R. Rubenstein, Pasko Rakic (Hgg.): Comprehensive Developmental Neuroscience: Neural circuit development and function in the brain, Vol. 3, S. 231–248.

Lawrence, Valerie W. 1997. Middle- and working-class black and white children's speech during a picture-labeling task. In: The Journal of Genetic Psychology 158, S. 226–240.

Leaper, Campbell 1991. Influence and involvement in children's discourse: Age, gender, and partner effects. In: Child Development 62, S. 797–811.

Lebrun, Yvan 1980. Victor von Aveyron: A reappraisal in light of more recent cases of feral speech. In: Language Sciences 2, S. 32–43.

Lebrun, Yvan 2002. Implicit competence and explicit knowledge. In: Franco Fabbro (Hg.): Advances in the neurolinguistics of bilingualism. Udine, S. 32–43.

Lederberg, Amy R./Spencer, Patricia E. 2005. Critical periods in the acquisition of lexical skills. In: Paul Fletcher, John F. Miller (Hgg.), S. 121–145.

Lenneberg, Eric H. 1972. Biologische Grundlagen der Sprache. Frankfurt/Main (Biological Foundations of Language. New York 1967).

Leopold, Werner F. 1939–1949. Speech Development of a Bilingual Child: A Linguist's record. Vol. 1: Vocabulary Growth in the First Two Years (1939). Vol. 2: Sound Learning in the First Two Years (1947). Vol. 3: Grammar and General Problems in the First Two Years (1949). Vol. 4: Diary from Age Two. Evanston, Ill.

Leung, Eleanor H. L./Rheingold, Harriet L. 1981. Development of pointing as a social gesture. In: Developmental Psychology 17, S. 215–220.

Levinson, Stephen C. 2016. Turn-taking in human communication – origins and implications for language processing. In: Trends in Cognitive Sciences 20, S. 6–14.

Levy, Elena 1989. Monologue as development of the text-forming function of language. In: Katherine Nelson (Hg.): Narratives from the Crib. Cambridge MA, London, S. 123–170.

Lewis, Michael/Rosenblum, Leonard A. (Hgg.) 1977. Interaction, Conversation, and the Development of Language. New York etc.

Lewis, Morris M. 1936, [2]1951. Infant Speech: A Study of the Beginnings of Language. London.

Lewkowicz, Davis J./Lickliter, Robert (Hgg.) 1994: The development of intersensory perception. Comparative perspectives. Hillsdale, N. J.

Lieven, Elena 1978a. Turn-taking and pragmatics: Two issues in early child language. In: Robin N. Campbell, Philip T. Smith (Hgg.): Recent Advances in the Psychology of Language. New York, London, S. 215–236.

Lieven, Elena 1978b. Conversation between mothers and young children. In: Natalie Waterson, Catherine Snow (Hgg.): The Development of Communication. London, S. 173–187.

Lieven, Elena 1994. Crosslinguistic and crosscultural aspects of language addressed to children. In: Clare Gallaway, Brian J. Richards (Hgg.): Input and Interaction in Language Acquisition. Cambridge, S. 56–73.

Lieven, Elena 2010. Input and first language acquisition: Evaluating the role of frequency. In: Lingua 120, S. 2546–2556.

Lieven, Elena 2014a. First language development: a usage-based perspective on past and current research. In: Journal of Child Language 41 (S1), S. 48–63.

Lieven, Elena 2014b. First language learning from a usage-based approach. In: Thomas Herbst, Hans-Jörg Schmid, Susan Faulhaber (Hgg.): Constructions Collocations Patterns. Berlin, Boston, S. 9–32.

Lieven, Elena/Pine, Julian M./Dresner Barnes, Helen 1992. Individual differences in early vocabulary development: Redefining the referential-expressive distinction. In: Journal of Child Language 19, S. 287–310.

Lieven, Elena/Stoll, Sabine 2010. Language. In: Marc H. Bornstein (Hg.): The handbook of cultural developmental science. New York, Hove, S. 143–160.

Lifter, Karin/Bloom, Lois 1985. Development of object related behaviors during the transition from prelinguistic to linguistic communication. Paper presented at the Meeting of the Society of Research in Child Development, Toronto.

Lillard, Angeline S./Flavell, John H. 1990. Young children's preference for mental state versus behavioral descriptions of human action. In: Child Development 61, S. 731–741.

Lillard, Angeline S./Kavanough, Robert D. 2014. The contribution of symbolic skills to the development of an explicit theory of mind. In: Child Development 85, S. 1535–1551.

Lindblom, Björn/Zetterström, Rolf (Hgg.) 1986. Precursors of Early Speech. New York, Hampshire (Wenner-Gren International Symposium Series Vol. 44).

Linke, Angelika/Nussbaumer, Markus/Portmann, Paul R. [2]1991. Studienbuch Linguistik. Tübingen.

Liszkowski, Ulf/Brown, Penny/Callaghan, Tara/Takada, Akira/de Vos, Conny 2012. A prelinguistic gestural universal of human communication. In: Cognitive Science 36, S. 698–713.

Liszkowski, Ulf/Tomasello, Michael 2011. Individual differences in social, cognitive, and morphological aspects of infant pointing. In: Cognitive Development 26, S. 16–29.

Liu, Huei-Mei/Kuhl, Patricia K./Taso, Feng-Ming 2003. An association between mothers' speech clarity and infants' speech discrimination skills. In: Developmental Science 6, S. F1-F10.

Lloyd, Peter/Mann, Sandi/Peers, Ian 1998. The growth of speaker and listener skills from five to eleven years. In: First Language 18, S. 81–104.

Löbisch, Johann Elias 1851. Entwicklungsgeschichte der Seele des Kindes. Wien.

Löbner, Stefan 2003. Semantik. Eine Einführung. Berlin, New York.

Locke, John L. 1983. Phonological Acquisition and Change. New York etc.

Locke, John L. 1993. The Child's Path to Spoken Language. Cambridge,

Locke, John L. 1995. Development of the capacity for spoken language. In: Paul Fletcher, Brian MacWhinney (Hgg.), S. 278–302.

Locke, John L. 2001. First communion: The emergence of vocal relationships. In: Social Development 10, S. 294–308.

Lockman, Jeffrey J./Thelen, Esther 1993. Developmental biodynamics: Brain, body, behavior connections. In: Child Development 64, S. 953–959.

Lohmann, Heidemarie/Tomasello, Michael 2003. The role of language in the development of false belief understanding: A training study. In: Child Development 74, S. 1130–1144.

Longobardi, Emiddia/Rossi-Arnaud, Clelia/Spataro, Pietro/Putnick, Diane L./Bornstein, Marc H. 2015. Children's acquisition of nouns and verbs in Italian: contrasting the roles of frequency and positional salience in maternal language. In: Journal of Child Language 42 (1), S. 95–121.

Losh, Molly/Capps, Lisa 2003. Narrative ability in high-functioning children with autism or Asperger's syndrome. In: Journal of Autism and Developmental Disorders 33, S. 239–251.

Loveland, Katherine/Tunali, Belgin 1993. Narrative language in autism and the theory of mind hypothesis: A wider perspective. In: Simon Baron-Cohen, Helen Tager-Flusberg, Donald J. Cohen (Hgg.), S. 247–266.

Luckmann, Thomas 1964. Einleitung. In: Lew Semjonowitsch Wygotski, S. IX-XXI.

Luef, Eva Maria, Peltzer-Karpf, Annemarie 2013. Language Acquisition: Ontogenetic and phylogenetic considerations. In: Journal of Child Language Acquisition and Development 1, S. 10–28.

Luo, Yuyan 2011. Do 10-month-old infants understand others' false beliefs? In: Cognition 121, S. 289–298.

Luuk, Erkki/Luuk, Hendrik 2011. The redundancy of recursion and infinity for natural language. In: Cognitive Processing 12, S. 1–11.

Lyons, John 1984. Einführung in die moderne Linguistik. München.

MacDonald, Pamelyn M./Kirkpatrick, Sue W./Sullivan, Laurie Ann 1996. Schematic drawings of facial expressions for emotion recognition and interpretation by preschool-aged children. In: Genetic, Social, and General Psychology Monographs 122, S. 373–388.

MacWhinney, Brian 2000. The CHILDES Project: Tools for Analyzing Talk. Mahwah, N.J.

MacWhinney, Brian 2010. Computational models of child language learning: an introduction. In: Journal of Child Language 37, S. 477–485.

MacWhinney, Brian/Snow, Catherine 1985. The child language data exchange system. In: Journal of Child Language 12, S. 271–296.

Main, Mary/Kaplan, Nancy/Cassidy, Jude 1985. Security in infancy, childhood and adulthood: A move to the level of representation. In: Inge Bretherton, Everett Waters (Hgg.): Growing points of attachment theory and research. Monographs of the Society for Research in Child Development 50, S. 66–107.

Main, Mary/Solomon, Judith 1990. Procedures for identifying infants as disorganized/disoriented during the Ainsworth Strange Situation. In: Marc T. Greenberg, Dante Cicchetti, E. Mark Cummings (Hgg.): Attachment in the Preschool Years, Chicago, London, S. 121–160.

Malatesta, Carol Z./Culver, Clayton/Tesman, Johanna Rich/Shepard, Beth 1989. The development of emotion expression during the first two years of life. Monographs of the Society for Research in Child Development 54.

Mampe, Birgit/Friederici, Angela D./Christophe, Anne/Wermke, Kathleen. 2009. Newborn's cry melody is shaped by their native language. In: Current Biology 19, S. 1994–1997.

Mandler, Jean Matter 2004. The Foundations of Mind. Origins of Conceptual Thought. Oxford, New York.

Männel, Claudia 2008. The method of event-related brain potentials in the study of cognitive processes. In: Angela D. Friederici, Guillaume Thierry (Hgg.): Early language development. Amsterdam, Philadelphia, S. 1–22.

Marchman, Virginia/Bates, Elizabeth/Burkhardt, Antionette 1991. Functional constraints of the acquisition of the passive: Toward a model of the competence to perform. In: First Language 11, S. 65–92.

Marchman, Virginia/Miller, Ruth/Bates, Elizabeth 1991. Babble and first words in children with focal brain injury. In: Applied Psycholinguistics 12, S. 1–22.

Marcus, Gary F. 2005. Der Ursprung des Geistes. Wie Gene unser Denken prägen. Düsseldorf, Zürich.

Marcus, Gary F./Fisher, Simon E. 2003. FOXP2 in focus: what can genes tell us about speech and language? In: Trends in Cognitive Sciences 7, S. 257–262.

Marcus, Gary F./Vijayan, S./Bandi Rao, Shoba./Vishton, Peter M. 1999. Rule learning by seven month-old-infants. In: Science 283, S. 77–80.

Mareschal, Denis/Johnson, Mark H./Sirios, Sylvain/Spratling, Michael/Thomas, Michael S.C./Westermann, Gert 2007. Neuroconstructivism: How the Brain Constructs Cognition. Oxford.

Marklund, Ulrika/Marklund, Ellen/Lacerdo, Francisco/Schwarz, Iris-Corinna 2015. Pause and utterance duration in child-directed speech in relation to vocabulary size. In: Journal of Child Language 42, S. 1158–1171.

Markman, Ellen M. 1989. Categorizing and Naming in Children. Cambridge, MA.

Markman, Ellen M. 1994. Constraints on word meaning in early language acquisition. In: Lila R. Gleitman, Barbara Landau (Hgg.): The Acquisition of the Lexicon. Cambridge, MA, S. 199–228.

Martens, Karin (Hg.) 1979. Kindliche Kommunikation. Frankfurt/Main.

Martens, Marilee A./Wilson, Sarah J./Reutens, David C. 2008. Research Review: Williams syndrome: a critical review of the cognitive, behavioral, and neuroanatomical phenotype. In: Journal of Child Psychology and Psychiatry 49, S. 576–608.

Mastin, J. Douglas/Vogt, Paul 2016. Infant engagement and early vocabulary development: a naturalistic observation study of Mozambican infants from 1;1 to 2;1. In: Journal of Child Language 43 (2), S. 235–264.

Mayberry, Rachel/Lock, Elizabeth 2003. Age constraints on first versus second language acquisition: Evidence for linguistic plasticity and epigenesis. In: Brain and Language 87, S. 369–384.

Mayer, Nancy K./Tronick, Edward Z. 1985. Mothers' turn-giving signals and infant turn-taking in mother-infant interaction. In: Tiffany M. Field, Nathan A. Fox (Hgg.), S. 199–216.

McCarthy, Dorothea [2]1954. Language development in children. In: Lenard Carmichael (Hg.): Manual of Child Psychology. New York etc., S. 492–630.

McCloskey, Laura A./Coleman, Lerita M. 1992. Difference without dominance: Children's talk in mixed- and same-sex dyads. In: Sex Roles 27, S. 241–257.

McCune-Nicolich, Lorraine 1981. The cognitive bases of relational words in the single-word period. In: Journal of Child Language 8, S. 15–34.

McDaniel, D., McKee, C., Cairns, H. S. (Hgg.) 1996. Methods for assessing children's syntax. Cambridge, MA.

McNeill, David 1992. Hand and Mind. What Gestures Reveal about Thought. Chicago, London.

Meadow, Kathryn P. 1976. The development of deaf children. In: E. Mavis Hetherington (Hg.): Review of Child Development Research, Vol. 5. Chicago, London, S. 441–508.

Meaney, Michael J. 2010. Epigenetics and the biological definition of gene x environment interactions. In: Child Development 81, S. 41–79.

Meaney, Michael, J./Szyf, Moshe 2005. Maternal care as a model for experience-dependent chromatin plasticity. In: Trends in Cognitive Neurosciences 28, S. 456–463.

Mehler, Jacques 1985. Language related dispositions in early infancy. In: Jacques Mehler, Robin Fox (Hgg.): Neonate Cognition: Beyond the Blooming Buzzing Confusion. Hillsdale, NJ, S. 8–28.

Mehler, Jacques/Endress, Ansgar/Gervain, Judith/Nesor, Marina 2008. From perception to grammar. In: Angela D. Friederici, Guillaume Thierry (Hgg.) Early Language Development. Amsterdam, Philadelphia, S. 191–213.

Mehler, Jacques/Juscyk, Peter W./Lambertz, Ghislaine/Halsted, Nilofar/Bertoncini, Josiane/Amiel-Tison, Claudine 1988. A precursor of language acquisition in young infants. In: Cognition 29, S. 143–178.

Meins, Elizabeth 1997. Security of Attachment and the Social Development of Cognition. Hove, East Sussex.

Meisel, Jürgen 1995. Parameters in acquisition. In: Paul Fletcher, Brian MacWhinney (Hgg.), S. 10–35.

Meltzoff, Andrew N. 2007. The »like me« framework for recognizing and becoming an intentional agent. In: Acta Psychologica 124, S. 26–43.

Meltzoff, Andrew N. [2]2011. Social cognition and the origins of imitation, empathy, and theory of mind. In: Usha Goswami (Hg.): The Wiley-Blackwell handbook of childhood cognitive development. Malden, MA, S. 49–75.

Meltzoff, Andrew N./Borton, Richard W. 1979 Intermodal matching by human neonates. In: Nature 282, S. 403–404.

Meltzoff, Andrew N./Gopnik, Alison 1989. On linking nonverbal imitation, representation, and language learning in the first two years of life. In: Gisela E. Speidel, Keith E. Nelson (Hgg.): The Many Faces of Imitation in Language Learning. New York etc., S. 23–51.

Meltzoff, Andrew N./Gopnik, Alison 1993. The role of imitation in understanding persons and developing a theory of mind. In: Simon Baron-Cohen, Helen Tager-Flusberg, Donald J. Cohen (Hgg.), S. 335–366.

Meltzoff, Andrew N./Moore, M. Keith 1977. Imitations of facial and manual gestures by human neonates. In: Science 198, S. 75–78.

Meltzoff, Andrew N./Moore, M. Keith 1989. Imitation in newborn infants: Exploring the range of gestures imitated and the underlying mechanisms. In: Developmental Psychology 25, S. 954–962.

Meltzoff, Andrew N./Williamson, Rebecca A./Marshall, Peter J. 2013. Developmental perspective on action science: Lessons from infant imitation and cognitive neuroscience. In: Wolfgang Prinz, Miriam Beisert, Arvid Herwig (Hgg.): Action science: Foundation of an emerging discipline. Cambridge, MA, S. 281–306.

Menyuk, Paula/Liebergott, Jacqueline/Schultz, Martin 1986. Predicting phonological development. In: Björn Lindblom, Rolf Zetterström (Hgg.), S. 79–93.

Mervis, Carolyn B./Morris, Colleen A./Bertrand, Jacquelyn/Robinson, Byron F. 1999. Williams syndrome: Findings from an integrated program of research. In: Helen Tager-Flusberg (Hg.): Neurodevelopmental Disorders: Contributions to a New Framework from the Cognitive Neurosciences. Cambridge, MA, S. 65–110.

Mervis, Carolyn B./Robinson, Byron F. 2000. Expressive vocabulary of toddlers with Williams syndrome or Down syndrome: A comparison. In: Developmental Neuropsychology 17, S. 111–126.

Messenger, Katherine/Branigan, Holly P./McLean, Janet F. 2012. Is children's acquisition of passive a staged process? Evidence from six- and nine-year-olds production of passives. In: Journal of Child Language 39 (5), S. 991–1016.

Meteyard, Lotte/Cuadrado, Sara Rodriguez/Bahrami, Bahador/Vigliocco, Gabriella 2012. Coming of age: A review of embodiment and the neuroscience of semantics. In: Cortex 48, S. 788–804

Meumann, Ernst 1902. Die Entstehung der ersten Wortbedeutungen beim Kinde. Leipzig.

Miller, Jon F. 1988. The developmental asynchrony of language development in children with Down syndrome. In: Lynn Nadel (Hg.): The Psychobiology of Down Syndrome. Cambridge, MA etc., S. 167–198.

Miller, Jon F. 1999. Profiles of language development in children with Down syndrome. In: Jon F. Miller, Mark Leddy, Lewis A. Leavitt (Hgg.): Improving the Communication of People with Down Syndrome. Baltimore, MD, S. 11–40.

Miller, Max ²1982. Sprachliche Sozialisation. Klaus Hurrelman, Dieter Uhlich (Hgg.): Handbuch der Sozialisationsforschung. Weinheim, Basel, S. 649–668.

Milligan, Karen/Astington, Janet W./Dack, Lisa Ain 2007. Language and theory of mind: Metaanalysis of the relation between language ability and false-belief understanding. In: Child Development 78, S. 622–646.

Mills, Anne E. 1988. Visual handicap. In: Dorothy Bishop, Kay Mogford (Hgg.), S. 150–164.

Moerk, Ernst L. 1989. The LAD was a lady and the tasks were ill-defined. In: Developmental Review 9, S. 21–57.

Moerk, Ernst L. 1991. Positive evidence for negative evidence. In: First Language 11, S. 219–252.

Moll, Henrike/Tomasello, Michael 2007. Cooperation and human cognition: The Vygotskian intelligence hypothesis. In: Philosophical Transactions of the Royal Society, S. 639–648.

Montada, Leo ²1987. Die geistige Entwicklung aus der Sicht Jean Piagets. In: Rolf Oerter, Leo Montada (Hgg.), S. 413–462.

Moon, Christine M./Fifer, William P. 2000. Evidence for a transnatal auditory learning. In: Journal of Perinatalogy 20, S. 37–44.

Moon, Christine/Lagercrantz, Hugo/Kuhl, Patricia K. 2013. Language experienced in utero affects vowel perception after birth: a two-country study. In: Acta Paediatrica 103, S. 156–160.

Moore, Chris 2008. The development of gaze following. In: Child Development Perspectives 2, S. 66–70.

Moore, Timothy E. (Hg.) 1973. Cognitive Development and the Acquisition of Language. New York, London.

Morgan, James L./Demuth, Katherine (Hgg.) 1996. Signal to Syntax: Bootstrapping from Speech to Grammar in Early Acquisition. Mahwah, NJ.

Morgan, James L./Demuth, Katherine 1996. Signal to Syntax: An Overview. In: James L. Morgan, Katherine Demuth (Hgg.), S. 1–22.

Morongiello, Barbara A./Fenwick, Kimberley D./Chance, Graham 1998. Crossmodal learning in newborn infants: Inferences about properties of auditory-visual events. In: Infant Behavior and Development 21, S. 543–553.

Morse, Anthony F./Benitez, Viridian L./Belpaeme, Tony,/Cangelosi, Angelo/Smith, Linda B. 2015. Posture affects how robots and infants map words to objects. In: PLoS ONE 10, S. 1–17.

Mukamel, Roy/Ekstrom, Arne D./Kaplan, Jonas/Iacobini, Marco/Fried, Itzhak 2010. Single-neuron responses in humans during execution and observation of actions. In: Current Biology 20, S. 750–756.

Mulford, Randa 1988. First words of the blind child. In: Michael D. Smith, John L. Locke (Hgg.): The Emergent Lexicon. The Child's Development of a Linguistic Vocabulary. San Diego etc., S. 293–338.

Müller, Ralph-Axel 2009. Language universals in the brain: How linguistic are they? In: Morten H. Christiansen, Christopher Collins, Shimon Edelman (Hgg.): Language Universals. Oxford, S. 224–252.

Mumme, Donna L./Fernald, Anne 2003. The infant as onlooker: Learning from emotional reactions observed in a television scenario. In: Child Development 74, S. 221–237.

Mumme, Donna L./Fernald, Anne/Herrera, Carla 1996. Infants' responses to facial and vocal emotional signals in a social referencing paradigm. In: Child Development 67, S. 3219–3237.

Murphy, Catherine/Messer, David J. 1977. Mothers, infants, and pointing: A study of a gesture. In: H. Rudolph Schaffer (Hg.): Studies in Mother-Infant Interaction. London, S. 325–354.

Nagy, Emmese/Pilling, Karen/Orvos, Hajnalka/Molnar, Peter 2013. Imitation of tongue protrusion in human neonates: Specificity of the response in a large sample. In: Developmental Psychology 49, S. 1618–1638.

Naigles, Letitia 1990. Children use syntax to learn verb meanings. In: Journal of Child Language 17, S. 357–374.

Naumova, Oksana Yu/Hein, Sascha/Suderman, Matthew/Barbot, Baptiste/Lee, Maria/Raefski, Adam/Dobrynin, Pavel V./Brown, Pamela J./Szyf, Moshe/Luthar, Suniya/Grigorenko, Elena L. 2016. Epigenetic patterns modulate the connection between developmental dynamics of parenting and offspring pychosocial adjustment. In: Child Development 87, S. 98–110.

Nazzi, Tierry/Bertoncini, J./Mehler, Jacques 1998. Language discrimination by newborns: Towards an understanding of the role of rhythm. In: Journal of Experimental Psychology: Human Perception and Performance 24, S. 1–11.

Nazzi, Tierry/Floccia, Caroline/Bertoncini, Josiane 1998. Discrimination of pitch contours by neonates. In: Infant Behavior and Development 21, S. 779–784.

Nazzi, Tierry/Iakimova, Galina/Bertoncini, Josiane/Mottet, Sylvain/Serres, Josette/de Schonen, Scania 2008. Behavioral and electrophysiological exploration of early word segmentation in French. In: Angela D. Friederici, Guillaume Thierry (Hgg.): Early Language Development. Amsterdam, Philadelphia, S. 65–89.

Nelson, Katherine 1973. Structure and strategy in learning to talk. Monographs of the Society for Research in Child Development 38.

Nelson, Katherine 1974. Concept, word and sentence: Interrelations in acquisition and development. In: Psychological Review 81, S. 267–284.

Nelson, Katherine 1996. Language in Cognitive Development. Emergence of the Mediated Mind. Cambridge, MA.

Nelson, Katherine 2007. Young Minds in Social Worlds. Experience, Meaning, and Memory. Cambridge, MA., London.

Nelson, Katherine/Lucariello, Joan 1985. The development of meaning in first words. In: Martyn D. Barrett (Hg.), S. 60–83.

Nelson, Keith E./Carskaddon, Gaye/Bonvillian, John D. 1973. Syntax acquisition: Impact of experimental variation in adult verbal interaction with the child. In: Child Development 44, S. 497–504.

Neville, Helen J./Mills, Debra L./Bellugi, Ursula 1994. Effects of altered auditory sensitivity and age of language acquisition on the development of language-related neural systems: Preliminary studies of Williams syndrome. In: Sarah H. Broman, Jordan Grafman (Hgg.), S. 67–83.

Neville, Helene J./Bruer, John T. 2001. Langauge processing. How experience affects brain organization. In: Donald B. Bailey et al. (Hgg.), S. 151–172.

Newport, Elissa L. 1982. Task specificity in language learning? Evidence from speech perception in American Sign Language. In: Eric Wanner, Lila R. Gleitman (Hgg.), S. 450–520.

Newport, Elissa L. 1988. Constraints on learning and their role in language acquisition: Studies on the acquisition of American Sign Language. In: Language Sciences 10, S. 147–172.

Newport, Elissa L./Bavelier, Daphne/Neville, Helen J. 2001. Critical thinking about critical periods: Perspectives on a critical period for language acquisition. In: E. Dupoux (Hg.): Language, Brain and Cognitive Development. Essays in Honor of Jacques Mehler. Cambridge, MA, S. 481–502.

Newport, Elissa L./Gleitman, Henry/Gleitman, Lila R. 1977. »Mother I'd rather do it myself«: Some effects and non-effects of maternal speech style. In: Catherine Snow, Charles A. Ferguson (Hgg.), S. 109–150.

Nikolova, Yuliya/Hariri, Ahmed R. 2015. Can we observe epigenetic effects on human brain function? In: Trends in Cognitive Sciences 19 (7), S. 366–373.

Ninio, Anat/Snow, Catherine 1996. Pragmatic Development. Boulder, Oxford.

Nohara, Michiko 1996. Preschool boys and girls use no differently. In: Journal of Child Language 23, S. 417–429.

O'Doherty, Katherine/Troseth, Georgene L./Goldenberg, Elizabeth/Akhtar, Nameera/ Shimpi, Priya/Saylor, Megan M. 2011. Third party social interaction and word learning from video. In: Child Development 82, S. 902–915.

O'Toole, Ciara/Fletcher, Paul 2012. Profiling vocabulary acquisition in Irish. In: Journal of Child Language 39, S. 205–220.

Oakes, Lisa M. 2010. Using habituation of looking time to assess mental processes in infancy. In: Journal of Cognition and Development 11, S. 255–268.

Ochs, Elinor 1979. Transcription as theory. In: Elinor Ochs, Bambi B. Schieffelin (Hgg.), S. 43–72.

Ochs, Elinor/Schieffelin Bambi B. 2008. Language socialization: An historical overview. In: Patricia A. Duff, Nancy H. Hornberger (Hgg.): Enzyclopedia of language education. New York, S. 3–15.

Ochs, Elinor/Schieffelin, Bambi B. (Hgg.) 1979. Developmental Pragmatics. New York etc.

Ochs, Elinor/Schieffelin, Bambi B. 1995. The impact of language socialization on grammatical development. In: Paul Fletcher, Brian MacWhinney (Hgg.), S. 73–94.

Oerter, Rolf/Montada, Leo (Hgg.) ²1987, ⁴1998, ⁶2008. Entwicklungspsychologie. Weinheim.

Okumura, Yuko/Kanakogi, Yasuhiro/Kanda, Takayuki/Ishiguro, Hiroshi/Itakura, Shoji 2013. The power of human gaze on infant learning. In: Cognition 128, S. 127–133.

Oller, D. Kimbrough 1980. The emergence of the sounds of speech in infancy. In: Grace H. Yeni-Konshian, James F. Kavanagh, Charles A. Ferguson (Hgg.): Child Phonology Vol 1., New York, S. 93–112.

Oller, D. Kimbrough/Wieman, Leslie A./Doyle, William J./Ross, Carol 1976. Infant babbling and speech. In: Journal of Child Language 3, S. 1–11.

Olson, David R. (Hg.) 1980. The Social Foundations of Language and Thought. New York, London.

Oltuscewski, W. 1897. Die geistige und sprachliche Entwicklung des Kindes. Berlin.

Oppenheim, David/Koren-Karie, Nina/Sagi-Schwartz/Abraham 2007. Emotion dialogues between mothers and children at 4.5 and 7.5 years: Relations with children's attachment at 1 year. In: Child Development 78, S. 38–52.

Orlanski, Michel D./Bonvillian, John D. 1988. Early sign language acquisition. The emergent lexicon. In: Michael D. Smith, John L. Locke (Hgg.): The Emergent Lexicon. The Child's Development of a Linguistic Vocabulary. San Diego etc., S. 263–292.

Oster, Harriet 1978. Facial expression and affect development. In: Michael Lewis, Leonard A. Rosenblum (Hgg.): The Development of Affect. New York, S. 43–75.

Pan, Barbara A./Rowe, Meredith L./Singer, Judith D./Snow, Catherine E. 2005. Maternal correlates of growth in toddler vocabulary production in low-income families. In: Child Development 76, S. 763–782.

Panscofar, Nadya/Vernon-Feagans, Lynne 2006. Mother and father language input to young children: Contribution to later language development. In: Journal of Applied Developmental Psychology 27, S. 571–587.

Panscofar, Nadya/Vernon-Feagans, Lynne/The Family Life Project Investigators 2010. Fathers' early contributions to children's language development in families from low-income rural communities. In: Early Childhood Research Quarterly 25, S. 450–463.

Papaeliou, Christina F./Rescorla, Leslie A. 2011. Vocabulary development in Greek children: a cross-linguistic comparison using the Language Development Survey. In: Journal of Child Language 38, S. 861–887.

Papoušek, Hanuš 1977. Die Entwicklung der Lernfähigkeit im Säuglingsalter. In: Gerhardt Nissen (Hg.): Intelligenz, Lernen, und Lernstörungen. Berlin, S. 75–93.

Papoušek, Hanuš/Papoušek, Mechthild 1979. The infant's fundamental adaptive response system in social interaction. In: E. B. Thoman (Hgg.): Origins of the Infant's Social Responsiveness. Hillsdale, NJ, S. 175–208.

Papoušek, Hanuš/Papoušek, Mechthild 1985. Der Beginn der Kommunikation nach der Geburt. Krisen oder Kontinuität? In: Monatsschr. Kinderheilkunde 133, S. 425–429.

Papoušek, Mechthild 1994. Vom ersten Schrei zum ersten Wort: Anfänge der Sprachentwicklung in der vorsprachlichen Kommunikation. Bern etc.

Papoušek, Mechthild 2007. Communication in early infancy: An arena of intersubjective learning. In: Infant Behavior & Development 20, S. 258–266.

Papoušek, Mechthild/Papoušek, Hanuš 1981. Musikalische Ausdruckselemente der Sprache und ihre Modifikation in der »Ammensprache«. In: Sozialpädiatrie in Praxis und Klinik 3, S. 294–296.

Papoušek, Mechthild/Papoušek, Hanuš 1989. Stimmliche Kommunikation im frühen Säuglingsalter als Wegbereiter der Sprachentwicklung. In: Heidi Keller (Hg.), S. 465–489.

Partanen, Eino/Kujala, Teijya/Näätänen, Risto/Liitola, Auli/Sambeth, Anke/Huotilainen, Minna 2013. Learning-induced neural plasticity of speech processing before birth. In: PNAS 110, 37, S. 15145–15150.

Paul, Hermann 1880, [8]1968. Prinzipien der Sprachgeschichte. Tübingen.

Pellegrini, Anthony D./Brody, Gene/Stoneman, Zolinda 1987. Children's conversational competence with their parents. In: Discourse Processes 10, 93–106.

Peng, Fred C. C. 1988. On the acquisition of discourse among autistic children. In: Language Sciences 10, S. 193–224.

Perfors, Amy/Tenenbaum, Joshua B./Regier, Terry 2011. The learnability of abstract syntactic principles. In: Cognition 118, S. 306–338.

Peters, Ann M./Strömqvist, Sven 1996. The role of prosody in the acquisition of grammatical morphemes. In: James L. Morgan, Katherine Demuth (Hgg.), S. 215–232.

Peterson, Carole/McCabe, Alyssa 1983. Developmental Psycholinguistics. Three Ways of Looking at a Child's Narrative. New York, London.

Phillips, Caroline E./Jarrold, Christopher/Baddeley, Alan/Grant, Julia/Karmiloff-Smith, Annette 2004. Comprehension of spatial language terms in Williams syndrome: Evidence for an interaction between domains of strength and weakness. In: Cortex 40, S. 85–101.

Piaget, Jean 1923, 1972. Sprechen und Denken des Kindes. Düsseldorf (Le langage et la pensée chez l'enfant. Neuchatel 71968).

Piaget, Jean 1926, [4]1994. Das Weltbild des Kindes. München (La représentation du monde chez l'enfant. Paris 1926).

Piaget, Jean 1967. Psychologie der Intelligenz. Zürich, Stuttgart (La psychologie de l'intellligence. Paris 1947).

Piaget, Jean 1969a. Das Erwachen der Intelligenz beim Kinde. Stuttgart (La naissance de l'intelligence chez l'enfant. Neuchatel 1959).

Piaget, Jean 1969b. Nachahmung, Spiel und Traum. Stuttgart (La formation du symbole chez l'enfant. Neuchatel 1959).

Piaget, Jean 1972. Theorien und Methoden der modernen Erziehung. Wien, München, Zürich (Psychologie et pédagogie. Paris 1969. Six études de psychologie. Paris 1964).

Piaget, Jean 1973. Der Strukturalismus. Olten, Freiburg (Le structuralisme. Paris 1968).

Piaget, Jean 1976. Autobiografie. In: Jean Piaget – Werk und Wirkung. o. Hg., ersch. in der Reihe: Geist und Psyche. München, S. 15–59.

Piaget, Jean 1980a. The psychogenesis of knowledge and its epistemological significance. In: Massimo Piattelli-Palmarini (Hg.), S. 23–34.

Piaget, Jean 1980b. About the fixed nucleus and its innateness. In: Massimo Piattelli-Palmarini (Hg.), S. 57–67.

Piaget, Jean/Inhelder, Bärbel 1977. Die Psychologie des Kindes. Frankfurt/Main (La psychologie de l'enfant. Paris 1966).

Piattelli-Palmarini, Massimo (Hg.) 1980. Language and Learning: The Debate between Jean Piaget and Noam Chomsky. London.

Piattelli-Palmarini, Massimo 1989. Evolution, selection and cognition: From ›learning‹ to parameter setting in biology and in the study of language. In: Cognition 31, S. 1–44.

Pinker, Steven 1985. Language learnability and children's language: A multifaceted approach. In: Keith E. Nelson (Hg.): Children's Language. Vol. 5. Hillsdale, NJ, S. 399–442.

Pinker, Steven 1987. The bootstrapping problem in language acquisition. In: Brian MacWhinney (Hg.): Mechanisms of Language Acquisition. Hillsdale, NJ, S. 399–441.

Pinker, Steven 1994. The Language Instinct: The New Science of Language and Mind. New York.

Pinker, Steven 1999. Words and Rules. New York.

Pinker, Steven/Jackendoff, Ray 2005. The faculty of language: What's special about it? In: Cognition 95, S. 201–236.

Plomin, Robert/Dale, Philip S. 2000. Genetics and early language development: A UK study of twins. In: Dorothy V.M Bishop, L. B. Leonard (Hgg.): Speech and Language Impairments in Children: Causes, Characteristics, Intervention and Outcome. Hove, S. 35–41.

Plunkett, Kim 1997. Theories of early language acquisition. In: Trends in Cognitive Sciences 1, S. 146–153.

Poeppel, David 2011. Genetics and language: a neurobiological perspective on the missing link (-ing hypotheses). In: Journal of Neurodevelopmental Disorders 3, S. 381–387.

Preyer, William 1882, ⁵1900. Die Seele des Kindes. Leipzig.

Pullum, Goffrey/Scholz, Barbara C. 2010. Recursion and the infinitude claim. In: Harry van der Hulst (Hg.): Recursion in human language. Berlin, S. 113–138.

Ramírez-Esparza, Nairán/García-Sierra, Adrián/Kuhl, Patricia K. 2014. Loook who's talking: speech style and social context in language input to infants are linked to concurrent and future speech development. In: Developmental Science 17, S. 880–891.

Ramus, Franck 2006. Genes, brain, and cognition: A roadmap for the cognitive scientist. In: Cognition 101, S. 247–269.

Ramus, Franck/Hauser, Marc D./Miller, Corey/Morris, Dylan/Mehler, Jacques 2000. Language discrimination by human newborns and by cotton-top tamarin monkeys. In: Science 288, S. 349–351.

Reese, Elaine/Haden, Catherine A./Fivush, Robyn 1993. Mother-child conversations about the past: Relationship of style and memory over time. In: Cognitive Development 8, S. 403–430.

Reilly, Judy/Klima, Edward S./Bellugi, Ursula 1990. Once more with feeling: Affect and language in atypical populations. In: Development and Psychopathology 2, S. 367–391.

Reilly, Judy/Losh, Molly/Bellugi, Ursula/Wulfeck, Beverly 2004. »Frog where are you?« Narratives in children with specific language impairment, early focal brain injury, and Williams syndrome. In: Brain and Language 88, S. 229–247.

Reiss, Allan L./Eckert, Mark A./Rose, Frederic E./Karchemskiy, Asya/Kesler, Shelli/ Chang, Melody/Reynolds, Margaret F./Kwon, Hower/Galaburda, Al 2004. An experiment of nature: Brain anatomy parallels cognition and behaviour in Williams syndrome. In: Journal of Neuroscience 24, S. 5009-

Rescorla, Leslie 2009. Age 17 language and reading outcomes in late-talking toddlers: Support for a dimensional perspective on language delay. In: Journal of Speech, Language, and Hearing Research 52, 16–30.

Rice, Catherine/Koinis, Daphne/Sullivan, Kate/Tager-Flusberg, Helen/Winner, Ellen 1997. When 3-year-olds pass the appearance-reality test. In: Developmental Psychology 33, S. 54–61.

Rice, Mabel L. 2012. Toward epigenetic and gene regulation models of specific language impairment: Looking for links among growth, genes, and impairments. In: The Journal of Neurodevelopmental Disorders 4, Article 27, S. 1–14.

Rice, Mabel L./Schieffelbusch, Richard L. (Hgg.) 1989. The Teachability of Language. Baltimore etc.

Richter, Friedrich 1927. Die Entwicklung der psychologischen Kindersprachenforschung bis zum Beginn des 20. Jahrhunderts. Münster.

Rizzolatti, Giacomo/Fogassi, Leonardo/Gallese, Vittorio 2001. Neurophysiological mechanisms underlying the understanding and imitation of action. In: Nature Reviews Neuroscience 2, S. 661–670.

Rizzolatti, Giacomo/Sinigaglia, Corrado 2008. Empathie und Spiegelneurone. Die biologische Basis des Mitgefühls. Frankfurt/Main.

Rochat, Philippe 2015. Layers of awareness in development. In: Developmental Review 38, S. 122–145.

Rollett, Brigitte [4]1998. Frühkindlicher Autismus. In: Rolf Oerter, Leo Montada (Hgg.), S. 954–959.

Romberg, Alexa R./Saffran, Jenny R. 2010. Statistical learning and language acquisition. In: Wiley Interdisciplinary Reviews: Cognitive Science 1, S. 906–914.

Rosch, Eleanor 1975. Cognitive respresentations of semantic categories. Journal of Experimental Psychology 104, 192–233.

Röttger-Rössler, Birgitt/Scheidecker, Gabriel/Jung, Susanne/Holodynski, Manfred 2013. Socializing emotions in childhood: A cross-cultural comparison between the Bara in Madagascar and the Minangkabau in Indonesia. In: Mind, Culture, and Activity 20, S. 260–287.

Rowe, Meredith L. 2012. A longitudinal investigation of the role of quantity and quality of child-directed speech in vocabulary development. In: Child Development 83, S. 1762–1774.

Rowe, Meredith L./Goldin-Meadow, Susan 2009. Differences in early gesture explain SES disparities in child vocabulary size at school entry. In: Science 323, S. 951–953.

Rowley, Stephanie J./Camacho, Tissyana C. 2015. Increasing diversity in cognitive development research: Issues and solutions. In: Journal of Cognition and Development 16, S. 683–692.

Rubinstein, Jay T. 2002. Paediatric cochlear implantation: Prosthetic hearing and language development. In: Lancet 360, S. 483–485.

Ruffman, Ted 2014. To belief or not belief: Children's theory of mind. In: Developmental Review 34, S. 265–293.

Ryan, J. 1974. Early language development: Towards a communication analysis. In: Martin P. Richards (Hg.): The Integration of a Child into a Social World. London, S. 185–213.

Sachs, Jacqueline 1987. Young children's language use in pretend play. In: Susan U. Philips, Susan Steele, Christine Tanz (Hgg.): Language, Gender and Sex in Comparative Perspective. Cambridge, S. 178–188.

Sachs, Jacqueline/Devin, Judith 1976. Young children's use of age-appropriate speech styles in social interaction and role-playing. In: Journal of Child Language 3, 81–98.

Sacks, Harvey/Schegloff, Emanuel/Jefferson, Gail 1974. A simplest systematics for the organization of turn-taking in conversation. In: Language 50, S. 696-

Saffran, Jenny R./Aslin, Richard N./Newport, Elissa L. 1996. Statistical learning by 8-month old infants. In: Science 274, S. 1926–1928.

Saffran, Jenny/Hauser, Marc/Seibel, Rebecca/Kapfhamer, Joshua/Tsao, Fritz/Cushman, Fiery 2008. Grammatical pattern learning by human infants and cotton-top tamarin monkeys. In: Cognition 107, S. 479–500.

Santelmann, Lynn M./Juszyk, Peter W. 1998. Sensitivity to discontinuous dependencies in language learners: Evidence for limitations in processing space. In: Cognition 69, S. 105–134.

Sauer LeBarton, Eve/Goldin-Meadow, Susan/Raudenbush, Stephen 2015. Experimentally induced increases in early gesture lead to increases in spoken vocabulary. In: Journal of Cognition and Development 16, S. 199–220.

Savage-Rumbaugh, E. Sue/Murphy, Jeannine/Sevcik, Rose A./Brakke, Karen E./Williams, Shelly L./Rumbaugh, Duane M. 1993. Language comprehension in ape and child. Monographs of the Society for Research in Child Development 58.

Savage-Rumbough, Sue/Lewin, Roger 1994. Kanzi: The Ape at the Brink of the Human Mind. New York.

Scaife, M./Bruner, Jerome 1976. The capacity for joint visual attention in the infant. In: Nature 153, S. 265–266.

Schaffer, Rudolph [2]1982. Mütterliche Fürsorge in den ersten Lebensjahren. Stuttgart.

Scherer, Klaus/Clark-Polner, Elisabeth/Mortillaro, Marcello 2011. In the eye of the beholder? Universality and cultural specificity in the expression and perception of emotion. In: International Journal of Psychology 46, S. 401–435.

Schleicher, August 1861, 1865. Einige Beobachtungen an Kindern. In: Beiträge zur vergleichenden Sprachforschung auf dem Gebiet der arischen, celtischen und slavischen Sprachen, von A. Kohn und August Schleicher. II. Bd. 1861, S. 497 und Nachtrag IV. Bd. 1865, S. 128.

Schoetzau, Angela/Papoušek, Hanuš 1977. Mütterliches Verhalten bei der Aufnahme von Blickkontakt mit Neugeborenen. In: Zeitschrift für Entwicklungspsychologie und Pädagogische Psychologie 9, S. 231–239.

Schultze, Fritz 1880. Die Sprache des Kindes. Leipzig.

Schust, Jutta 1983. Wie Mütter im Wochenbett mit ihren Neugeborenen sprechen: Versuch einer heuristischen Ordnung. Unv. Dipl. Arbeit, Universität Regensburg.

Segal, Judith/Newman, Rochelle S. 2015. Infant preferences for structural and prosodic properties of infant-directed speech in the second year of life. In: Infancy 20, S. 339–351.

Seiler, Thomas Bernhard/Wannenmacher, Wolfgang ²1987. Begriffs- und Bedeutungsentwicklung. In: Rolf Oerter, Leo Montada (Hgg.), S. 463–505.

Shahar, Shulamith 1993. Kindheit im Mittelalter. Reinbek bei Hamburg.

Shatz, Marilyn 1983. Communication. In: John H. Flavell, Ellen M. Markman (Hgg.): Cognitive Development. New York, S. 841–889 (Handbook of Child Psychology Vol. III).

Shatz, Marilyn/Gelman, Rochel 1977. Beyond syntax: The influence of conversational constraints on speech modifications. In: Catherine Snow, Charles A. Ferguson (Hgg.), S. 189–198.

Shatz, Marilyn/Wellman, Henry M., Silber, Sharon 1983. The acquisition of mental verbs: A systematic investigation of the first reference to mental state. In: Cognition 14, S. 301–321.

Sheldon, Amy 1993. Pickle fights: Gendered talk in preschool disputes. In: Deborah Tannen (Hg.): Gender and Conversational Interaction. Oxford, S. 83–109.

Shinn, Milicent W. 1905. The Biography of a Baby. Boston, New York.

Shneidman, Laura A./Arroyo, Michelle E./Levine, Susan C./Goldin-Meadow, Susan 2013. What counts as effective input for word learning? In: Journal of Child Language 40, S. 672–686.

Shneidman, Laura H./Goldin-Meadow, Susan 2012. Language input and acquisition in a Mayan village: how important is directed speech? In: Developmental Science 15, S. 659–673.

Shute, Brenda/Wheldall, Kevin 1989. Pitch alterations in British motherese: Some preliminary acoustic data. In: Journal of Child Language 16, S. 503–512.

Shvachkin, N. K. 1973. The development of phonemic speech perception in early childhood. In: Charles A. Ferguson, Dan I. Slobin, (Hgg.): Studies of Child Language Development. New York, S. 91–127.

Sigismund, Berthold 1856. Kind und Welt. Braunschweig.

Sigman, Marian 1994. What are the core deficits in autism? In: Sarah H. Broman, Jordan Grafman (Hgg.), S. 139–157.

Sinclair-de Zwart, Hermina 1967. Langage et opérations, sous systèmes linguistiques et opérations concrètes. Diss. Genf, phil. Fak.

Sinclair-de Zwart, Hermina 1969. Developmental psycholinguistics. In: David Elkind, John H. Flavell (Hgg.): Studies in Cognitive Development: Essays in Honour of Jean Piaget. Oxford, S. 315–336.

Sinclair-de Zwart, Hermina 1971. Sensorimotor action patterns as a condition for the acquisition of syntax. In: Elizabeth Ingram, Renira Huxley (Hgg.): Language Acquisition: Models and Methods. New York, S. 121–136.

Sinclair, Anne/Sinclair, Hermina/De Marcelus, O. 1971. Young children's comprehension and production of passive sentences. In: Archive de Psychologie 41, S. 1–22.

Sinclair, Hermina 1975. The role of cognitive structures in language acquisition. In: Eric H. Lenneberg, Elizabeth Lenneberg (Hgg.): Foundations of Language Development. New York, 223–238.

Sinclair, Hermina/Ferreiro, Emilia, 1970. Production et repetition des phrases au mode passif. In: Archive de Psychologie 40, S. 1–42.

Singer, Naomi G./Bellugi, Ursula/Bates, Elizabeth/Jones, Wendy/Rossen, Michael 1994. Contrasting Profiles of Language Development in Children with Williams and Down Syndromes. Technical Report #9403. University of California, San Diego.

Sinha, Chris G./Thorseng, Lis A./Hayashi, Mariko/Plunkett, Kim 1999. Spatial language acquisition in Danish, English and Japanese. In: Peter Broeder, Jaap Murre (Hgg.): Language and Thought in Development. Tübingen, S. 95–125.

Siqueland, Einar R./Lipsitt, Lewis P. 1966. Conditioned head-turning in human newborns. In: Journal of Experimental Child Psychology 4, S. 356–376.

Skinner, Burrhus F. 1957. Verbal Behavior. New York.

Skirbekk, Gunnar/Gilje, Nils 1993. Geschichte der Philosophie. Eine Einführung in die europäische Philosophiegeschichte. 2 Bde. Frankfurt/Main.

Skuse, David H. 1994. Extreme deprivation in early childhood. In: Dorothy Bishop, Kay Mogford (Hgg.): Language development in exceptional circumstances. Hillsdale, N. J., S. 29–46.

Slater, Alan 1989. Visual memory and perception in early infancy. In: Alan Slater, Gavin Bremner (Hgg.), S. 43–72.

Slater, Alan/Bremner, Gavin (Hgg.) 1989. Infant Development. Hove etc.

Slobin, Dan I. 1985. Crosslinguistic evidence for the language-making capacity. In: Dan I. Slobin (Hg.): The Crosslinguistic Study of Language Acquisition. Vol. 2. Theoretical Issues. Hillsdale, NJ, S. 1157–1256.

Slobin, Dan I. 1996. From ›thought and language‹ to ›thinking for speaking‹. In: John J. Gumperz, Stephen C. Levinson (Hgg.), S. 70–96.

Slobin, Dan I. 2014. Before the beginning: the development of tools of the trade. In: Journal of Child Language 41, S. 1–17.

Smiley, Patricia/Huttenlocher, Janellen 1989. Young children's acquisition of emotion concepts. In: Carolyn Saarni, Paul Harris (Hgg.): Children's Understanding of Emotions, Cambridge, MA, S. 27–49.

Smith Cairns, Helen 1991. Not in the absence of experience. In: The Behavioral and Brain Sciences 14, S. 614–615.

Smith, Linda B. 2000. Learning how to learn words: An associative crane. In: Roberta M. Golinkoff et al. (Hgg.), S. 51–80.

Smith, Linda B. 2005. Action alters shape categories. In: Cognitive Sciences 29, S. 665–679.

Smith, Linda B./Jones, Susan S./Landau, Barbara 1996. Naming in young children: A dumb attentional mechanism? In: Cognition 60, S. 143–171.

Smith, Linda B./Suanda, Sumarga H./Yu, Chen 2014. The unrealized promise of infant statistical word-referent learning. In: Trends in Cognitive Sciences 18, S. 251–258.

Smith, Linda B./Yu, Chen 2008. Infants rapidly learn word-referent mappings via cross-situational statistics. In: Cognition 106, S. 1558–1568.

Smith, Madorah E. 1926. An investigation of the development of the sentence and the extent of vocabulary in young children. University of Iowa Studies in Child Welfare vol. 3, no. 5.

Smith, Neil/Tsimpli, Ianthi-Maria 1995. The Mind of a Savant. Learning Language and Modularity. Oxford, Cambridge, MA.

Snow, Catherine 1972. Mother's speech to children learning language. In: Child Development 42, S. 549–565.

Snow, Catherine 1977. The development of conversations between mothers and babies. In: Journal of Child Language 4, S. 1–22.

Snow, Catherine 1995. Issues in the study of input: Finetuning, universality, individual and developmental differences, and necessary causes. In: Paul Fletcher, Brian MacWhinney (Hgg.), S. 180–193.

Snow, Catherine 2014. Input to interaction to instruction: three key shifts in the history of child language research. In: Journal of Child Language 41 (Supplement S 1), S. 117–123.

Snow, Catherine/Ferguson, Charles A. (Hgg.) 1977. Talking to Children: Language Input and Acquisition. Cambridge, New York.

Snow, Catherine/Pan, Barbara Alexander/Imbens-Bailey, Alison/Hermann, Jane 1996. Learning what to say what one means: A longitudinal study of children's speech act use. In: Social Development 5, S. 56–84.

Snow, Catherine/Perlmann, Rivka/Nathan, Debra 1987. Why routines are different: Toward a multiple-factors model of the relation between input and language acquisition. In: Keith E. Nelson, Anne van Kleeck (Hgg.): Children's Language. Vol. 6. Hillsdale, NJ, S. 65–97.

Snyder, Lynn/Bates, Elizabeth/Betherington, Inge 1981. Content and context in early lexical development. In: Journal of Child Language 8, S. 565–582.

Soderstrom, Melanie 2007. Beyond babytalk: Re-evaluating the nature and content of speech input to preverbal infants. In: Developmental Review 27, S. 501–532.

Sodian, Beate 1998. Theorien der kognitiven Entwicklung. In: Heidi Keller (Hg.), S. 147–169.

Sodian, Beate 2011. Theory of mind in infancy. In: Child Development Perspectives 5, S. 39–43.

Sodian, Beate/Taylor, Catherine/Harris, Paul L./Perner, Josef 1991. Early deception and the child's theory of mind: False trials and genuine markers. In: Child Development 62, S. 468–483.

Sokolov, Jeffrey L./Snow, Catherine 1991. A premature retreat to nativism. In: The Behavioral and Brain Sciences 14, S. 635–636.

Sorce, James F./Emde, Robert N./Campos, Joseph/Klinnert, Mary D. 1985. Maternal emotional signalling: Its effects on the visual cliff behavior of one-year-olds. In: Developmental Psychology 21, S. 195–200.

Spelke, Elizabeth/Kinzler, Katherine D. 2007. Innateness, learning, rationality. In: Child Development Perspectives 3, S. 96–98.

Stabenow, Thomas 1994. Interindividuelle Unterschiede in der Wortschatzent-wicklung von ein- bis dreijährigen Kindern: Eine empirische Studie zum Erwerb von Nomina im Deutschen. Unv. Magisterarbeit, Fachbereich Germanistik, Freie Universität Berlin.

Staley, Constance M. 1982. Sex-related differences in the style of children's language. In: Journal of Psycholinguistic Research 11, S. 141–158.

Steinthal, Heymann 1855. Grammatik, Logik und Psychologie, ihre Prinzipien und ihr Verhältnis zueinander. Berlin.

Steinthal, Heymann 1871. Abriss der Sprachwissenschaft. I. Teil. Einleitung in die Psychologie und Sprachwissenschaft. Berlin.

Stern, Clara/Stern, William [4]1928, 1965. Die Kindersprache. Leipzig 1928. Reprografischer Nachdruck Darmstadt 1965.

Stern, Daniel 1979. Mutter und Kind. Die erste Beziehung. Stuttgart.

Stern, Daniel 1992. Die Lebenserfahrung des Säuglings. Stuttgart (The Interpersonal World of the Infant. New York 1985).

Stern, Daniel 2010. Forms of vitality: Dynamic experience in psychology, neuroscience, and the arts. Oxford.

Stern, Daniel/Jaffe, Joseph/Beebe, Beatrice/Bennett, Stephen L. 1975. Vocalizing in unison and alternation: Two modes of communication within the mother-infant dyad. In: Doris Aaronson, Robert W. Rieber (Hgg.): Developmental Psycholinguistics and Communication Disorders. New York (Annals of the New York Academy of Science 263), S. 89–100.

Stern, Daniel/Spieker, Susan/Barnett, R./MacKain, Kristine 1983. The prosody of maternal speech: Infant age and context related changes. In: Journal of Child Language 10, S. 1–15.

Stevens, Tassos/Karmiloff-Smith, Annette 1997. Word learning in a special population: Do individuals with Williams syndrome obey lexical constraints? In: Journal of Child Language 24, S. 737–765.

Stiles, Joan/Jernigan, Terry L. 2010. The basics of brain development. In: Neuropsychology Review 20, S. 327–348.

Stiles, Joan/Reilly, Judy/Paul, Brianna/Moses, Pamela 2005. Cognitive development following early brain injury: evidence for neural adaptation. In: Trends in Cognitive Sciences 9, S. 136–143.

Stoel-Gammon, Carol 1989. Prespeech and early speech development of two late talkers. In: First Language 9, S. 207–224.

Stojanovic, Vesna 2010. Understanding and production of prosody in children with Williams syndrome: A developmental trajectory approach. Journal of Neurolinguistics 23, S. 112–126.

Stojanovik, Vesna/Perkins, Mick/Howard, Sara 2004. Williams syndrome and specific language impairment do not support developmental double dissociations and innate modularity. In: Journal of Neurolinguistics 17, S. 403–489.

Stoll, Sabine/Bickel, Balthasar/Lieven, Elena/Paudyal, Netra P./Banjade, Goma/Bhatta, Toya N./Gaenszle, Martin/Pettigrew, Judith/Rai, Ichchha Purna/Rai, Manoi/Rai, Novel Kishore 2012. Nouns and verbs in Chintang: children's usage and surrounding adult speech. In: Journal of Child Language 39, S. 284–321.

Strohner, Hans/Weingarten, Rüdiger/Becker, Bernd 1982. Interactional conditions of syntax acquisition: A review. In: Instructional Science 11, S. 51–69.

Studdert-Kennedy, Michael 1991. A note on linguistic nativism. In: Robert R. Hoffman, David S. Palermo (Hgg.): Cognition and the Symbolic Processes. Hillsdale, NJ, S. 39–58.

Suchsland, Peter (Hg.) 1992. Biologische und soziale Grundlagen der Sprache. Tübingen.

Sullivan, Jessica/Barner, David 2016. Discourse bootstrapping: preschoolers use linguistic discourse to learn new words. In: Developmental Science 19, S. 63–75.

Sullivan, Joseph W./Horowitz, Frances D. 1983. Infant intermodal perception and maternal multimodal stimulation: Implications for language development. In: Advances in Infancy Research, Vol. 2. Norwood, N. J., S. 138–239.

Suzuki, Toshitaka/Wheatcroft, David/Griesser, Michael 2016. Experimental evidence for compositional syntax in bird calls. In: Nature communications 7, Article 10986, S. 1–7.

Swensen, Lauren D./Kelley, Elizabeth/Fein, Deborah/Naigles, Letitia R. 2007. Processes of language acquisition in children with Autism: Evidence from preferential looking. In: Child Development 78, S. 542–557.

Swoboda, Philip J./Kass, Jonathan/Morse, Philip A./Leavitt, Lewis A. 1978. Memory factors in infant vowel discrimination of normal and at-risk infants. In: Child Development 49, S. 332–339.

Swoboda, Philip J./Morse, Philip A./Leavitt, Lewis A. 1976. Continuous vowel discrimination in normal and at-risk infants. In: Child Development 47, S. 459–465.

Szagun, Gisela 1983. Bedeutungsentwicklung beim Kind: Wie Kinder Wörter entdecken. München.

Szagun, Gisela 1991. Zusammenhänge zwischen semantischer und kognitiver Entwicklung. In: Manfred Grohnfeldt (Hg.): Störungen der Semantik. Berlin, S. 37–53.

Szagun, Gisela 2002. Wörter lernen in der Muttersprache. Der ontogenetische Vokabularerwerb. In: Jürgen Dittmann, Claudia Schmidt (Hgg.): Über Wörter. Grundkurs Linguistik. Freiburg, S. 311–333.

Szagun, Gisela ³1986, ⁵1993, ⁶2013. Sprachentwicklung beim Kind. Eine Einführung. München, Weinheim.

Szagun, Gisela/Steinbrink, Claudia/Frank, Melanie/Stumper, Barbara 2006. Development of vocabulary and grammar in young German-speaking children assessed with a German language development inventory. In: First Language 26, S. 259–280.

Szyf, Moshe 2015. Nongenetic inheritance and transgenerational epigenetics. In: Trends in Molecular Medicine 21, S. 134–144.

Szyf, Moshe/Bick, Johanna 2013. DNA methylation: A mechanism for embedding early life experiences in the genome. In: Child Development 84, S. 49–57.

Tager-Flusberg, Helen 1981. On the nature of linguistic functioning in early infantile autism. In: Journal of Autism and Developmental Disorders 11, S. 45–56.

Tager-Flusberg, Helen 1992. Autistic children's talk about psychological states: Deficits in the early acquisition of a theory of mind. In: Child Development 63, 161–172.

Tager-Flusberg, Helen 1993. What language reveals about the understanding of minds in children with autism. In: Simon Baron-Cohen, Helen Tager-Flusberg, Donald J. Cohen (Hgg.), S. 138–157.

Taine, Hippolyte 1876. Notes sur l'acquisition du langage chez les enfants et dans l'éspèce humaine. In: Rev. Phil. 1, S. 3–23.

Tamis-LeMonda, C./Kuchirko, Y./Song, L. 2014. Why is infant language learning facilitated by parental responsiveness? In: Current Directions in Psychological Science 23, S. 121–126.

Teinonen, Tuomas/Fellman, Vineta/Näätänen, Risto/Alku, Paavo/Huotilainen, Minna 2009. Statistical language learning in neonates revealed by event-related brain potentials. In: BMC Neuroscience, 10, Article 21.

Templin, Mildred 1957. Certain language skills in children. University of Minnesota Institute of Child Welfare Monographs Series 26. Minneapolis.

Termine, Nancy T./Izard, Carroll E. 1988. Infants' responses to their mothers' expressions of joy and sadness. In: Developmental Psychology 24, S. 223–229.

Tessler, Minda 1991. Making Memories Together: The Influence of Mother-Child Joint Encoding on the Development of Children's Autobiographical Memory Style. Unv. Diss., The City University of New York.

Thal, Donna/Marchman, Virginia/Stiles, Joan/Aram, Dorothy/Trauner, Doris/Nass, Ruth/Bates, Elizabeth 1991. Early lexical development in children with focal brain injury. In: Brain and Language 40, S. 491–527.

Thelen, Esther 1989. Self organization in developmental processes: Can systems approaches work? In: Megan R. Gunnar, Esther Thelen (Hgg.): Systems and Development. The Minnesota Symposion on Child Psychology, Vol. 22, Hillsdale, NJ, S. 77–117.

Thelen, Esther/Smith, Linda 1994. A Dynamic Systems Approach to the Development of Cognition and Action. Cambridge, MA, London.

Thomas, Michael S. C. 2005. Constraints on language development: Insights from developmental disorders. In: Paul Fletcher, John F. Miller (Hgg.), S. 11–34.

Tiedemann, Dietrich 1787, ²1897. Beobachtungen über die Entwicklung der Seelenfähigkeiten bei Kindern. Altenburg.

Tincoff, Ruth/Jusczyk, Peter W. 2012. Six-month-olds comprehend words that refer to parts of the body. In: Infancy 17, S. 432–444.

Tomasello, Michael 1992a. First Verbs. A Case Study of Early Grammatical Development. Cambridge, New York.

Tomasello, Michael 1992b. The social bases of language acquisition. In: Social Development 1, S. 67–87.

Tomasello, Michael 2001. Perceiving intentions and learning words in the second year of life. In: Melissa Bowerman, Stephen Levinson (Hgg.): Language Acquisition and Conceptual Development. Cambridge, S. 132–158.

Tomasello, Michael 2003. Constructing a Language. A Usage-Based Theory of Language Acquisition. Cambridge, MA, London.

Tomasello, Michael 2004. What kind of evidence could refute the UG hypothesis? Commentary on Wunderlich. In: Studies in Language 28, S. 642–654.

Tomasello, Michael 2006a. Konstruktionsgrammatik und früher Erstspracherwerb. In: Kerstin Fischer, Anatol Stefanowitsch (Hgg.): Konstruktionsgrammatik. Von der Anwendung zur Theorie. Tübingen, S. 19–38.

Tomasello, Michael 2006b. Acquiring linguistic constructions. In: William Damon, Richard Lerner, Robert Siegler, Deanna Kuhn (Hgg.): Handbook of Child Psychology. Vol. 2, Cognition, Perception and Language. Cognitive Development, New York, S. 255–298.

Tomasello, Michael 2008. Origins of Human Communication. Cambridge, MA/London.

Tomasello, Michael/Call, Josep 1997. Primate Cognition. New York, Oxford.

Tomasello, Michael/Carpenter, Malinda/Call, Josep/Behne, Tanya/Moll, Henrike. 2005. Understanding and sharing intentions: The origins of cultural cognition. In: Behavioral and Brain Sciences, 28, 675–691.

Tomasello, Michael/Carpenter, Malinda/Liszkowski, Ulf 2007. A new look at infant pointing. In: Child Development 78, S. 705–722.

Tomasello, Michael/Farrar, Michael Jeffrey 1984. Cognitive bases of lexical development: Object permanence and relational words. In: Journal of Child Language 11, S. 477–493.

Tomasello, Michael/Farrar, Michael Jeffrey 1986. Joint attention and early language. In: Child Development 57, S. 1454–1463.

Tomasello, Michael/Kruger, Ann C. 1992. Joint attention on actions: Acquiring verbs in ostensive and non-ostensive contexts. In: Journal of Child Language 19, S. 311–333.

Tomasello, Michael/Kruger, Ann C./Ratner, Hilary H. 1993. Cultural learning. In: Behavioral and Brain Sciences 16, S. 495–552.

Tracy, Rosemarie ²2008. Wie Kinder Sprachen lernen: Und wie wir sie dabei unterstützen können. Tübingen.

Trehub, Sandra E. 1973. Infants' sensitivity to vowel and tonal contrasts. In: Developmental Psychology 9, 91–96.

Trevarthen, Colwyn 1977. Descriptive analysis of infant communicative behavior. In: H. Rudolph Schaffer (Hg.): Studies in Mother-Infant Interaction. London, S. 227–270.

Trevarthen, Colwyn 1980. The foundations of intersubjectivity. In: David R. Olson (Hg.), S. 316–343.

Trevarthen, Colwyn 1985. Facial expressions of emotion in mother-infant interaction. In: Human Neurobiology 4, S. 21–32.

Trevarthen, Colwyn 1986. Form, significance and psychological potential of hand gestures in infants. In: Jean-Luc Nespoulos, Paul Perron, André R. Lécours (Hgg.): The Biological Foundation of Gestures: Motor and Semiotic Aspects. Hillsdale, NJ, S. 149–202.

Trevarthen, Colwyn/Hubley, Penelope 1978. Secondary intersubjectivity: Confidence, confiding and acts of meaning in the first year. In: Andrew Lock (Hg.): Action, Gesture and Symbol. London, S. 183–229.

Trevarthen, Colwyn/Marwick, H. 1986. Signs of motivation for speech in infants, and the nature of a mother's support for development of language. In: Björn Lindblom, Rolf Zetterström (Hgg.), S. 279–308.

Tucker, Nicholas 1979. Was ist ein Kind? Stuttgart.

Udwin, Orlee/Yule, William 1990. Expressive language of children with Williams syndrome. In: American Journal of Medical Genetics. Suppl. 6, S. 108–114.

Udwin, Orlee/Yule, William 1991. A cognitive and behavioural phenotype in Williams syndrome. In: Journal of Clinical and Experimental Neuropsychology 2, S. 232–244.

Vaish, Amrisha/Striano, Tricia 2004. Is visual reference necessary? Contributions of facial versus vocal cues in 12-month-olds' social referencing behavior. In: Developmental Science 7, S. 261–269.

van Ijzendoorn, Marinus H./Dijkstra, Jarissa/Bus, Adriana G. 1995. Attachment, intelligence, and language: A meta-analysis. In: Social Development 4, S. 115–128.

van Ijzendoorn, Marinus/Bakermans-Kranenburg, Marian, J./Ebstein, Richard P. 2011. Methylation matters in child development. In: Child Development Perspectives 5, S. 305–310.

Vargha-Khadem, Faraneh/Carr, Lucinda J./Isaacs, Elizabeth/Brett, Edward/Adams, Christopher 1997. Onset of speech after left hemispherectomy in a nine-year-old boy. In: Brain 120, S. 159–182.

Vierordt, Karl 1879. Die Sprache des Kindes. In: Deutsche Revue 3, Bd. 2, S. 29–46.

Vihman, Marily May 1986. Individual differences in babbling and early speech: Predicting to age three. In: Björn Lindblom, Rolf Zetterström (Hgg.), S. 95–109.

Vogt, Paul/Mastin, J. Douglas/Schots, Diede M. A. 2015. Communicative intentions in three different learning environments: Observations from the Netherlands, and rural and urban Mozambique. In: First Language 35, S. 341–358.

Voos, Avery/Pelphrey, Kevin 2013. Functional magnetic resonance imaging. In: Journal of Cognition and Development 14, S. 1–9.

Vorländer, Karl 1964. Philosophie des Altertums. Geschichte der Philosophie I. Bearbeitet von Erwin Metzke. Reinbek bei Hamburg.

Vouloumanos, Athena/Werker, Janet F. 2007. Listening to language at birth: evidence for a bias for speech in neonates. In: Developmental Science 10, S. 159–164.

Wanner, Eric/Gleitman, Lila R. (Hgg.) 1982. Language Acquisition. The State of the Art. Cambridge.

Watkins, Kate E./Dronkers, N. F./Vargha-Khadem, Faraneh 2002 (a). Behavioral analysis of an inherited speech and language disorder: comparison with acquired aphasia. In: Brain 125, S. 452–464.

Watkins, Kate E./Vargha-Khadem, Faraneh,/Ashburner, John/Passingham, Richard E./ Connelley, Alan/Friston, Karl J./Frackowiak, Richard S. J./Mishkin, Mortimer/ Gadian, David G. 2002 (b). MRI analysis of an inherited speech and language disorder: structural brain abnormalities. In: Brain 125, S. 465–478.

Watson, John D. 1930. Behaviorism. New York.

Waxman, Sandra/Fu, Xiaolan/Arunachalam, Sudha/Leddon, Erin/Geraghty, Kathleen/ Song, Hyun-joo 2013. Are nouns learned before verbs? Infants provide insight into a long-standing debate. In: Child Development Perspectives 7, S. 155–159.

Weir, Ruth 1962. Language in the Crib. The Hague.

Weischedel, Wilhelm 1966. Die philosophische Hintertreppe. Von Alltag und Tiefsinn großer Denker. München.

Weisleder, Adriana/Fernald, Anne 2013. Talking to children matters – early language experience strengthens processing and builds vocabulary. In: Psychological Science 24, S. 2134–2152.

Weissenborn, Jürgen 1984. »Ich weiß ja nicht von hier aus wie weit es von da hinten aus ist«. Makroräume in der kognitiven und sprachlichen Entwicklung des Kindes. In: Harro Schweizer (Hg.): Sprache und Raum. Stuttgart, S. 209–244.

Weissenborn, Jürgen/Höhle, Barbara (Hgg.) 2000. Approaches to Bootstrapping. Phonological, Lexical, Syntactic and Neurophysiological Aspects of Early Language Acquisition. Amsterdam, Philadelphia.

Weissenborn, Jürgen/Stralka, Regine 1984. Das Verstehen von Mißverständnissen. In: Zeitschrift für Linguistik und Literaturwissenschaft 14, H. 55, S. 113–134.

Weizman, Zehava O./Snow, Catherine E. 2001. Lexical input as related to children's vocabulary acquisition: Effects of sophisticated exposure and support for meaning. In: Developmental Psychology 37, S. 265–279.

Wellman, Henry M. 1990. First steps in the child's theorizing about the mind. In: Janet W. Astington, Paul L. Harris, David R. Olson (Hgg.), S. 64–92.

Wellman, Henry M. 1992. The Child's Theory of Mind. Cambridge, MA, London.

Wellman, Henry M./Cross, David/Watson, Julanne 2001. Meta-analysis of theory-of-mind development: The truth about false belief. In: Child Development 72, S. 655–684.

Wells, Gordon 1985. Language Development in the Pre-School Years. Cambridge.

Wellsby, Michele/Pexman, Penny M. 2014. Developing embodied cognition: insights from children's concepts and language processing. In: Frontiers in Psychology 5, Article 506.

Wendeler, J. 1988. Psychologie des Down Syndroms. Bern.

Weppelman, Tammy L./Bostow, Angela/Schiffer, Ryan/Elbert-Perez, Evelyn/Newman, Rochelle S. 2003. Children's use of the prosodic characteristics of infant-directed speech. In: Language & Communication 23, S. 63–80.

Werker, Janet F./Lalonde, Chris E. 1988. Cross-language speech perception. Initial capabilities and developmental change. In: Developmental Psychology 24, S. 672–683.

Wermke, Kathleen 2001. Untersuchung der Melodieentwicklung im Säuglingsschrei von monozygoten Zwillingen in den ersten 5 Lebensmonaten. Habilitationsschrift, Humboldt Universität Berlin. Online: http://edoc.hu-berlin.de/habilitationen/wermke-kathleen-2002-01-29/PDF/Wermke.pdf

Widen, Sherri C./Russell, James A. 2010. Differentiation in preschooler's categories of emotions. In: Emotion 10, S. 651–661.

Wilcox, Teresa/Biondi, Marisa 2015a. fNIRS in the developmental sciences. In: WIREs Cogn Sci 2015. doi: 10.1002/wcs.1343.

Wilcox, Teresa/Biondi, Marisa 2015b. Object processing in the infant: lessons from neuroscience. In: Trends in Cognitive Sciences 19, S. 406–413.

Wolff, Phillip/Holmes, Kevin J. 2011. Linguistic relativity. In: WIRES 2, May/June, S. 253–265.

Wu, Jiunn Liang/Yang, Hui Mei 2003. Speech perception of Mandarin Chinese speaking young children after cochlear implant use: effect of age and implantation. In: International Journal of Pediatric Otorhinolaryngoly 67, S. 247–253.

Wundt, Wilhelm 1900, ³1911. Völkerpsychologie. Eine Untersuchung der Entwick-lungsgesetze von Sprache, Mythus und Sitte. Bd. 1, Die Sprache. Leipzig.

Wygotski, Lew Semjonowitsch 1934, 1969. Sprechen und Denken. Frankfurt/Main.

Xu, Fei/Tenenbaum, Joshua B. 2007. Word learning as Bayesian Inference. In: Psychologicl Review 114, S. 245–272.

Xu, Fei/Kushnir, Tamar 2013. Infants are rational constructivist learners. In: Current Directions in Psychological Science 22, S. 28–32.

Yamada, Jeni 1990. Laura. A Case for the Modularity of Language. Cambridge, MA.

Yang, Charles 2013. Ontogeny and phylogeny of language. In: PNAS 110, S. 6324–627.

Yang, Charles D. 2002. Knowledge and Learning in Natural Language. Oxford.

Yang, Charles D. 2004. Universal grammar, statistics or both? In: Trends in Cognitive Sciences 8, S. 451–456.

Yu, Chen/Smith, Linda B. 2012. Embodied attention and word learning by toddlers. In: Cognition 125, S. 244–262.

Zammit, Maria/Schafer, Graham 2011. Maternal label and gesture use affects acquisition of specific object names. In: Journal of Child Language 38, S. 201–221.

Zuberbühler, Klaus 2005. Linguistic prerequisites in the primate lineage. In: Maggie Tallerman (Hg.): Language Origins. Perspectives on Evolution. Oxford, New York, S. 262–282.

7 Personenregister

Wolfgang Imo
Grammatik
Eine Einführung
2016, VIII, 239 Seiten, € 19,95
ISBN 978-3-476-02612-5

Wozu Grammatik?

Die Antwort auf diese Frage ist ebenso knapp wie einleuchtend: Erst die Grammatik sorgt dafür, dass aus einer willkürlichen Aneinanderreihung von Wörtern ein sinnvoller Satz – und schließlich ein Text – entsteht. Diese Einführung vermittelt grammatische Grundlagen von der Wortartbestimmung über die Analyse von Phrasen und einfachen Sätzen bis hin zum komplexen Satz. Im Zentrum des systematisch und schrittweise vorgehenden Bandes stehen somit die Systematik der Wortarten des Deutschen, die Phrasenstruktur von Sätzen, die Satzgliedanalyse und das Feldermodell des deutschen Satzes. Mit zahlreichen Beispielen und Grafiken sowie mit Aufgaben und Lösungen.

www.metzlerverlag.de

J.B. METZLER

1682

Part of **SPRINGER NATURE**

Jürgen Pafel / Ingo Reich
Einführung in die Semantik
Grundlagen – Analysen – Theorien
2016, 312 Seiten, kt. € 19,95
ISBN 978-3-476-02455-8

Dieser Band informiert über alle Aspekt und Gebiete der Semantik, ohne
einer bestimmten Theorie verpflichtet zu sein. Er erläutert zentrale Grundbe-
griffe wie Referenz, Prädikation, Bedeutung und Proposition. Umfangreiche
Kapitel beschreiben die Semantik der Wortarten des Deutschen (Verben,
Nomen, Adjektive, Präpositionen, Konjunktionen, Partikeln), von komplexen
Wortgruppen und Satztypen. Das Schlusskapitel stellt theoretische Ansätze
vor und führt in deren Methoden und Begriffe ein. In zweifarbiger Gestaltung,
mit zahlreichen Grafiken und Tabellen, mit Definitionen und Beispielen sowie
Vertiefungskästen.

www.metzlerverlag.de
J.B. METZLER
Part of **SPRINGER NATURE**